21 世纪应用型精品规划教材·物流管理

采购与仓储管理

葛　岩　刘培德　主　编
陈爱玲　王福华
罗彦芳　孙国华　副主编

清华大学出版社
北京

内 容 简 介

现代物流业是融合仓储业、运输业和信息业等的复合型服务产业，是国民经济的重要组成部分。本书针对现代物流发展过程中的两个重要环节——采购与仓储的实际需要，全面、系统地介绍了现代采购和现代仓储发展和管理过程中的主要内容，包括采购概述、采购的分类、采购业务管理、供应商选择与管理、仓储管理概述、仓储设施与设备、仓储作业管理、库存管理等，并结合具有代表性的案例对理论进行了深入、生动的探讨，同时增添了计算题和模拟实验题，丰富了全书的内容和特色，使读者更容易做到理论联系实际，提高利用理论解决实际问题的能力。

本书可作为高等院校物流管理、电子商务、管理科学与工程、工商管理等经济管理类专业教材，也可供从事相关专业研究的高校师生作为教学参考资料，还可作为从事相关专业管理、规划和研究工作人员的参考书。

本书封面贴有清华大学出版社防伪标签，无标签者不得销售。

版权所有，侵权必究。举报：010-62782989，beiqinquan@tup.tsinghua.edu.cn。

图书在版编目(CIP)数据

采购与仓储管理/葛岩，刘培德主编. —北京：清华大学出版社，2020.7(2024.9重印)
21世纪应用型精品规划教材. 物流管理
ISBN 978-7-302-55835-4

Ⅰ. ①采… Ⅱ. ①葛… ②刘… Ⅲ. ①采购管理—高等学校—教材 ②仓库管理—高等学校—教材 Ⅳ. ①F253

中国版本图书馆 CIP 数据核字(2020)第 106057 号

责任编辑： 汤涌涛
装帧设计： 刘孝琼
责任校对： 吴春华
责任印制： 杨　艳

出版发行： 清华大学出版社
网　　址： https://www.tup.com.cn, https://www.wqxuetang.com
地　　址： 北京清华大学学研大厦A座　　**邮　编：** 100084
社 总 机： 010-83470000　　**邮　购：** 010-62786544
投稿与读者服务： 010-62776969, c-service@tup.tsinghua.edu.cn
质量反馈： 010-62772015, zhiliang@tup.tsinghua.edu.cn
课件下载： https://www.tup.com.cn, 010-62791865

印 装 者： 三河市人民印务有限公司
经　　销： 全国新华书店
开　　本： 185mm×230mm　　**印　张：** 22.5　　**字　数：** 491千字
版　　次： 2020年8月第1版　　**印　次：** 2024年9月第5次印刷
定　　价： 59.00元

产品编号：083505-02

前　言

党的二十大报告指出，要加快构建新发展格局，着力提升供应链韧性和安全水平，建设高效顺畅的流通体系，降低物流成本，推动高质量发展。在推进中国式现代化的进程中，高速发展的现代物流及其产业将会提供有力的支撑。

随着全球经济一体化的快速发展，企业所面临的市场竞争越来越激烈。当今企业在发展过程中，采购与仓储成为提高企业竞争力的关键环节。只有对采购和仓储合理组织、加强管理、优化整合，并不断力求降低物流成本，企业才能在当今市场竞争中立于不败之地。

伴随着我国经济的飞速发展，对采购和仓储方面相关人才的需求也在逐步增长。在采购与仓储管理教学方面，还存在着重理论轻实践等一些问题，人才培养与社会需求存在一定的差距，因此有必要加强和改进采购与仓储管理方面的教学工作。

现代物流业是融合仓储业、运输业和信息业等的复合型服务产业，是国民经济的重要组成部分。本书针对现代物流发展过程中的两个重要环节——采购与仓储的实际需要，全面、系统地介绍了现代采购和现代仓储发展和管理过程中的主要内容。全书由采购和仓储两部分组成，共分成 8 章。前半部分是采购部分，包括采购概述、采购的分类、采购业务管理、供应商选择与管理 4 章组成；后半部分是仓储部分，包括仓储管理概述、仓储设施与设备、仓储作业管理、库存管理 4 章组成。

全书的整体编排符合采购与仓储管理教学的特点，层层铺垫，逐步推进，科学合理。

本书具有以下鲜明特点：①内容新颖，本书包含了国内外最新的理论研究成果及教学改革成果，并将采购与仓储的发展趋势与前沿资料以课外拓展资料等形式进行了介绍；②融入思政元素，本书加入了许多国内物流企业的优秀实践成果，在学习知识的同时，引领学生树立社会主义核心价值观。③注重案例式教学，本书融入了经典的、最新的实例及操作性较强的案例，将理论教学与案例分析有机地结合在一起；④注重拓展学生知识面，本书除了对基本知识点进行介绍外，还涵盖了丰富的课外资料和知识拓展，让学生在学到必要的知识点的同时了解其他相关知识；⑤注重培养学生的计算和实验能力，本书内容包括许多采购和仓储方面的计算例题，并增添了部分章节的模拟实验例题，为学生计算能力和实验能力的培养奠定了基础。

本书的编写工作由山东财经大学管理科学与工程学院六位在理论研究和教学实践工作中积累了丰富经验的教师共同完成。各章编写分工为：葛岩负责第一、五、六、七章；罗彦芳负责第二章；陈爱玲负责第三章；孙国华负责第四章；王福华负责第八章。全书由葛岩负责框架的设计、统稿和定稿，刘培德教授拟定框架并指导了全书的编写工作。

在本书的编写过程中，山东财经大学管理科学与工程学院的曾霄、王肇阳、刘红、王昊龙、孙亚强等同学在资料收集、文字整理方面给予了积极协助，在此表示衷心感谢。

本书在编写过程中参考了国内外同行的许多著作和论文，作者已尽可能在参考文献中列出，在此对这些专家学者表示真诚的感谢！也有可能因为多方面的情况而有疏漏，若有这种情况的发生，作者表示万分歉意，并愿意在得知具体情况后予以纠正，在此先表示感谢。

限于作者的知识范围和学术水平，加之采购与仓储管理的理论和实践仍在不断发展之中，书中难免会有疏漏和错误之处，恳请广大读者批评指正。

编　者

目 录

第一章 采购概述 ... 1
第一节 采购的概念、地位及程序 ... 4
一、采购的概念 ... 4
二、采购的地位和层次 ... 5
三、采购的基本程序和原则 ... 8
第二节 采购管理及其职能 ... 13
一、采购管理的定义 ... 13
二、采购管理的内容 ... 13
三、采购管理的职能 ... 16
四、采购管理的重要性和作用 ... 16
五、现代采购管理的发展 ... 18
六、采购管理的误区 ... 21
第三节 采购组织管理与采购人员 ... 24
一、采购组织设置的原则 ... 24
二、采购组织的类型和比较 ... 25
三、采购部门的设置 ... 26
四、采购管理的岗位及人员 ... 27
习题 ... 30

第二章 采购的分类 ... 32
第一节 采购方式概述 ... 34
一、常见采购方式概述 ... 34
二、集中采购与分散采购 ... 39
三、联合采购 ... 42
四、准时制采购 ... 43
第二节 招标采购 ... 47
一、招标采购的方式 ... 47
二、招标采购的基本过程 ... 51
三、招标与投标的过程 ... 53
四、投评标的程序及方法 ... 59

五、网上招标 ... 63
六、招标采购中的常见问题及解决 ... 63
第三节 电子采购 ... 69
一、电子采购概述 ... 69
二、电子采购的模式及流程 ... 71
三、电子采购方案的实施 ... 72
第四节 战略采购 ... 75
一、战略采购的概念与构成 ... 75
二、战略采购的重要原则 ... 77
三、战略采购的实施步骤 ... 78
四、建立战略采购能力 ... 79
习题 ... 82

第三章 采购业务管理 ... 84
第一节 市场调查和采购预测 ... 85
一、市场调查 ... 85
二、供应市场分析 ... 87
三、采购预测 ... 91
第二节 采购的申请、计划与预算 ... 103
一、采购申请 ... 105
二、采购计划 ... 108
三、战略采购计划 ... 117
四、采购需求的确定 ... 119
五、采购预算 ... 123
第三节 采购谈判 ... 127
一、采购谈判的含义和影响因素 ... 129
二、采购谈判的阶段 ... 131
三、采购谈判的策略和技巧 ... 135
第四节 采购合同管理 ... 139
一、采购合同的特征和组成 ... 142

二、采购合同的管理 144
三、采购合同的履行 148
习题 155
附录　MATLAB 简介及实验编程 156

第四章　供应商选择与管理 159

第一节　供应商管理概述 161
　　一、供应商管理的含义 162
　　二、供应商选择与管理的
　　　　基本环节 162
第二节　供应商调查 164
　　一、供应商调查的过程 164
　　二、供应市场分析 167
　　三、供应商细分 167
第三节　供应商的评估与选择 170
　　一、供应商选择的评估要素 170
　　二、供应商的选择标准 172
　　三、供应商选择的方法和应注意的
　　　　问题 173
　　四、供应商审核及资质认证 176
第四节　供应商管理 187
　　一、供应商绩效管理 189
　　二、供应商绩效评价的准则 190
　　三、供应商关系管理 193
习题 196
附录　供应商初步调查问卷(样卷) ... 197

第五章　仓储管理概述 199

第一节　仓储发展简介 201
　　一、仓储概述 201
　　二、我国仓储业的发展历程 202
　　三、发达国家现代仓储业的
　　　　发展情况 202
　　四、我国现代仓储的发展阶段及
　　　　现状 204

第二节　仓储的作用、分类与功能 209
　　一、仓储的作用 209
　　二、仓储的分类 210
　　三、仓储的功能 212
第三节　仓储管理的内容 216
　　一、仓储管理的定义 216
　　二、仓储管理的基本内容 216
　　三、仓储管理的基本原则 216
　　四、仓储作业 217
　　五、仓储管理人员的基本素质
　　　　要求 218
习题 221

第六章　仓储设施与设备 223

第一节　仓库及设施概述 224
　　一、仓库的定义及分类 224
　　二、仓库设施 225
　　三、仓库的主要性能参数 227
　　四、仓库的发展趋势 228
第二节　仓储设备 230
　　一、货架 230
　　二、托盘 236
　　三、搬运车辆 240
　　四、输送机械 246
　　五、自动物料搬运设备及系统 .. 247
　　六、自动分拣系统 253
　　七、仓库辅助作业设备 255
第三节　自动化立体仓库 258
　　一、自动化立体仓库的概念 258
　　二、自动化立体仓库的发展 259
　　三、自动化立体仓库的分类 259
　　四、自动化立体仓库的系统组成 .. 260
第四节　RFID 在仓储管理中的应用 262
　　一、RFID 的基本概念和构成 ... 262
　　二、RFID 的发展历程 263

三、RFID 的分类 264
　　四、RFID 与现代物流 264
　　五、RFID 在仓储管理中的
　　　　应用环节 265
　习题 267

第七章　仓储作业管理 269
　第一节　商品入库管理 270
　　一、入库准备 270
　　二、接货 271
　　三、验收 272
　　四、理货 276
　　五、搬运入库 277
　　六、登账、立卡、建档 277
　第二节　保管作业管理 279
　　一、仓储商品的质量变化 279
　　二、仓储商品的储存养护 283
　　三、商品的保管与养护 284
　　四、物资堆码 288
　　五、物资垫垛 290
　　六、物资苫垫 290
　　七、盘点管理 292
　第三节　商品出库管理 295
　　一、商品出库概述 296
　　二、商品出库的程序 298
　　三、商品出库的依据和要求 299
　　四、出库中发生问题的处理 300
　第四节　仓库分区和储位管理 301
　　一、仓库分区 301

　　二、储位管理 302
　第五节　仓库选址 306
　　一、仓库选址的原则和影响因素 .. 306
　　二、仓库选址的基本方法 308
　　三、仓库选址的步骤 312
　习题 313
　附录　模拟实验 314

第八章　库存管理 316
　第一节　库存概述 317
　　一、库存内涵 317
　　二、库存的种类 319
　　三、库存的成本 320
　　四、库存管理 322
　第二节　ABC 和 CVA 库存分类管理 .. 326
　　一、ABC 分类管理法的基本原理 .. 326
　　二、ABC 分类管理法的实施 327
　　三、CVA 的基本原理 328
　　四、CVA 的基本应用 329
　第三节　库存控制技术 330
　　一、库存控制概述 330
　　二、定量订货法 331
　　三、定期订货法 343
　　四、定期订货法和定量订货法的
　　　　区别 347
　习题 348

参考文献 350

第一章　采　购　概　述

学习目标：

- 了解采购的发展现状及趋势、采购组织设置的原则、采购人员专业素质的要求；
- 理解采购和采购管理的定义、采购的地位和职能层次、采购的部门设置；
- 掌握采购的程序和原则、采购管理的内容、采购管理的职能、采购组织的类型。

【案例导入】

海尔集团的采购管理创新

自 2000 年以来，海尔在全集团范围内由物流推进本部统一协调和管理全集团的物流改革工作，本部下设采购、配送、储运三个事业部，使得采购、生产支持、物资配送从战略上实现了一体化。

改革后的采购事业的职责主要是负责向供应商采购产品所需要的零部件，并对供应商进行管理。具体包括供应商的优化、招标、下达采购计划、零部件的选购以及全球网络资源等内容。

海尔物流整合开始后，第一步就是整合采购，将集团的采购业务全部集中。开展规模化经营、全球化经营、全球化采购，并纳入了国际化的供应商，在全球范围内采购质优价廉的零部件。其战略是，在总成本最低条件下通过及时的购买来支持制造系统，大到几百万元的设备，小到一些办公用品，如圆珠笔、订书机等都按统一采购进行操作。利用整合后的集团采购优势，大宗物料实现了大规模采购，从而获得国内同行业最优的性能价格比。例如，彩色显像管在整合前只能拿到生产商二类、三类用户的价格，统一采购后就可享受生产商一类客户的价格，平均每台至少可便宜 10 元，而且供货服务得到保证。仅此一项，海尔全年至少节约 580 万元。海尔一年的采购费用是 100 多亿元，大约 15000 个品种，供应商有 2000 多家。海尔通过整合采购，加强采购管理，使供应商的数目减少到 1000 多家，集团采购人员减少了 1/3，并且集中采购、招标竞价使成本每年降低 5%以上，一旦实施网上采购，采购价格更会大幅下降。

海尔认为优化供应商比单纯降价更重要，因此，海尔与供应商建立长期的战略合作伙伴关系，让供应商参与有关零部件的设计。海尔美高美彩电的开发过程，就是同供应商进行联合开发、并行开发的典型成功事例。以往美高美彩电的开发周期一般需要 6 个月的时间，但海尔与供应商成为合作伙伴，让其参与开发过程，同供应商不断进行技术交流，并且让供应商提前进入了模具设计，通过联合开发使美高美彩电的开发周期大大缩短，仅用了两个月的时间就开发成功。目前,世界 500 强企业有许多已成为海尔的合作供应商,如 GE 与海尔建立战略联盟。并且为了方便供货,有许多知名企业在青岛设厂,满足海尔 JIT 运作的要求。

(资料来源:海尔集团的采购管理创新及解答[DB/OL]. MBA 智库. https://doc.mbalib.com/view/ccf9dc8e3126efc8eb9ac2f50a2b883d.html)

思考题:
1. 海尔的采购战略是什么?
2. 企业的采购工作应把握好哪几个关键环节?
3. 你对采购管理有什么新的理解和认识?

当今社会,采购在国民经济发展中的重要性与日俱增。

表 1-1 所示为 2015—2018 年国内社会消费品零售总额统计表。从表中数据可以看出,国内社会消费品总额同比增长逐年提高,整体呈上升趋势,由此可见采购行业前景广阔。

表 1-1　2015—2018 年国内社会消费品零售总额统计表

时间	当月总额/亿元	同比增长率/%	环比增长率/%	累计总额/亿元	同比增长率/%
2018 年 8 月	31 542.00	9.00	2.63	242 294.00	9.30
2018 年 7 月	30 734.00	8.80	−0.35	210 752.00	9.30
2018 年 6 月	30 842.00	9.00	1.59	180 018.00	9.40
2018 年 5 月	30 359.00	8.50	6.37	149 176.00	9.50
2018 年 4 月	28 542.00	9.40	−2.23	118 817.00	9.70
2018 年 3 月	29 194.00	10.10	—	90 275.00	9.80
2018 年 2 月	—	—	—	61 082.00	9.70
2017 年 12 月	34 734.00	9.40	1.84	366 262.00	10.20
2017 年 11 月	34 108.00	10.20	−0.39	331 528.00	10.30
2017 年 10 月	34 241.00	10.00	10.92	297 419.00	10.30
2017 年 9 月	30 870.00	10.30	1.78	263 178.00	10.40
2017 年 8 月	30 330.00	10.10	2.43	232 308.00	10.40
2017 年 7 月	29 610.00	10.40	−0.66	201 978.00	10.40
2017 年 6 月	29 808.00	11.00	1.18	172 369.00	10.40
2017 年 5 月	29 459.00	10.70	8.00	142 561.00	10.30
2017 年 4 月	27 278.00	10.70	−2.10	113 102.00	10.20
2017 年 3 月	27 864.00	10.90	—	85 823.00	10.00
2017 年 2 月	—	—	—	57 960.00	9.50
2016 年 12 月	31 757.00	10.90	2.58	332 316.00	10.40
2016 年 11 月	30 959.00	10.80	−0.51	300 560.00	10.40

续表

时间	当月总额/亿元	同比增长率/%	环比增长率/%	累计总额/亿元	同比增长率/%
2016年10月	31 119.00	10.00	11.23	269 601.00	10.30
2016年9月	27 976.00	10.70	1.58	238 482.00	10.40
2016年8月	27 540.00	10.60	2.66	210 505.00	10.30
2016年7月	26 827.00	10.20	−0.11	182 966.00	10.30
2016年6月	26 857.00	10.60	0.92	156 138.00	10.30
2016年5月	26 611.00	10.00	7.97	129 281.00	10.20
2016年4月	24 646.00	10.10	−1.86	102 670.00	10.30
2016年3月	25 114.00	10.50	—	78 024.00	10.30
2016年2月	—	—	—	52 910.00	10.20
2015年12月	28 635.00	11.10	2.50	300 931.00	10.70
2015年11月	27 937.35	11.17	−1.21	272 296.12	10.64

(数据来源：国家统计局)

随着跨国采购、联合采购和全球采购等新生事物的频繁出现，采购也成为企业营销物流链的关键环节，生产型的企业通常要用销售额的40%～70%进行原材料和零部件的采购，采购的速度、效率以及订单的执行情况会直接影响企业是否能够快速、灵活地满足下游客户的需求。采购成本的高低会直接影响到企业最终产品的定价和整个供应链的最终获利。只有通过企业内部之间以及与外部的采购协同作业，供应链系统方可及时地响应用户的需求，同时降低库存成本。因此，采购对于企业的重要性日益突出。

中国是全球制造业的中心节点之一，国际供应链体系的重要环节。近几年来，国际采购巨头纷纷将中国作为自己跨国采购业的基地。国家政府采购、企业采购、个人采购这三大需求，已经快速推动采购管理人员队伍的迅猛成长，采购业务由原来的区域性采购向全球性采购迈进。一方面，大批外资、合资企业涌入，它们对具有专业知识、技能的采购人员的需求量与日俱增；另一方面，众多国内企业也必须迅速提高自身采购人员的素质和技能，以更好地应对挑战和冲击。对专业采购人员的争夺成为企业竞争的战略之一。

与此同时，人们对于采购的认识也在不断改变。过去在人们的传统观念里，只有生产和销售才是利润中心，而采购是当然的"消费中心"。但现如今，如果由专业人士采用科学的方法采购，就会少花钱，降低采购成本，从而降低产品成本，获得更多的利润，采购就成了"利润中心"，并且采购少花的钱都是纯利润。

在这样的经济和社会背景下，采购人才需求不断上升，其社会地位和作用日益凸显。

随着企业对采购的重视，那些既具有专业理论知识，又具有丰富实践经验的专业采购人员，目前已成为我国非常紧缺的人才。因此，要重视采购对于社会和企业发展的突出作用，加强采购知识体系和课程建设，努力培养和建设采购人才队伍势在必行。

第一节 采购的概念、地位及程序

采购是企业经营的起始环节，同样也为企业创造价值。随着企业规模的不断扩大以及精细管理和信息技术的广泛应用，采购的作用日益突出。它不仅是保证生产正常运转的必要条件，而且也为企业降低成本、增加盈利创造条件。

一、采购的概念

采购有广义和狭义之分，狭义的采购是指企业根据生产需求提出采购计划、审核计划、选好供应商，经过商务谈判确定价格、交货及相关条件，最终签订合同并按要求收货付款的过程；狭义的采购定义主要指商品采购，是指各企事业单位及个人，为获取商品而对获取商品的渠道、方式、质量、价格、时间等进行预测、抉择，把货币资金转换为商品的交易过程。这种以货币换取物品的方式，可以说是最普通的采购途径，无论个人还是企业机构，为了满足消费或者生产的需求都可以采用这种方式来进行。

广义的采购是指实施者除了以购买的方式占有物品外，还可以用各种途径取得物品的使用权，以达到满足需求的目的，如租赁、借贷、交换等方式。①租赁是指一方以支付租金的方式取得他人物品的使用权。②借贷是指一方以无须支付任何代价的方式取得他人物品的使用权，使用完毕仅返还原物品。这种无偿借用他人物品的方式，通常是基于借贷双方的情谊与密切关系，特别是借方的信用。③交换是指用以物易物的方式取得物品的所有权及使用权，但是并没有直接支付物品的全部价款。换言之，当双方交换价值相等时，不需要以金钱补偿对方；当交换价值不等时，仅由一方补贴差额给对方。

可以从以下几个方面来全面理解采购的概念。

(1) 采购是从资源市场获取资源的过程。采购对于生产或生活的意义在于能提供生产或生活所需且自己缺乏的资源。这些资源，既包括生活资料，也包括生产资料；既包括物质资源(如原材料、设备、工具等)，也包括非物质资源(如信息、软件、技术、文化用品等)。资源市场由能够提供这些资源的供应商组成，从资源市场获取这些资源都是通过采购的方式来进行。采购的基本功能就是帮助人们从资源市场获取他们所需要的各种资源。

(2) 采购是商流过程和物流过程的统一。采购的基本内容，就是将资源从资源市场的供应者手中转移到用户手中的过程。在这个过程中，一方面是要实现将资源的所有权从供应者手中转移到用户手中；另一方面是要实现将资源的物质实体从供应者手中转移到用户手中。前者是个商流过程，主要通过商品交易、等价交换来实现；后者是个物流过程，主要通过包装、装卸、运输、储存、流通加工和配送等手段来实现。采购过程实际上是这两个方面的完整结合，缺一不可；只有这两个方面都完全实现了，采购过程才算完成。因此，采购过程实际是商流过程与物流过程的统一。

(3) 采购是一种经济活动。采购是企业经济活动的主要组成部分。既然是经济活动，就要遵循经济规律，追求经济效益。在整个采购活动过程中，一方面，通过采购获取了资源，保证了企业正常生产的顺利进行，这是采购的效益；另一方面，在采购过程中也会产生各种费用，这就是采购的成本(也称采购成本)。

二、采购的地位和层次

在传统思维里，采购就是拿钱买东西，目的就是以最少的钱买到最好的商品。但是随着市场经济的发展、技术的进步、竞争的日益激烈，采购已由单纯的商品买卖发展成为一种可以为企业节省成本、增加利润、获取服务的职能。总体而言，采购由战术地位提高到了战略地位。

(一)采购的地位

采购曾一度被认为是一种注重书面工作的行政职能。近年来，企业才开始意识到采购在企业中具有举足轻重的地位。采购已经成为企业经营的核心环节，是获取利润的重要来源，在企业的产品开发、质量保证、供应链管理以及经营管理中起着极其重要的作用。走出传统采购的认识误区、正确理解采购的地位，是当今每个企业在全球化、信息化的市场经济竞争中赖以生存的一个基本保障，更是现代企业谋求发展壮大的一个必然要求。

1. 采购的价值地位

采购成本是企业产品成本的主要组成和核心部分，采购是企业管理中"最有价值"的部分。在工业企业的产品成本构成中，采购的原材料及零部件成本占企业总成本的比例，一般随所在行业的不同而变化，大体在 30%~90%，平均水平在 60%以上。从世界范围来说，对于一个典型的企业，一般采购成本(包括原材料、零部件)要占 60%，工资和福利占 20%，管理费用占 15%，利润占 5%。而在中国的工业企业中，各种物资的采购成本要占到企业总成本的 70%左右。但现实中，许多企业在控制成本时将大量的时间和精力放在不到总成本 40%的企业管理费用及工资和福利上，而忽视其主体部分——采购成本。因此，企业加强采购成本控制是非常重要的，往往可达到事半功倍的效果。

2. 采购的供应地位

从供应的角度来说，采购是整体供应链管理中"上游控制"的主导力量，进货周期直接影响企业流动资金的周转。在工业企业中，利润是与制造及供应过程中的物流和信息流流动速度成正比的。在商品生产和交换的整体供应链中，每个企业既是顾客又是供应商。为了满足最终顾客的需求，企业都力求以最低的成本将高质量的产品以最快的速度供应到市场，以获取最大利润。从整体供应链的角度来看，企业为了获得尽可能多的利润，都会想方设法加快物料和信息的流动，这样就必须依靠采购的力量，充分发挥供应商的作用。

供应商提高其供应可靠性及灵活性、缩短交货周期、增加送货频率可以极大地改进工业企业的管理水平，如缩短生产总周期、提高生产效率、减少库存、增强对市场需求的应变能力等。

此外，随着经济全球化及信息全球化的发展，市场竞争日益激烈，顾客需求的提升驱使企业按库存生产，而竞争的要求又迫使企业争取按订单生产。要解决这一对矛盾，企业只有将供应商纳入自身的生产经营过程中，将采购及供应商的活动看成自身供应链的一个有机组成部分，才能加快物料及信息在整体供应链中的流动，从而可将顾客所希望的库存成品向前推移为半成品，进而推移为原材料。这样既可减少整个供应链的物料及资金负担(降低成本、加快资金周转等)，又可及时将原材料、半成品转换成最终产品以满足顾客的需求。在整体供应链管理中，"即时生产"是缩短生产周期、降低成本和库存，同时又能以最快的交货速度满足顾客需求的有效做法；而供应商的"即时供应"则是开展"即时生产"的主要内容。

3. 采购的质量地位

所购材料的品质直接关系到产品质量。质量是产品的生命。采购物料要考虑的不只是价格问题(而且大部分不是价格问题)，更多的是质量水平、质量保证能力、售后服务、服务水平、综合实力等问题。有些商品看起来买得便宜，但若需要经常维修，长期不能正常工作，就大大增加了使用的总成本；如果买的是假冒伪劣商品，就会蒙受更大的损失。一般企业将质量控制按时序划分为采购品质量控制、过程质量控制及产品质量控制。由于产品中价值的 60%是通过采购由供应商提供的，毫无疑问，产品质量在很大程度上受采购品质量控制(Incoming Quality Control，IQC)的影响。

【知识拓展 1-1】

IQC 即来料品质检验，指对采购进来的原材料、部件或产品做品质确认和查核，即在供应商送原材料或部件时通过抽样的方式对产品进行检验，并最后做出判断该批产品是接收还是退换。

IQC 是企业产品在生产前的第一个控制品质的关卡，如果把不合格品放到制程中，则会导致制程或最终产品的不合格，造成巨大的损失。IQC 不仅影响到公司最终产品的品质，还影响到各种直接成本或间接成本。

在制造业中，对产品品质有直接影响的通常为设计、来料、制程、储运四大主项，一般来说设计占 25%，来料占 50%，制程占 20%，储运占 1%～5%。综上所述，来料检验对公司产品质量占有压倒性的地位，所以要把来料品质控制提升到一个战略性地位来对待。

也就是说，保证企业产品"质量"不仅要靠企业内部的质量控制，更依赖于对供应商的质量控制。这也是"上游质量控制"的体现。上游质量控制得好，不仅可以为下游质量控制打好基础，同时可以降低质量成本，减少企业来货检验费用(降低 IQC 检验频率，甚至免检)等。经验表明，一个企业若能将 1/4 甚至 1/3 的质量管理精力花在供应商的质量管理上，那么企业自身的质量(过程质量及产品质量)水平起码可以提高 50%以上。可见，通过采购将质量管理延伸到供应商质量控制，是提高企业自身质量水平的基本保证。

同时，采购能对质量成本的削减做出贡献。当供应商交付产品时，许多公司都会进行来料检查和质量检查。为了减少所采购货物的来料检查和质量检查的成本，可以通过选择有健全的质量保证体系的供应商来实现。

采购不但能够减少所采购物资或服务的价格，而且能够通过各种方式提升企业的价值，这些方式主要有支持企业的战略、改善库存管理、稳步推进与主要供应商的关系、切实了解供应市场的趋势等。因此，加强采购管理对企业提升核心竞争力具有十分重要的意义。

4. 采购的经营地位

采购是企业生产经营活动的第一个环节，也是企业生产经营的先决条件，只有进行采购，企业才可以进行运转，同时贯穿企业生产经营全过程的因素；从企业生产过程观察，采购不仅提供生产过程需要的原材料和辅助材料，而且还提供半成品、零部件以及成品组装的各种协作件。

(二)采购的职能层次

从管理职能视角来看，采购的职能分为三个不同的层次，即战略层次、战术层次和业务层次。

1. 战略层次

战略层次涵盖了那些从长远来看影响公司市场地位的采购决策，这些决策主要是高级管理层的职责。这个层次采购决策的内容如下。

(1) 运营方针、程序和任务说明书的制定和发布，是采购部门的权力。

(2) 开发和实施为监控和改进采购作业与绩效的审计和复查程序。

(3) 建立长期的合同和与经鉴定的(或)优先的供应商签订合同(如长期采购协定、特许协议、合作协定、共同设计协定)。

(4) 与供应商战略相关的决策，这种战略以多重或单一采购为基础。

(5) 重大的投资决策(建筑物、设备、计算机)。

(6) 重大的制造或购买决策。通过这种决策，原先在内部进行的制造活动被转移给外部的供应商。

(7) 与一体化有关的决策。也就是在财务上参与供应商的组织以保证关键物料的未来供应。

(8) 与价格转移和公司间的供应政策有关的决策。

(9) 与互惠协议、互惠贸易和易货贸易政策有关的决策。

以上内容说明了采购和供应决策对公司的竞争战略可能产生的长期的、战略的影响，具有十分重要的作用。

2. 战术层次

战术层次包含采购职能影响产品、工艺和供应商选择的稳定。该层次采购决策的内容如下。

(1) 共同协定和(或)年度供应商协定。
(2) 准备和发展价值分析程序和(或)与设计复查及(或)简化为目标的程序。
(3) 采用和实施供应商认证程序(包括审计)以改善来料的质量。
(4) 供应商选择和订约，主要是以减少供应商基数为目标的程序。有关这些问题的决策常常有着较长时间(1～3 年)的影响。

3. 业务层次

业务层次指的是与订购和规划预算职能有关的所有活动。这个层次的活动包括物料的订购、监控交货和解决来料的质量争端。更加具体的采购业务活动包括以下内容。

(1) 订购过程(根据与供应商缔结的相应合同发出订单)。
(2) 与发出的订单有关的所有规划预算活动。
(3) 供应商表现的监控和评价。
(4) 解决纷争(解决与供应商关系中的日常问题)。

业务层次的采购需要基础工作人员对采购战略负责，积极实施采购计划，并及时地向有关部门汇报，根据采购的实际执行情况，及时、迅速地调整采购计划。

三、采购的基本程序和原则

(一)采购的基本程序

采购的基本程序会因为采购品的来源(国内采购、国际采购)、采购的方式(议价、招标)及采购的对象(物料、工程发包)等不同，而在运作细节上有若干差异，但每个企业的基本采购程序大同小异。

1. 提出采购需求

任何采购都产生于企业中某个部门的确切需求。负责具体业务活动的人应该清楚地知道本部门实际的需求，如需要什么、需要多少、何时需要。这样，采购部门就会收到这个部门发出的物料需求单。

采购部门还应协助需求部门预测物料需求。采购部门和供应商早期参与合作会带来更多信息，从而可以削减成本，加快产品推向市场的进度，并能带来更大的竞争优势。

2. 描述采购需求

准确地描述所需的商品或服务是采购部门、使用部门和跨职能采购团体的共同责任。

如果通过对需求描述做某种调整，公司可能会获得更多的效益，那么采购部门就应该对现存的需求描述提出质疑。因此，采购部门和提出具体需求的部门，在确定需求的早期需要进行交流。

采购的成功始于采购要求的确定，同时应制定适当的办法来保证供应商能完全理解。这些办法通常包括：①制定规范、图样和采购订单的书面程序；②发出采购订单前，公司与供应商协商；③在采购文件中提供清晰描述所购产品或服务的数据，如产品的精度等级、检查规程、应用的质量标准等。所有检查或检验方法和技术要求应指明相应的国家和国际标准。在很多企业中，物料单是描述需求最常用的单据。

3. 选择、评价供应商

根据需求说明选择业绩良好的厂商。供应商是企业外部影响企业生产运作系统运行的最直接因素，也是保证企业产品的质量、价格、交货期和服务的关键因素。因此，对供应商的评价是很重要的。

4. 确定适宜价格

确定了可能的供应商后，进行价格谈判，确定适宜的价格。

5. 发出采购订单(合同)

对报价进行分析并选择好供应商后，就要发出订单。

6. 订单跟踪与催货

采购订单发给供应商之后，采购部门应对订单进行跟踪和催货。企业在采购订单发出时，同时会确定相应的跟踪催货日期。在许多企业中，会设有一些专职的跟踪和催货人员。

跟踪是对订单所做的例行追踪，以确保供应商能够履行其货物发运的承诺。催货是对供应商施加压力，使其按期履行最初所做出的发运承诺、提前发运货物或加快已经延误的订单涉及的货物发运。催货也是为了提醒供应商保质保量、及时供货。

7. 产品检验

采购合同上应明确产品检验体系。该检验体系应在采购合同签订之前，由供应商和采购方达成协议。以下所列的任何一种方法均可用于产品检验。

(1) 采购方信赖的供应商的质量保证体系。
(2) 供应商提交检查或检验数据和程序控制记录。
(3) 当收到产品时由采购方进行抽样检查或检验。
(4) 在发送前或在规定的程序中由采购方进行检查。
(5) 由独立的认证机构进行认证。

采购方必须在采购合同上明确指出最终用户(若有最终用户参与)是否在供应商的场地

进行验证活动。供应商应提供所有设施和记录来协助检验。

8. 退货处理

如果供应商因所交货品与合约规定不符而验收不合格，则应依据合约规定退货，并立即办理重购。

9. 结案

凡验收合格付款，或验收不合格退货，均需办理结案手续，清查各项书面资料有无缺失、绩效好坏等，签报高级管理层或权责部门核阅批示。

10. 记录与档案维护

凡经过结案批示后的采购案件，应编列档案登记编号分类保管，以便作为参阅或事后发生问题的查考资料。档案应该具有一定保管期限的规定。

(二)采购的原则(5R 原则)

提高经济效益是企业发展的最终目的，而加速资金周转、降低成本已成为企业经营管理工作的重中之重。采购管理的总目标可以用一句话表述为：以最低的总成本为企业提供满足其需要的物料和服务，以获得最大的价值收益。因此，采购的五大原则分别为：适价(Right Price)、适质(Right Quality)、适量(Right Quantity)、适时(Right Time)、适地(Right Location)。

1. 适价

价格永远是采购活动中关注的焦点。现在的企业管理者对采购最关心的一点就是采购部能节省多少采购资金，所以采购经理应把相当多的时间和精力放在与供应商的"砍价"上。

价格并不是越低越好。作为采购方不能只看订单上的价格，因为价格只是交易的显性部分，还必须注意有许多隐性的成本，如品质、服务、维修、保质期、交货期以及供货的长期性等。特别是质量的优劣和交货的准时性，是影响采购价格的最大因素。

因此，采购方必须在"符合品质要求"的情况下，以"最合理的价格"购买到所需的物品与服务才是正确的。符合品质要求是一个很重要的前提，如果不能满足这个前提，无论供应商提出多么低的价格，都应不予考虑。

2. 适质

一个不重视品质的企业在当今激烈的市场竞争中根本无法立足。一个优秀的采购经理不仅要做精明的商人，同时也要在一定程度上扮演品质管理者的角色，在日常的采购工作中要安排部分时间去推动供应商改善、稳定其商品的品质。

但是若只一味地追求最高标准的品质，则对产品而言，不见得真能增加其实质上的价值。因此，采购方应该坚持符合所需品质水准的要求，减少不必要的品质要求，以取得品质与价格间的最佳平衡。

另外，品质除了符合要求外，还必须维持品质的一致性，也就是说，供应商每次的交货品质不能有明显的差异，在排除外在因素后，才能确保内部生产线上的品质易于控制。

3. 适量

采购方对内应顾及有效的库存管理，达到较高的存货周转率，减少不必要的储存成本；对外则需协调供应商的经济生产批量，改进采购作业，以达到订购或制造产品数量的"损益平衡点"，让供应商有合理的利润空间。

采购人员不仅要监督供应商准时交货，还要强调按订单数量交货。如果能够完全控制供应商的到货时间，对于库存的存货周转率也能得到有效的控制。

4. 适时

采购部最重要的使命是不让生产"停工待料"，而要保持持续供货，不使生产停顿则是采购经理的职责。但是，若原材料提前太多时间买回来放在仓库里等着生产，又会造成库存过多，大量积压采购资金。因此，采购部既要重视采购提前期对采购成本和满足生产的重要性，又要扮演协调者与监督者的角色，去促使供应商按预定时间交货。

5. 适地

适地就是怎样选择一个合适供应商的问题。对于供应商的选择，除了技术实力以外，采购方还必须思考两方面的问题：一是地域；二是规模。企业在选择试点供应商时最好选择近距离供应商来实施。近距离供货不仅使得买卖双方沟通更为方便、处理事务更快捷，也可降低采购物流成本。

总之，只有综合考虑才能实现最佳采购，这需要采购人员在长期的实际操作中积累经验。

【案例分析 1-1】

跨国公司的采购操作

企业在竞争中能否取胜取决于实力。领先的核心技术是实力，英明的经营决策是实力，优秀的人力资源是实力，可观的规模效应、优良的企业资产和科学的管理体系等都是有实力的企业所应具备的。

然而，除上述先决条件外，企业生产经营中的成本控制也是关键的一环。成本乃生存之道，经营效益的好坏与生产成本能否被有效地控制密切相关。以原材料、零配件采购为例，若采购成本高，生产成本必然也高；反之亦然。因此，采购作为企业为满足特定的需要而发生的外部购买行为，采购管理对企业而言就意味着使购买物有所值。

采购管理离不开三个主题，即降低成本、提高质量和提高效率。既然采购是"外部"购买行为，也还意味着供应商和客户之间的利益关系并不完全一致。为此，要在变动的采购利益关系中准确界定企业的利害关系，并以此为基础展开采购行为。

眼下国内大部分企业存在着一个误区，即采购工作就是和供应商处理好关系，然后在这种关系基础上，与企业需求之间寻求磨合和平衡。其实对企业而言，这种情况是很危险的。在采购行为中，与供应商建立良好的个人关系固然重要，但企业间的利益关系更是本质的，并具有决定性作用。在采购管理方面，跨国公司有很多成功的经验值得学习。

许多跨国公司在操作采购活动中，都采用"业务外包"的做法，将采购部门从单一的服务于生产的职能中解放出来。耐克(Nike)公司就是一个广为人知的例子，这家世界运动鞋霸主没有直接的原材料供应商，甚至没有自己的工厂。在很多发展中国家的工厂里，耐克鞋被日夜不停地生产出来，而工厂的主人却不是耐克。这些工厂拥有自己的原料供应商提供布匹、塑料、生产设备等的供应商，这些供应商们也同样拥有自己的供应商。

耐克从生产到广告、从飞机票到午餐、从仓储到市场调研等，都是通过采购得以实现。这种成功在很大程度上是以"大采购"战略的成功为基础的。

认识自己的核心能力对于采购也是很重要的。在美国微软公司全球的3万余名雇员中，有超过一半的雇员是从事软件开发的，1万人左右做市场和销售工作，另有4000人左右从事财务、人事、办公室管理和物流管理工作，其他业务和资源全部通过采购获得。

世界饮料工业的头号巨人——可口可乐公司也采取了同微软类似的做法。该公司虽然保留了"可口可乐"工厂，保留了诸如财务、人事等管理职能，但始终把大部分精力投入市场和销售领域。即使在市场部门，工作的主要内容也是保证利用通过采购获得的消费者研究、零售研究、竞争对手等研究结果的准确性，并保证能够应用到公司的渠道策略、广告策略和新产品开发策略中去。这几年来，可口可乐公司也开始对生产进行采购，即进行"合作生产"，如"天与地""醒目"等。

微软注重研发、可口可乐注重市场，并非偶然。提到微软，人们首先想到的是好用的软件；提到可口可乐，人们首先想到的是充满活力的广告和地道的美国文化，除了供应商本身外，大概没有人会去注意"Office软件的包装是哪里生产的""可口可乐的水是哪条河里的"等问题。

可以说，对那些成熟的跨国公司而言，他们把资源和注意力更多地放在"核心能力"上，而对于那些与核心能力无关的业务，则尽量通过采购获得，这是他们的普遍战略，是值得国内企业借鉴的成功之处。

(资料来源：跨国公司的采购操作[DB/OL]. 百度文库.
https://wenku.baidu.com/view/72fd4ea2a7c30c22590102020740be1e640eccd5.html)

思考题：
跨国公司的采购操作模式是什么？

第二节　采购管理及其职能

一、采购管理的定义

采购管理(Procurement Management)是计划下达、采购单生成、采购单执行、到货接收、检验入库、采购发票的收集到采购结算的采购活动的全过程，对采购过程中物流运动的各个环节状态进行严密的跟踪、监督，实现对企业采购活动执行过程的科学管理。

采购管理指的是对采购过程的计划、组织、协调和控制等。它包括管理供应商关系所必需的所有活动。它着眼于企业内部、企业和其供应商之间构建采购关系和持续改进采购过程，因此采购管理包括内部和外部两个方面的内容。

建立企业采购管理制度，可以明确各岗位、各环节的责、权及相互关系；明确采购人员的业务操作要求，从而有利于加强考核；有利于在采购部门贯彻按劳分配制度，有利于激发职工的责任感与事业心。

二、采购管理的内容

(一)采购管理按照内容的不同进行划分

按照内容的不同，采购管理主要分为以下四个方面。

1. 采购计划管理

采购计划管理对企业的采购计划进行制订和管理，为企业提供及时、准确的采购计划和执行路线。采购计划包括定期采购计划(如周、月度、季度、年度)和非定期采购计划(如系统根据销售和生产需求产生的)。通过对多目标、多元素采购计划的编制、分解，将企业的采购需求变为直接的采购任务，支持企业以销定购、以销定产、以产定购的多种采购应用模式，支持多种方便灵活的采购单生成。

2. 采购订单管理

采购订单管理以采购单为源头，对从供应商确认订单、发货、到货、检验、入库等采购订单流转的各个环节进行准确的跟踪，实现全过程管理。通过流程配置，可进行多种采购流程选择，如订单直接入库或经过到货质检环节后检验入库等，在整个过程中，可以实现对采购存货的计划状态、订单在途状态、到货待检状态等的监控和管理。采购订单可以直接通过电子商务系统发向对应的供应商，进行在线采购。

3. 采购财务管理

采购财务管理中，发票管理是采购结算管理中的重要内容。采购货物是否需要暂估、劳务采购的处理、非库存的消耗性采购处理、直运采购业务、受托代销业务等均是在此进行处理。通过对流程进行配置，允许用户更改各种业务的处理规则，也可定义新的业务处理规则，以适应企业业务不断重组、流程不断优化的需要。

4. 采购档案管理

采购档案管理中主要包括企业采购计划执行文件、企业采购前期准备文件、企业采购招标文件和其他文件。各采购部指定采购助理负责采购档案的管理，并建立岗位责任制度。一般采购合同签订后一个月内，由经办人员或责任人将该采购项目的全套文件材料进行收集整理后交档案管理人员归档。

(二)采购管理按照层次的不同进行划分

按照层次的不同，采购管理主要分为以下三个方面。

1. 采购交易管理

这是较初级的采购管理，多为对各个交易的实施和监督。其特征如下。
(1) 围绕着采购订单展开。
(2) 与供应商进行讨价还价。
(3) 仅重视诸如价格、付款条件、具体交货日期等一般商务条件。
(4) 被动地执行合同和技术标准。

2. 采购项目管理

随着对前期大量订单的经验总结和汇总以及管理技能的提高，管理人员意识到供应商管理的重要性；同时，根据自身的业务量分析和整个物流系统的要求，合理分配自身的资源，开展多个采购项目管理。这个阶段的特征如下。
(1) 围绕着一定时间段的采购合同，试图与供应商建立长久的关系。
(2) 加强了对供应商其他条件的重视，如订单采购周期、送货、经济批量、最小订单量和订单完成率。
(3) 重视供应商的成本分析。
(4) 开始采用了投标手段。
(5) 增强了风险防范意识。

3. 策略性采购管理

这种策略性采购强化与供应链管理的结合，其特征如下。
(1) 与供应商建立策略性伙伴关系。
(2) 更加重视整个供应链的成本和效率管理。
(3) 与供应商共同研发产品并重视对消费者的影响。

(4) 寻求新的技术和材料替代物，改变原委托制造方式的操作。

(5) 充分利用诸如跨地区、跨国家的企业集团力量集中采购。

(6) 更为复杂广泛地应用投标手段。

【知识拓展1-2】

采购管理的五个阶段

世界著名的 The Hackett Group 有一个采购管理的阶段模型。它把采购分为五个发展阶段，包括供料、价格、总成本、需求管理和全面增值。

(1) 供料阶段：采购最基本的责任是保证供应。采购的角色是采购员、计划员，做的是典型的文秘工作。采购员负责下单、跟单、收料、付款。

(2) 价格阶段：采购的角色转为谈判员，节约开支是采购的主要指标。与供料阶段相比，处于价格阶段的公司系统地跟踪、比较价格，统计采购节支。比价主要有两种方式：跟市场价比；跟历史采购价比。采购节支是采购业绩的重要指标，因为它直接明了，易于量化。但是，采购价只是成本的一部分，它的优化往往导致别的成本的不优化。例如，很便宜地购买一台设备，采购部门得到嘉奖，但由使用部门来埋单，是因为使用中维修成本太高等。这就要考虑总成本。

(3) 控制总成本：即采购的第三个阶段。相应地，采购的角色也转换为供应链管理，兼顾运输、仓储、关税、汇率、使用、回收等。

上述三个阶段侧重于供应方面。简单地说，就是需求确定后，采购以最经济的方式满足要求，但对需求是怎么确定的则影响有限。这样的采购是事后管理。其实70%~80%的成本是在设计阶段即事前决定。

(4) 需求管理：如果采购要彰显对公司的贡献，就得有效介入需求确定阶段，帮助做好设计、规划工作，这也是采购要上的第四个台阶。供应商早期介入是其一，即把供应商的好想法尽早纳入设计，使设计更合理，从设计角度降低成本。客户管理是其二，确保使用综合绩效最好的供应商，尽量减少需求变动，控制牛鞭效应等，都可从根本上降低供应链的总成本。

(5) 全面增值：第五个阶段也是最高阶段，即全面增值，采购成为公司的核心竞争力。采购是企业的命脉，不但在于成本节支，而且在于确保采购产品的质量和技术含量。此时企业对供应商的依赖程度增加，采购上升到战略层面。相应地，采购指标也增加了很多财务、经营方面的内容，如现金流、资产管理等原来由运营、财务部门负责的指标。

以上这五个阶段循序渐进、相辅相成。

（资料来源：采购管理的五个台阶[DB/OL].百度文库.
https://wenku.baidu.com/view/09bf6acc69eae009591bec3a.html）

三、采购管理的职能

现代管理教育将采购管理的职能划分为三类,即保障供应、协调供应链及信息管理。

1. 保障供应

采购管理最首要的职能就是要实现对整个企业的物资供应,保障企业生产和生活的正常进行。在企业的生产线开动前,企业生产所需的原材料、零配件、机器设备和工具等必须样样到位,缺少任何一样,生产线就开动不起来。

2. 协调供应链

在市场竞争越来越激烈的当今社会,企业之间的竞争实际上就是供应链之间的竞争。企业为了有效地进行生产和销售,需要一大批供应商企业的鼎力相助和支持,相互之间需要良好的协调配合。一方面,只有把供应商组织起来,建立起一个供应链系统,才能形成一个友好的协调配合采购环境,保证采购供应工作的高效、顺利进行;另一方面,企业的采购管理部门往往具有最广泛地与供应商打交道的机会,通过他们耐心、细致的工作,通过与供应商的沟通、协调采购供应操作,才能建立起良好的供应商关系,从而建立起稳定的供应链,并进行供应链运作和管理。

3. 信息管理

在企业中,采购管理部门几乎每天都与资源市场打交道。它除了是企业和资源市场的物资输入窗口外,同时也是企业和资源市场的信息接口。所以,采购管理除了保障物资供应、建立良好的供应商关系外,还要随时掌握资源市场信息,并反馈到企业管理层,为企业的经营决策提供及时、有力的支持。

四、采购管理的重要性和作用

(一)采购管理的重要性

采购管理的重要性表现在以下几个方面。

1. 保障供应的必要前提

供应物流是保证企业生产经营正常进行的必要前提,因此,采购为企业保证供应、维持正常生产和降低缺货风险创造了条件。物资供应是生产的前提条件,生产所需要的原材料、设备和工具都要由采购来提供;没有采购就没有生产条件,没有物资供应就不可能进行生产。

2. 保证质量的重要环节

采购供应的物资质量的好坏直接决定着企业产品质量的好坏。能不能生产出合格的产品，取决于采购所提供的原材料以及设备工具质量的好坏。

3. 控制成本的主要手段

采购的成本构成了生产成本的主体部分，其中包括采购费用、购买费用、进货费用、仓储费用、流动资金占用费用以及管理费用等。采购的成本太高，将会大大降低生产的经济效益，甚至导致亏损。因此，加强采购和供应的组织与管理，对于节约占用资金、压缩存储成本和加快营运资本周转起着重要的作用。

4. 企业与市场的信息接口

采购人员虽然直接和资源市场打交道，但是资源市场和销售市场是交融混杂在一起的，都处在大市场之中。所以，采购人员也可以为企业及时提供各种各样的市场信息，供企业进行管理决策。

5. 加强客户关系的有效途径

采购是企业和资源市场的关系接口，是企业外部供应链的操作点。只有通过采购部门人员与供应商的接触和业务交流，才能把企业与供应商联系起来，形成一种相互支持、相互配合的关系。

(二)采购管理的作用

具体而言，采购管理的作用可以从以下两个方面来体现。

1. 直接作用

采购管理在以下几个方面对经营的成功具有重大贡献。
(1) 采购管理可以通过实际成本的节约显著提高营业利润。
(2) 通过与供应商一起对质量和物流进行更好的安排，采购管理能为更高的资本周转率做出贡献。
(3) 通过科学的采购流程管理，能够对企业的业务流程重组以及组织结构的改革做出贡献。
(4) 采购部门通过与市场的接触，可以为企业内部各部门提供有用的信息。这主要包括价格、产品的可用性、新供应源、新产品及新技术的信息。这些信息对企业的其他部门都非常有用。

2. 间接作用

除了直接降低采购成本外，采购管理也能够以一种间接的方式对公司竞争地位的提高做出贡献。这种间接贡献以产品品种的标准化、质量成本(与检查、报废、修理有关的成本)的降低和产品交货时间的缩短等形式表现。在实践中，这些间接贡献通常比直接节省的资金更有利于企业的持续发展。

(1) 产品标准化。可以通过采购标准化的产品来减少采购品种，从而降低企业生产成本。这样还可降低对某些供应商的依赖性，更好地使用竞标的方法。

(2) 减少库存。通过对采购活动的科学管理，可以实现对企业各个生产环节所需原料的即时供应，从而降低企业的库存水平以及因大量库存而带来的资金占用。

(3) 柔性的递增。目前越来越多的公司正尝试实施柔性制造系统，这些系统的实施要求供应商具有良好的市场反应能力。采购部门的协调将使得供应商与企业共同努力，不断提升竞争力。

(4) 对产品设计和革新的贡献。随着科技的进步，产品的开发周期在极大地缩短，产品开发同步工程应运而生。通过采购让供应商参与到企业产品开发中，可以利用供应商的专业技术优势缩短产品开发时间、节省产品开发费用和产品制造成本。

(5) 提高企业部门间的协作水平。

总之，采购管理在企业管理中占有至关重要的地位，采购环节是整个经营中的关键环节。因此，做好采购工作和采购管理工作，是企业在激烈的市场竞争中发展的基本条件。

五、现代采购管理的发展

(一)传统采购管理与现代采购管理的区别

采购管理经历了从传统采购向现代采购的发展，传统采购主要有比价采购、询价采购、招标采购等。现代采购主要有战略采购、供应链采购等。

传统采购的重点放在如何与供应商进行商业交易的活动上，特点是比较重视交易过程中供应商的价格比较，通过供应商的多方竞争，从中选择价格最低的供应商作为合作者。虽然质量、交货期也是采购过程中的重要考虑因素，但在传统的采购方式下，质量、交货期等都是通过事后把关的办法进行控制，如到货验收等，交易过程的重点放在价格的谈判上。因此，采购部门与供应商之间经常要进行报价、询价、还价等反复的谈判，并且多头进行，最后从多个供应商中选择一个价格最低的供应商签订合同，订单才确定下来。

传统采购管理与现代采购管理的主要区别如表 1-2 所示。

表 1-2　传统采购管理与现代采购管理对比表

名　称	类　别	
	传统采购管理	现代采购管理
供应商/买方关系	相互对立	合作伙伴
合作关系	可变的	长期
合同期限	短	长
采购数量	大批量	小批量
运输策略	单一品种整车发送	多品种整车发送

续表

名 称	类 别	
	传统采购管理	现代采购管理
质量问题	检验/再检验	无须入库检验
与供应商的信息沟通	采购订单	网络
信息沟通频率	离散	连续的
对库存的认识	资产	祸害
供应商数量	多，越多越好	少，甚至一个
设计流程	先设计产品后询价	供应商参与产品设计
产量	大量	少量
交货安排	每月	每周或每天
供应商地理分布	很广的区域	尽可能靠近
仓库	大，自动化	小，灵活

(二)现代采购管理特点

现代采购管理指的是运用现代科学的采购技术和方法，通过计算机网络实现信息收集、供应商选择、采购、运输、库存，全过程使用信息化、网络化，最大限度地满足生产需要，降低采购物流成本，实现采购目标的过程。

现代采购管理具有以下几个特点。

1. 统一采购需求

拥有数家制造厂的企业集团可以通过统一共同采购需求来形成采购优势。国际上有很多这种类型企业的做法，都显现出这样一种统一采购的趋势。这种方法广泛应用于原材料、计算机硬件和软件、生产货物和部件采购上。

2. 供应链整合采购

为了确保不同的相关材料领域的有效整合，采购正被逐渐纳入供应链管理中。这要求采购管理与生产计划、库存控制、质量检查之间紧密配合，采购不再只遵循自身的路线。例如，海尔自 2000 年开始创新时，第一步就是整合采购，将集团的采购活动全部集中，开展规模化经营、全球化经营、全球化采购，优化供应链，降低成本。

3. 采购协同生产计划

采购与生产计划的协同是为了让采购规范既能与生产部门的需求相结合，又能更好地选择供应商。在现代企业中，越来越多的企业引进现代信息管理系统 ERP，更清晰、明确地把握企业的需求，根据实际的生产计划情况，建立需求计划，实时把控采购情况，实现最大限度的采购和生产计划的协同。

4. 采购管理中心化

采购管理中心化可以集中全企业的采购力量，对供应市场产生影响，使集团采购处于有利地位；同时也便于企业对供应商的管理，便于企业主体资源的优化。采购管理的中心化可以帮助企业控制成本，增强企业的核心竞争力，从而推动企业的发展。

5. 采购管理专业化

采购管理专业化对采购人员提出了更高的要求：采购人员需要了解购买的产品，了解产品的原理、性能要求，了解市场行情、价格走势，了解供应商的实力、供应商报价的合理性，实地考察供应保证能力；这需要具备极强的谈判能力和计划能力，才能在保证供应的同时保证价格和质量标准。具体来说，作为专业采购人员，需要掌握至少一门符合企业实际需要的采购专业知识；采购人员需要有能力与公司其他国家或地区的相同采购物品组进行沟通，了解世界市场变化和供应商的表现，因此英语沟通能力、计算机和网络技术能力都很重要。至于资深采购专家，则需要有项目管理、财务管理、供应链管理等专业技能。

6. 日益重视绿色采购

环境问题给采购提出了全新的挑战，绿色采购的理念应运而生。

绿色采购强调政府和企业经济主体在采购政策的制定、实施过程中考虑到原料获取过程对环境的影响，以对人和环境的负面影响最小化为前提，尽可能减少资源的消耗，减轻对环境的影响，以适当的价格从外部获取适销对路的商品，从经济性和环境保护两个角度进行采购活动，使资源得到最充分利用。

随着全球经济的快速发展，越来越多的国家重视绿色采购。德国早在1979年就规定了政府机构绿色采购相关原则；日本在2000年通过了《绿色采购法》；欧盟于2004年发布《政府绿色采购手册》，以指导成员国如何在采购决策中考虑环境问题。我国《政府采购法》(2002年发布，2014年修正)第九条规定，政府采购应当有助于实现国家的经济和社会发展政策目标，包括保护环境、扶持不发达地区和少数民族地区、促进中小企业发展等。

7. 电子采购普及发展

电子采购是由采购方发起的一种采购行为，是一种不见面的网上交易，如网上招标、网上竞标、网上谈判等。人们把企业之间在网络上进行的这种招标、竞标、谈判等活动定义为B2B电子商务，事实上，这也只是电子采购的一个组成部分。电子采购比一般的电商和一般的采购在本质上有更多的概念延伸，它不仅完成采购行为，而且利用信息和网络技术对于采购全程的各个环节进行管理，有效地整合了企业资源，帮助供求双方降低了成本，提高了企业的核心竞争力。例如，飞利浦医疗(苏州)有限公司是全球著名品牌飞利浦的全球供应链生产基地之一，通过建立企业级的电子采购交互平台，建立标准的电子化订单交互流程，无纸化的订单、交货流程，形成电子化的订单、交货、收料的采购供应链信息网，将各系统整合发挥至最大整体效率。

六、采购管理的误区

采购工作在企业运营中地位十分重要，它的影响往往最直接、最明显地反映到成本、质量上，对于工程、商贸等大型企业来说，由于采购的比例大，加强采购管理的意义就更加重要了。然而，目前许多企业的采购管理都存在着不少误区，需要深入反思和纠正。

(一) 采购成本方面的误区

追求企业的绝对低成本，不断压缩供应商的利润空间。姑且不说低成本带来的质量下降，其实，这种拼成本的结果最终得益的是终端客户，损害的却是行业及相关行业的生存空间。采购不是孤立的资源保障活动，它应与企业的市场营销战略紧密结合，绝对的低成本并不代表企业高效益，事实证明，它只能是压缩行业的利润空间；相对的低成本才是企业持续发展的保证，是企业竞争力的体现，它符合国家引领企业健康发展的战略思路。

事实证明，大部分管理型企业并没有因为金融风暴时期的采购低成本而利润率提高，也没有因为 2003 年、2004 年材料价格暴涨、成本大幅攀升而下跌。因此，企业的采购管理体系必须渗透"相对低成本"的采购理念。

(二) 企业文化方面的误区

"企业的文化就是老板文化""老板永远是对的，至少当时是对的"。不少企业的总经理直接参与采购管理，而且总有不少的决策性意见指导采购部门，最终导致采购工作寸步难行、无所适从。总经理适当的参与将有助于企业采购部门发挥工作积极性，而过度的管理只能是适得其反。

(三) 库存理念方面的误区

合理库存水平有助于企业发展，"零库存"理念也有其适用条件。曾经某集团企业在 2000 年底受其影响，严格控制库存，致使该企业在钢材价格仅为 2350 元/吨时，实行零库存管理，导致 2001 年年初该企业订单大增，而钢材价格直奔 4000 元大关的情况下，不仅采购损失惨重，更重要的是生产节奏不保。因此，库存是一个调节器，合理利用库存将大大降低企业的采购成本。

(四) 采购业务方面的误区

1. 采购只要保证"货比三家"就行

很多企业的管理者认为采购管理只要保证"货比三家"就行了，通常要求负责采购的工作人员申报采购方案时都要提供至少三家报价,管理者审批时就看有没有三家的比价,再选一个价格合适的(通常是选择价格最低的)。这个办法很简单,在采购管理上,把这种采购方式叫作"询价采购"或"选购"。

但是,为什么"货比三家"有时不管用呢?这并不是"询价采购"方式本身的问题。问题的根本原因是没有配套的合格供应方管理机制。在这种情况下,采购的管理者最终签字选择供应商,表面上拥有绝对的决策权,但由于采购人员可以自由询价,从而拥有实际的决策权。这种管理模式不改变,无论怎样"货比三家"都是徒劳的。解决这个问题的关键是要给采购人员的询价活动划定一个范围,这就是"合格供应方评审"。"合格供应方评审"本是质量管理的概念,但从更广义和实用的角度,就是管理者按照一个质量、成本等方面的标准,划定一个范围。这个范围可以由企业高层管理者直接决定,也可以由一个委员会决定。总之,采购执行人员不能单独决定这个范围,也不能超出这个范围活动,并要对每次采购活动中这个范围内的决策支持信息负责。

2. 采购只用招标方式:"一招就灵"

招标的采购方式给人以客观、公平、透明的印象,很多管理者认为,采取招标方式可以引入竞争,降低成本,也就"采购大吉"了。但有时候招标也不是"一招就灵"。为什么要招标?什么情况下该招标?还有什么情况可以采用更合适的采购方式?这些问题涉及采购方式选择的问题。在不同的采购环境和要求下,要灵活地采用不同的采购方式和手段。

目前,常用的采购方式有很多。常用的主要有招标采购、竞争性谈判、询价采购、单一来源采购等。

各种各样的采购误区,直接影响到企业采购绩效和企业战略,广大采购管理人员要深入反思、及时纠正。

【案例分析 1-2】

日本卡斯美采购管理之道

日本卡斯美目前拥有 102 家超市,年销售额约为 1480 亿日元,折合人民币 123 亿元,经营品种约为 1.2 万种。卡斯美总部负责商品采购业务的部门被称为商品部,商品部以商品的进货、开发和管理为中心,其职能包括制订进货和销售计划,负责商品开发、制品开发、渠道开发。商品部内设 11 个部门,设立的原则是根据其在经营额中的重要程度。

卡斯美根据当地实际编制出的商品分类表推行标准化的内容,其作用极大:一是它可以界定所经营的商品范围;二是它有助于对经营业绩按商品结构进行分析。做商品分类后,计算机系统也同时对卖场进行分类管理,分析销售额、毛利率、损耗率、费用额、客单价、卖场销售效率、周转天数的变更。根据业态理论,超市经营居民日常生活需要的食品和日用品,也就是高消耗、高周转的大众品和实用品。大众品不是指便宜的商品,而是一般老百姓日常生活要吃或要用的东西。实用品是指用完了还要周而复始地去购买的东西。确定商品陈列面管理表从而确定小分类的适当规模。在确定商品陈列面管理表时，卡斯美首先从理论上分析，商品陈列的货架越多、展示越充分，所实现的销售额也就越多。但是摆放多少货架总有个度，什么是适当规模，各个小类引进多少个名目，摆在多少个货架上最出效益呢？并没有现成的计算方法，需要采购员对每个小类的陈列面与销售额进行对比、分析。确定各个小分类适当规模的原则是：要满足一般老百姓生活需求品目数的 80%；了解其他商场各个小分类的布局情况；容易陈列，方便顾客选择购买。卡斯美的酱油和奶酪分别有 45 个品目和 69 个品目，都是用两个货架摆放的；而针棉织品需用 10 个以上的货架才行，因为年龄段、性别不同，需要的各种规格尺寸、颜色式样十分繁杂，应按系列化做足，才能满足顾客需求。卡斯美认为，必须以这种方式考虑来决定设置多少个货架。其次，卡斯美还十分注重陈列面管理表。在采购员的职责中，货架管理必须细致到对各个小分类的货架陈列进行设计，设计出来的货架陈列图样称为陈列面管理表。陈列面管理表规定了陈列格式：用几层隔板及隔板的尺寸，悬挂陈列时用多长的挂钩及使用数量；规定了每种商品的售价、陈列位置、排面数及陈列量。使用这种标准化的陈列面管理表能够将总部的商品策略贯彻到每个店铺，使整个连锁系统的商品营运容易控制，对于季节性变动修正及新品的增列、滞销品的删减等工作，执行起来效率比较高。在卡斯美，陈列面管理表运用得非常广泛，几乎每家连锁店的每个店铺都有陈列面管理表，它是管理控制商品最基本的工具。因此，一个店在开设之前，应当首先把陈列面管理表规划好，再进行所有硬件的设置与进货陈列。在日本，厂商推出新品有固定的日期，一般是春、秋两季各一次。每年年初，日本大厂商召开新产品发布会，各商业单位采购员都会参会，若对新品感兴趣，就会索取资料。在导入新品时，各店铺先要把旧的商品砍掉。由于计算机程序比较完备，采购员在商品底账上敲进一个记号，第一次导入新品时，为了避免风险，一般先选择标准店铺进行试销，作堆头陈列，统计每天的顾客量、销售额，计算 PI 值。试销一星期，如卖况较好，就可以引进，其陈列面数的安排可通过与老产品进行类比做出；如卖况不好，就不再引进。在电视上做广告的新品要比其他新品更快地导入。在卡斯美，老产品的淘汰也是采购员的职责之一。当有新品引进时必先淘汰老产品；否则货架上的商品品目就会越来越多，而陈列面会越来越少，销售额就会下降。淘汰老产品的标准主要是依据销售额。采购员根据计算机系统提供的小分类销售报表、商品销售额排序、商品销售量排序、ABC 分析、部门管理表等资料，能够非常精确地淘汰掉那些卖况差的品目。卡斯美的采购管理是现代零售业态和经营方式下的一种管理模式，是现代零售管理模式的重要代表之一。

(资料来源：寒令香，李东兵. 采购与库存管理[M]. 大连：东北财经大学出版社，2016.)

思考题：
试分析说明日本卡斯美的采购管理方式。

第三节　采购组织管理与采购人员

采购组织是指为了完成企业的采购任务，保证生产经营活动顺利进行，由采购人员按照一定的规则组建的业务职能团队。建立一个高效率的采购组织机构，可以帮助企业控制采购成本，以尽可能低的价格获得企业需要的产品。采购组织的工作状况直接影响整个企业的运作流程和竞争优势，对企业有重要意义。

一、采购组织设置的原则

1. 简化原则

简化原则的出发点是"人尽其才"，即设计采购组织机构时，其岗位应按照合适的原则，有效规避岗位重复、人员闲置等不良现象。最终的目的是让组织内每一名成员都能最大限度地发挥潜能。现在的部门常采取扁平式的组织形式，人岗匹配，减少冗余，提高信息交换的速度，提高效率。

2. 责、权、利相结合的原则

当企业责、权、利不统一时往往会出现有责无权，责任难以落实，甚至滥用职权等不良现象。因此，采购组织必须实现责、权的对等与统一。绝大多数成功的企业会在采购管理组织中实施责、权相互制衡的管理方式。现代信息管理组织中，系统中每个人所负责的步骤、环节、项目都有记录，可随时进行查看，可准确地进行奖励和责任追究。

3. 一致性原则

任何一个企业的采购组织要想顺利地完成采购任务，都必须遵守上下一心、齐心协力、遵循统一的原则。一般而言，统一原则主要包括目标统一原则、战略匹配统一原则和指挥统一原则。

4. 效率性原则

采购与供应处于企业经营环节的前端，其效率关系到企业的整体运营效率。所以，采购工作要高效开展，该组织机构必须以高效运转为基本设置目标。

5. 适应性原则

采购与供应组织应能较好地适应企业经营战略的调整和市场环境的变化。任何组织都是存在于环境之中的。面对变化的环境，组织的竞争能力在很大程度上取决于其环境适应能力。

二、采购组织的类型和比较

采购组织的基本类型有分权式采购组织、集权式采购组织、混合式采购组织和跨职能采购小组。

1. 分权式采购组织

在建立了分权式采购组织的企业中,企业把与采购相关的职责或工作分别授予不同的部门来执行。分权式采购组织的优点是:时效性强,能主动配合生产需要;利于地区性物资的采购,仓储管理简单,占用库存空间小,占用资金少;采购手续简便,有问题能及时反馈。分权式采购组织的缺点是:权力分散,无法取得集权式采购的价格折扣,难以培养专业人才;对供应商的政策可能不细致,可能导致多部门与同一供应商就同一产品谈判所达成的采购条件有差异;决策层面低,易产生暗箱操作;作业分散、重复,使得成本增加。

2. 集权式采购组织

集权式采购组织将与采购相关的职责或工作授予一个部门来执行,将所有生产或经营的物料、商品集中进行采购与供应。集权式采购组织企业有一个中心采购部门,其主要工作包括采购专家战略及战术层面的运作、产品规格的集中制定、供应商的选择、与供应商的合作准备与谈判等。

集权式采购组织的优点是:能形成规模效益,获得价格折扣、运输等多方面优惠,降低采购成本;采购功能集中,便于培养专业人员;易于稳定与供应商的关系,有利于长期合作的实现;公开采购、集体决策和阳光操作,防止腐败,便于采购程序标准化,减少分散采购的重复工作。其缺点是:手续较多,过程较长;专业性要求高,责任重大。

3. 混合式采购组织

混合式采购组织结合了分权式采购组织和集权式采购组织的特点。在混合式采购组织中,总公司和下属企业都设立采购部门,总公司统筹进行政策性采购、技术性采购、大批采购和国际采购等;下属企业采购部门可办理除总公司采购以外的零星采购、地区性采购和紧急采购。这种分权与集权协调运用的采购组织可以提高采购效率,增强采购灵活性,有效降低采购成本。其缺点是采购组织结构复杂,管理协调成本增加。

4. 跨职能采购小组

跨职能采购小组是采购组织中比较新的组织形式。跨职能采购小组由来自不同部门的人员构成,而且越来越多的公司开始将供应商纳入采购小组中,来共同完成采购或供应链的相关工作。跨职能采购小组的具体工作包括产品设计或供应商选择,以及更广义的工作,如减少采购项目的成本和改进质量等。

跨职能采购小组的优点是：能减少完成采购任务花费的时间；能更好地识别和解决问题，提高创新能力；能加强部门或组织间的交流。跨职能采购小组的缺点是共享决策权容易造成决策混乱。

三、采购部门的设置

采购部门的组建是将采购组织应负责的各项采购功能整合起来，并以分工的方式建立不同的部门以执行这些功能。

(一)采购部门设置的原则

1. 部门设置应同企业的性质和规模相适应

采购部门的组织结构因企业情况不同而有所区别。例如，跨国型企业选择区域结构式的部门设置，各个区域结合本地区的实际情况进行采购。又如，零售业一般选择顾客结构式的采购模式，将企业采购的目标市场按顾客属性分类，每个采购人员只负责其中一类或几类顾客。

2. 部门设置应同企业的采购目标、方针相适应

企业的电子化水平较高时，可相应地减少采购部门的行政人员数量，电子化、信息化可以有效地提高企业的工作效率；反之，信息化水平低的企业要适当增加采购部门的人员数量，保证工作流程的程序化和标准化。

3. 部门设置应同企业的管理水平相适应

如果企业规模较小，产品结构较单一，设置单一的采购部门并直接向总经理汇报工作；一些企业的规模较大，如大型的跨国公司或国内的大型国有企业，还有一些企业业务较多、管理繁杂。这样的企业可以设置独立的采购部门体系，并向分管采购的副总经理汇报工作；对于一些规模大、产品种类多、原材料需求差异性大、各子公司的地理位置距离远的企业，可采用集中分散的采购模式。

(二)采购部门设置的职责

1. 制定并完善采购制度和采购流程

(1) 根据公司的长期计划，拟定采购部门的工作方针和目标。
(2) 负责制定采购方针、策略、制度及采购工作流程与方法，确保贯彻执行。
(3) 制定招、投标管理办法和各项物品的采购标准，并严格遵照执行。

2. 制订并实施采购计划

(1) 根据公司的拓展规模以及年度的经营目标,制订有效的采购计划和采购目标。

(2) 统筹策划和确定采购内容,制定主辅料采购清单。

(3) 组织实施市场调研、预测和跟踪公司采购需求,熟悉各种物资的供应渠道和市场变化情况,据此编制采购预算和采购计划。

(4) 根据采购管理程序,参与重点和大宗采购项目的谈判、签约,检查合同的执行和落实情况。

(5) 负责组织落实公司的采购、供应材料、备品配件及其他物资供应,确保合理地组织采购,并及时供应生产所需的物资。

(6) 督导检查仓库的验收、入库、发放及管理工作,确保采购物品的质量。

3. 采购成本预算和控制

(1) 编制年度采购预算,实施采购的预防控制和过程控制,有效降低成本。

(2) 采购价格审核、预算、报价,达到有效的成本控制。

(3) 向各部门提出降低成本的建议,减少不必要的开支,以有限的资金保证最大的物资供应。

(4) 对采购合同履行过程进行监督检查,及时支付相关款项。

4. 选择并管理供应商

(1) 根据公司的物资需求,选定价格合理、货物质量可靠、信誉好、服务优的供应厂商,建立长期战略同盟。

(2) 建立对供应商的资信、履约、售后服务能力及物资市场价格状况和走势的综合评估系统。

(3) 不断开发新的供应渠道和供应商,加强对新老客户的走访和调查。

(4) 制定供应商管理办法,加强对供应商的管理、考核,确保供应商提供产品的优良性。

四、采购管理的岗位及人员

(一)采购管理的岗位设置

1. 需求分析员

在采购之前,需要进行需求分析。需求分析员的基本职责就是通过预测分析或实际分析确定未来时间内的采购需求量。实际分析是指把各个单位上报的采购计划任务书进行汇总、统计。预测分析是根据各个单位历史上各月的消耗情况,主动预测下一个月或下一段时间需要采购订货的品种数量。

2. 市场分析与供应链管理员

市场分析与供应链管理员的基本职责是掌握企业所需的物资资源在资源市场中的分布情况以及资源数量、价格、质量等情况，还要掌握供应商的生产能力、技术水平、产品质量、成本价格、市场信誉、运输能力、交通地理、进货成本等情况；还要担负建立和管理主要供应商的任务。该工作对于选择供应商和制定企业的营销策略是很重要的。

3. 采购计划员

采购计划员的主要职责就是制订采购计划、下达采购任务书。采购计划员主要根据需求分析员和市场分析与供应商管理员提供的信息，再根据生产与库存情况制订采购计划，形成采购单，并将采购单交由采购员具体实施采购活动。

4. 进货管理员

进货管理员的主要职责就是负责进货管理，包括运输方式选择、运输路线选择、运输跟踪、到货验收、成本核算、问题处理等。

5. 质量管理员

质量管理员的主要职责就是要保证所购进的产品质量符合要求。他们除了要了解产品、掌握质量检验之外，还要懂得质量管理。

6. 库存管理员

库存管理员的职责除了负责库存保管之外，还要随时掌握库存动态，为采购计划提供信息支持，特别是库存预警。

7. 采购统计员

采购统计员的主要职责就是进行采购统计和分析，掌握采购业绩情况。

8. 财务与成本核算员

财务与成本核算员的主要职责就是采购会计、采购成本分析和财务分析等。要分析出采购的经济效益，为采购决策提供财务信息支持。

9. 采购员

采购员的职责是接受具体的采购任务，完成具体的采购工作，包括出差、联系供应商、洽谈订货、签订订货合同、保障合同实施等具体工作。

10. 秘书

秘书的主要职责是负责行政文书起草、传递和管理、行政事务处理以及来宾接待等工作。

11. 采购管理主管

采购管理主管一般是采购科长、部长或副总经理。他的职责主要是计划、组织、指挥、协调、控制；组织各个采购管理工作人员以及有关单位进行有效的采购工作。

(二)采购人员的能力与素质

采购人员是企业或企业人力资源管理与发展的重要组成部分，是保障采购能力与构建一支强有力的采购队伍的基本内容。采购人员的选用对于企业的发展是非常重要的，一般来说，企业选择优秀的采购人员主要从能力和素质两个方面考虑。

1. 采购人员的能力

采购人员必须具备的能力包括分析能力、团结协作能力、语言表达能力、执行能力等。

(1) 分析能力。分析能力在采购中占据重要地位。采购人员要能分析市场状况及发展趋势、供应商心理，并能进行成本分析等。

(2) 团结协作能力。采购活动本身就是一个协作的过程，不论是与内部职能部门协作，还是与外部相关组织合作，都需要将采购部门的协作能力发挥到最大限度。

(3) 语言表达能力。与供应商沟通时，良好的表达能力可以清晰地表达如价格、数量、付款方式等重要条件，避免因沟通问题而产生的经济损失。

(4) 执行能力。采购人员必须具备良好的执行能力，才能圆满完成部门的任务。

2. 采购人员具备的素质

1) 品行端正

采购人员的自主性比较强，而且采购活动在实际操作时又很复杂，如果采购业务员不能按规则进行操作，势必会在采购成本上造成企业采购费用开支过大，或采购商品质量低劣，给企业造成巨大损失。因此，在选择采购人员时必须将品德素质放在首位。品行端正是一个采购人员应有的基本素质，只有心地无私、克己奉公、不贪图个人小利的人才适宜做采购业务员。具体要求如下。

(1) 刚直不阿。拥有采购权的业务人员经常会被各种各样的供应商所包围，他们或是通过人际关系向采购人员打起感情牌，或是利用红包、回扣等种种物质条件进行引诱。但是面对这些诱惑，采购人员必须保持廉洁，不能以牺牲企业的利益而谋取个人私利。企业在选择采购人员时一定要对候选人员进行考察，只有拥有正直品格的人才能给企业带来财富，才是企业宝贵的人力资源。

(2) 爱岗敬业。敬业精神是做好本职工作的基本要求，采购业务要求从事采购的人员具有敬业精神，若没有敬业精神，即使再有才华也无法做好本职工作。

(3) 意志坚定。采购工作是一项重要、艰巨的工作，要与企业内、外方方面面的人打交道，经常会受到来自企业内外的"责难"。因此，采购人员要具有应对复杂情况和处理各种纠纷的能力；在工作中被误解时，能在心理上承受得住各种各样的"压力"。

(4) 虚心、诚心、耐心。采购人员在与供应商打交道的过程中往往占据主动地位，拥有局面的控制权。但是采购人员对供应商一定要保持公平互惠的态度，"寸有所长，尺有所短"，对于自己不懂的问题一定要虚心求教，不可不懂装懂，做砸了业务。与供应商建立良好合作伙伴关系的过程并非一帆风顺，而是充满了曲折，这要求采购人员要有足够的耐心、良好的沟通能力。只有虚心和耐心地同供应商谈判，诚心诚意地与供应商交往，才会换来对方的合作，达到双赢的目的。

2) 知识丰富

知识和能力既是相辅相成又是各自独立的。知识是能力的根源，出众的能力来自知识的丰富积累。但是作为一名合格的采购业务员，只有专业知识是不够的，还要有灵活运用于实践的能力，还应具备以下几方面的知识。

(1) 政策、法律知识。它包括国家出台的各种相关法律、政策等。

(2) 业务基础知识。包括与采购业务相关的知识，如商品的相关知识、合同的基本知识、谈判技巧等。

(3) 市场知识。采购人员应掌握产品、价格、渠道、促销方面的知识，了解消费者需要，以保证采购的商品适销对路。

(4) 社会心理知识。采购人员应把握市场消费者心理，提高采购工作的针对性。

(5) 自然科学知识。自然科学知识包括自然条件、地理、气候、环境变化以及数理知识和计算机知识。将现代科技知识用于采购过程，有助于提高采购工作的效率与准确性。

(6) 文化基础知识。一个优秀的采购业务员通常应具有较好的文化修养。

习　　题

一、单项选择题

1. 下面属于企业无形劳务采购的是(　　)。
　　A. 技术　　　　B. 设备　　　　C. 实物用品　　　　D. 辅料
2. 下列不是采购管理主要内容的是(　　)。
　　A. 采购管理组织　　　　　　　B. 采购需求分析
　　C. 人力资源市场分析　　　　　D. 采购计划确定

二、多项选择题

1. 采购人员应具备的基本素质有(　　)。

A. 智力 B. 良好的心理素质
C. 高尚的品德 D. 丰富的知识
2. 采购人员应具备(　　)能力。
A. 市场分析能力 B. 价值分析能力
C. 语言表达能力 D. 领导力

三、简答题

1. 简述采购的地位。
2. 采购管理的直接作用是什么？
3. 简述现代采购管理的特点。

第二章　采购的分类

学习目标

- 了解集中采购与分散采购各自的优缺点、联合采购的优点。
- 了解招标采购、公开招标、邀请招标、议标、招标文件、围标、标底等基本概念。
- 理解招标文件的内容、招标采购过程中评标的方法、战略采购的实施步骤、电子采购的一般流程。
- 掌握 JIT 采购，招标采购的方式、基本过程，投标和评标程序。

【案例导入】

西门子的分类采购策略

西门子在世界范围内大约有 2500 名采购人员，而且在 256 个采购部门中拥有 1500 名一线的采购人员。同时，西门子拥有 12 万家供应商，其中的两万家供应商被指定为第一选择，其数据被存储到西门子内部的电子信息系统中。为了确定采购活动的中心，西门子对这些供应商进行了科学的分类管理。

1. 分类依据

西门子依据以下两个方面对这些供应商进行了分类。

1) 供应风险

这是按照供应商提供部件的技术复杂性和实用性来衡量西门子对该供应商依赖程度的标准。它要求询问：如果这家供应商不能够达到性能标准，那么对西门子意味着什么？衡量一个特定供应商的供应风险标准的因素包括以下几个。

(1) 供应商有多大程度的非标准性。

(2) 如果更换供应商，需要花费哪些成本。

(3) 如果自行生产该部件，困难程度有多大。

(4) 该部件的供应源的缺乏程度有多大。

2) 获利能力影响

影响西门子与供应商关系底线的衡量标准是与该项目相关的采购支出。

2. 分类的采购策略

西门子将供应商的产品分为高科技含量的高价值产品、用量大的标准化产品、高技术含量的低价值产品和低价值的标准化产品，与相应供应商关系的性质和密切程度由这 4 种分类来决定。

1) 高科技含量的高价值产品

这类产品包括电力供应、中央处理器的冷却器、定制的用户门阵列。采购策略是技术合作型,其特点如下。

(1) 与供应商保持紧密联系,包括技术支持和共同负担研发经费。

(2) 签订长期合同。

(3) 共同努力以实现标准化和技术诀窍的转让。

(4) 集中于制造过程和质量保证程序,如内部检验。

(5) 通过 EDI、电子邮件和互联网实现通信和最优化的信息交流。

(6) 在处理获取基础材料的瓶颈方面给予可能的支持。

2) 用量大的标准化产品

这类产品包括印制电路板、集成电路存储器、稀有金属、镀锌的锡片。采购策略是储蓄潜能的最优化,其特点如下。

(1) 在全世界寻找供应源。

(2) 开发一套采购的国际信息系统。

(3) 在全世界寻求相应的合格供应商。

(4) 列入第二位的资源政策。

(5) 安排接受过国际化培训的最有经验且最称职的采购人员。

3) 高技术含量的低价值产品

这类产品包括需要加工的零件、继电器、变压器。采购策略是保证有效率,其特点如下。

(1) 需要进行定期质量审查,并提供专用的仓储设施。

(2) 需要保有库存并编制安全库存计划。

(3) 保持战略性存货(安全存货),以保障供应的安全性。

(4) 在供应商处寄售存货。

(5) 特别强调与供应商保持良好的关系。

4) 低价值的标准化产品

这类产品包括金属、化学制品、塑料制品、电容器。采购策略是有效地加工处理,其特点如下。

(1) 通过集中采购和电子采购系统减少采购成本。

(2) 向那些接管部分日常物流工作(如仓储、编制必备需求量的计划、报告等工作)的经销商或供应商外购产品。

(3) 增加对数据处理和自动订单设置系统的运用。

(4) 采用准时制(JIT)模式,直接将采购原材料送到生产线,这样可以减少运送到仓库再转运到生产线的手续。

(5) 努力减少供应商和条款的数目。

(资料来源：采购管理案例：西门子的分类采购策略[DB/OL].
豆丁网. https://www.docin.com/p-1405527848.html)

思考题：
西门子公司采用了哪些不同种类的采购方式？

第一节　采购方式概述

根据采购的对象或标的的不同，有不同的范围及分类方式，本节将集中对多种采购方式进行分类描述。首先介绍常见的采购方式和种类；其次介绍集中采购和分散采购方式；然后讲述联合采购；最后介绍准时制(JIT)采购。

一、常见采购方式概述

(一)按采购对象的不同来分类

采购按其对象的不同可分为有形商品采购和无形商品采购。有形商品指有形的、实物形态的、可以看见的物品，主要是指原料、物料及辅料，包括生产中所用机器设备、办公用品、原材料及低值易耗品等。无形商品的采购主要是指技术采购、服务和采购设备时附带的服务。无形商品通常是看不到、摸不着的，但是它们对企业生产却是很重要的。

采购的对象还可以分为直接物料和间接物料。直接物料是与最终产品生产直接相关的物料，间接物料是与最终产品不直接相关的商品或服务。

(二)按采购商品的来源及地区范围的不同来分类

根据采购商品的来源及地区范围分为国际采购和国内采购。

1. 国际采购

国际采购指企业向国外供应商采购所需物资的一种行为，如机械制造企业向国外供应商采购钢材、轴承等原材料、配件。国际采购主要指在国外市场采购，并不是指采购的物资都一定是国外生产的，也可以向国内企业设在国外的代理商采购所需物资，须以外汇结算。

国际采购的优势有以下两个方面。

(1) 满足高品质生产的要求。优质企业对其产品的品质有严格要求，因而对其原材料的采购就要有很高的要求。通过国际采购能有效扩大供应商的范围，使得采购者有可能得到合乎标准要求的所需物资。

(2) 降低采购成本。采购成本是企业成本核算中的重要内容，因此每个采购商都希望通过市场运作来降低采购成本，而国际市场通常能提供这样的机会。

(3) 保证供应。提供国际供应的供应商一般具备即时交货的能力。虽然在评选合格供应商以及与供应商建立商业关系时耗费了时间，但在以后的采购交易中，采购商会从即时交货中得到补偿。由于国际供应商都在努力改善生产系统，严格管制生产计划系统，提供持续的、更符合要求的服务，使得他们在保证供货时间方面具有较强的竞争优势。国际市场也使采购企业有了更多的选择，扩大了供应基础，因此与国际供应商合作是必需的。

2. 国内采购

国内采购是指针对国内供应商的采购。国内采购需要以本币与供应商进行结算。

国内采购的优势有以下几方面。

(1) 有利于供应商关系管理。国内采购不会遇到商务沟通的困难。由于供应商与采购商均为有共同的文化背景、道德观念的商业组织，有利于维系良好的商业关系。

(2) 有利于减少采购程序，缩短交货时间。与国际采购不同，国内采购不存在国际贸易运输、定价的问题。国内采购省却了在国际贸易中洽商运费、保险、交货付款条件等的问题。国内采购不需额外的通信费用、进口关税以及评选合格供应商的费用，使国内采购的费用低于国际采购。

(3) 降低采购风险。对于品质标准的认定不同，也为国际采购造成了困难。如果是国内采购，供应商和采购商都执行统一的标准，而国际采购中，各国执行不同标准，国外供应商对于现在需要改变的采购弹性不如国内供应商。所以，采购商在购买时必须对物品的标准、品质等方面实行必要的控制，这在一定程度上增加了管理工作的难度。而且国内采购可以与供应商更直接地进行沟通和交易协商，由此增加采购物品要求的准确度，从而起到降低采购风险的作用。

(三)按采购商品的主体不同来分类

根据采购的主体不同可分为消费者采购和企业采购。二者既有共同之处又存在很多方面的差异，如表 2-1 所示。首先，消费者采购在市场运作形式上是零售型，顾客只有产生需求时才会为满足当前需求而进行采购，并且顾客通常是所购买产品或服务的最终消费者；其次，消费者采购时可以自由地选择供应商，面对消费者的需求，供应商通常都可以满足；最后，消费者采购的产品价格可能会随着供应商的不同而变动，取决于供应商选择的营销策略。而企业采购完全不同，大多数企业的采购需求通常是专业化的，并且采购规模一般比较大，因此，企业采购一般具有专业、稳定和量大等特点。

消费者采购是一个巨大的采购市场。以 2018 年的"双十一"全民购物节为例，阿里巴巴集团旗下的天猫网站，全天最后成交额定格在 2135 亿元，消费者购买能力在不断扩大。

表2-1 消费者采购与企业采购的区别

内容	项目	
	企业采购	消费者采购
采购目的	保证生产	满足个人需求
采购动机	主要出于理性考虑	个人喜好或冲动
采购职能	专业职能、企业行为	个人行为
采购决策	多人参与、程序化过程	个人决定
产品与市场知识	系统、宽广	零散、有限
采购量	大	小
采购需求	由生产及发展驱动，波动性强	由生活所需导向，通常较稳定
采购市场价格	弹性有限	弹性相对较大

企业采购则是市场经济下另一类重要的采购形式。企业为了实现大批量生产产品，也就需要大批量采购商品。企业采购不仅采购的数量多、采购市场范围宽，而且对采购活动要求较为严格。

(四)按国际通用的形式不同来分类

按照国际通用的采购方式，可以分为以下多种类型。

1. 招标采购

招标采购(Invite Bidding)是指采购方作为招标方，事先提出采购的条件和要求，邀请众多企业参加投标，然后由采购方按照规定的程序和标准一次性地从中择优选择交易对象，并与提出最有利条件的投标方签订协议的过程。

它也是采购企业在一定范围内公开购买信息，说明拟采购物品或项目的交易条件，邀请供应商或承包商在规定的期限内提出报价，按一定的程序和方式进行比较分析后确定最符合条件的投标供应商并与其签订采购合同的一种高度组织化的采购方式。由于招标采购体现了公平、公开和公正的原则，所以，它是在众多的供应商中选择最佳供应商的有效方法。

2. 询价采购

询价采购(Request for Quotation)是指采购人向有关供应商发出询价单让其报价，在报价基础上进行比较并确定最优供应商的一种采购方式。具体过程为：有采购需求的企业选取一些信用可靠的供应商，向其讲明采购条件，并询问价格或寄以询价单，促请对方报价，比较后进行采购的采购方式。选择这种方式的关键是做好询价单，上面应注明货物的种类、数量以及要求的交货时间和地点。这种方式适合用于采购小金额的货物、现货或标准规格的商品。

询价采购是对几个供货商(通常至少三家)的报价进行比较以确保价格具有竞争性的一

种采购方式。用于对合同价值较低的标准化货物或服务的采购。

1) 询价采购特点
(1) 邀请报价的数量至少为三个。
(2) 只允许供应商提供一个报价。
(3) 报价的评审，采购合同应授予符合采购实体需求的最低报价的供应商或承包商。
2) 询价采购的适用条件
(1) 采购现成的并非按采购实体的特定规格特别制造或提供的货物或服务。
(2) 采购合同的估计价值低于采购条例规定的数额。
3) 询价采购的实施步骤
(1) 供应商调查和选择。
(2) 编制及发出询价函。
(3) 报价单的递交及评审。
(4) 合同的签订及验收、付款程序。
(5) 履约保证金。

3. 比价采购

比价采购是指在买方市场的条件下，采购企业选定两家以上的供应商，由供应商公开报价，最后选择报价最低的为企业供应商的一种采购方式。实质上，这是一种供应商有限条件下的招标采购。

4. 议价采购

议价采购是指由买卖双方直接讨价还价实现交易的一种采购行为。议价采购一般不进行公开竞标，仅向固定的供应商直接采购。议价采购可以节省采购费用和时间，采购中的灵活性较大，可以依据环境变化，对采购物品的规格、数量和价格做灵活的调整。

5. 单一来源采购

单一来源采购(Single Supplier)也称直接采购，是指采购人向唯一供应商进行采购的方式。适用于达到了限购标准和公开招标数额标准，但所购商品的来源渠道单一，或属专利、首次制造、合同追加、原有采购项目的后续扩充和发生了不可预见的紧急情况不能从其他供应商处采购等情况。该采购方式的最主要特点是没有竞争性。

6. 谈判采购

谈判采购(Negotiation Procurement)是指采购实体通过与多家供应商进行谈判，最后从中确定中标供应商的一种采购方式。这种方法适用于紧急情况下的采购或涉及高科技应用产品和服务的采购。谈判采购通过讨价还价，就发货、技术规格、价款和交易术语等合同条款达成共识。

7. 电子商务采购

电子商务采购即网上采购，是在电子商务环境下的采购模式。

【知识拓展2-1】

1. 按供方的交货时间划分

可分为现货采购和远期合约采购。

1) 现货采购

现货采购是指商品交换中即期实现货币转化为商品的购买行为。

现货采购优点主要体现在以下两个方面。

(1) 灵活性强。什么时候需要，什么时候去采购，且马上能取得所需商品。

(2) 能适应需求的变化和市场行情的变化。需求多时，可多采购一些；需求少时，可少采购一些。市场上某种商品的价格低时，可适当多采购一些；市场上某种商品的价格高时，可适当少采购一些，满足需求即可。

现货采购缺点主要是：没有稳定的资源保证。当市场上某种商品紧缺时，可能出现想采购该种商品时，却采购不到。有时即使能采购到该种商品，也可能不是原先的品牌和质量。

现货采购适用条件主要是：市场上商品资源需要很充足，什么时候去采购都能采购到，要采购多少都能满足。

2) 远期合约采购

远期合约采购是指供需双方为稳定供需关系实现商品购销而签订远期合同的采购方式。

远期合约采购的优点主要有以下两点。

(1) 供需双方都有稳定感。对需方(商品流通企业)来说，签订了远期合同就有了稳定的货源；对供方(供应商)来说，签订了远期合同就有了稳定的销路。

(2) 加强了供需双方的计划性。签订了远期合同后，供方(供应商)可以按需生产、以销定产，根据所订合同编制生产经营计划，需方(商品流通企业)可以按计划进行销售。

远期合约采购的缺点主要是不能适应迅速变化的市场情况。因为签订合同是在计划期开始之时，采购总量、采购批量、交货时间等都是预计的。计划期开始后，市场情况可能发生变化，引起采购总量、采购批量、交货期等都会发生变化。此时供应商已经根据签订的合同安排生产或采购，要改变原来合同比较困难。

远期合约采购主要适用于需要量较大，需求规律比较明显的商品。

期货采购：期货采购是指采购时供货单位尚没有现成商品，交易成立后，双方约定一定期限，实行商品与货款相互接受的一种买卖活动。这种采购方式购销双方承担的风险比较大。

2. 按采购的计划性划分

可分为计划采购和随机采购。

(1) 计划采购。有计划的采购行为[针对 BOM(Bill of Material，物料清单)]。
(2) 随机采购。没有编制采购计划，随机性的购买行为[针对 MRO(Maintenance，Repair and Operating，维修与作业耗材，也可解释为非生产性物资)]。

3. 按供需双方的关系划分

可分为自行采购和委托采购。

(1) 自行采购。采购方专业人员进行采购。
(2) 委托采购(第三方采购)。委托专业代理机构进行采购。

目前委托采购方式在网上采购、招标采购中都很常见。

4. 按库存管理方式划分

可分为定量采购和定期采购。

(1) 定量采购。随时检查库存，当库存降低到一定量时组织采购，每次采购量是固定的。
(2) 定期采购。按固定的周期组织采购，采购时按需要量确定采购量。

5. 按照采购次数和金额划分

可分为项目采购与批量采购及其他采购。

(1) 项目采购。一次性、金额较大的采购行为。

项目采购是指从项目组织外部获得货物和服务(合称产品)的过程。它包含的买卖双方各有自己的目的，并在既定的市场中相互作用。卖方在这里称为承包商、承约商、常常又叫作供应商。承包商/卖方一般把自己所承担的提供货物或服务的工作当成一个项目来管理。

一般来说，项目采购过程应遵循以下四个原则。

① 成本效益原则。采购时应注意节约和效率，争取用最少的钱办最多的事。
② 质量原则。采购的产品应质量良好，符合项目的要求。
③ 时间原则。采购的产品应及时到达，采购时间应与整个项目实施进度相适应。
④ 公平原则。即应给予符合条件的承包商均等的机会。

(2) 批量采购。频繁的、批量大的采购行为。
(3) 其他采购。没有严格规范的普通采购行为。

二、集中采购与分散采购

按采购的集中程度分为集中采购和分散采购。

(一)集中采购

1. 集中采购的概念

集中采购指企业或企业集团的采购活动由专门采购部门集中进行。

集中采购是相对于分散采购而言的，它是指企业在核心管理层建立专门的采购机构，统一组织企业所需物品的采购进货业务。跨国公司的全球采购部门的建设是集中采购的典型应用。它以组建内部采购部门的方式，来统一管理其分布于世界各地分支机构的采购业务，减少采购渠道，通过批量采购获得价格优惠，如 IBM、麦当劳等企业通过集中采购提升了自身的利益。

2. 集中采购的优缺点及适用条件

1) 集中采购的优点
(1) 批量大，优惠价，降低采购成本。
(2) 减少采购人员，便于人才培养与训练。
(3) 降低整个企业的储备，避免分散的库存，加速资金周转。
(4) 集中下料，降低损耗，材料利用率高。
(5) 技术力量强，专业性强，有利于择优选购，保证质量。
(6) 外地区批量运输，减少进料费用。

2) 集中采购的缺点
(1) 增加环节，流程长，延误时效，不适于紧急情况下采购。
(2) 非共同性物料集中采购，并无折扣而言。
(3) 采购与使用单位分离，不利于规格确认等。
(4) 价格方面容易产生矛盾。

3) 集中采购的适用条件
(1) 企业各部门及工厂比较集中，或者虽然地理位置相距较远，但有良好的通信设施，能保证采购时效。
(2) 企业虽有数个生产机构，但是产品大同小异，集中采购可取得批量优惠。
(3) 企业规模适度，全公司只有一个采购部门能够完成采购工作。

3. 集中采购所适用的采购主体和采购客体

1) 所适用的采购主体
(1) 集团范围实施的采购活动。
(2) 跨国公司的采购。
(3) 连锁经营、OEM (Original Equipment Manufacture，原始设备制造商)厂商、特许经营企业的采购。

2) 所适用的采购客体
(1) 大宗或批量物品、价值高或总价多的物品。
(2) 关键零部件、原材料或其他战略资源，保密程度高、产权约束多的物品。
(3) 容易出问题的物品。
(4) 最好是定期采购的物品，以免影响决策者的正常工作。

4. 集中采购的实施步骤

(1) 根据企业所处的国内外政治、经济、社会、文化等环境及竞争状况，制定本企业采购战略。

(2) 根据本企业产品销售状况、市场开发情况、生产能力，确定采购计划。

(3) 定期或根据大宗物品采购要求做出集中采购决策，决策时要考虑市场反馈意见，同时需要结合生产过程中工艺情况和质量情况。

(4) 当决策做出后，由采购管理部门实施信息分析、市场调查及询价，并根据库存情况进行战术安排。

(5) 由采购部门根据货源供给状况、自身采购规模和采购进度安排，结合最有利的采购方式实施采购，并办理检验送货手续，及时保障生产需要。

(6) 对于符合适时、适量、适质、适价、适地的物品，经检验合格后要及时办理资金转账手续，保证信誉，争取下次合作。

(二)分散采购

1. 分散采购的概念

分散采购指企业或企业集团的采购活动由其下属各单位分散进行，实施满足自身生产经营需要的采购。它与集中采购相对应，是集团将权力分散的采购活动。

2. 分散采购的优缺点及适用条件

1) 分散采购的优点

(1) 能适应不同地区市场环境变化，商品采购具有相当大的弹性。

(2) 对市场反应灵敏，补货及时，购销迅速；由于分部拥有采购权，可以提高一线部门的积极性，提高其士气。

(3) 由于采购权和销售权合一，分部拥有较大权力，因而便于分部考核，要求其对整个经营业绩负责。

2) 分散采购的缺点

(1) 部门各自为政，容易出现交叉采购，人员费用较大。

(2) 由于采购权力下放，使采购控制较困难，采购过程中容易出现舞弊现象。

(3) 计划不连贯、形象不统一，难以实施统一促销活动，企业整体利益控制较难。

(4) 由于各部门或分部的采购数量有限，难以获得大量采购的价格优惠。

3) 分散采购的适用条件

(1) 小批量，单价，价值低，总支出在产品经营费用中所占的比重小的物品(各厂情况不同，自己确定)。

(2) 分散采购优于集中采购的物品(包括费用、时间、效率、质量等因素均有利，不影响正常的生产与经营的情况)。

(3) 市场资源有保证，易于送达，较少的物流费用。

(4) 分散后，各基层有这方面的采购与检测能力。

【小贴士】

> 混合采购方式：兼取集中采购和分散采购的优点而成。
> 凡属共同性材料，采购金额较大或国际采购等，均实行集中采购。
> 小批量、因地制宜、临时性的采购，则由各用料单位分散进行采购。

三、联合采购

企业在采购过程中的联合已成为企业降低成本、提高效益的重要途径。

(一)联合采购的形式

1. 采购战略联盟

采购战略联盟是指两个或两个以上的企业出于对整个市场的预期目标和企业自身总体经营目标的考虑，采取一种长期联合与合作的采购方式。这种联合是自发的、非强制性的，联合各方仍保持各个公司采购的独立性和自主权，彼此依靠相互间达成的协议以及经济利益的考虑连接成松散的整体。现代信息网络技术的发展，开辟了一个崭新的企业合作空间，企业间可通过网络保证采购信息的即时传递，使处于异地甚至异国的企业间实施联合采购成为可能。国际上一些跨国公司为充分利用规模效益、降低采购成本、提高企业的经济效益，正在向采购战略联盟发展。

2. 通用材料的合并采购

这种方式主要运用于有互相竞争关系的企业之间，通过合并通用材料的采购数量和统一归口采购来获得大规模采购带来的低价优惠。在这种联合方式下，每项采购业务都交给采购成本最低的一方去完成，使联合体的整体采购成本低于各方原来进行单独采购的成本之和，这是这些企业的联合准则。这种合作的组织策略主要分为虚拟运作策略和实体运作策略。虚拟运作策略的特点是组织成本低，它可以不断强化合作各方最具优势的功能和弱化非优势功能。

例如，美国施乐公司(Xerox)、史丹利公司(Stanley Works)和联合技术公司(United Technologies)三家组成的钢材采购集团中，虽然施乐公司的钢材用量仅是其他两家用量的1/4，但是他通过这种方式获得了这两家公司大规模采购带来的低价好处。又如，美国波音公司为降低其零部件采购成本，提高其民用飞机的竞争实力，根据其零部件生产商原材料采购状况，制订了在全球范围内统一全部约750个生产商的原材料采购和运输业务，以整合这些生产商的原材料采购渠道及价格。其目的是通过降低生产商的原材料采购成本，进而达到降低其零部件的采购成本，降低飞机整机成本，提高竞争能力的目的。

(二)联合采购的优点

1. 采购环节：批量优惠

如同批发和零售的价格差距一样，器材采购的单价与采购的数量成反比，即采购的数量越大，采购的价格越低。例如，对于飞机制造用器材，此种价差有时可达 90%。企业间联合采购，可合并同类器材的采购数量，通过统一采购使采购单价大幅度降低，使各企业的采购费用相应降低。

2. 管理环节：统筹供需

管理的提高需要企业付出巨大的代价。后继企业只有吸取先行企业的经验和教训，站在先行者的肩上，才能避免低水平重复，达到事半功倍的效果。对于一些生产同类产品的企业，如果各个企业在采购及质量保证的相关环节的要求相同、需要的物品相同，就可以在管理环节上实施联合，归口管理相关工作。联合后的费用可以由各个企业分担，从而使费用大大降低。

3. 仓储环节：降低储备

通过实施各企业库存资源的共享和器材的统一调拨，可以大幅度减少备用物资的积压和资金占用，提高各企业的紧急需求满足率，减少因器材供应短缺造成的生产停顿损失。

4. 运输环节：合并运输

物品单位重量运费率与单次运输总量成反比，特别是国际运输更为明显。企业在运输环节的联合，可通过合并小重量的货物运输，使单次运量加大，从而可以较低的运费率计费，减少运输费用支出。

四、准时制采购

准时制(Just-In-Time，JIT)采购是一种理想的采购方式，它的极限目标是原材料和外购件的库存为零、缺陷为零。JIT 采购是企业内部 JIT 系统的延伸，是实施 JIT 生产经营的必然要求和前提条件。

JIT 系统产生于 1973 年，它是在日本丰田汽车公司首先采用的。JIT 就是指按照顾客要求的时间、地点，按照其需要的数量，生产或提供其需要的产品或服务。

JIT 的目的可以概括为零库存、零交易、零缺陷、杜绝浪费。

JIT 采购与传统采购的比较如表 2-2 所示，可以看出 JIT 采购方法与传统采购方法存在显著的差别。因此，选择最佳的供应商，并对供应商进行有效管理是准时制采购成功的关键。供应商与生产企业的紧密合作是 JIT 采购成功的钥匙。卓有成效的质量控制是 JIT 采购成功的保证。

表 2-2　JIT 采购与传统采购的比较

项　目	传统采购	JIT 采购
采购批量	大批量，送货频率低	小批量，送货频率高
供应商选择	多源供应，短期合作关系	单源供应，长期合作关系
供应商评价	价格、质量等	质量、价格等
包装	常规包装	特定要求
运输	较低的成本，供应商负责计划安排	准时送货，采购者负责计划安排
双方磋商的重点	获取最低的价格	长期合作关系，质量和合理的价格
信息交换	一般要求	快速、可靠
检验	收货，点数统计，品质鉴定	开始时逐步减少，最终取消
产品说明	买方关心设计、供应商没有创新	供应商革新、强调性能宽松要求

为了确保 JIT 采购的顺利实施，供应方和采购方需要联手创造其实施的条件并开展，下面是 JIT 采购实施的情况。

(一)JIT 采购的实施

1. JIT 采购的优点

(1) 可大幅度减少原材料和外购件的库存。

(2) 提高采购物资的质量。

(3) 降低原材料和外购件的采购价格。例如，生产复印机的美国施乐公司，通过实施 JIT 采购策略，使其采购物资的价格下降了 40%～50%。

(4) 缩短交货时间。

(5) 节约采购过程所需资源。

(6) 可以暴露企业管理中深层次问题。

(7) 压缩了生产过程中不增值的活动。

(8) 使企业真正实现柔性生产。

2. JIT 采购的实施条件

JIT 系统的实施条件有以下几方面。

(1) 供应商与企业的距离越近越好。

(2) 制造商和供应商建立互利合作的战略伙伴关系。

(3) 注重基础设施的建设。

(4) 强调供应商的参与。

(5) 制造商向供应商提供综合的、稳定的生产计划和作业数据。

(6) 建立实施 JIT 采购策略的组织。
(7) 注重教育和培训。
(8) 加强信息技术的应用。

3. 实施 JIT 采购需考虑的问题

(1) 减少供货商的数量。最理想的情况是，对某种原材料或外购件只从一个供货商处采购，这种做法称为单源供应。单源供应的好处是，企业与供货商之间增加了依赖性，有利于建立长期互利合作的伙伴关系。

(2) 小批量进货。由于 JIT 采购旨在消除原材料或外购件的库存，进货必然是小批量的。进货批量小将使送货频率增加，从而引起运输物流费用的上升。必须相应改善供应物流系统。

(3) 合理选择供货商。由于 JIT 实行单源供应，选择合格的供货商是能否成功实施 JIT 的关键。需注意，不应该如传统方式那样把价格作为唯一因素。

(4) 保证采购质量。实施 JIT 采购时，原材料与外购件的库存极少，以至接近于零，因此必须保证所采购物资的质量。

(5) 可靠的送货和特定的包装要求。

4. JIT 采购实施的步骤

(1) 创建 JIT 采购实施小组。专业采购人员有三个责任，即寻找货源、商定价格、发展与供应商的协作关系并不断改进。一般组建两个团队：一个是专门处理供应商事务的团队；另一个是专门负责消除采购中的浪费。

(2) 制订计划。实施计划要明确主要的行动点、行动负责人、完成时间、进度检查方法及时间、进度考核指标等。主要行动有：将原来的固定订单改为灵活订单；调整相应的运作程序及参数设置；确定相应人员的职责和任务分工等。

(3) 对企业采购的物料分类管理。

(4) 选择合适的供应商。

(5) 选择试点、取得经验。

(6) 培养和加强长期合作伙伴关系。

(7) 改进措施。改进措施的前提是供应原材料的质量改进和保障，同时要考虑采用标准、循环使用的包装、周转材料与器具，以缩短送货的装卸、出入库时间。改进实施的主要环节是将原来独立开具的固定订单改成滚动下单，并将订单和预测结合起来。

(8) 绩效衡量。衡量 JIT 采购实施绩效要定期检查进度，以绩效指标来控制实施过程。

(二)实施 JIT 采购的注意事项

1. 实施 JIT 采购困难的常见原因就是缺乏供应商的合作

因为实施 JIT 采购需要供应商供货系统发生变化。这种变化体现在：供应商要从传统的质量检验控制方法转向过程控制，并要求供应商按照不同于过去的批量生产，能在准确的时间内小批量送货。

2. 实施 JIT 采购成功的关键在于信息交换

买卖双方信息交换的重要性。在 JIT 生产模式下，很重要的一点就是要进行密切的、经常性的信息交换。

3. 供应商需要知道采购方较长时间内的生产计划

采购方要给供应商提供每天的生产变更情况、生产安排以及存在的问题等。

4. 应用 JIT 采购时需要注意的问题

1) 小批量采购带来的问题及对策

小批量采购必然增加运输次数和运输成本。

常见的解决方法有四种：一是使供应商在地理位置上靠近制造商；二是供应商在制造商附近建立临时仓库；三是由一个专门的运输承包商或是第三方物流企业负责送货；四是让一个供应商负责供应多种原材料和外购件。

2) 单源供应带来的风险

采用单一供应商的采购模式有很大的风险，比如供应商有可能因为意外原因中断供货，单源供应也会使企业不能得到竞争性的采购价格，造成对供应商的依赖程度过大等。因此，必须与供应商建立长期互利合作的新型伙伴关系。

3) 库存管理压力

企业在实施 JIT 采购时，其中一个重要环节就是要减少库存和生产周期，要做到这两点，采购及供应商的管理至关重要。

【案例分析 2-1】

海尔的 JIT

在海尔的国际物流中心有三个 JIT，实现了同步流程。由于物流技术和计算机信息管理的支持，海尔物流通过三个 JIT，即 JIT 采购、JIT 配送和 JIT 分拨物流来实现同步流程。目前通过海尔的 BBP 采购平台，所有的供应商均在网上接受订单，并通过网上查询计划和库存及时补货，实现 JIT 采购；货物入库后，物流部门可根据次日的生产计划并利用 EPR 信息系统进行配料，同样根据看板管理 4 小时送料到位，实现 JIT 配送；生产部门按照 B2B、B2C 订单的需求完成订单后，满足用户个性化需求的定制产品通过海尔全球配送网络送达用户手中。2002 年海尔在国内建立了 42 个配送中心，每天可将 500000 多台定制产品配送到 1550 个海尔专卖店和 9000 多个营销点，实现分拨物流的 JIT。目前海尔在中心城市实现 8 小时配送到位，区域内 24 小时配送到位，全国 4 天内到位。

在企业外部，海尔 CRM 和 BBP 电子商务平台的应用架起了与全球用户资源网、全球供应链资源网沟通的桥梁，实现了与用户的零距离。在企业内部，计算机自动控制的各种先进物流设备不但降低了人工成本、提高了劳动效率，还直接提升了物流过程的精细化水平，达到了质量零缺陷的目标。

(资料来源：海尔 JIT 采购策略[DB/OL]. 豆丁网. https://www.docin.com/p-283098866.html)

第二节 招标采购

据史料记载，我国最早采用招商比价(招标投标)方式承包工程的是 1902 年张之洞创办的湖北制革厂，五家营造商参加开价比价，结果张同升以 1270.1 两白银的开价中标，并签订了以质量保证、施工工期、付款办法为主要内容的承包合同。1918 年汉阳铁厂的两项扩建工程曾在汉口《新闻报》刊登公告，公开招标。到 1929 年，当时的武汉市采办委员会曾公布招标规则，规定公有建筑或一次采购物料大于 3000 元以上者，均须通过招标决定承办厂商。

【案例分析 2-2】

新中国"第一标"

1982 年年初，陈丕显任湖北省委书记，到武汉洗衣机厂视察，看到当时牌子很响的"荷花牌"洗衣机产品积压严重，他感到困惑不解。厂长说因为成本太高，价格也就高，所以销路不畅。陈丕显希望武汉大学派一些教师去帮忙，当时指派余杭带领一个小组来到厂里。

经过调查余杭发现，洗衣机厂自制的零件不多，配套的零部件大约占 70%，又都受制于人。余杭认为，出路只有一条："招标"！

1983 年 3 月，武汉洗衣机厂招标采购零部件。这个新中国的"第一标"，打开了计划经济体制的一个"缺口"。武汉洗衣机厂开始只就三个主要零部件进行招标，工厂马上盈利 120 多万元。比上年底增长 1.77 倍，其中就招标一项纯增利润 58 万元。于是洗衣机厂又主动要求把全部采购项目拿出来招标。利润猛增到 370 多万元。

(资料来源：唐丽，陈华东. 新中国招标投标第一人——记《中华人民共和国招标投标法》首席起草人余杭教授[J]. 当代经济，2001(7).)

思考题：
1. 什么是招标采购？武汉洗衣机厂为何采用招标的方式选择零部件的供应商？
2. 在什么情况下适合采用招标采购？

一、招标采购的方式

招标采购是指通过招标的方式，邀请所有的或一定范围潜在的供应商参加投标，采购实体通过某种事先确定并公布的标准从所有投标中评选出中标供应商，并与之签订合同的一种采购方式。招标采购主要有公开招标、邀请招标和议标三种形式。

(一)公开招标

公开招标又称为竞争性招标，即由招标人在报刊、电子网络或其他媒体上发布招标公告吸引众多企业参加投标竞争，招标人从中择优选择中标单位的招标方式。按照竞争程度，公开招标方式又可分为国际竞争性招标和国内竞争性招标。

1. 国际竞争性招标

这种在世界范围内进行的招标，国内外合格的投标商均可以投标。它要求制作完整的英文标书，在国际上通过各种宣传媒介刊登招标公告。例如，世界银行对贷款项目货物及工程的采购规定了三个原则：必须注意节约资金并提高效率，即经济有效；要为世界银行的全部成员提供平等的竞争机会，不歧视投标人；有利于促进借款国本国的建筑业和制造业的发展。世界银行在确定项目的采购方式时都从这三个原则出发，其中国际竞争性招标是采用最多、占采购金额最大的一种方式。

它的特点是高效、经济、公平，特别是采购合同金额较大、国外投标商感兴趣的货物工程要求必须采用国际竞争性招标。世界银行根据不同国家和地区的情况，规定了凡采购金额在定限额以上的货物和工程合同，都必须采用国际竞争性招标。对于一般借款国来说，25万美元以上的货物采购合同、大中型工程采购合同，都应采用国际竞争性招标。我国的贷款项目金额一般比较大，世界银行对中国的国际竞争性招标采购限额也放宽了。工业项目采购凡在100万美元以上均应采用国际竞争性招标来进行。

【知识拓展 2-2】

第一个取得突破性进展的工程招标项目

第一个取得突破性进展的工程招标项目是1983年的鲁布革项目，鲁布革水电站工程是利用世界银行贷款项目。贷款总额1.454亿美元，其中引水系统土建工程为3540万美元。

按照世界银行关于贷款使用的规定，要求引水系统工程必须采用国际招标的方式选定承包商施工。

水电部委托中国技术进出口公司组织本工程面向国际进行竞争性招标。从1982年7月编制招标文件开始，至工程开标，历时17个月。

鲁布革水电站工程是改革开放后我国水电建设方面第一个利用世行贷款、对外公开招标的国家重点工程。这项工程按世界银行要求，对引水隧洞工程的施工及主要机电设备实行了国际招标。引水隧洞工程标底为14958万元，日本大成公司以8463万元(比标底低43%)的标价中标。

鲁布革项目影响巨大,人们重视先进的管理经验,以致形成了影响工程建设的"鲁布革模式"。

2. 国内竞争性招标

这类招标方式可用本国语言编写标书,只在国内的媒体上登出广告公开出售标书,公开开标。它通常用于合同金额较小(世界银行规定一般在 50 万美元以下)、采购品种比较分散、分批交货时间较长、劳动密集型、商品成本较低而运费较高、当地价格明显低于国际市场价格等情况下的采购。从国内采购货物或者工程建筑可以大大节省时间,而且这种便利将对项目的实施具有重要的意义。在国内竞争性招标的情况下,如果外国公司愿意参加,则应允许他们按照国内竞争性招标参加投标,不应人为设置障碍,妨碍其公平参加竞争。国内竞争性招标的程序大致与国际竞争性招标相同。由于国内竞争性招标限制了竞争范围,通常国外供应商不能得到有关投标的信息,这与招标的原则不符,所以有关国际组织对国内竞争性招标都加以限制。

(二)邀请招标

邀请招标也称为有限竞争性招标或选择性招标,即由招标单位选择一定数目的企业,向其发出招标邀请书,要求他们参加招标竞争。一般选择 3～10 个企业参加较为适宜。当然要视具体招标项目的规格大小而定。由于被邀请参加的投标竞争者有限,不仅可以节约招标费用,而且提高了每个投标人的中标机会。然而邀请招标限制了充分的竞争,因此招标投标法规一般规定招标人应尽量采用公开招标。

按照国内外的通常做法,采用邀请招标方式的前提条件是对市场供给情况比较了解,对供应商或承包商的情况比较了解。在此基础上,还要考虑招标项目的具体情况:一是招标项目的技术新而且复杂或专业性很强,只能从有限范围的供应商或承包商中选择;二是招标项目本身的价值低,招标人只能通过限制投标人数来达到节约和提高效率的目的。

邀请招标是允许采用的,而且在实际中有其较大的适用性。但是,在邀请招标中,招标人有可能故意邀请一些不符合条件的法人或其他组织作为其内定中标人的陪衬,搞假招标。为了防止这种现象的发生,应当对邀请招标的对象所具备的条件做出限定,即:向其发出招标邀请书的法人或其他组织应不少于三家;而且该法人或其他组织资信良好,具备承担招标项目的能力。前者是对邀请投标范围最低限度的要求,以保证适当程度的竞争;后者是对投标人资格和能力的要求,招标人对此还可以进行资格审查,以确定投标人是否达到这方面的要求。为了保证邀请招标适当程度的竞争性,招标人应邀请尽量多的法人或其他组织,向其发出招标邀请书,以确保竞争的有效性。

邀请招标具有以下几个主要特点。

(1) 邀请招标不使用公开公告的形式。

(2) 接受邀请的单位才是合格投标人。

(3) 投标人的数量有限。

邀请招标与公开招标相比，因为不用刊登招标公告，招标文件只送给几家企业，投标有效期大大缩短，在采购那些价格波动较大的商品时是非常必要的，可以降低投标风险和投标价格。例如，欧盟的公共采购规则中规定，采购金额超过法定界限，必须使用招标形式的，项目法人有权自由选择公开招标或邀请招标，而由于邀请招标有上述的优点，所以在欧盟的成员中邀请招标被广泛采用。

有下列情形之一的，经批准可以进行邀请招标。

(1) 涉及国家安全、国家秘密或者抢险救灾，适宜招标但不宜公开招标的。

(2) 项目技术复杂或有特殊要求，或者受自然地域环境限制，只有少量潜在投标人可供选择的。

(3) 采用公开招标方式的费用占项目合同金额的比例过大的。

(4) 法律、法规规定不宜公开招标的。

(三) 议标

议标也称为谈判招标或限制性招标，即通过谈判来确定中标人。它的主要方式有以下几种。

1. 直接邀请议标方式

选择中标人不是通过公开招标或邀请招标，而是由招标人或其代理人直接邀请某一企业进行单独协商，达成协议后签订采购合同。如果与一家协商不成，则可以邀请另一家，直到协议达成为止。

2. 比价议标方式

"比价"是兼有邀请招标和协商特点的招标方式，一般用于规模不大、内容简单的工程和货物采购。通常的做法是由招标人将采购的有关要求送交选定的几家企业，要求它们在约定的时间提出报价，招标人经过分析比较，选择报价合理的企业，就工期、造价、质量、付款条件等细节进行进一步协商，从而达成协议，签订合同。

3. 方案竞赛议标方式

这是工程规划设计项目招标的常用方式。通常组织公开选择或邀请选择规划设计机构参加竞赛。一般的做法是由招标人提出规划设计的基本要求和投资控制数额，并提供可行性研究报告或设计任务书、场地平面图、有关场地条件和环境情况的说明，以及规划、设计管理部门的有关规定等基础资料，参加竞争的单位据此提出自己的规划或设计的初步方案，阐述方案的优点和长处，并提出该项规划或设计任务的主要人员配置、完成任务的时间和进度安排、总投资估算和设计等，并报送招标人。然后由招标人邀请有关专家组成的评选委员会选出优胜单位，招标人与优胜者签订合同，而对未中标的参审单位给予一定的补偿。

另外，在科技招标中，通常使用公开招标，但不公开开标的议标。招标人在接到各投标人的标书后，先就技术、设计、加工、资信能力等方面进行调查，并在初步认可的基础上，选择一名最理想的预中标人并与之商谈，对标书进行调整协商，如能取得一致意见，则可定其为中标人，若不行，则再找第二个预中标人。这样逐次协商，直到双方达成一致意见为止。这种议标方式使招标人有更多的灵活性，可以选择到比较理想的供应商和承包商。

由于议标的中标人是通过谈判产生的，不便于公众监督，容易导致非法交易，因此，我国机电设备招标规定中，禁止采用这种方式。即使允许采用议标方式，也大都对议标方式做了严格限制。

《联合国贸易法委员会货物、工程和服务采购示范法》规定，经颁布国批准，招标人在下述情况下可采用议标的方法进行采购。

（1）急需获得该货物、工程或服务，采用招标程序不切实际，但条件是造成此种紧迫性的情况并非采购实体所能预见，也非采购实体自身所致。

（2）由于某灾难性事件，急需得到该货物、工程或服务，而采用其他方式因耗时太多而不可行。

为了使议标尽可能地体现招标的公平、公正原则，《联合国贸易法委员会货物、工程和服务采购示范法》还规定，在议标过程中，招标人应与足够数目的供应商或承包商举行谈判，以确保有效竞争，如果是采用邀请报价，至少应有三家；招标人向某供应商和承包商发送的与谈判有关的任何规定、准则、文件、澄清或其他资料，应在平等基础上发送给正与该招标人举行谈判的所有其他供应商或承包商；招标人与某供应商或承包商之间的谈判应是保密的，谈判的任何一方在未征得另一方同意的情况下，不得向另外任何人透露与谈判有关的任何技术资料、价格或其他市场信息。

二、招标采购的基本过程

招标采购是一个复杂的系统工程，它涉及各方面的各个环节。一个完整的招标采购过程，基本上可以分为以下六个阶段。

1. 策划

招标活动是一次涉及范围很大的大型活动。因此，开展一次招标活动，需要周密策划。招标策划主要应当做好以下工作。

（1）明确招标的内容和目标，对招标采购的必要性和可行性进行充分的研究和探讨。

（2）对招标书的标底进行仔细研究和确定。

(3) 对招标的方案、操作步骤、时间进度等进行研究和确定。例如，是采用公开招标还是邀请招标，是自己亲自主持招标还是请人代理招标，分成哪些步骤，每步怎么进行等。

(4) 对评标方法和评标小组进行讨论研究。

(5) 把以上讨论形成的方案计划制成文件，交由企业领导层讨论决定，取得企业领导决策层的同意和支持，有些甚至可能还要经过公司董事会同意和支持。

以上的策划活动有很多诀窍。为了慎重起见，可邀请咨询公司代理进行策划。

2. 招标

在招标方案得到公司的同意和支持以后，就要进入实际操作阶段。招标阶段的工作主要分为以下几部分。

(1) 形成招标书。招标书是招标活动的核心文件，要认真起草好招标书。

(2) 对招标书的标底再次进行仔细研究确定。有些要召开专家会议，甚至邀请一些咨询公司代理。

(3) 招标书发送。要采用适当的方式，将招标书传送到所希望的投标人手中。例如，对于公开招标，可以在媒体上发布；对于选择性招标，可以用挂号或特快专递直接送交所选择的投标人。许多标书是要花钱买的，有些标书是规定要提交保证金的，这种情况下要交钱以后才能得到招标书。

3. 投标

投标人在收到招标书以后，如果愿意投标，就要进入投标程序。

其中，投标文件需要经过特别认真的研究、详细的论证完成。这些内容是要和许多供应商竞争评比的，既要先进又要合理，还要有利可图。

投标文件要在规定的时间准备好，一份正本、若干份副本，并且分别封装签章，信封上分别注明"正本""副本"字样，寄给招标人。

4. 开标

公开招标中，开标应按招标通告中规定的时间、地点公开进行，并邀请投标人或其委派的代表参加。开标前，应以公开的方式检查投标文件的密封情况，当众宣读供应商名称、有无撤标情况、提交投标保证金的方式是否符合要求、投标项目的主要内容、投标价格及其他有价值的内容。开标时，对于投标文件中含义不明确的地方，允许投标人做简要解释，但所做的解释不能超过投标文件记载的范围，或实质性地改变投标文件的内容。以电传、电报方式投标的，不予开标。

开标要做开标记录，其内容包括项目名称、招标号、刊登招标通告的日期、发售招标文件的日期、购买招标文件单位的名称、投标人的名称及报价、截止日期后收到标书的处理情况等。

在有些情况下，可以暂缓或推迟开标时间。例如，招标文件发售后对原招标文件做了变更或补充；开标前，发现有足以影响采购公正性的违法或不正当行为；采购单位接到质疑或诉讼；出现突发事故；变更或取消采购计划等。

5. 评标

招标人收到投标书后，直到招标会开会那天，不得事先开封。只有当招标会开始，投标人到达会场，才可将投标书邮件交投标人检查，签封完好，当面开封。

开封后，投标人可以拿着自己的投标书向全体评标小组陈述，并且接受全体评委的质询，甚至参加投标辩论。陈述辩论完毕，投标人退出会场，全体评标人员进行分析评比，最后投票或打分选出中标人。

评标由招标人依法组建的评标委员会负责。评标委员会由招标人的代表和有关技术、经济等方面的专家组成，成员人数为 5 人以上单数，其中技术、经济等方面的专家不得少于成员总数的 2/3。一般招标项目可以采取随机抽取方式选择评标委员会成员，特殊招标项目可以由招标人直接确定。与投标人有利害关系的人不得进入相关项目的评标委员会，已经进入的应当更换。评标委员会成员的名单在中标结果确定前应当保密。招标人应当采取必要的措施，保证评标是在严格保密的情况下进行的。任何单位和个人不得非法干预、影响评标的过程和结果。评标委员会可以要求投标人对投标文件中含义不明确的内容做必要的澄清或者说明，但是澄清或者说明不得超出投标文件的范围或者改变投标文件的实质性内容。

评标委员会应当按照招标文件确定的评标标准和方法，对投标文件进行评审和比较。设有标底的，应当参考标底。评标委员会完成评标后，应当向招标人提出书面评标报告，并推荐合格的中标候选人。招标人根据评标委员会提出的书面评标报告和推荐的中标候选人确定中标人，招标人也可以授权评标委员会直接确定中标人。

投标人就投标价格、投标方案等实质性内容进行谈判。评标委员会成员不得私下接触投标人，不得收受投标人的财物或者其他好处。评标委员会成员和参与评标的有关工作人员不得透露对投标文件的评审和比较、中标候选人的推荐情况以及与评标有关的其他情况。

6. 定标

在全体评标人员投票或打分选出中标人以后，交给招标人，通知中标人。同时，对于没有中标者也要明确通知，并表示感谢。

以上是一般情况下招标采购的全过程。在特殊的场合，招标的步骤和方式也可能有一些变化。

三、招标与投标的过程

(一)招标过程

1. 资格预审通告的发布

对于大型或复杂的土建工程或成套设备，在正式组织招标以前，需要对供应商的资格和能力进行预先审查,即资格预审。通过资格预审可以缩小供应商的范围,避免不合格的供应商做无效劳动,减少他们不必要的支出,也减轻了采购单位的工作量,节省了时间,提高了办事效率。

1) 资格预审的内容

资格预审包括两大部分,即基本资格预审和专业资格预审。

基本资格是指供应商的合法地位和信誉,包括是否注册、是否破产、是否存在违法违纪行为等。

专业资格是指已具备基本资格的供应商履行拟定采购项目的能力,具体包括以下内容。

(1) 经验和以往承担类似合同的业绩和信誉。

(2) 为履行合同所配备的人员情况。

(3) 为履行合同任务而配备的机械、设备以及施工方案等情况。

(4) 财务状况。

(5) 售后维修服务的网点分布、人员结构等。

2) 资格预审的程序

进行资格预审,首先要编制资格预审文件,邀请潜在的供应商参加资格预审,发售资格预审文件,然后进行资格评定。

(1) 编制资格预审文件。一个国家或组织通常会对资格预审文件的格式和内容进行统一,制定标准的资格预审文件范本。资格预审文件可以由采购方编写,也可以由采购方委托的研究、设计或咨询机构协助编写。

(2) 邀请潜在的供应商参加资格预审。一般是在官方媒体上发布资格预审通告。实行政府采购制度的国家、地区或国际组织,都有专门发布采购信息的媒体,如官方刊物或电子信息网络等。资格预审通告的内容一般包括采购实体名称、采购项目名称、采购(工程)规模,主要工程量、计划采购开始(开工)、 交货(完工)日期,发售资格预审文件的时间、地点和售价,以及提交资格预审文件的最迟日期。

(3) 发售资格预审文件。资格预审通告发布后,采购单位应立即开始发售资格预审文件,资格预审申请的提交必须按资格预审通告中规定的时间,截止日期后提交的申请书一律拒收。

(4) 资格评定,确定参加投标的供应商名单。采购单位在规定的时间内,按照资格预审文件中规定的标准和方法,对提交资格预审申请书的供应商的资格进行审查。只有经审查合格的供应商才有权继续参加投标。

2. 招标文件的准备

招标文件是整个招标投标活动的核心文件,是招标人全部活动的依据,也是招标人的智慧与知识的载体。因此,准备招标文件是非常关键的环节,它直接影响到采购的质量和进度。

招标文件的内容大致可分为三部分：第一部分是关于编写和提交投标文件的规定；第二部分是关于投标文件的评审标准和方法，这是为了提高招标过程的透明度和公平性，因而是非常重要的；第三部分是关于合同的主要条款，其中主要是商务性条款，有利于投标人了解中标后签订合同的主要内容，明确双方各自的权利和义务。其中，技术要求、投标报价要求和主要合同条款等内容是招标文件的内容，统称为实质性要求。投标文件实质性响应招标文件的要求，就是投标文件应该与招标文件的所有实质性要求相符，无显著差异。如果投标文件与招标文件规定的实质性要求不相符，即可认定投标文件不符合招标文件的要求，招标人可以拒绝该投标。

招标文件一般至少应包括以下内容。

1) 招标通告

招标通告的核心内容就是向未定的投标人说明招标的项目名称和简要内容，发出投标邀请，并且说明招标书编号、投标截止时间、投标地点、联系电话、传真、电子邮箱等。它应当简短、明确，让读者一目了然，并得到基本信息。

2) 投标须知

投标须知通过建立一些在整个招标投标过程中共同的概念和规则，并把它们明确地写出来，作为招标文件的部分，来达成共识，作为今后双方行为的依据，并且声明未尽事项的解释权归谁所有，以免以后引起争议。

投标须知的主要内容基本上是招标投标的一些基本规则、做法标准等。这些内容基本上都可以从招标投标法规中找到依据(不可与招标投标法规相抵触)，但可以根据自己的具体情况具体化、实用化，把它的每一条都列出来提供给投标人，作为与投标人的一种约定。

投标须知的主要内容包括以下几条。

(1) 资金来源。

(2) 如果没有进行资格预审的，要提出投标人的资格要求。

(3) 货物原产地要求。

(4) 招标文件和投标文件的澄清程序。

(5) 投标文件的内容要求。

(6) 投标语言。尤其是国际性招标，由于参与竞标的供应商来自世界各地，必须对投标语言做出规定。

(7) 投标价格和货币规定。对投标报价的范围做出规定，即报价应包括哪些方面，统一报价口径，便于评标时计算和比较最低评标价。

(8) 修改和撤销投标的规定。

(9) 标书格式和投标保证金的要求。

(10) 评标的标准和程序。

(11) 国内优惠的规定。

(12) 投标程序。
(13) 投标有效期。
(14) 投标截止日期。
(15) 开标的时间、地点等。

3) 合同条款

合同条款的基本内容就是对购销合同、任务明细组成、描述方式、货币价格条款、支付方式、运输方式、运费、税费处理等商务内容的约定和说明。

采购招标合同包括一般合同条款和特殊合同条款，具体内容如表2-3所示。

表2-3 采购招标合同条款内容

一般合同条款	特殊合同条款
买卖双方的权利和义务	交货条件
价格调整程序	验收和测试的具体程序
不可抗力因素	履约保证金的具体金额和提交方式
运输、保险、验收程序	保险的具体要求
付款条件、程序及支付货币规定	解决争端的具体规定
延误赔偿和处罚程序	付款方式和货币要求
合同终止程序	零配件和售后服务的具体要求
合同适用法律的规定	对一般合同条款的增减等
解决争端的程序和方法	
履约保证金的数量、货币及支付方式	
有关税收的规定	

4) 技术规格

技术规格是招标文件和合同文件的重要组成部分，它规定所购货物、设备的性能和标准。技术规格也是评标的关键依据之一。如果技术规格制定得不明确或不全面，就会增加风险，不仅会影响采购质量，也会增加评标难度，甚至导致废标。

货物采购技术规格一般采用国际或国内公认的标准，除不能准确或清楚地说明拟招标项目的特点外，各项技术规格均不得要求或标明某特定的商标、名称、专利、设计、原产地或生产厂家，不得有针对某一潜在供应商或排斥某潜在供应商的内容。

5) 投标书的编制要求

投标书是投标供应商对其投标内容的书面声明，包括投标文件构成、投标保证金、总投标价和投标书的有效期等内容。投标书中的总投标价应分别以数字和文字表示。投标书的有效期是指投标有效期，投标人确认在此期限内受其投标书的约束，该期限应与投标须知中规定的期限相一致。

投标保证金是为了防止投标人在投标有效期内任意撤回其投标，或中标后不签订合同或不交纳履约保证金，避免采购实体蒙受损失而设定的。

投标保证金可采用现金、支票、不可撤销的信用证、银行保函、保险公司或证券公司出具的担保书等方式交纳。投标保证金的金额不宜过高，可以确定为投标价的一定比例，一般为投标价的1%～5%，也可以定一个固定数额。由于按比例确定投标保证金的做法很容易导致报价泄露，即通过一个投标人交纳的投标保证金数额可以推算其投标报价，因而确定固定投标保证金的做法较为理想，有利于保护各投标人的利益。国际性招标采购的投标保证金的有效期一般为投标有效期加上30天。

如果投标人有下列行为之一的，应没收其投标保证金：投标人在投标有效期内撤回投标；投标人在收到中标通知书后，不按规定签订合同或不交纳履约保证金；投标人在投标有效期内有违规违纪行为等。

在下列情况下投标保证金应及时退还给投标人：中标人按规定签订合同并交纳履约保证金；没有违规违纪的未中标投标人。

6) 供货一览表、报价表

供货一览表应包括采购商品品名、数量、交货时间和地点等。

在国境内提供的货物和在国境外提供的货物在报价时要分开填写。在报价表中，境内提供的货物要填写商品品名、商品简介、原产地、数量、出厂单价、出厂价境内增值部分所占的比例、总价、中标后应缴纳的税费等。境外提供的货物要填写商品品名、商品简介、原产地、数量、离岸价单价及离岸港、到岸价单价及到岸港、到岸价总价等。

3. 招标邀请书的发布和招标文件的发售

招标邀请书的内容因项目而异，一般应包括以下几个方面。

(1) 采购实体的名称和地址。

(2) 资金来源。

(3) 采购内容简介，包括采购货物名称、数量及交货地点，需进行工程的性质和地点，或所需采购服务的性质和提供地点等。

(4) 希望或要求供应货物的时间，或工程竣工的时间，或提供服务的时间。

(5) 获取招标文件的办法和地点。

(6) 采购实体对招标文件收取的费用及支付方式。

(7) 提交投标书的地点和截止日期。

(8) 投标保证金的金额要求和支付方式。

(9) 开标日期、时间和地点。

如果经过资格预审程序，招标文件可以直接发售给通过资格预审的供应商。如果没有资格预审程序，招标文件可发售给任何对招标通告做出反应的供应商。招标文件的发售，可采取邮寄的方式，也可以让供应商或其代理前来购买。如果采取邮寄方式，要求供应商在收到招标文件后要告知招标机构。

(二)投标过程

招标阶段的工作完成以后,就进入投标阶段。

1. 投标准备

在正式投标前,采购单位还需要做一些必要的服务工作:一是对大型工程或复杂设备组织召开标前的会议和现场考察;二是按投标人的要求澄清招标文件,澄清答复要发给所有购买投标文件的供应商。

标书发售后至投标前,要根据实际情况合理确定投标准备时间。投标准备时间确定得是否合理,会直接影响招标的结果。尤其是土建工程,投标涉及的问题很多,投标人要准备工程概算、编制施工计划、考察项目现场、寻找合作伙伴和分包单位,如果投标准备时间太短,投标人就无法完成或不能很好地完成各项准备工作,投标文件的质量就不会十分理想,直接影响到后面的评标工作。

采购单位或招标单位只接受在规定的投标截止日期前由供应商提交的投标文件,该日期后送到的投标文件应予以拒收,并取消这类供应商的资格。在收到投标文件后,要签收或通知供应商投标文件已经收到。在开标以前,所有的投标文件都必须密封,妥善保管。投标文件的内容应与招标文件的要求相一致。

2. 投标人

投标人可以是法人,或者是其他组织或个人,也可以是两个以上法人或者其他组织组成的联合体。投标人应当具备承担招标项目的能力和规定的资格条件。投标人应当按照招标文件的要求编制投标文件。

3. 投标文件

投标文件是投标人投标的全部依据,也是招标人招标所希望获得的成果,是投标人智慧与技术的载体。投标人应当集中集体的智慧,认真准备一份高水平的投标文件参加投标。投标文件应当对招标文件提出的实质性要求和条件做出响应。招标项目属于建设施工的,投标文件的内容应当包括拟派出的项目负责人与主要技术人员的简历、业绩和拟用于完成招标项目的机械设备等。投标文件应当在招标文件规定的截止时间前送达投标地点。投标人在截止时间前,可以补充、修改或者撤回已提交的投标文件,并书面通知招标人补充、修改的内容为投标文件的组成部分。

投标文件主要是根据招标文件要求提供的内容和格式进行准备。一般应当包括以下基本组成部分。

1) 投标书

投标书是投标人对于招标书的回应。投标书的基本内容是以投标人授权代表的名义明确表明对招标人招标项目进行投标的意愿，简要说明项目投标的底价和主要条件。此外，要对投标文件的组成及附件清单、正本本数、副本本数做出说明，还要声明愿意遵守哪些招标文件给出的约定、规定和义务。最后要写明授权代表的职位并签字。

2) 目标任务的详细技术方案

这是投标文件的主体文件。在这份文件中，要针对招标项目提出自己的技术和经济的指标参数，并且详细说明达到这些技术经济指标的技术方案、技术路线和保障措施等。在这份文件中，还要对完成自己的方案所需要的成本费用以及需要购置的设备材料等列出详细的清单。如果项目由多个单位多个人完成，则还要对项目组织的人员、项目分工等进行说明。

3) 投标资格证明文件

这部分要列出投标人的资格证明文件，包括投标企业的全称、历史简介和现状说明，企业的组织结构，企业的营业执照副本复印件，企业组织机构代码证，技术交易许可证等；还要有开户银行名称以及开户银行出具的资格证明书；还要对授权代理人的情况、资格等做出说明，并附授权委托证明书。

4) 制造商代理协议和授权书

如果投标人是某些制造商的产品代理，则还要出具与制造商签订的代理协议复印件以及制造商的委托书。这样做是为了防止在招标人和投标人将来合作时可能引起的来源于制造商的纠纷。

5) 有关技术资料及客户反馈意见

这部分主要是投标人对自己的业务水平、技术能力、市场业绩等提出一些让招标人可信的说明及证明材料，增加招标人对自己的信任，也是一种对自己技术资格的另一种方式的证明。

在这里，一般可以用实例写出自己令人信服的技术能力、质量保证能力等，列出技术资格证书、获奖证书、兼职聘任证书等资料。特别是可以简述几个投标人完成的具体实例，说明他们创造的效益，特别是用户的使用证明、主管部门的评价或社会的反映等，并且留下有关证明人的联系电话、地址、邮编等，为招标人证实实际情况提供方便。

四、投评标的程序及方法

(一)投标

投标程序如下。

投标报名→购买资格预审文件→编制资格预审书→参加资格预审→购买招标文件→参加招标人组织的现场勘探→仔细研究招标文件(有疑问用书面形式及时反馈给招标人)→领取招标答疑文件→编制投标文件→在投标截止时间前将密封的投标文件送到指定的地点参加开标。

(二)评标

评标程序如下。

评标程序分为初步评标和详细评标两个阶段,这两个阶段结束后,还有编写评标报告、进行资格后审、授标与合同签订等事项。

1. 评标委员会组建

评标委员会由专家和招标人代表组成,一般由招标人代表担任委员会主任,专家在开标前由招标人在专家库抽取,且专家信息需保密。对涉及的专家有"回避原则"。

【小贴士】

> **历史小资料**
>
> 第一个评标专家委员会:1987年天津机电设备招标公司建立。
>
> 1987年,天津机电设备招标公司,成立了以天津、北京、河北等地为主,多个大专院校和科研单位,以及部委的专家组成的52人的专家委员会。该专家委员会以当时的天津大学名誉校长、学部委员史绍熙为主任。1991年11月,第二届专家委员会成立,加以补充,由市政府颁发聘书。

2. 评标准备

(1) 工作人员及评委准备。工作人员向评委发放招标文件和评标有关表格,评委熟悉招标项目概况、招标文件主要内容和评标办法及标准等内容,并明确招标目的、项目范围和性质以及招标文件中的主要技术要求和标准和商务条款等。

(2) 根据招标文件对投标文件做系统的评审和比较。

3. 初步评审

(1) 投标文件的符合性鉴定:投标文件的有效性;投标文件的完整性;与招标文件的一致性。

(2) 对投标文件的质疑,以书面方式要求投标人给予解释、澄清。

(3) 废标的有关情况需与招标文件和国家有关规定相符合。

4. 详细评审

1) 工作人员工作

评标辅助工作人员协助做好评委对各投标书评标得分的计算、复核、汇总工作。

2) 评审程序

(1) 技术评估。主要内容有施工方案的可行性、施工进度计划的可靠性、施工质量的保证、工程材料和机械设备供应的技能符合设计技术要求、对于投标文件中按照招标文件规定提交的建议方案做出技术评审。

(2) 商务评估。主要内容有审查全部报价数据计算的正确性、分析报价数据的合理性、对建议方案的商务评估。

(3) 投标文件的澄清。评标委员会可以约见投标人对其投标文件予以澄清,以口头或书面形式提出问题,要求投标人回答,随后在规定的时间内投标人以书面形式正式答复,澄清和确认的问题必须由授权代表正式签字,并作为投标文件的组成部分。

5. 评标报告

(1) 报告内容主要有基本情况和数据表、评标委员会成员名单、开标记录、符合要求的投标一览表、废标情况说明、评标标准、评标方法或者评标因素一览表、评分比较一览表、经评审的投标人排序以及澄清说明补正事项纪要等。

(2) 评标报告由评标委员会成员签字。

(3) 提交书面评标报告,评标委员会解散。

6. 举荐中标候选人

评标委员会推荐的中标候选人应当限定在1～3人,并标明排序。

(三)评标的方法

1. 最低评标价为基础的评标

适用范围:简单的商品、半成品、原材料及其他性能质量相同或容易进行比较的货物。

评标价=成本+合理利润。

以价格为尺度时,追求的不是最低报价,而是最低评标价(最低评标价≠最低报价)。

如果采购的货物是国外进口的,货物报价应包括成本、保险、运费的到岸价格为基础;如果采购的货物是国内生产的,报价以出厂价为准。

2. 综合评价法

综合评价法是指除价格外,还考虑其他因素的评标方法。

适用范围:耐用物品;车辆、发动机及其他设备。

需要考虑的影响因素:①内陆运费和保险费;②交货期;③付款条件;④零配件的供应和售后服务情况;⑤货物的性能、生产能力、配套性及兼容性;⑥技术服务和培训费用等。

3. 以寿命周期成本为基础的评标方法

适用范围:整套厂房、生产线或设备、车辆等在运行期内的各项后续费用(零配件、油料、燃料、维修等)很高的设备,可以采用此方法。

在计算生命周期内成本时，可以根据实际情况，评标时在标书报价的基础上加上一定运行期限内的各项费用，再减去一定年限后设备残值，即扣除这几年折旧费后的设备剩余值。在计算各项费用或残值时，都应按照标书中规定的贴现率折算成净现值。

4. 打分法

打分法需要考虑的因素包括：①投标价格；②内陆运费、保险费及其他费用；③交货期；④偏离合同条款规定的付款条件；⑤备件价格及售后服务；⑥设备性能、质量、生产能力；⑦技术服务和培训。

如果采用打分法评标，考虑的因素、分值的分配以及打分标准均应在招标文件中明确规定。

这种方法的好处在于综合考虑、方便易行。缺点是难以合理确定不同技术性能的有关分值和每一性能应得的分数，一些重要指标有时会被忽略。

举例说明打分法的评分项目和分值说明，如表2-4所示。

表2-4 打分法评分项目及分值说明

评分项目	分值说明
投标报价	本项最高60分。最低报价得60分。其他按差价分值计算公式得分，计算公式：最低报价÷投标价×60
供期	本项最高3分。供期最短得3分，其他适当减分
品牌信誉	本项最高9分。基本分为6分，根据品牌信誉适当加分
物品的主要配置	本项最高10分。完全响应标书为8分，高配置的适当加分
产品的质量和性能	本项最高10分。基本分为7分，其他根据产品质量、市场反应、稳定性及故障率等情况适当加分
质保及售后	本项最高8分。完全响应标书为5分，有特殊质保及售后服务措施可适当加分

【案例分析2-3】

某公路路基工程具备招标条件，决定进行公开招标。招标人委托某招标代理机构K进行招标代理。招标方案由K招标代理机构编制，经招标人同意后实施。招标文件规定本项目采取公开招标、资格后审方式选择承包人，同时规定投标有效期为90日。2007年10月12日下午4:00点整为投标截止时间，2007年10月14日下午2:00点在××会议室召开开标会议。2007年9月15日，K招标代理机构在国家指定媒介上发布招标公告。招标公告内容如下：①招标人的名称和地址；②招标代理机构的名称和地址；③招标项目的内容、规模及标段的划分情况；④招标项目的实施地点和工期；⑤对招标文件收取的费用。

2007年9月18日，招标人开始出售招标文件。2007年9月22日，有两家外省市的施工单位前来购买招标文件，被告知招标文件已停止出售。

截至2007年10月12日下午4:00即投标文件递交截止时间，共有48家投标单位提交了投标文件。在招标文件规定的时间进行开标，经招标人代表检查投标文件的密封情况后，由招标代理机构当众拆封，宣读投标人名称、投标价格、工期等内容，并由投标人代表对开标结果进行了签字确认。

随后，招标人依法组建的评标委员会对投标人的投标文件进行评审，最后确定了A、B、C三家投标人分别为某合同段第一、第二、第三中标候选人。招标人于2007年10月28日向A投标人发出了中标通知书，A中标人于当日确认收到此中标通知书。此后，自10月30日至11月30日招标人又与A投标人就合同价格进行了多次谈判，于是A投标人将价格在正式报价的基础上下调了0.5%，最终双方于12月3日签订了书面合同。

(资料来源：招投标综合案例[DB/OL]. 豆丁网. https://www.docin.com/p-379188791.html)

思考题：
本案招投标程序有哪些不妥之处？为什么？

五、网上招标

网上招标是在互联网上利用电子商务基础平台提供的安全通道进行招标信息的传递和处理，包括招标信息的公布、标书的发放等完整过程。

公开的网上招投标，可使众多的投标企业之间形成公平竞争的局面，从而能够更快地淘汰高于社会必要劳动成本的投标企业，而且提高工作效率、节省办公时间，使企业降低了成本。企业在进行决策报价时，必然要把能获得的利润降到合理的限度才有可能中标，从而使项目投资得到节约。在投资总额一定的情况下，使有限的资金发挥更大的作用，提高了投资效益。通过网上招标投标大大简化了合同谈判的过程，节省了大量人力、物力和费用开支。

六、招标采购中的常见问题及解决

(一)招标代理的选择

《中华人民共和国招标投标法》第十三条第二款规定，招标代理机构应当具备下列条件。

(1) 有从事招标代理业务的营业场所和相应资金。这是开展业务所必需的物质条件，也是招标代理机构成立的外部条件。营业场所是提供代理服务的固定地点。相应资金是开展代理业务所必要的资金。对于具备企业法人资格的招标代理机构方而言，《中华人民共和国公司法》规定，科技开发、咨询服务性公司的注册资金不得少于10万元。

(2) 有能够编制招标文件和组织评标的相应专业力量。是否能够编制招标文件和组织评标，既是衡量招标人能否自行办理招标事宜的标准，也是招标代理机构必须具备的实质要件。从整个招标投标程序看，编制招标文件和组织评标是其中最重要的两个环节。招标文件是整个招标过程所遵循的基础性文件，是投标和评标的依据，也是合同的重要组成部分。一般情况下，招标人与投标人之间不进行或进行有限的面对面交流，投标人只能根据招标文件的要求编写投标文件。因此，招标文件是联系、沟通招标人与投标人的桥梁。能否编制出完整、严谨的招标文件，直接影响到招标的质量，也是招标成败的关键。组织评标，即组织评标委员会，要严格按照招标文件所确定的标准和方法，能否顺利地组织评标，直接影响到招标的效果，也是体现招标公正性的重要保证。

(二)投标的标底

标底是指招标人或其代理编制的一种预期价格，是招标人对标的期望值。标底并不是决定投标能否中标的标准价，只是对投标进行评审和比较时的一个参考价。标底不是必需的，但如果设有标底，则招标人应对标底严格保密。

1. 标底的作用

1) 积极作用

标底能够防范投标人为获取中标而恶意压低投标价的情况。在无标底投标时有些投标人信奉"中标靠低价，盈利靠索赔"的信条，为获取中标权，将投标价压到低于其可承受的价格，即投标价低于其成本价。有了标底，评标时就可对投标价远低于标底的投标进行防范，从而提供一个公平、公正的参照坐标，使合同各方的合理、合法利益得到应有的保障。

2) 消极作用

标底的存在又有它的局限性。它使得投标人在报价方面刻意向业主所设立的标底靠拢，从而使得投标人的投标报价反映不出真实的质量水平，在竞争性方面大打折扣，不能够较好地节省采购费用。标底实际上是迁就部分技术水平较低的投标人，无形中给投标人规定了成本价。事实上，由于技术水平之间的差距，投标人能够承受的报价底线即成本价肯定是不同的。

2. 标底的编制程序

规范的标底编制程序是保证标底质量的重要条件。编制标底一般按下列程序进行。

(1) 确定编制标底的人员。编制标底一般由2~3名工作人员进行，参与标底编制的人员应当熟悉采购业务，客观、公正，有较强的责任心。

(2) 进行市场调查。无论采购项目的情况如何，编制标底必须进行必要的市场调查，这是编制标底的必经程序。

(3) 编制和确定标底。标底必须确定采购项目总的价格。但对持续一定时间的制造、修理、加工、买卖、供给、使用等合同，可以单价作为标底。

(4) 密封标底并送受托的招标机构保存。

3. 标底的编制依据

标底的编制要以招标项目批准的预算为基本依据，如果编制的标底高于预算，采购人必须按照法定程序变更预算后，方可委托招标。实践中，标底一般根据以下原则确定。

(1) 正常交易时以市场价格作为编制标底的基本依据。市场价格一般以权威机构所统计的价格为准，同类产品如果有几个品牌且价格不同时，可选择居中的一种品牌价格作为市场价格。

(2) 依法管制价格时，以管制价格为标底。

(3) 无法确定市场价格时，参考交易实例价格编制标底。

(4) 因新开发品、特殊规格品等特殊物品以及劳务的特殊性，无市场价格和适当的交易实例价格时，可以以成本加利润的方法确定标底。

编制标底时，应当考虑合同数量、履行前景、履行期限、供给状况、合同条件以及其他有关情况。

(三)围标的治理

1. 围标的含义

围标是一个招标投标的专业术语，也称为串通投标，它是指几个投标人之间相互约定，一致抬高或压低投标报价进行投标，通过限制竞争，排挤其他投标人，使某个利益相关者中标，从而谋取利益的手段和行为。例如，一个招标项目有九家单位参与投标，商务标的评标办法为无标底制，投标报价的加权平均值则为评标基准值，谁家的报价值最接近这个基准值谁就得分高，加上技术标分值，谁家就最有可能中标。于是投标人可利用这里面数值权重的牵引作用，联合五六家共同填报一个相近的值。到时候，评标基准值自然不会旁落他家。更有甚者，投标人在无标底的前提下，同时拉高报价，使中标人的标价远远超出实际价格，使采购方遭受巨大损失，而中标人的超额利润私下补贴给陪同围标的投标人。

2. 围标的预防

国际上通行的做法是在招标中实施"最低价中标"原则。2000年1月1日实施的《中华人民共和国招标投标法》中规定：中标人能够满足招标人文件的实质性要求，并且经评审的投标价格最低。从法律层面上允许招标人可以选择最低报价者中标。实行"最低价中标"有以下优点：①市场法则，节约投资效果显著；②关系无用，反腐倡廉效果显著；③操作简便，招标工作效率显著。可见，如果采用"最低价中标"法，取消了招投标中报价数值接近评议标价的方法，投标单位就不会再联合起来制造标价权重，转而动脑筋、想办法，最大限度地挖掘自身潜力，提高竞争实力，以最低价格参与投标。

【拓展阅读】

新建京沪铁路客运专线建设项目物资采购招标

招标号：0755064400100001/01
招标人：铁道部南京大胜关长江大桥和南京站项目建设指挥部
招标机构：中国铁路物资总公司
二〇〇六年三月十三日
(2006年3月13日)
致：_____

中国铁路物资总公司受铁道部南京大胜关长江大桥和南京站项目建设指挥部委托，以邀请招标的方式就南京大胜关长江大桥前期施工用水泥、钢材进行招标。

现邀请贵方参与投标。

一、招标号：0755064400100001/01/02/03/04
二、招标人：铁道部南京大胜关长江大桥和南京站项目建设指挥部
地址：南京市京梦都宾馆516　　邮政编码：210012
联系人：陈维雄
联系电话：13913035890　　传真：025-86479777-商务中心(转送516室)
三、招标机构：中国铁路物资总公司
地址：北京市西城区华远街11号　　邮政编码：100031
联系人：宋宇飞
联系电话：01051895252　　传真：01051895257
四、招标依据：
1.《中华人民共和国招标投标法》
2. 七部委第12号令《评标委员会和评标办法暂行规定》
3. 七部委第30号令《工程建设项目施工招标投标办法》
五、招标项目及数量

本次招标采购京沪高速铁路南京长胜关大桥工程所需水泥30 000t、螺纹钢7850t，以满足2006年4月至2006年7月工程施工的需要。

具体分包清单见表2-5。

表2-5　分包清单表

包号	物资名称	单位	数量	备注
01	P.O32.5普通低碱硅酸盐水泥	t	15 000	
02	P.O32.5普通低碱硅酸盐水泥	t	15 000	

续表

包号	物资名称	单位	数　量	备　注
03	钢筋混凝土结构用螺纹钢	t	3 925	32mm　3900t，20mm　25t
04	钢筋混凝土结构用螺纹钢	t	3 925	32mm　3900t，20mm　25t

六、招标方式：本次招标采用邀请招标方式。

七、资金来源：京沪高速铁路建设资金的部分资金。

八、招标、评标日期安排：

1. 标书发售时间：感兴趣的投标人可于2006年3月13日至3月15日(9:00—11:30、13:30—15:30)派代表持公函及代表人身份证明到中国铁路物资总公司购买招标文件，标书水泥每包售价1500元，钢材每包2000元。标书售出恕不退换。

2. 答疑时间：投标人仔细阅读招标文件后，若还有需招标人澄清的问题，必须以书面形式签字盖章后，在2006年3月16日17:00前传真给招标机构(传真：01051895257)，过时将不受理。对2006年3月16日17:00前电传给招标机构的所有问题，招标机构将于3月18日17:00前用传真对所有招标文件的购买人统一给予答复(答复包括对需澄清问题的解释，不包括问题的来源)。

3. 标书递交时间：所有投标文件必须于2006年3月24日8:30—9:30在南京市金梦都宾馆(地址同招标人)当面递交给招标代理，在此前后交来的投标文件恕不接受。

4. 开标时间：招标机构将于2006年3月24日9:30在南京市金梦都宾馆(地址同招标人)开标。届时请投标人法定代表人或其委托人参加。

5. 中标通知书：根据批复的中标结果发各中标人。

九、本次招标采用资格后审。

十、请贵方于3月10日15:00前回传真确认将要参与投标的包号。如委托代理公司进行投标，则在购买标书时，代理公司须出示生产企业就本次招标某一包的独家委托书，且贵企业将不能就该包再行单独投标。

中国铁路物资总公司
二〇〇六年三月九日

投标人须知

一、总则

1. 工程概况：

京沪铁路客运专线起自北京南站，途经北京、天津、河北省沧州、山东省德州、济南、泰安、曲阜、滕州、枣庄、江苏省徐州、安徽省宿州、蚌埠、定远、滁州、江苏省南京、镇江、常州、无锡、苏州、昆山，止于上海市七宝站，正线全长1319km。主要工程包括路基工程、桥梁工程、轨道工程及站后工程。

2. 采购资金来源：

2.1 招标人将京沪高速铁路工程项目建设资金的一部分，用于支付投标邀请中所指的物资合同费用。

3. 投标范围：

3.1 投标邀请中所列招标项目及数量是投标人的投标范围。

4. 合格投标人：

4.1 投标人必须是经国家工商、税务登记注册，并符合投标项目经营范围，能独立承担民事责任并在铁道部工程交易中心办理了交易许可证的法人组织。

4.2 产品的生产工厂或产品的代理人可单独以法人身份参加投标，或组成联合体以一个投标人身份共同投标，并符合相关规定。

4.3 投标的产品代理人需提供由投标物资制造企业与代理人共同签署的针对本项目投标的制造工厂委托代理授权书以证实其合法性，并同时确认将通过代理人向本项目提供的产品质量和数量及供货时间满足招标人的需要并承担保证供应的连带责任。

5. 物资及服务：

5.1 合同提供的物资应符合或超过招标文件要求和国内现行的有关技术标准。

5.2 提供合同规定的技术和售前、售中、售后服务。

6. 投标费用：

6.1 投标人应承担所有与投标有关的一切费用，并且招标人及招标机构在任何情况下不负担这些费用。

二、招标文件

7. 招标文件的组成：

7.1 招标文件组成内容：

(1) 投标邀请。
(2) 投标人须知。
(3) 合同条件。
(4) 技术规范。
(5) 投标文件格式。

7.2 投标人要认真阅读和检查招标(商务、技术)文件，包括所有说明、图表、术语、规范，以及招标文件是否缺页或印刷错误，并及时向招标人澄清，否则后果自负；如发现招标技术规范中表述的商务条款与招标商务文件有矛盾或不一致时以招标商务文件为准。

第三节 电子采购

一、电子采购概述

(一)电子采购的定义

电子采购(E-Procurement)是由采购方发起的一种采购行为,是一种不见面的网上交易,如网上招标、网上竞标、网上谈判等。人们把企业之间在网络上进行的这种招标、竞价、谈判等活动定义为 B2B 电子商务,事实上,这也只是电子采购的一个组成部分。电子采购是商品和服务的电子购买过程,包括从认定采购需求直到支付采购货款的全部过程,也涵盖延迟付款这类活动。它能够使企业通过网络,寻找合格的供货商和物品,随时了解市场行情和库存情况,编制销售计划,在线采购所需的物品,并对采购订单和采购的物品进行在途管理、台账管理和库存管理,实现采购的自动统计分析。

电子采购最先兴起于美国,它的最初形式是一对一的电子数据交换系统,即 EDI,该电子商务系统大幅度提高了采购效率,但早期的解决方式价格昂贵、耗费庞大,且由于其封闭性仅能为一家买家服务,尤令中小供应商和买家却步。为此,联合国制定了商业 EDI 标准,但在具体实施过程中,关于标准问题在行业内及行业间的协调工作举步维艰,因此,真正的商业伙伴间 EDI 并未广泛开展。20 世纪 90 年代中期,电子采购目录开始兴起,这是供应商通过将其产品上网,来提高供应商的信息透明度、市场涵盖面。近年来,全方位综合电子采购平台出现且通过广泛连接买卖双方来进行电子采购服务。

实现电子采购的方式有两种,即使用 EDI(电子数据交换)的电子采购和使用 Internet 的电子采购。电子采购门户站点对购买简单商品最为有效,它可以让供应商创建和维护其产品的在线目录,其他公司可以从这些目录中搜索商品、下订单以及当场确定付款和装运选择。

(二)电子采购的优势

1. 提高采购效率、缩短采购周期

采购方企业通过电子采购交易平台进行竞价采购,可以根据采购方企业的要求自由设定交易时间和交易方式,大大缩短了采购周期。自采购方企业竞价采购项目正式开始至竞价结束,一般只需要 1~2 周,较传统招标采购节省 30%~60%的采购时间。

2. 节约大量的采购成本

据美国全国采购管理协会称,使用电子采购系统可以为采购企业节省大量成本。采用传统方式生成一份订单所需要的平均费用为 150 美元,使用基于 Web 的电子采购解决方案则可以将这一费用减少到 30 美元。企业通过竞价采购商品的价格平均降幅为 10%左右,最高时可超过40%。通用电气公司通过电子采购每年节约100亿美元。

3. 优化采购流程

采购流程的电子化不是用计算机和网络技术简单替换原有的方式方法，而是要依据更科学的方法重新设计采购流程。

4. 减少过量的安全库存

例如，海尔集团在实施电子采购后，采购成本大幅降低，仓储面积减少一半，降低库存资金约7亿元，库存资金周转日期从30天降低到了12天以下。

5. 信息共享

不同企业实现信息共享，可使供求双方之间的信息更加透明，提高了客户服务质量和客户满意度，促进供应链绩效，并改善了与供应商的关系。

6. 促进供应商获益

电子采购不仅使采购企业大大获益，而且能让供应商获益。对于供应商，采用电子采购可以更及时地掌握市场需求，降低销售成本，增进与采购商之间的关系，获得更多的贸易机会。

(三)电子采购的风险

1. 安全问题

电子采购的安全问题主要是数据安全问题。大量的网络采购活动通过Internet服务提供商(Internet Service Provider，ISP)和Internet内容提供商(Internet Content Provider，ICP)的站点接入，然而ISP和ICP站点的安全性问题可能存在隐患，一旦"黑客"攻入服务器，篡改各种数据，如银行账户、信用证数据等，就会给企业带来巨大的损失。

2. 财税风险

电子采购面向全球市场，而全球各国的财税政策是不同的，电子采购难以对税收政策进行统一。出于促进贸易的需要，目前发达国家比较容易在免征关税和特别税方面达成一致，但商业税的征免及征收方法需要进一步协调。此外，电子采购涉及大量电子货币，电子货币的使用超出了传统的中央银行的货币控制范围，这也可能带来较为严重的金融问题。

3. 法律风险

与财税风险类似，在网络空间，传统的营销边界不再适用，而在规范网络贸易方面，目前并没有统一的全球性法律框架，很容易引发纠纷，产生风险。

二、电子采购的模式及流程

(一)电子采购的模式

常见的电子采购模式主要有买方一对多模式、卖方一对多模式和第三方系统门户模式。

1. 买方一对多模式

买方模式是指采购方在互联网上发布所需采购产品的信息,供应商在采购方的网站上登录自己的产品信息,以供采购方评估,并通过采购网站双方做进一步的信息沟通,完成采购业务的全过程。买方模式中采购方承担了建立、维护和更新产品目录的工作。

买方模式较适合大型企业的直接物料采购。原因有以下几个。

(1) 大企业一般已经运行着成熟、可靠的企业信息管理系统,因此与此相适应的电子采购系统应该与现有的信息系统有着很好的集成性,保持信息流的通畅。

(2) 大企业往往处于所在供应链的核心地位,核心供应商较为集中,并且大企业的采购量巨大,因此供需双方需要进行紧密合作。

(3) 一般来说,只有大型企业才有能力承担建立、维护和更新产品目录的工作。

2. 卖方一对多模式

卖方模式是指供应商在互联网上发布其产品的在线目录,采购方则通过浏览来取得所需的商品信息以做出采购决策并下订单以确定付款和交付选择。

在这个模式里,供应商必须投入大量的人力、物力和财力用以建立、维护和更新产品目录,但对于采购方来说则不必花费太多就能得到自己所需的产品,但对于拥有几百个供应商的买方,就要访问众多的网站才能采购到需要的产品。

同时,卖方模式需要面临 B2B 电子采购与企业内部信息系统无法很好地集成的问题,因为采购方与供应商是通过供应商的系统进行交流的,由于双方所用的标准不同,供应商系统向采购方传输的电子文档不一定能为采购方的信息系统所识别,延长了采购时间。

3. 第三方系统门户(Third-party system / Portals)模式

门户(Portals)是描述在 Internet 上形成的各种市场的术语。它指供应商和采购方通过第三方设立的网站进行采购业务的过程。在这个模式里,无论是供应商还是采购方都需要在第三方网站上发布自己提供或需要的产品信息,第三方网站则负责产品信息的归纳和整理,以便于用户使用。

有以下两类基本门户。

(1) 垂直门户。这是经营专门产品的市场,如钢材、化工、能源等,它通常由一个或多个本领域内的领导型企业发起或支持,如中国化工网(http://china.chemnet.com/)等。

(2) 水平门户。它集中了种类繁多的产品，其主要经营领域包括维修和生产用的零配件、办公用品等。水平电子市场一般由电子采购软件集团或间接材料和服务供应领域的领导者发起资助，如阿里巴巴网站等。

(二)电子采购的一般业务流程

1. 提交采购需求

最终用户通过填写在线表格提出采购产品的请求，对于经常采购的商品，可以建立一个特别的目录供用户选择，以方便最终用户提出采购申请。

2. 确定采购需求

根据企业预先规定的采购流程，采购申请被依次自动地传送给各个责任人请求批准。

3. 选择供应商

一旦采购申请最终得到认可，采购人员按不同的情况采取两种方式。若所需要采购的物品已有了合同供应商，则该申请转化成订单自动发送给供应商。若所需采购的物品没有固定的供应商，采购人员需要通过采购寻源流程去寻找合适的供应商。

4. 下订单

在确定供应商后，订单会通过电子邮件等方式传送给供应商。

5. 订单跟踪

有些信息系统较为完善的供应商会反馈给采购方一个订单号，采购人员可以通过订单号追踪订单的执行情况直到发货。

6. 付款

如果连接了银行系统，则可以进行电子支付。

三、电子采购方案的实施

企业实施电子采购的步骤，一般可以从以下几个方面进行考虑。

1. 提供培训

很多企业只在系统开发完成之后才对使用者进行应用技术培训，但是国外企业和国内一些成功企业的做法表明，事先对所有使用者提供充分的培训是电子采购成功的一个关键因素。培训内容不仅包括技能方面的知识，更重要的是让员工了解将在什么地方进行制度革新，以便将一种积极的、支持性的态度灌输给员工，这将有助于减少未来项目进展中的阻力。

2. 建立数据源

建立数据源是为了在互联网上实现采购和供应管理功能而积累数据。其内容主要包括供应商目录、供应商的原料和产品信息、各种文档样本、与采购相关的其他网站、可检索的数据库、搜索工具。

3. 成立正式的项目小组

项目小组需要由高层管理者直接领导，其成员应当包括项目实施整个进程所涉及的各个部门的人员，包括信息技术、采购、仓储、生产、计划等部门，甚至包括互联网服务提供商(ISP)、应用服务提供商(ASP)、供应商等外部组织的成员。每个成员对方案选择、风险、成本、程序安装和监督程序运行的职责分配等进行充分交流和讨论，以达成共识。实践证明，事先做好组织上的准备是保证电子采购顺利进行的前提。

4. 广泛调研、收集意见

为做好电子采购系统，应广泛听取各方面的意见，包括有技术特长的人员、管理人员、软件供应商等。同时要借鉴其他企业行之有效的做法，在统一意见的基础上，制定和完善有关的技术方案。

5. 建立企业内部管理信息系统(MIS)、实现业务数据的自动化管理

在企业的电子采购系统网站中，设置电子采购功能板块，使整个采购过程中管理层、相关部门、供应商及其他相关内外部人员始终保持动态、实时的联系。

6. 应用之前测试所有功能模块

在电子采购系统正式应用之前，必须对所有的功能模块进行测试，因为任何一个功能模块如果存在问题，都会对整个系统的运行产生很大的影响。

7. 培训使用者

对电子采购系统的实际操作人员进行培训也是十分必要的，这样才能确保电子采购系统得以很好地实施。

8. 网站发布

利用电子商务网站和企业内部网收集企业内部各个单位的采购申请。对这些申请进行统计整理，形成采购招标计划，并在网上发布。

【案例分析 2-4】

惠普的供应商协同解决方案——电子化采购

惠普和康柏合并后成为世界 500 强的第 9 名，每年的营业额接近 800 亿美元，每个季度有多于 10 亿美元的现金流，研发费用 40 亿美元。这么大的公司有很大的采购量，其需要在全球不同的地方去综合各种采购能力、采购优势和各种技术优势来形成惠普自己的优势。

在 2000 年至 2001 年间，早期惠普存在着与其他企业同样的问题，有很多产品部门、很多业务部门，其采购、物流，甚至供应链都是各自为政，不同的业务部门有不同的供应链，不同的部门有不同的采购计划、采购策略。所以，怎样整合就成了一个问题，这是制造业尤其是高科技制造业中很多企业面临的共性问题。

基于这一情况，惠普高层领导决定要创新采购流程、创新采购策略、创新采购系统，这就是当时提出的电子化采购的目标。电子化采购目标要形成一流的采购流程和进行采购工具的创新，进而形成供应链的竞争优势和成本优势。远景有两方面：一方面是作为跨国公司在采购供应链方面要有全球的可见性，即可以从总部的物流部门看到每个地区采购链、供应链的情况，可以做一些合并，来达到规模经营、降低成本的目的。同时，也不能丧失惠普每个业务系统所具有的灵活性，要维护各个业务部门的声誉，保证各个部门能力充分发挥的权利。所以目标很简单，一是降低库存成本、降低采购成本，二是提高效率。

惠普开始设计电子采购系统，这个系统由四个主要的部分组成。一是订单和预测协同，惠普的电子化采购强调预测和协同，利用 Internet 的功能来做网上的订单处理和预测处理；二是库存协同，尽量使原厂商的库存最小，要知道供应商有多少库存，在需要的时候是否能够满足你，无论在质量上、数量上还是价格上，这就需要有一个系统进行交互；三是拍卖，就是用电子采购、电子拍卖，这是惠普自有的电子化交易市场，惠普经过各种技术评估和投资回报等标准的评估后，决定建立自有的电子化买卖系统；四是物料资源的寻找、获取、选择、决策系统，这里主要是一些基于供应链的智能分析，这个供应链是多层的，惠普供应链下面不仅要看到第一层的供应商，还要看到第二层、第三层的供应商，原则上是要看到整个的供应链，然后找到最优化的资源配置，可以把它归纳成购买力。

这个系统发展至今已经初具规模，每年为企业节省的采购和物料成本有 1 亿多美元。

(资料来源：采购管理案例[DB/OL]. 南京廖华.
http://www.wodefanwen.com/lhd_3ywk453mj91lh1d7s73v_1.html)

思考题：
惠普电子采购系统的主要特点是什么？

第四节 战略采购

一、战略采购的概念与构成

"战略采购"是由著名咨询企业科尔尼(A.T.Kearney)于20世纪80年代首次提出的,科尔尼致力于战略采购研究和推广工作,已为全球500强中2/3的企业提供过战略采购咨询服务。

(一)战略采购的定义

战略采购"是计划、实施、控制战略性和操作性采购决策的过程,目的是指导采购部门的所有活动都围绕提高企业能力展开,以实现企业远景计划"。它有别于常规的采购管理,注重的是"最低总成本",而常规采购注重的是"单一最低采购价格",它用于系统地评估一个企业的购买需求及确认内部和外部机会,从而减少采购的总成本,其好处在于充分平衡企业内外部优势,以降低整体成本为宗旨,涵盖整个采购流程,实现从需求描述直至付款的全程管理。

(二)战略采购的构成

战略采购作为整合公司和供应商战略目标和经营活动的纽带,包括四方面的内容,即供应商评价和选择、供应商发展、买方与卖方长期交易关系的建立和采购整合。前三个方面发生在采购部门和外部供应商群之间,统称为采购实践;第四个方面发生在企业内部。

1. 供应商的评价和选择

供应商的评价和选择是战略采购最重要的环节。供应商评价系统(Supplier Evaluation Systems,SES)包括:正式的供应商认证计划;供应商业绩追踪系统;供应商评价和识别系统。

供应商业绩评价的指标体系通常由定价结构、产品质量、技术创新、配送、服务等几方面构成。但根据公司战略不同,在选择供应商时所重视的业绩指标有所不同。例如,公司战略是技术在行业中领先,则供应商现有技术在行业中的领先程度和技术创新能力是首要的评价和选择供应商的标准,其次考虑产品质量、定价结构、配送和服务。而对于战略定位于成本领先的公司,定价结构是最为敏感的指标,同时兼顾质量、技术、配送和服务。企业根据评价结果,选出对公司战略有直接或潜在贡献能力的目标供应商群。直接贡献能力是指供应商已具有的,在其行业中居领先地位的,与买方企业战略目标相一致的能力。潜在贡献能力是指那些由于供应商缺乏一种或几种资源而暂时不具备的,通过买方企业投入这些资源就能得到发挥的,对买方企业战略实现有重要帮助的能力。

2. 供应商发展

由于在进行供应商选择时对供应商业绩有所侧重，有时目标供应商的业绩符合买方企业主要标准，而在其他方面不能完全符合要求或有些潜在贡献能力未得到发挥，买方企业就要做一系列的努力，提高供应商的业绩。Krause 和 Ellram 称供应商发展(Supplier Development)是"买方企业为提高供应商业绩或能力以满足买方企业长期或短期供给需求对供应商所做的任何努力"。

这些努力包括以下内容。

(1) 与目标供应商进行面对面的沟通。
(2) 公司高层和供应商就关键问题进行交流。
(3) 实地帮助供应商解决技术、经营困难。
(4) 当供应商业绩有显著提高时，有某种形式的回报或鼓励。
(5) 培训供应商员工等。

3. 交易双方的关系建立

战略采购要和目标供应商完成战略物资的交易。战略采购使买方与卖方的交易关系长期化、合作化。这是因为战略采购对供应商的态度和交易关系的预期与一般采购不同。战略采购认为应做到以下几点。

(1) 供应商是买方企业的延伸部分。
(2) 与主要供应商的关系必须持久。
(3) 双方不仅应着眼于当前的交易，也应重视以后的合作。

在这种观点的指导下，买方企业和供应商致力于发展一种长期合作、双赢的交易关系。采购部门改变了一般采购要多家进行比较和短期合同居多的采购手段，减少供应商的数量，向同一供应商增加订货数量和种类，使供应商取得规模效应，节约成本；并和供应商签订长期合同，使其不必卷入消极的市场竞争中，使资源得到更高效的利用。在这种长期合作的交易关系中，供应商对买方企业有相应的回报，表现在以下几个方面。

(1) 供应商对买方企业的订单要求可做出快速的反应。
(2) 供应商有强烈的忠诚于买方企业的意识。
(3) 愿意尽其所能地满足买方企业的要求。
(4) 运用其知识和技术，参与买方企业产品的设计过程。

建立长期合作交易关系还要求双方信息高度共享，包括公开成本结构等敏感的信息。忠诚是长期合作交易关系的基础，但单纯靠双方自觉的忠诚显然不够。为提高交易效率和交易双方经营绩效，并保证双方致力于长期合作关系，交易双方共同对与交易有关的资产进行投资。这种资产离开了交易双方的特定关系会失去价值，称为交易特殊性资产。

4. 采购整合

随着采购部门在公司中战略地位的提高，采购逐渐由程序化的、单纯的购买向前瞻性、跨职能部门、整合的功能转变。采购整合是将战略采购实践和公司目标整合起来的过程。与采购实践不同，采购整合着眼于企业内部，目的是促进采购实践与公司竞争优势的统一，转变公司高层对采购在组织中战略作用的理解。

采购整合包括：采购部门参与战略计划过程；战略选择时贯穿采购和供应链管理的思想；采购部门有获取战略信息的渠道；重要的采购决策与公司的其他战略决策相协调。

二、战略采购的重要原则

1. 总购置成本最低

总购置成本不仅仅是简单的价格，还在全面成本管理中起着重要的作用。它是企业购置原料和服务所支付的实际总价，包括安装费用、税、存货成本、运输成本、检验费、修复或调整费用等。低价格可能导致高的总购置成本，却更容易被忽视，总成本最优被许多企业的管理者误解为价格最低，只要购买价格低就好，很少考虑使用成本、管理成本和其他无形成本。例如，从成本较低的发展中国家采购，供应价格很低，但加上附加成本，如海运费、税费、存货运杂费等，可能没有任何节省，反而会增加总成本。大多数战略决策需要综合权衡，即权衡材料价格和其他与材料相关的费用之间的关系。采购决策影响着后续的运输、调配、维护、调换乃至产品的更新换代，因此必须对总成本进行考虑，必须对整个采购流程中所涉及的关键成本和其他相关的长期潜在成本进行评估。

2. 创建双赢关系

不同企业有不同的采购方法，企业的采购手段和企业管理层的思路与文化风格是密切相关的，有的企业倾向于良好合作关系的承诺，有的企业倾向于竞争性定价的承诺。战略采购过程不是零和博弈，一方获利一方失利，战略采购的谈判应该是一个商业协商的过程，应当是基于对原材料市场的充分了解和企业自身长远规划的双赢沟通，而不是利用采购杠杆，压制供应商进行价格妥协。

3. 建立战略采购能力

双赢采购的关键不完全是一套采购的技能，而是范围更广泛的一套组织能力，包括总成本建模、创建采购战略、建立并维持供应商关系、整合供应商、利用供应商创新、发展全球供应基地。很少有企业同时具备了以上六种能力，但至少应当具备以下三种能力：总成本建模能力，它为整个采购流程提供了基础；创建采购战略能力，它推动了从战术的采购观点向战略观点的重要转换；建立并维持供应商关系能力，它注重的是双赢采购模式的合作部分。

4. 合作是双方的平衡基础

企业和供应商本身存在一个相互比较、相互选择的过程，双方都有其议价优势，如果对供应商所处行业、供应商业务战略、运作模式、竞争优势、稳定长期经营状况等有充分的了解和认识，就可以帮助企业自身发现机会，在互赢的合作中找到平衡。

三、战略采购的实施步骤

战略采购要求在制订采购计划之前应仔细研究采购成本中的所有构成部分，使用切实可行的管理技巧，并寻找创造性的解决办法。战略采购的具体实施步骤如下。

1. 组织采购团队

战略采购的实施绝不是个人能力所能解决的事情，企业应该组成专门的跨部门采购小组，并使其致力于各职能部门之间的采购业务实施。成功的采购团队是战略采购实施的组织保障，也是成功的基础。

2. 综合分析供应市场环境

企业采购部门对市场资源分布的掌握情况将直接影响采购的价格、质量等各方面的效果。因此，采购部门要分析供应环境并对采购物品进行合理分类，对供应商进行正确的定位，重点把握供应商的市场结构，并要考虑宏观经济对于市场结构的影响。

3. 制定采购策略

在明确供应市场状况之后，采购主管要确定可能的供应商，并通过进一步调查分析来决定企业的最终供应商。针对所选定的供应商制定采购战略和战术，选择有利的采购方法和技术。

4. 实施战略性供应商管理

实施战略性供应商管理的途径有：创建供应商的组合(确定潜在供应商的名单，建立挑选和评估供应商的程序)；选择实施方向(选择较适合的方法发展供应商，实行竞争性的挑选)。竞争供应商的选择：制定招标和谈判策略，要求供应商提供意向书。供应商进行重组管理谈判过程，制订并实施向新的供应商转变的计划。供应商市场不断地更新标准：制定程序不断地更新供应商市场的标准。

5. 采购流程的改进

战略采购的流程并不是一成不变的，而是一个需要时刻总结、积累经验，并且不断改进的过程。通过对不增值过程的识别与修正，达到不断创新、不断增值的目的。

具体而言，又可以分为以下步骤。

(1)"组织先行":建立跨部门的战略采购小组。
(2)"物以类聚":按物理属性对物料进行分类。
(3)"摸清现状":采购支出分析、识别改善的机会。
(4)"需求整合":归总合并相同或类似的需求、需求标准化。
(5)"摸清市场":分析供应市场(可以采用五力竞争分析、SWOT 分析等)。
(6)"物料分类":按采购管理属性对物料进行分类,为正确制定采购策略提供指南。
(7)"设计差异化的物料分类采购策略"。
(8)"择优培养":供应商开发评估与选择,从源头上保证供应商质量。
(9)"采购谈判":通过采购谈判,建立良好的合作关系。
(10)"供应商平滑转换"。
(11)"供应商分类":依据采购管理属性对供应商进行分类,为制定适当的供应商管理策略提供指引。
(12)"供应商分类管理策略":全方位的供应商管理策略。
(13)"与战略协作型供应商建立战略联盟":在战略、职能及操作三个层面建立联盟的方法。
(14)"供应商管理":实施详细的全方位的供应商管理。

四、建立战略采购能力

下面以利用供应商创新和发展全球供应基地这两个方面为例,说明如何建立战略采购能力。

(一)与供应商进行合作创新

利用供应商进行创新是指企业与供应商一起对技术进行研发和管理,其主要有5个步骤。

1. 选择项目,组建团队

选择的创新项目应是需要做进一步功能调整以满足市场需求的项目。调整的程度必须足够大,并且新设计需要从根本上进行重新思考。

选择的创新产品也应是一个大产品系列中的基本设计。对这种基本设计进行创新,会使得组织对标准化和调整进行长期的思考,也会鼓励潜在供应商的加入。

另外,重新设计产品开发过程需要一个有高度积极性的团队,团队成员也必须心胸开阔,能够接受各个方面的建议。

2. 设置规格,确定目标

不论直接用户反馈信息的程度如何,团队必须把消费者需求转换为产品规格,在此过程中,可以运用质量功能分析和竞争力分析等技术。此外,为终端产品设计成本目标是这一步骤中很重要的一环。

3. 重新检查子系统边界

在界定子系统边界时，应尽量避免思维定式。关键是如何设置这些边界，以利用供应商的能力创造价值，允许供应商在固定的范围内进行创新活动，这需要公司对各种子系统在最后组装时的相互作用方式有深刻的了解。

4. 选择合适的供应商

各子系统间对创新能力的需求各不相同。在一个子系统中，也许需要对市场需求有清楚的认识；而在另一个子系统中，也许在产品开发期间对布局和设计的完善更为关键。在界定子系统边界并确定了能力需求之后，企业会把注意力转向为此建立相应的供应基地和选择供应商方面。企业要选择那些既能在子系统间又能在各自子系统内推动创新的供应商。

5. 开始产品设计和开发

一旦选好供应商，企业和供应商对角色和责任的界定就相当关键了。这方面的要求比较高。例如，谁为产品的开发和测试负责？没有这种清晰的界定，就难免产生误解和重复劳动。对共同目标的理解和承诺会驱使企业和供应商共同努力。对任何一方而言，管理者的责任就是要建立并保持能实现短期或长期目标的机制。

(二)全球供应基地建设

面对渐趋成熟的国内市场，许多公司注意到国外市场有着无限的增长潜力。发展中国家的经济增长速度通常为每年5%～10%，而大多发达国家经济增长率为2%～4%。通信和科技的进步使得全球经济联系日趋紧密。政府政策的改变和观念的调整进一步开拓了国际市场。其结果是，全球化涵盖了越来越多的国家、越来越多的行业。供应基地的全球化，需要有满足战略需要和管理全球性资源的能力。

全球性寻源通常是指企业在本国市场外的资源获取过程。一家公司要进行全球范围内的寻源可能源于两种截然不同的战略需要。

(1) 本土市场外的供应商可能提供更好的技术以及更低的成本。

(2) 进入新市场通常迫使公司在当地建立一个供应基地。

以上两种不同的战略需要影响了企业的全球性寻源方法。例如，关注于全球扩展的企业更趋向于在国外建立当地供应点，来增强自己的全球性寻源能力。这类企业通常雇用当地采购员，以消除和供应商之间的沟通障碍。这些企业通常有发展供应商的长远观点。而正在进行全球扩展的企业，与确保总供应成本最低的第一类企业相比，有着更复杂的战略目标。他们必须和政府保持良好关系，并维持贸易平衡和实现出口目标。

两种战略需要最重要的不同点在于它们所选择的商品不同。有第一种战略需要的企业关注全球扩张，因此从当地供应商那里获取的商品通常是笨重庞大、无法经济地从该地区直接进口的。对于正在进入某一成长性市场的企业，为利用劳动成本优势、减少运输成本，会选取劳动密集型部件，而当它进入成熟市场时，企业通常选择技术密集型产品。

相反，也有第一种战略需要的企业为进口到本土而进行全球性采购，会选取体积小、价值高、容易经济运输的部件。这种进口商从发展中国家寻求具有劳动成本优势、工艺流程简单的部件，从发达国家选取世界一流技术的高科技商品。

一般来说，进行全球化扩张的企业必须为优化产品开发成本而努力。许多企业试图通过统一全球顾客需要，以全球需要量为生产批量，从而降低产品采购和生产成本，获得规模经济效益。

【案例分析 2-5】

美国本田公司的战略采购管理

美国本田公司对于战略采购的总成本控制非常重视。

1. 高度重视成本管理

本田对成本建模的关注始于其对成本管理的高度重视。本田俄亥俄州工厂东部自由区的高级采购经理约翰·米勒解释说："我们首先定下最终销售价格，然后扣除利润，得到的结果就应该是成本。接着分拆这些成本到各个部件，如汽车底盘、发动机等，然后为每个地区及每个部件设定目标。因此，我们实际上是先把蛋糕切开，然后对每块进行剖析。除了对成本的高度重视外，俄亥俄州马瑞斯维尔工厂的高级采购经理约翰·库普还强调了本田"顾客满意至上"的哲学理念："我们制造高质量的汽车，因而我们能维持高水平的顾客忠诚度。当我们谈到降低成本时，同时还要考虑为顾客增加附加价值。"

2. 与供应商彼此共享成本模型数据

本田还与供应商彼此共享成本模型数据。根据马瑞斯维尔工厂的采购经理里克·梅佑介绍："成本模型让我们可以考虑各种成本构成因素，再与供应商协商降低成本，因为供应商也许会掌握我们所不知道的新技术或独特技术。"

如果与供应商的成本协商不能顺利进行，本田会派工程师去帮助供应商找出达到成本目标、同时又能维持利润水平的方法。本田的成本建模过程并不只是简单地确定某一部分的成本，他还综合考虑了所有会影响总成本的因素。

3. 建设与供应商的商业伙伴关系

本田在北美已经发展了一个有 400 多家供应商的网络，仅在俄亥俄州就有 180 家。正如本田的"在哪里生产就在哪里购买"的理念，这些供应商给本田供应了超过 80%的零部件及材料。

本田公司许多的供应商发展计划，如供应商奖励计划或激励计划，与其他大多数汽车制造商非常相似。但前任高级副总裁戴夫·纳尔逊认为，其间的差别在于本田将多少时间、金钱和努力投资在建立和维护与供应商之间的关系上。"在选择供应商时,我们希望能和他们长期合作。"他说:"其他公司并没有把充分的精力放在和供应商关系的发展上,所以他们的计划没有成功。而只有赢得供应商的心才能与他们一起获得成功。"

4. 利用供应商进行创新

为利用供应商在研发方面的能力和技术,本田开发了一个名为"参与设计"的机制,直接把重点集中在供应商的早期参与上。在一个新项目的最初期,本田从外部供应商中"邀请"嘉宾设计师每次 100 个之多,让他们身处本田的生产车间,同在职工程师、设计师和技术人员们一起并肩工作。这个机制对保证本田成功地将最好的思想和最新的技术融入产品中去起到很大作用。本田对建立合作关系非常重视,在项目一开始就需要有外部设计师的投入。通过这些供应商很早地参与设计,就可以得到他们的最新技术,并且保证将该技术整合运用到本田的汽车上。

(资料来源:美国本田公司的战略采购管理[DB/OL]. MBA 智库.
https://doc.mbalib.com/view/976e13d52fc18677256a1e5330e4b4a6.html)

思考题:
结合所学知识,分析战略采购如何给企业带来更大的效益?

习　题

一、单项选择题

1. JIT 起源于(　　)。
    A. 美国　　　　B. 日本　　　　C. 德国　　　　D. 中国
2. 集中采购的主要优点为(　　)。
    A. 采购方谈价能力增强　　B. 采购响应速度快
    C. 容易应付紧急需要　　　D. 能更好地了解用户需求
3. 以下不属于招标采购的是(　　)方式。
    A. 邀请招标　　B. 公开招标　　C. 议标　　　　D. 竞争性谈判

二、多项选择题

1. 按照采购的集中程度分类,采购可分为(　　)。
    A. 集中采购　　B. 询价采购　　C. 分散采购　　D. 比价采购
2. 以下关于招标采购,描述正确的是(　　)。
    A. 仅认可公开招标的方式
    B. 可邀请一定数目的企业参与投标
    C. 重大的建设工程项目适宜使用招标采购

D. 招标采购程序复杂，企业一般不采用该方式

三、判断题

1. 和国内采购相比，国际采购便于全球范围内寻找低成本供应商。（　）
2. 战略采购应以降低采购交易成本为核心原则。（　）
3. 京东属于电子采购中一对多模式。（　）
4. 看板是实施JIT采购的重要工具。（　）
5. 评标委员会成员人数为5以上即可。（　）

四、简答题

1. 简述标底编制程序。
2. 简述JIT采购实施步骤和需要注意的问题。
3. 简述招标采购的基本过程。
4. 简述电子采购的一般业务流程。

第三章　采购业务管理

学习目标

- 了解供应市场的结构、采购预测的方法、采购计划制订的流程。
- 理解采购预算的原则和内容、采购谈判的程序。
- 掌握采购谈判的策略和技巧、采购合同的内容和形式以及采购合同签订的程序。

【案例导入】

IBM 公司物资集中采购管理

全球 IT 业巨擘 IBM 公司，在采用传统分散采购模式时，由于各业务部门和各子公司、分公司的采购管理都是由其自身负责，整个集团公司没有统一的采购体系、没有统一的采购制度、没有统一的采购标准，造成重复采购现象严重，采购的交易费用和采购成本高，耗费资源大。针对这一现象，IBM 公司对当时的采购管理进行了调研分析，分析结果认为，分散采购降低了与供应商的议价能力，不能有效地形成较大的采购规模，从而失去价格优势，缺乏库存及采购信息共享，导致重复采购严重，采购成本过高。针对这些问题，IBM 公司制定了集中采购与电子采购相结合的改进方案，并进行了实践。

首先，IBM 公司建立专门的集中采购组织机构，设立"全球采购部"，并按照国家和地区划分内部结构，收回了各业务部门和子(分)公司的采购权利，统一制定了采购的流程和标准，统一负责采购订单的管理。

其次，IBM 公司按照生产性和非生产性的标准，对采购物资进行了重新分类，最终划分出 17 类生产性物资和 12 类非生产性物资；在此基础上，抽调专业人员组成专家小组，对每类物资的相关产品、价格和供应商进行研究，为集中采购提供支撑信息。在集中采购的具体操作中，"全球采购部"整合了全球各地下属部门或子(分)公司的物资采购需求，制订统一的全球物资采购计划，组成物资采购的大订单，并在全球范围内寻找最优的供应商，利用集团品牌和规模采购的优势与供应商开展谈判和压价。

最后，IBM 公司对采购流程进行了变革，制定了统一、规范的采购流程，以此为基础，设计开发了集团统一的电子采购管理系统，并组织实施，达到采购流程科学化和管理手段现代化的目标。通过采购管理模式从分散采购向集中采购转变，IBM 公司降低了采购的复杂程度，采购效率大大提升，采购成本大大下降，采购人员结构得到优化，员工和供应商的满意度得到提升。

(资料来源：任俊伟，刘慧智. 中央企业集中采购模式优化研究——IBM 采购管理变革启示[J]. 神华科技，2018(12).)

> **思考题：**
> IBM公司采购管理的变革，对于我们有何启示？

第一节 市场调查和采购预测

在现实生产过程中，会看到不少企业中有这样的现象：生产机械设备的企业，其很多原材料及零部件都需要外购，但企业在生产过程中经常会出现原材料及零部件供应不足或库存积压现象，而有时，急需采购时又出现资金困难等情况，严重影响了企业生产的正常进行。经过分析，造成该企业这种现象的主要原因是企业的采购计划与预算没有编制好，计划需求量与企业生产实际需求量差距较大。

由此可见，采购计划与预算对企业是非常重要的，企业必须重视这项工作。那么，如何做好这项工作呢？这就需要进行市场调查和采购预测。

采购市场调查是指企业运用科学的方法，系统地、有目的地搜集供应市场信息，记录、整理、分析市场情况，了解市场的现状及其发展趋势，为采购预测提供客观的、正确的资料。它是进行需求确定和编制采购计划的基础环节。采购作为企业经营的一个核心环节，在企业的产品开发、质量保证、整体供应链及经营管理中都起着极其重要的作用。因此，在编制采购计划前，除了参考企业以往经营生产中的数据外，还应对采购市场的变化有一个明确的认识，这就需要进行市场调查。

一、市场调查

(一)市场调查的定义

市场调查是指用科学的方法，有目的、系统地搜集、记录、整理和分析市场情况，了解市场的现状及其发展趋势，为企业的决策者制定政策、进行市场预测、做出经营决策、制订计划，提供客观、正确的依据。

(二)市场调查的目的

不同企业、不同状态下的采购市场调查目的不尽相同。对于制造企业来说，采购市场调查的核心是市场供应情况的调查与分析；而对于零售业，特别是连锁经营企业而言，由于采购与销售的一体化运营模式，使这项工作成为事实上的整体市场调查过程。通常，以采购为核心的市场调查的目的主要为以下四个方面。

1. 为编制和修订采购计划进行需求确定

采购要解决的首要问题即"买什么""买多少""何时买"。企业在生产经营过程中，受市场和供求关系变化的影响，未来销售数量有很大的不确定性，从而给需求的确定也带来变数，为此需要进行市场调查才能确定合理的采购数量，为编制和修订采购计划提供资料和依据。因此，以需求确定为核心的市场调查往往与企业的整体市场调查同步进行。

2. 确定现有供应商之间的关系、明确市场竞争情况

随着市场的发展，企业的供应商结构也会发生变化。通过市场调查明确现有供应商的供应能力、价格变化、市场垄断地位等，有助于企业调整优化现有供应商结构。同时通过这一调查，还可以明确企业在现有供应格局中所处的地位，为制定最适宜的采购策略打下基础。

3. 挖掘潜在市场及供应商

通过调查发现未来的主要买家和卖家，并分析它们的市场地位及变化趋势，以做出相应改变。

4. 规划企业采购与供应战略

由于市场环境的变化，企业为了生存和发展就必须在分析环境变化所带来的机会与威胁以及挖掘自身优势与劣势的基础上，制定一套合乎企业未来发展需要的采购与供应规划。

(三)市场调查的一般步骤

采购市场调查的步骤与一般市场调查步骤相似，分为以下四个阶段，即调查前的准备、正式调查、综合分析整理资料和提出调查报告。

1. 调查前的准备阶段

在这个阶段对企业提供的资料进行初步分析，明确调查课题的关键和范围，以选择最主要也是最需要的调查目标，制订出市场调查方案。

采购市场调查的方案主要包括：市场调查的内容、方法和步骤；调查计划的可行性、经费预算、调查时间及调查进度等。

2. 正式调查阶段

正式调查阶段是采购调查的主体部分，包括调查的内容和方法。依据采购市场调查的目的，内容大体可分为以下三个方面。

(1) 采购需求调查。调查的主要内容包括：现在市场的需求量及其影响因素，特别要重点进行购买力调查、购买动机调查和潜在需求调查，其核心是确定未来市场需求，再相应分解为各原材料的采购需求。

(2) 供应商关系调查。这方面的内容包括供应商的供应能力、竞争能力、合作倾向、经营战略、新产品和新技术开发情况、价格变化和定价策略等，并要调查潜在的供应商。

(3) 政策法规情况调查。政府政策的变化、法律法规的实施，都对企业的采购行为有

重大的影响，这些都是采购市场调查不可缺少的一部分。

3. 综合分析整理资料阶段

在这个阶段分析和整理调查获取的第一手资料，并使用适当的形式呈现出来，如表格等。

4. 提出调查报告阶段

该阶段主要是选取重要且有价值的资料以备查用。

(四)供应市场信息的作用

供应市场信息主要有以下六个方面的作用。
(1) 用于了解卖方成本模型。
(2) 有助于谈判过程。
(3) 确保供应的持续性。
(4) 寻求资源的替代品。
(5) 改进采购流程。
(6) 降低成本或增加价值。

二、供应市场分析

供应市场分析是指为满足公司未来发展的需要，针对所采购的物品或服务进行供应商、供应价格、供应量等相关数据的调研、收集、整理和归纳，从中分析出所有相关要素以获得最大回报的过程。它包括供应商所在国家或地区的宏观经济分析、供应行业及其市场的中观经济分析，以及供应商的微观经济分析。

供应市场分析是采购的前期工作，也是供应商审核、选择与确定的基础。

(一)供应市场和市场结构

市场是供给和需求的综合。有时它指的是实际市场，但有时也是抽象的概念。供应商和采购商之间的关系模式是由交付的货物和劳务的外部结构决定的。外部结构包含几个通过市场相联系的环节，外部结构又可以分为产业部门和产业链。产业部门是指组织之间是水平关系、相互之间是竞争关系的一系列单位(如皮革和制鞋行业、电子行业)。产业链是指一系列的公司，它们形成了一种产品生产的连续过程(包括从初级生产者到消费者)。

1. 供应市场的结构

供应市场的结构通常可以分为卖方完全垄断市场、寡头垄断下的竞争市场、垄断性竞争市场、完全竞争市场、买方寡头垄断市场、买方垄断市场。

(1) 卖方完全垄断是指市场上有一个供应商、多个购买者。按照产生垄断的原因，完全垄断可以分为自然垄断、政府垄断和控制垄断。在美国，为了保持价格的合理性，多数的垄断者都受到管制。

(2) 寡头垄断下的竞争市场。市场中少量卖方和许多买方，但这类行业存在明显的规模经济，市场准入障碍明显，价格由行业的领导者控制。钢铁行业和石油行业是典型的寡头垄断下的竞争市场。

(3) 垄断性竞争市场是指有少量卖方和许多买方的市场，新的卖方通过产品的差异性来区别于其他的卖方。一般只有少数几家公司控制市场，但是提供了大量的不同产品来和其他公司竞争，并取得市场份额。多数日用消费品、耐用消费品和工业产品的市场属于此类。

(4) 完全竞争市场。该市场中有许多卖方和买方，所有的卖方和买方具有同等的重要性。完全竞争市场是指竞争充分而不受任何阻碍和干扰的一种市场结构。在这种市场类型中，买卖人数众多，买者和卖者是价格的接受者，资源可自由流动，信息具有完全性。

大多数市场不是完全竞争市场，但是可以像完全竞争市场一样高效地运作，价格由分享该市场的所有采购商和供应商共同影响确定。该类市场主要存在于专业产品市场、期货市场等。

【知识拓展3-1】

完全垄断市场是一种与完全竞争市场相对立的极端形式的市场类型。完全垄断市场也叫作纯粹垄断市场，垄断一词出自希腊语，意思是"一个销售者"，也就是指某一个人控制了一个产品的全部市场供给。因而，完全垄断市场就是指只有唯一一个供给者的市场类型。完全垄断市场的假设条件有三个：第一，整个市场的物品、劳务或资源都由一个供给者提供，消费者众多；第二，没有任何接近的替代品，消费者不可能购买到性能等方面相近的替代品；第三，进行限制使新的企业无法进入市场，从而完全排除了竞争。采购物品时，尽量避免选择完全垄断市场的产品，如不得已，就与供应商结成合作伙伴关系。

寡头垄断市场是介于完全垄断和垄断竞争之间的一种市场模式，是指某种产品的绝大部分由少数几家大企业控制的市场。每个大企业在相应的市场中占有相当大的份额，对市场的影响举足轻重。如美国的钢铁、汽车，日本的家用电器等规模庞大的行业。在这种市场条件下，商品市场价格不是通过市场供求决定的，而是由几家大企业通过协议或默契形成的。这种联盟价格形成后，一般在相当长的时间内不会变动。这是因为：某个厂商单独降低了价格，会引起竞争企业竞相降价的报复，结果只能是两败俱伤，大家都降低收入；如果提高价格，则意味着降低了市场占有率，也得不偿失。

(5) 买方寡头垄断市场是指有许多卖方和少量买方的市场。买方对于产品定价有很大的影响，汽车工业中半成品和部件的市场是这样的例子。

(6) 买方垄断市场是指有几个卖方和一个买方的市场。这是和卖方完全垄断相反的情况,在这种市场中,买方控制价格,如美国的军用战斗机市场、铁路机车和车辆的采购市场等。

2. 不同形式的市场对应的采购策略

对于不同的市场形式应采用不同的采购策略。
(1) 完全竞争市场:与供应商成为商业型的供应业务合作关系。
(2) 完全垄断市场:尽量避免选择完全垄断市场的产品,如不得已,就与供应商结成合作伙伴关系。
(3) 垄断竞争市场:应尽可能地优化已有的供应商,并发展成为伙伴型的供应商。
(4) 寡头垄断市场:尽最大可能与供应商形成伙伴型的互利合作关系。

(二)供应市场分析的必要性

许多大公司,像 IBM、朗讯科技和飞利浦等都已经引入了采购团队的概念,负责在全球范围内采购战略部件和材料。它们不断为所需的材料和服务寻找第一流的供应商。

采购方要主动进行供应市场研究的主要因素有以下几个方面。

1. 技术的不断创新

无论是生产性企业还是非生产性企业,为保持竞争力必须致力于产品的创新和质量的改善。当出现新技术时,企业或公司在制定自制外购决策时就需要对最终供应商的选择进行大量的研究。

2. 供应市场的不断变化

国际供应市场处在不断变化之中。例如,国家间的政治协定会突然限制某种商品出口贸易;供应商会因为突然破产而消失,或被其竞争对手收购,价格水平和供应的持续性都会受到影响。需求也会出现同样的变化,如对某一种产品的需求会急剧上升,从而导致紧缺状况的发生。采购者因此必须预期某产品供需状况可能发生的变化,并由此获得对自己的商品价格动态的更好理解。

3. 汇率的变动

主要币种汇率的不断变化对国际采购者带来了新的挑战。许多国家的高通货膨胀、巨额政府预算赤字、汇率的迅速变化都要求采购者对其原料需求的重新分配做出快速反应。

4. 产品的生命周期及其产业转移

产业转移、技术进步不仅改变了供应市场的分布格局,在整体上降低了制造成本,也给采购的战略制定、策略实施以及采购管理提出了新的要求,带来了新的变化。

供应市场分析中,产业的生命周期及其产业转移是很重要的内容。总体来看,传统的制造业及相关产品已由原来的发达国家转移到发展中国家,新兴产业如信息技术产业等则为发达国家所控制。这种社会变迁反映了制造业的区域化调整,说明了不同产业的发展阶段即产业的生命周期也会影响供应市场结构的改变。

(三)供应市场分析的步骤

供应市场分析可能是周期性的,也可能是以项目为基础进行的。可以是关于特定行业采购市场发展的趋势与动态的定性分析,也可以是从综合统计和其他公共资源获得大量数据的定量分析;可以是短期分析,也可以是长期分析。

每个项目都有自己的具体情况,其供应市场分析的目的也不同,所以很难提供一种标准的方法。但是一般情况下,供应市场分析主要有以下几个步骤。

1. 确定目标

确定要解决什么问题、问题解决到什么程度、解决问题的时限多长、需要多少信息、信息准确到什么程度、如何获取信息、谁负责获取信息、如何处理信息等,并做简要说明。

2. 成本效益分析

确定供应市场分析的成本所包含的内容、进行分析所需要的时间,并分析获得的效益是否大于所付出的成本。

3. 可行性分析

可行性分析的内容包括确定公司中的哪些信息是可用的、从公开出版物和统计资料中可以得到什么信息、是否需要从国际数据库及其专业代理商处获得信息、是否需要从一些部门购买研究和分析服务甚至进行外出调研等。

4. 制订分析计划

分析计划确定获取信息需要采取的具体行动,其内容包括目标、工作内容、时间进度、负责人、所需资源等。除了平面分析外,还要与供应商面谈,进行实地考察。平面分析是收集、分析以及解释数据,它们一般是他人已经收集好的,在采购中这类数据最多;实地考察的目的是收集、分析和解释平面分析无法得出的细节。

5. 方案的实施

在实施阶段,遵循计划是非常重要的。

6. 撰写总结报告及评估

供应市场分析以及信息收集结束后,要对所获信息和情报进行归纳、总结、分析,在此基础上形成总结报告,并就不同的供应商选择方案进行比较。对分析结果的评估应该包括对预期问题的解决程度,对方法和结果是否满意等。

(四)供应市场分析的层次

供应市场分析可以分为宏观经济分析、中观经济分析和微观经济分析三个层次。

1. 宏观经济分析

宏观经济分析是指分析一般经济环境以及影响未来供需平衡的因素,如产业范围、经济增长率、产业政策及发展方向、行业设施利用率、货币汇率及利率、税收政策与税率、政府体制结构与政治环境、关税政策与进出口限制、人工成本、通货膨胀、消费价格指数、订购状况等。

2. 中观经济分析

中观经济分析集中研究特定的行业、部门。在这个层次,很多信息都可以从国家的中央统计部门和行业信息机构中获得。这个层次需要处理的信息主要有供求状况、行业效率、行业增长状态、行业生产与库存量、市场供应结构、供应商的数量与分布等。

3. 微观经济分析

微观经济分析集中于评估个别产业供应和产品的优势与劣势,如供应商财务审计、组织架构、质量体系与水平、产品开发能力、工艺水平、生产能力与产量、交货周期及准时度、服务质量、成本结构与价格水平、作为供应商认证程序部分的质量审计等。它的目标是透彻地了解供应商的特定能力及其长期市场地位。

三、采购预测

(一)采购预测的概念及作用

采购预测是指在采购市场调查所取得的各种信息的基础上,经过分析研究,运用科学的方法和手段,对未来一定时期内采购市场的变化趋势和影响因素所做的估计和推断。

采购预测的作用如下。

(1) 作为企业采购决策的前提。

(2) 为企业编制采购计划提供依据。

(3) 提高企业竞争能力和经营管理水平。

(二)采购预测的程序

采购预测是一个比较复杂的系统分析过程,为了保证预测结果的正确性、可靠性,就必须采取科学的态度,遵循正确的程序。其程序如下。

1. 确定预测目标

由于预测的目标、对象、期限不同，预测所采用的分析方法、资料数据收集也就不同。因此，采购预测首先要明确规定预测的目标，即预测要达到什么要求、解决什么问题、预测的对象是什么以及预测的范围和时间等。

2. 拟订预测计划

预测计划是预测目标的具体化，即具体规定预测的精度要求、工作日程、参加人员及其分工等。

3. 收集分析数据资料

要广泛收集影响预测对象未来发展的企业可控与不可控的一切资料，即内部与外部环境的历史与现状的资料。对资料要加以整理、分析，剔除由于偶然因素造成的异常资料。

4. 选择预测方法，建立预测模型

预测方法不同，适应范围和预测精度也各有不同。因此，应根据预测的目的和范围、预测期的长短、精度要求，以及数据资料的占有情况，选择不同的预测方法。选择的原型是误差小、时间快、方法简、费用省。

5. 估计预测误差

预测误差在所难免。误差的大小用平均绝对误差(MAD)来表示，其公式为

$$\text{MAD} = \frac{\sum(\text{实际值}D_t - \text{预测值}F_t)}{\text{期数}n} \qquad t = 1, 2, 3, \cdots, n \qquad (3-1)$$

为了避免预测误差过大，要对预测值的可信度进行估计，即分析各种因素的变化可能产生的影响，并对预测值进行必要的修正。

6. 提出预测报告和策略性建议、追踪检查预测结果

通过数学模型计算而得到的预测值，不可能把影响采购市场预测的全部因素都考虑进去；即使有些因素已经考虑，但各种因素影响程度的估算也会有偏差，加之预测人员的素质对预测结果也会有影响，因此预测结果仅仅是企业确定市场采购量变化的起点。若发现预测与实际不符，应立即进行修改调整，并分析产生误差的原因，修正预测模型，提高预测精度。

(三)采购预测的方法及分类

(1) 按照时间长短分类，可以分为长期预测、中期预测、短期预测。
(2) 按预测方法分类，可以分为定性预测和定量预测两种，如表3-1所示。

表 3-1　定性预测和定量预测比较表

方　法	主要方法	优、缺点
定性预测方法	①类推法； ②德尔菲法； ③用户调查法； ④经验判断法	优点是比较简单迅速，费用较省； 缺点是主观性强，容易出现误差
定量预测方法	①算术平均法； ②移动平均法； ③加权移动平均法； ④指数平滑法； ⑤回归分析法	优点：可以准确描述变化的程度，受主观因素影响较小； 缺点：比较机械，不易灵活掌握，对信息资料质量要求较高

1. 定性预测法

1) 类推法

类推法是指应用类推性原理，把预测目标同其他类似事物加以对比分析，推断预测目标未来发展变化趋势的一种预测方法。类推法可分为相关类推和对比类推两种。前者是从已知相关的各种市场因素之间的变化来推断预测目标的变动趋势；后者是把预测目标同其他类似事物加以对比分析来推断其未来发展趋势。

2) 德尔菲法

德尔菲法又称专家意见法，它是由美国兰德公司在 20 世纪 40 年代末期提出来的。这种方法主要是利用有关方面专家的专业知识和对市场变化的洞察力，在对过去发生的事件和历史信息资料进行综合分析的基础上得出预测结论。按照这种方法，须请有关专家以匿名方式对预测项目做出答复，然后把这些答案综合整理，再反馈给这些专家，将所得的意见再次反馈。如此多次反复，直到得出趋于一致的结论，以代表多数专家的意见。

3) 用户调查法

用户调查法是指调查者向采购企业进行直接调查，分析其采购量的变化趋势，预测某种物资在未来一定时期的采购量。

4) 经验判断法

经验判断法是指依靠熟悉业务、有经验和综合分析能力的人来进行预测的方法。为了提高经验判断的准确性，往往不是依靠个人的经验判断，而是依靠一些人的集体经验对预测目标做出判断，这样可以克服个人认识的片面性。在采购预测中，常用的经验判断法有以下几种。

(1) 经理人员评判法。这种方法是指把一些经理人员集中起来，座谈研究市场的前景。由于他们都主管一种业务，对市场情况和发展方向比较清楚，通过座谈、互相启发、互相补充，能做出比较切合实际的判断。

(2) 采购人员意见综合法。企业召集直接从事市场采购工作的有关人员，对市场进行预测。由于他们熟悉自己负责的区域及领域，尽管只看到局部，但他们所做的预测在短期内还是比较准确的，当然用于中长期预测是有一定困难的。

(3) 意见汇总法。这种方法是汇总企业采购所属各个部门的预测意见，然后加以分析判断，确定本企业预测结果的一种方法。

经验判断法的优点是比较简单迅速、费用较省；缺点是容易受当时的乐观或悲观气氛的影响，使预测结果出现过高或过低的倾向。

2. 定量预测法

定量预测法可以分为因果模型和时间序列模型。

其中时间序列模型分为时间序列平滑模型和时间序列分解模型。

1) 时间序列平滑模型

(1) 简单移动平均法。移动平均法分一次移动平均法和二次移动平均法。一次移动平均法是在算术平均法的基础上发展起来的一种预测方法。它将预测期相邻若干期采购量的平均数作为预测期来预测值。

(2) 加权移动平均法。加权移动平均法是对观察值分别给予不同的权数，按不同权数求得移动平均值，并以最后的移动平均值为基础确定预测值的方法。采用加权移动平均法是因为观察期的近期观察值对预测值有较大影响，它更能反映近期市场变化的趋势。所以，对于接近预测期的观察值给予较大权数值，对于距离预测期较远的观察值则相应给予较小的权数值，以不同的权数值调节各观察值对预测值所起的作用，使预测值能够更近似地反映市场未来的发展趋势。

(3) 一次指数平滑法。一次指数平滑法(Single Exponential Smoothing)也称为单一指数平滑法，是指以最后的一个第一次指数平滑。它只有一个平滑系数，而且当观察值离预测时期越久远时，权数变得越小。一次指数平滑是以一段时期的预测值与观察值的线性组合作为 $t+1$ 期的预测值。如果为了使指数平滑值敏感地反映最新观察值的变化，应取较大阿尔法值，如果所求指数平滑值是用来代表该时间序列的长期趋势值，则应取较小阿尔法值。

(4) 二次指数平滑法。二次指数平滑法是对一次指数平滑值再做一次指数平滑的方法。它不能单独地进行预测，必须与一次指数平滑法配合，建立预测的数学模型，然后运用数学模型确定预测值。对于初始值的确定，一般来说，对于变化趋势较稳定的观察值可以直接用第一个数据作为初始值；如果观察值的变动趋势有起伏波动时，则应以 n 个数据的平均值为初始值，以减少初始值对平滑值的影响。

2) 时间序列分解模型

传统时间序列分析的直接目的，就是要将各种变动因素从时间序列中分解出来并加以测定，这样就可以了解一个时间序列是如何综合这些因素的变动而形成其自身变动的。因此，时间序列分析的一个重要前提就是要看如何设想时间序列各组成要素之间的关系，并根据这种关系构造出各组成要素叠加组合的模型。在实践中，常用的时间序列组合模式有加法模型和乘法模型两种。

(1) 加法模型。加法模型是假定时间序列的实际观测值是由各种变动因素以总和形式叠加组合构成的。若设 Y 为时间序列的实际观测值，T 为长期趋势值，S 为季节变动值，C 为循环变动值，I 为不规则变动值，则时间序列的加法模型为

$$Y=S+T+C+I \tag{3-1a}$$

(2) 乘法模型。乘法模型为一种统计分析方法，是假定时间序列的实际观测值是由各种变动因素以乘积形式组合构成的。在长期趋势分析中，时间序列的构成要素有长期趋势变动(T)、季节变动(S)、循环变动(C)和不规则变动(I)的时候，乘法模型为

$$Y=S \cdot T \cdot C \cdot I \tag{3-1b}$$

(四) 采购预测的例题

1. 算术平均法

这是一种按照时间序列进行预测的方法。把过去各个时期的实际采购量进行算术平均，以其平均数值作为下一期的预测采购量。

设 X 表示平均采购量；N 表示时期数；$X_1, X_2, X_3, \cdots, X_N$ 表示以前各时期的采购量，则：

$$\overline{X} = \frac{X_1 + X_2 + X_3 + \cdots + X_N}{N} \tag{3-2}$$

【例 3-1】某企业生产一种产品，假设 2018 年各月的销售量资料如表 3-2 所示。求：运用算术平均法预测 2019 年 1 月的销售量。

表 3-2　2018 年各月的销售量

月份	1	2	3	4	5	6	7	8	9	10	11	12
销售量	10	12	13	11	14	16	17	15	12	16	18	19

解：销售量预测数=各期销售量之和/期数
2019 年 1 月的预计销售量=(10+12+13+11+14+16+17+15+12+16+18+19)/12≈14.42
优点：计算简便。
缺点：没有考虑远近期销售量的变动对预测期销售量的影响程度。
适用：业务量比较稳定的产品。

2. 移动平均法

移动平均法分为一次移动平均法和二次移动平均法。一次移动平均法是在算术平均法的基础上发展起来的一种预测方法。它将预测期相邻若干期采购量的平均数作为预测期预测值。用公式表示为

$$\begin{cases} M_t^{(1)} = \dfrac{1}{m}\sum_{i=0}^{m} D_{t-i+1} \\ M_{t+1} = M_t^{(1)} \end{cases} \quad (3\text{-}3)$$

式中：M_{t+1}——第 $t+1$ 期的采购量预测值；

D_{t-i+1}——第 $t-i+1$ 期的实际采购量；

$M_t^{(1)}$——第 t 期的一次移动平均值；

m——所取的期数。

二次移动平均法适用于线性趋势的预测。二次移动平均值不直接用于预测，只是在一次移动平均值的基础上建立预测数学模型 $Y_{t+T}=a_t+b_t T$，然后进行预测。

一次移动平均值的计算公式为

$$M_t^{(1)} = \dfrac{D_t + D_{t-1} + \cdots + D_{t-N+1}}{N} \quad (3\text{-}4)$$

二次移动平均值的计算公式为

$$M_t^{(2)} = \dfrac{M_t^{(1)} + M_{t-1}^{(1)} + \cdots + M_{t-N+1}^{(1)}}{N} \quad (3\text{-}5)$$

式中：$M_t^{(1)}$——第 t 期的一次移动平均数；

$M_t^{(2)}$——第 t 期的二次移动平均数；

N——分段数据点个数。

平滑系数 a_t 和 b_t 的计算公式为

$$a_t = 2M_t^{(1)} - M_t^{(2)} \quad (3\text{-}6)$$

$$b_t = \dfrac{2}{N-1}[M_t^{(1)} - M_t^{(2)}] \quad (3\text{-}7)$$

$$Y_{t+T} = a_t + b_t T = 2M_t^{(1)} - M_t^{(2)} + \dfrac{2}{N-1}[M_t^{(1)} - M_t^{(2)}]T \quad (3\text{-}8)$$

【例 3-2】已知某企业，前十一个月的销售额分别为 45 万元、50 万元、60 万元、57 万元、55 万元、60 万元、57 万元、55 万元、49 万元、55 万元、46 万元，用一次移动平均法预测 12 月份的销售量。(N 分别取值为：$N=3$ 和 $N=5$)。

解：对照上面的计算公式计算求解，得到表 3-3 中的各项结果。

表 3-3　计算求解的各项结果

月　份	销售额/万元	预测值($N=3$)	预测值($N=5$)
1	45	—	—
2	50	—	—
3	60	—	—
4	57	51.66667	—

续表

月 份	销售额/万元	预测值(N=3)	预测值(N=5)
5	55	55.66667	—
6	60	57.33333	53.4
7	57	57.33333	56.4
8	55	57.33333	57.8
9	49	57.33333	56.8
10	55	53.66667	55.2
11	46	53	55.2
12	—	50	52.4

【例3-3】已知前10个月的运输量，分别为45t、52t、60t、48t、52t、55t、58t、62t、64t、67t，用二次移动平均法($n=5$)，求第12个月和第14个月运输量预测值。

解：对照上面的计算公式计算求解，得到表3-4中的各项结果。

表3-4 例3-3计算求解的各项结果

月 份	运输量/t	一次移动平均值($n=5$)	二次移动平均值($n=5$)
1	45	—	—
2	52	—	—
3	60	—	—
4	48	—	—
5	52	51.4	—
6	55	53.4	—
7	58	54.6	—
8	62	55	—
9	64	58.2	54.52
10	67	61.2	56.48

$$a_{10} = 2M_{10}^{(1)} - M_{10}^{(2)} = 2 \times 61.2 - 56.48 = 65.92$$

$$b_{10} = \frac{2}{N-1}[M_{10}^{(1)} - M_{10}^{(2)}] = \frac{2}{5-1} \times (61.2 - 56.48) = 2.36$$

得到该题用二次移动平均法的计算公式为

$$\widehat{Y}_{10+T} = 65.92 + 2.36T$$

计算可得到

$$\widehat{Y}_{12} = \widehat{Y}_{10+2} = 65.92 + 2.36 \times 2 \approx 71$$

$$\widehat{Y}_{14} = \widehat{Y}_{10+4} = 65.92 + 2.36 \times 4 \approx 75$$

3. 指数平滑法

"平滑"是指通过平滑系数的加权平均作用，对反映变量历次变化情况的时间序列进行大致修订，消除随机波动的影响，以便预测变量的未来趋势。按照其平均的次数划分，指数平滑法可分为一次指数平滑法、二次指数平滑法、三次指数平滑法和高次指数平滑法。本章介绍一次指数平滑法和二次指数平滑法。

1) 一次指数平滑法

一次指数平滑法是指以前期的实际数和预测数为基础，以平滑系数为权数，并利用第一次修订的平均结果，来预测未来时期趋势平均值的方法。

(1) 基本公式为

$$\begin{cases} \hat{D}_{t+1} = S_t^{(1)} \\ S_t^{(1)} = \alpha D_t + (1-\alpha) S_{t-1}^{(1)} \end{cases} \quad (3-9)$$

式中：$\hat{D}_{t+1}$ ——第 $t+1$ 期预测值；

D_t ——时间 t 的实际值；

$S_t^{(1)}$ ——前 t 期一次平滑值；

α ——加权系数，取值范围为[0,1]。

(2) 系数 α 的选择。α 值应根据时间序列的性质在 0~1 间选择。

① 如果时间序列波动不大，比较平稳，则应取小一点，如 0.1~0.3，以减小修正幅度，使预测模型能包含较长时间序列的信息。

② 如果时间序列具有迅速且明显的变动倾向，则应取大一点，如 0.6~0.8，使预测模型灵敏度高一些，以便迅速跟上数据的变化值。

实际中可多选几个值进行试算，并选择使预测误差小的值。

(3) 初始值 S_0 的确定。

① 初始值是由预测者估计或指定的。

② 当时间序列的数据较多，比如在 20 个以上时，可选用第一期数据为初始值，如果时间序列的数据较少，在 20 个以下时，初始值对以后的预测值影响很大，以最初几期实际值的平均值作为初始值。

2) 二次指数平滑法

用一次指数平滑法进行预测，当时间序列的变动呈现直线趋势时，存在明显的滞后偏差。修正方法是运用二次指数平滑法，二次指数平滑法是在一次指数平滑的基础上再进行一次指数平滑。

二次指数平滑法和二次移动平均法一样，适用于线性趋势的预测。二次指数平滑法也不直接用于预测，只是在一次指数平滑的基础上，对于线性趋势的数据再做第二次指数平滑，目的是求出平滑系数，建立预测数学模型 $Y_{t+T} = a_t + b_t T$，然后进行预测。

二次指数平滑值的计算公式为

$$S_t^{(2)} = \alpha S_t^{(1)} + (1-\alpha) S_{t-1}^{(2)} \qquad (3\text{-}10)$$

式中：$S_t^{(2)}$——第 t 期的二次指数平滑值；

$S_t^{(1)}$——第 t 期的一次指数平滑值；

$S_{t-1}^{(2)}$——第 $t-1$ 期的二次指数平滑值；

α——加权系数，取值范围为[0,1]。

平滑系数 a_t 和 b_t 的计算公式为

$$a_t = 2S_t^{(1)} - S_t^{(2)} \qquad (3\text{-}11)$$

$$b_t = \frac{\alpha}{1-\alpha}[S_t^{(1)} - S_t^{(2)}] \qquad (3\text{-}12)$$

$$Y_{t+T} = a_t + b_t T = 2S_t^{(1)} - S_t^{(2)} + \frac{\alpha}{1-\alpha}[S_t^{(1)} - S_t^{(2)}]T \qquad (3\text{-}13)$$

3) 二次指数平滑法与二次移动平均法的比较

(1) 二次指数平滑法与二次移动平均法类似，它能处理水平模式的数据，也能处理长期趋势模式。与一次类似，二次指数平滑法的预测效果也不比二次移动平均法差，而且它的计算和存储量也要小得多。

(2) 无论是指数平滑法还是移动平均法，它们都还没有一个很好的办法来确定 N 或 α，而且它们均属于非统计的方法，难以使用确切的术语来加以评价。

【例 3-4】某企业前 20 周期的采购量统计资料如表 3-5 所示，用二次指数平滑法求第 21 周期的采购预测值。

表 3-5 某企业前 20 周期的采购量统计资料表

周期数 t	1	2	3	4	5	6	7	8	9	10	11	12	13	14	15	16	17	18	19	20
采购量 D_t	50	52	47	51	49	48	51	40	48	52	51	59	57	64	68	67	69	76	75	80

解：列表计算一次指数平滑值和二次指数平滑值，设 $\alpha = 0.3$，则有

$$S_1^{(1)} = 0.3 \times 50 + (1-0.3) \times 50 = 50$$

$$\vdots$$

其余方法同上，得出表 3-6 所示结果。

表 3-6 列表计算一次指数平滑值和二次指数平滑值的结果

周期数 t	采购量 D_t	一次指数平滑值	二次指数平滑值
0	—	50.00	50.00
1	50	50.00	50.00
2	52	50.60	50.18
3	47	49.52	49.98

续表

周期数 t	采购量 D_t	一次指数平滑值	二次指数平滑值
4	51	49.96	49.98
5	49	49.67	49.89
6	48	49.17	49.67
7	51	49.72	49.69
8	40	46.80	48.82
9	48	47.16	48.32
10	52	48.61	48.41
11	51	49.33	48.69
12	59	52.23	49.75
13	57	53.66	50.92
14	64	56.76	52.68
15	68	60.13	54.91
16	67	62.19	57.10
17	69	64.24	59.24
18	76	67.77	61.80
19	75	69.94	64.24
20	80	72.95	66.85

$$a_t = 2S_t^{(1)} - S_t^{(2)} = 2S_{20}^{(1)} - S_{20}^{(2)} = 2 \times 72.95 - 66.85 = 79.05$$

$$b_t = \frac{\alpha}{1-\alpha}[S_t^{(1)} - S_t^{(2)}] = \frac{0.3}{1-0.3} \times (72.95 - 66.85) = 2.61$$

$$Y_{t+T} = a_t + b_t T = 2S_t^{(1)} - S_t^{(2)} + \frac{\alpha}{1-\alpha}[S_t^{(1)} - S_t^{(2)}]T = 79.05 + 2.61T$$

使用已求得的预测模型，求第 21 周期的采购量预测值，因为 $T=21-20=1$，所以 $Y_{20+1} = 79.05 + 2.61T = 79.05 + 2.61 = 81.66$。

【模拟实验】

指数平滑法的实训例题

实验目的：预测方法(指数平滑法)与实验软件的结合应用。

实验环境：MATLAB

实验内容：根据某企业货物采购表中的已知条件，如表3-7所示，并增加了对趋势的修正，预测该企业2019年第四季度的货物采购量。

表 3-7　某企业 2017、2018 年和 2019 年前三季度货物采购表

年　份	季　度	时　期	实 际 值
2017	1	1	390.00
	2	2	275.00
	3	3	420.00
	4	4	210.00
2018	1	5	413.00
	2	6	287.00
	3	7	426.00
	4	8	236.00
2019	1	9	428.00
	2	10	293.00
	3	11	432.00
	4	12	

本例中，采用 MATLAB 进行模拟实验，带有需求趋势校正的指数平滑法的应用。

注：具体编程过程详见本章附录。

通过计算得出，2019 年第四季度的采购量为 329.08。

4. 回归分析法

回归分析法是从各种经济现象之间的相互关系出发，通过对与预测对象有联系的现象的变动趋势的分析，推算预测对象未来状态数量表现的一种预测法。

回归分析就是研究某一随机变量(因变量)与其他一个或几个变量(自变量)之间的数量变动关系，由回归分析求出的关系式通常称为回归模型。

根据自变量个数的多少，回归模型可以分为一元回归模型和多元回归模型。

一元线性回归预测是回归预测的基础。若预测对象只受一个主要因素影响，并且它们之间存在着明显的线性相关关系时，通常采用一元线性回归预测法。其方法如下。

设变量 x 与变量 y 之间有相关关系，且当 x 确定之后，y 有某种不确定性，如果在散点图上可以看出 x 与 y 之间有线性相关关系，其相关方程为

$$\hat{y} = a + bx \tag{3-14}$$

步骤如下。

(1) 分析两变量之间是否有线性关系，初步判定有，则计算：

$$r = \frac{n\sum xy - \sum x \sum y}{\sqrt{n\sum x^2 - (\sum x)^2} \times \sqrt{n\sum y^2 - (\sum y)^2}} \tag{3-15}$$

(2) 当 r 趋近 1 时，x 与 y 基本呈正相关，可以建立回归模型。

$$\hat{y} = a + bx$$

其中：

$$b = \frac{\sum(x-\bar{x})(y-\bar{y})}{\sum(x-\bar{x})^2} \tag{3-16}$$

$$a = \bar{y} - b\bar{x} \tag{3-17}$$

式中：$\bar{x}$——自变量 x 的平均值；

$\bar{y}$——因变量 y 的平均值。

【例 3-5】某企业通过调查发现，某商品的销售量与当地居民的人均月收入有关，资料如表 3-8 所示。假设当年的居民人均月收入为 700 元，预测下一年销售量。

表 3-8 某商品销售量与居民人均收入统计资料表

年份	2014	2015	2016	2017	2018	2019
人均月收入 x	350	400	430	500	550	600
销售量 y	10	11	12	14	15	16

解：初步判断知，人均月收入与销售量之间有联系，即随着收入的提高，销售量上升。需要计算相关系数 r，以进一步判断两者之间是否存在线性关系。计算列表如表 3-9 所示。

表 3-9 某商品销售量与居民人均收入相关计算表

年 度	收入 x	销售量 y	xy	x^2	y^2
2014	350	10	3500	122500	100
2015	400	11	4400	160000	121
2016	430	12	5160	184900	144
2017	500	14	7000	250000	196
2018	550	15	8250	302500	225
2019	600	16	9600	360000	256
平均值	472	13			
合计	2830	78	37910	1379900	1042

代入公式：

$$r = \frac{n\sum xy - \sum x \sum y}{\sqrt{n\sum x^2 - (\sum x)^2} \times \sqrt{n\sum y^2 - (\sum y)^2}} = 0.9396$$

说明：收入与销售量之间基本正相关。

可建立线性方程：$\hat{y} = a + bx$。

由公式

$$b = \frac{\sum(x-\bar{x})(y-\bar{y})}{\sum(x-\bar{x})^2}$$

$$a = \bar{y} - b\bar{x}$$

计算得：$b \approx 0.0248$，$a = 13 - 0.0248 \times 472 = 1.3$。即 $\hat{y} = 1.3 + 0.0248x$，当 $x=700$ 时，代入上式预测下一年的销售量为 18.66t。

第二节 采购的申请、计划与预算

【案例分析 3-1】

银余公司是国内一家世界 500 强企业旗下的大型装备制造企业，位于甘肃兰州，作为省属大型国有企业的一分子，在兰州市乃至甘肃省发展装备制造业的发展战略中具有举足轻重的作用。

自公司成立以来，始终把新产品的研发作为公司发展的重点。目前，已建成兰州彭家坪、兰州新区、武威新能源等多个工业产业园区。彭家坪产业园作为装备公司的主要生产基地，已发展成为集产品研发、企业管理和传统建筑工程机械于一体的高新技术产业园，作为企业符合国际化标准的产品试制中心；兰州新区工业产业园以打造一流的专用汽车生产线为重心，全面带动钢结构和相关机械的生产；武威新能源产业园将以环保和新能源为主线，发展成为集风电产品、治沙设备、垃圾处理生产线和电气自动化于一体的新兴产业园；格赛克(伦敦)国际技术公司主要作为装备公司全球战略技术中心。银余公司着力在高、精、尖上加大突破力度，实现产业的多元优势。其中风电系列设备技术达到了国际领先水平；研制生产的"盾构机后配套项目"已运至厄瓜多尔共和国，顺利投入 MINAS 引水隧洞工程建设中；首台"盾构机"填补西北地区装备制造行业内空白。银余公司的发展目标是建设成为一个符合现代企业制度，具有全球化、市场化竞争力的新型企业。

自银余公司实施预算管理以来，为了配合预算实施，高层管理者决定以预算管理为契机，调整组织架构，理顺部门职责，经过多方调研，重新归类业务类型。经过优化调整，明确了财务部门作为预算管理的直接责任部门，由财务部门负责公司预算的制定、执行和控制。

银余公司从 2008 年开展预算管理工作，预算管理的常设机构在财务部，采购预算编制采用以现金预算为控制重点的管理模式，公司各部门及分公司每年根据公司的经营目标采用自下而上的方式编制采购预算，财务部以控制现金流为核心审核采购预算，在采购预算管理上取得了不错的成效。

银余公司采购预算管理的优化策略如下。

一、采购预算管理优化的原则

(1) 实事求是原则。凡事都应实事求是。购买支出要与企业的经营目标相一致，不能任意虚报支出。在确定采购预算项目时，不夸大目标值。先确定销售预算，再确定生产计划，然后确定采购计划。

(2) 积极稳妥并留有余地原则。采购预算的编制要做到稳妥、可靠、量入为出、收支平衡。积极稳妥是指不要盲目抬高预算指标,也不要消极压低指标。既要保证采购预算指标的先进性,又要保证预算指标的可操控性,充分发挥采购预算指标的指导和控制作用。

二、合理地确定和分解采购预算目标

(1) 采购预算目标确定与分解的目的。公司的战略目标是采购预算管理的导向,企业采购预算管理目标应与公司发展的目标一致。因此,根据企业的战略目标提出企业的长短期计划,确定预算的长短期目标,并通过执行使预算管理的目标落到实处,促使企业充分挖掘并合理利用一切资源。

(2) 重视采购预算目标确定前的准备工作。预算是一种特殊的计划,是用数字来表示预算结果的报告书。银余公司应在评估自身所处的环境、自己拥有的资源及特有能力后,确定预算目标。预算目标不能只停留在概括、抽象的阶段,它必须明确化、数量化,必须定出目标值。

三、改进和完善采购预算的编制策略

(1) 分析公司的外部环境。银余公司必须在日常经营中进行敏锐的观察。由于环境因素非常广泛,银余公司可从社会经济环境、产业环境、竞争环境等方面详细分析。

(2) 分析公司的内部环境。内部环境分析在于了解公司的长处与弱点。公司的长处是企业拥有的资产及能力某种组合后,能产生力量,赢得竞争。

(3) 设定采购预算基本策略计划。公司年度采购预算策略计划是在综合考虑上述因素后,从企业的竞争优势、经营策略的选择和产品的生命周期着手来制定的。制定基本策略时,可以从财务、市场(市场占有率、产品组合、新产品开发、服务品质、专利及价格策略等)、制造、员工(员工素质、经营者的能力、劳资和谐度等)等方面,找出面对环境变动的策略优势及如何将这些优势有效地组合。在采购预算基本策略的制定中还应对企业可控制因素与不可控制因素进行分析。

四、及时和灵活地进行采购预算调整

(1) 采购预算调整的驱动因素。具体而言,预算调整的驱动因素大致可以分为以下几种情况,包括国家政策和规定发生重大变化、企业组织变革、企业外部环境和市场需求环境发生重大变化、企业经营范围和业务种类发生重大变化、企业内部运营资源发生变化、资源临时增补或调整。

(2) 采购预算调整的程序。采购预算调整必须具有一定的程序。一般情况下,预算调整需要经过申请、审议、批准三个主要程序。

五、完善预算管理组织机构的构建

(1) 预算管理委员会的组建。为了全面负责银余公司的预算管理,需要将预算管理职能从公司财务部分离出来,设立专门的预算管理委员会,全面负责预算管理的组织协调工作。

(2) 组建采购预算工作小组。采购预算工作小组由公司的财务总监担任组长,吸收公司财务部门、生产部门、研发部门等其他部门的员工共同组成。

(资料来源：李健. 银余公司采购预算管理研究[D]. 兰州交通大学工商管理硕士(MBA)学位论文，2016.)

思考题：

银余公司采购预算管理策略有哪些特点？还有哪些地方可以改进？

一、采购申请

现实工作中，通常需要制订计划来引导工作。采购计划作为采购管理的第一个环节，包括采购计划和采购订单计划的制订，其主要任务是根据市场需求、企业生产能力和采购环境容量来制订采购申请单和采购日程表，其目的是保证供应、降低库存成本、避免应急单和降低采购风险。

对于企业来说，一般是有了需求才去采购和购买，这样才能"有的放矢"，因此企业要根据各部门的采购申请来制订计划。

(一)采购申请的定义、功能和注意事项

采购申请的定义：又称为请购，指企业各需求部门向采购部门提出在未来一段时间所需物品及数量等相关信息，并填写请购单交给采购部门的活动。

一般来说，采购申请具有以下功能。

(1) 确定需求和内容。

(2) 成本归属。

(3) 有利于管理。

(4) 节省费用。

由于使用与采购工作的分离，为了有效避免采购物品与申请要求不相符，以下事项要特别注意。

(1) 由适当的采购申请人进行请购，避免发生需求物品和请购物品不符的失误。

(2) 以书面的形式提出，减少沟通上的错误，使采购申请的需求明确具体。

(3) 确定具体的需求内容和规格要求，表明申请采购物品的各项具体内容。

(4) 预算的限制，避免采购申请内容超出预算范围。

(5) 以规格表明需求的水准，应以规格表明其品质。

(二)采购申请的原则和构成

1. 采购申请的原则

(1) 采购是一项重要、严肃的工作，各级管理人员和采购经办人必须高度重视，认真对待。

(2) 采购必须坚持"维护公司利益、秉公办事"的原则，并综合考虑采购物品、物料

的质量、价格，择优选购。

(3) 日常办公用品以及其他消耗用品由采购部负责统一采购。

(4) 常用物料采取定点采购机制，定点供应商需定期比价，保证价廉物美、生产顺畅。

(5) 大型机械设备采购、工程项目首次用料采购需进行投标，按投标规范择优选购。

2. 采购申请的构成

(1) 采购申请人根据工作实际填写采购申请表，必须认真填写申请表中相关内容。

(2) 若无特殊情况，递交采购申请表应比物料使用时间最少提前三个工作日。

(3) 紧急采购时，由申请部门负责人在申请表中注明"紧急采购"字样。

(4) 若撤销采购，相关部门应立即通知采购部门停止采购，以免造成损失。

(5) 申请表完成所有手续后需复印两份，财务部留原件，采购部与预算部留复印件。

(6) 申请表一次性使用，不得重复。

(三)采购申请单的定义和划分

采购申请单的定义：是采购作业的起点，通常由使用部门、仓储部门(列入存量管制的物料)、生产部门等单位所签发的单据。主要记载了所需申请采购物料的名称、规格、料号、申请采购数量、需要日期等，并涵盖了请购、采购、验收三个签核流程。这种一单多功能的采购申请单，通称为"物料管制单"。物料管制单适用于一般消耗性的物料采购的申请或机器设备的申请维修，如图3-1所示。

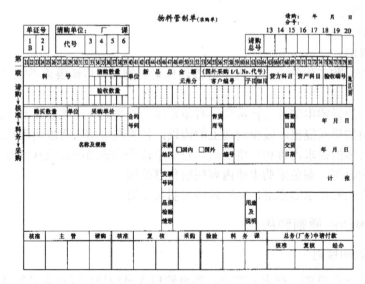

图 3-1 采购申请单(物料管制单)

对于机器设备等固定资产的购置，因其采购价值较大，须详细研究其采购的必要性，要进行成本效益分析。因此，这种采购申请单的格式和内容与物料采购申请单大不相同。资本支出请购单如图 3-2 所示。

资本支出请购单

编号：

事业单位： 部　　门： 地　　点：	主旨：
财务分析	金额　用款日期 购置成本 费用 减：旧品报废所得（　） 实际进出金额
损益分析	折旧年数　年　每年折旧金额 减：费用减少　每年 　　营收增加　每年 净　损　益　每年

请购明细：	付款明细			
	日期	参考号码	支票号码	金额
		总额		

工作计划表			申请人		
工作项目	负责人	预定完成日期	职称	签名	日期
			财产管理部门意见：		
			核准		

图 3-2　资本支出请购单

采购的范围，除了有形的物料外，还可以包括无形的劳务，如委托设计、委托外加工、广告、产品展示、专利权、商标权等的诉讼申请等，此类特殊劳务需求的采购申请单，为特殊支出请购单，如图 3-3 所示。

特殊支出申请书

申请部门：
日期：

申请书编号		
类别	部门	流水号
PA		

费用名称：		
申请理由：		
目的/概要：		
办理方式：发包：☐公开招标　☐比价　☐议价　☐订约　☐不订约 自办：☐申请部门自办　☐委托____部办理　☐其他		
估计费用： 预算科目：		
附件： ☐发包规范　☐工程图说　☐工料/费用明细表　☐		
批示	会计部门签核	申请部门主管
	承办部门签核	申请人

※工程及劳务发包必须附工料/费用明细表，核准后另附规范及图说送承办部门。

图 3-3　特殊支出请购单

(四)影响采购计划制订的因素

1. 供应计划

供应计划依据销售计划来制订。

2. 年度销售计划

企业年度的生产计划多以销售计划为起点。

3. 库存管理

企业在进行采购时所要购买的物料数量一定是扣除库存后的数量。所以,物料库存管理卡的记载是否正确将是影响商品采购计划的因素之一。

4. 销售效率

销售效率的高低将直接影响采购计划的制订,它会使实际的供应量与预计的产品需求量产生误差。

5. 设定物料标准成本

通常采购部门会依据标准成本来设定实际采购成本。

标准成本的设定通常需要考虑:① 供应商的生产规模;②供应商所处的地理位置;③采购商品的敏感度;④毛利策略。

6. 价格预期

在编制采购预算时,常对物料价格涨跌幅度、市场景气情况等加以预测并作为预算的因素。

二、采购计划

计划是管理的首要职能,任何组织都不能没有计划。计划就是根据组织内外部的实际情况,权衡客观需要和主观可能,通过科学预测,提出在未来一定时期内组织所要实现的目标以及实现目标的方法。

采购计划是为了维持正常的产销活动,对在某一特定的期间内应在何时购入多少、何种材料的一种预先安排。一般情况下,在生产企业中,采购计划是根据生产计划进行编制的;在流通企业中,采购计划可根据销售计划进行编制。

制订一个合理的采购计划,对整个采购运作的成功具有非常重要的作用。其优点为:①降低采购成本;②提高采购效率,缩短采购周期;③控制库存,提高资金使用效率;④合理安排采购工作;⑤与其他管理协调配合。

(一)决定采购计划的基础资料

1. 生产计划

根据企业的销售计划,再加上合理判断,可以拟定销售目标和销售计划。生产计划(Production Schedule)是依据销售数量,加上预期的期末存货减去期初存货来制订的。

2. 销售计划

销售计划是为了实现某些营销目标而制定的一系列活动目标和活动安排,包括长期销售计划、中期销售计划和短期销售计划。

销售计划的内容至少应包含以下六种计划。

(1) 商品计划(销售什么产品)。
(2) 渠道计划(通过何种渠道)。
(3) 成本计划(花费多少钱)。
(4) 销售单位组织计划(由谁销售)。
(5) 销售总额计划(销售到何处、比例为多少)。
(6) 促销计划(如何销售)。

3. 用料清单

一般的生产计划只列出产成品的数量,而不能表示某一产品需用哪些物料以及数量多少,因此须借助用料清单(Bill Of Material,BOM)。根据用料清单可以精确地计算出制造每种产品的物料需求(Material Requirement)。用料清单上所列的耗用量,即通称的标准用量与实际用量相互比较,可作为用料管理的依据。

4. 存量卡

如果产成品有存货,那么生产数量不一定要等于销售数量。同理,若材料有库存,则材料采购数量也不一定要等于材料需要量。因此,要建立物料的存量卡,以表明某一物料目前的库存状况;再依据需求数量,并考虑购料的时间和安全库存量,计算出正确的采购数量,然后才开具请购单进行采购活动,如图3-4所示。

(二)采购计划制订流程

采购计划的制订流程主要有以下几个环节。

1. 准备认证计划

准备认证计划是认证计划的第一步,也是采购计划的第一步,对整个采购工作具有十分重要的作用。如图3-5所示,准备认证计划可以从以下四个方面来理解。

物料存量管制卡

年度：_____　　　　　　　　　　卡号：_____　　　　　　编制日期：____年__月__日

材料名称		规格		计划采购量			最低存量		
材料编号		型号					安全存量		
材料等级				存放位置			最高存量		

日期	收/发/领/退凭单编号	收料记录			生产批令号码	领料单位	发料记录			核对
		数量	单价	金额			数量	单价	金额	

物控主管：　　　　　　　　　仓管员：　　　　　　　　　　　　制表：

图 3-4　物料存量管制卡

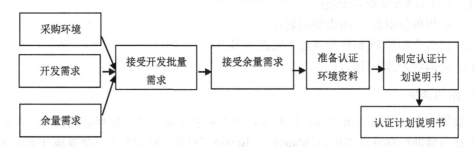

图 3-5　准备认证计划过程框图

1) 接受开发批量需求

接受开发批量需求是能够启动整个采购程序流动的牵引项，要想制订比较准确的认证计划，首先要做的就是熟知企业的生产开发需求计划，开发批量需求来自开发需求计划。

2) 接受余量需求

余量需求即采购环境容量减去采购需求容量之后剩余的需求量。随着企业规模的扩大，市场需求也会变得越来越大，旧的采购环境容量不足以支持企业的物料需求；或者是因为采购环境有了下降的趋势从而导致物料的采购环境容量逐渐缩小，这样就无法满足采购的需求。以上两种情况就会产生对采购环境进行扩容的要求，即余量需求。采购环境容量的信息一般是由认证人员和订单人员来提供的。

3) 准备认证环境资料

通常来讲，采购环境的内容包括认证环境和订单环境两部分。有些供应商的认证容量比较大，但是其订单容量比较小；有些供应商的情况恰恰相反，其认证容量比较小，但是订单容量比较大。产生这种情况的原因是认证过程本身是对供应商样件的小批量试制过程，这个过程需要强有力的技术力量支持，有时甚至需要与供应商一起开发；而订单过程是供应商的规模化生产过程，其突出的表现就是自动化机器流水作业及稳定的生产，技术工艺已经固化在生产流程之中，所以订单容量的技术支持难度比认证容量的技术支持难度要小得多。由此可见，认证容量和订单容量是两个完全不同的概念，准备认证环境资料时要注意区分。

4) 制定认证计划说明书

制定认证计划说明书也就是把认证计划所需要的材料准备好，主要内容是认证计划说明书(物料项目名称、需求数量、认证周期等)，同时附有开发需求计划、余量需求计划、认证环境资料等。

2. 评估认证需求

评估认证需求是采购计划的第二个步骤，其主要内容包括分析开发批量需求、分析余量需求、确定认证需求三个方面。下面分别对这三个方面进行详细阐述。

1) 分析开发批量需求

要做好开发批量需求的分析，不仅需要分析量上的需求，而且要掌握物料的技术特征等信息。开发批量需求的样式是各种各样的，按照需求的环节可以分为研发物料开发认证需求和生产批量物料认证需求；按照采购环境可以分为环境内物料需求和环境外物料需求；按照供应情况可以分为可直接供应物料需求和需要定做物料需求；按照国界分为国内供应物料需求和国外供应物料需求等。对于如此复杂的情况，计划人员应该对开发物料需求做详细的分析，必要时还应该与开发人员、认证人员一起研究开发物料的技术特征，按照已有的采购环境及认证计划经验进行分类。从以上可以看出，认证计划人员需要兼备计划知识、开发知识、认证知识等，并具有从战略高度分析问题的能力。

2) 分析余量需求

分析余量需求要求首先对余量需求进行分类，前面已经说明了余量认证的产生来源：一种情况是市场销售需求的扩大，另一种情况是采购环境订单容量的萎缩。这两种情况都导致了目前采购环境的订单容量难以满足用户的需求，因此需要增加采购环境容量。对于因市场需求原因造成的，可以通过市场及生产需求计划得到各种物料的需求量及时间；对于因供应商萎缩造成的，可以通过分析现实采购环境的总体订单容量与原定容量之间的差别得到，这两种情况的余量相加即可得到总的需求容量。

3) 确定认证需求

确定认证需求可以根据开发批量需求及余量需求的分析结果来进行，认证需求是指通过认证手段，获得具有一定订单容量的采购环境。

3. 计算认证容量

计算认证容量是采购计划的第三个步骤，它主要包括分析项目认证资料、计算总体认证容量、计算承接认证量、确定剩余认证容量四个方面，如图3-6所示，其中涉及四个环节。

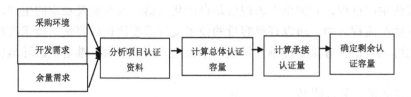

图 3-6　计算认证容量过程框图

1) 分析项目认证资料

分析项目认证资料是计划人员的一项重要事务，不同的认证，其过程及周期也是千差万别的。机械、电子、软件、设备、生活日用品等物料项目，它们的加工过程各种各样，非常复杂，作为从事某行业的实体来说，需要认证的物料项目可能是上千种物料中的某几种，熟练分析几种物料的认证资料是可能的，但是对于规模比较大的企业，分析上千种甚至上万种物料的认证资料，其难度则要大得多。所以，计划人员应具有财务与市场分析能力、采购物品的技术分析能力，特别是物品的技术适应性和物品的规模生产能力。

2) 计算总体认证容量

在采购环境中，供应商订单容量与认证容量是两个不同的概念，有时可以互相借用，但绝不是等同的。一般在认证供应商时，要求供应商提供一定的资源用于支持认证操作，或者一些供应商只做认证项目。总之，在供应商认证合同中，应说明认证容量与订单容量的比例，防止供应商只做批量订单，不愿意做样件认证。计算采购环境的总体认证容量的方法是把采购环境中所有供应商的认证容量叠加，对有些供应商的认证容量需要加适当系数。

3) 计算承接认证量

供应商的承接认证量等于当前供应商正在履行认证的合同量。一般认为，认证容量的计算是一个相当复杂的过程，各种各样物料项目的认证周期也是不一样的，一般是计算要求的某一时间段的承接认证量。最恰当、最及时的处理方法是借助电子信息系统，模拟显示供应商已承接认证量，以供认证计划决策使用。

4) 确定剩余容量

将某一物料所有供应商群体的剩余认证容量进行汇总。可以用公式简单地进行说明：

$$剩余容量 = 物料供应商群体总体认证容量 - 承接认证量$$

4. 制订认证计划

制订认证计划是采购计划的第四个步骤，它的主要内容包括对比需求和容量、综合平衡、确定余量认证计划、制订认证计划四个方面的内容，如图 3-7 所示。

1) 对比认证需求与认证容量

认证需求与供应商对应的认证容量之间一般会存在差异，如果认证需求小于认证容量，则没有必要进行综合平衡，直接按照认证需求制订认证计划。如果认证需求量大大超出供应商认证容量，就要进行认证综合平衡，对剩余认证需求则需要制订采购环境之外的认证计划。

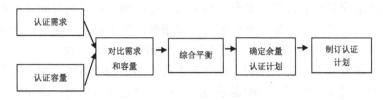

图 3-7　制订认证计划过程框图

2) 综合平衡

综合平衡就是指从全局出发，综合考虑生产、认证容量、物料生命周期等要素，判断认证需求的可行性，通过调节认证计划来尽可能地满足认证需求，并计算认证容量不能满足的剩余认证需求，应与采购环境以外的供应商制订认证计划，确保余量认证计划的执行。

3) 确定余量认证计划

采购环境不能满足的剩余认证需求，应与采购环境以外的供应商制订认证计划，确保余量认证计划的执行。

4) 制订认证计划

制订认证计划是认证计划的主要目的，是衔接认证计划和订单计划的桥梁。它需要确定认证物品的数量和开始认证的时间。

认证商品数量=开发样品需求数量+检验测试要求数量+样品数量+机动数量

开始认证时间=要求认证结束的时间-认证周期-缓冲时间

5. 准备订单计划

准备订单计划的过程如图 3-8 所示。

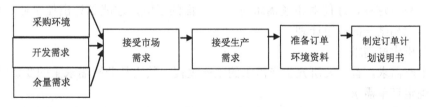

图 3-8　准备订单计划过程框图

1) 接受市场需求

市场需求是启动生产供应程序流动的牵引项，要想制订比较准确的订单计划，首先必须熟知市场需求计划，或者是市场销售计划。市场需求的进一步分解便得到生产需求计划。企业的年度销售计划一般在上一年的年末制订，并报送至各个相关部门，同时下发到销售部门、计划部门、采购部门,以便指导全年的供应链运转。根据年度计划制订季度、月度的市场销售需求计划。

2) 接受生产需求

生产需求对采购来说可以称为生产物料需求。生产物料需求的时间是根据生产计划产生的,通常生产物料需求计划是订单计划的主要来源。为了利于理解生产物料需求,采购计划人员需要深入熟知生产计划以及工艺常识。在 MRP 系统中,物料需求计划是主生产计划的细化,它主要来源于主生产计划、独立需求的预测、物料清单文件、库存文件;编制物料需求计划的主要步骤包括:①确定毛需求量;②确定净需求量;③决定订单下达日期及订单数量。

3) 准备订单环境资料

准备订单环境资料是准备订单计划中一项非常重要的内容。订单环境是在订单物料的认证计划完毕之后形成的,订单环境的资料主要包括:①订单物料的供应商消息;②订单比例信息;③最小包装信息;④订单周期(是指从下单到交货的时间间隔,一般是以天为单位的)。订单环境一般使用信息系统管理。订单人员根据生产需求的物料项目,从信息系统中查询了解该物料的采购环境参数及描述。

4) 制定订单计划说明书

制定订单计划说明书也就是准备好订单计划所需要的资料,其主要内容包括:订单计划说明书、商品名称、需求数量、质量、到货日期、付款方式等,并附有市场需求计划、生产需求计划、订单环境资料等。

6. 评估订单需求

1) 分析市场需求

订单计划不仅要考虑生产计划,还要考虑市场需求,分析企业市场战略及潜在的需求;分析市场合同签订数量、尚未签订合同的数量及其变化趋势。全面考虑要货计划的规范性和严谨性。只有这样,才能对市场需求有一个全面的了解,才能制订出使企业远期发展与近期实际需求相结合的订单计划。

2) 分析生产需求

分析生产需求,首先要研究生产需求的生产过程;其次是分析需求量的要货时间。

3) 确定订单需求

根据对市场需求和对生产需求的分析结果,就可以确定订单需求。通常来讲,订单需求的内容是指通过订单操作手段,在未来指定的时间内,将指定数量的合格物料采购入库。

7. 计算订单容量

计算订单容量也是采购计划中的重要组成部分,只有准确地计算订单容量,才能对比需求和容量,经过综合平衡,最后制订出正确的订单计划。

计算订单容量主要有四个方面的内容，即分析项目供应资料、计算总体订单容量、计算承接订单容量和确定剩余订单容量，如图3-9所示。

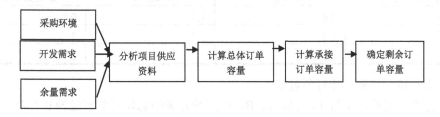

图3-9　计算订单容量过程框图

1) 分析项目供应资料

在采购过程中，物料和项目都是整个采购工作的操作对象。对于采购工作而言，在目前的采购环境中，所要采购物料的供应商的信息是一项非常重要的信息资料。所以，采购人员要根据相关资料分析物品供应资料，分析供应商的供货能力。

2) 计算总体订单容量

总体订单容量包括可供应的物品数量及交货时间。

例如，供应商X在9月1日前可供应6万个特种轴承(A型4万个，B型2万个)，供应商Y在9月1日前可供应8万个特种轴承(A型4万个，B型4万个)，则9月1日前A和B两种轴承的总体订单容量为14万个(A型订单容量8万个，B型订单容量6万个)。

3) 计算承接订单容量

承接订单容量是指某供应商在指定时间内已经签下的订单量。

4) 确定剩余订单容量

剩余订单容量是指某物料所有供应商群体的剩余订单容量的总和。用下面的公式表示，即

物料剩余订单容量=供应商群体总体订单容量-已承接订单容量

【例3-6】 已知在1月15日之前，甲供应商可供应4万个开关，乙供应商供应5万个开关，其中A型2.5万个，B型3.5万个，C型3万个。供应情况如表3-10所示。另外，已知甲供应商已经承接A型8000个、B型1.5万个、C型9000个；乙供应商已经承接A型1.3万个、B型1.2万个、C型2万个。承接情况如表3-11所示。求：剩余订单容量是多少？

表3-10　供应情况表

供应商	A型数量/万个	B型数量/万个	C型数量/万个	小计
甲供应商	1	2	1	4
乙供应商	1.5	1.5	2	5
小计	2.5	3.5	3	

表 3-11 承接情况表

供应商	A型数量/万个	B型数量/万个	C型数量/万个
甲供应商	0.8	1.5	0.9
乙供应商	1.3	1.2	2
小计	2.1	2.7	2.9

解： 第一步：计算总体订单容量。

根据题意，可算出 1 月 15 日前 A、B、C 三种开关的总体订单容量为 9 万个。

第二步：计算承接订单量。

根据题意，可计算出在 1 月 15 日之前 A、B、C 三种开关的总体承接订单量为 7.7 万个，其中 A 型 2.1 万个，B 型 2.7 万个，C 型 2.9 万个。

第三步：计算剩余订单容量。

根据题意，9−7.7=1.3 万个，如表 3-12 所示。

表 3-12 剩余订单容量表

供应商	A型数量/万个	B型数量/万个	C型数量/万个	
甲(4 万)	1−0.8=0.2	2−1.5=0.5	1−0.9=0.1	
乙(5 万)	1.5−1.3=0.2	1.5−1.2=0.3	2−2=0	
小计	2.5−2.1=0.4	3.5−2.7=0.8	3−2.9=0.1	9−7.7=1.3

8. 制订订单计划

制订订单计划是采购计划的最后一个环节，也是最重要的环节。这一环节主要包括四个方面的内容，即对比需求和容量、综合平衡、确定余量认证计划、制订订单计划，如图 3-10 所示。

图 3-10 制订订单计划过程框图

1) 对比需求与容量

对比需求与容量是制订订单计划的首要环节，只有比较出需求与容量的关系才能有的放矢地制订订单计划。如果经过对比发现需求小于容量，即无论需求多大，容量总能满足需求，则企业要根据物料需求来制订订单计划；如果供应商的容量小于企业的物料需求，则要求企业根据容量制订合适的物料需求计划，这样就容易产生剩余物料需求，需要对剩余物料需求重新制订认证计划。

2) 综合平衡

综合平衡是指综合考虑市场、生产、订单容量等要素,分析物料订单需求的可行性,必要时要调整订单计划。计算容量不能满足的剩余订单容量。

3) 确定余量认证计划

在对比需求与容量时,如果容量小于需求就会产生剩余需求,对于剩余需求,要提交认证计划制订者处理,并确定能否按照物料需求规定的时间及数量交货。为了保证物料及时供应,此时可以通过简化认证程序,并由具有丰富经验的认证计划人员进行操作。

4) 制订订单计划

制订订单计划是采购计划的最后一个环节,订单计划做好之后就可以按照计划进行采购工作了。一份订单包含的内容有下单数量和下单时间项。其计算公式为

$$下单数量=生产需求量-计划入库量-现有库存量+安全库存$$
$$下单时间=要求交货时间-认证周期-订单周期-缓冲时间$$

三、战略采购计划

战略采购计划的制订需要对公司内部各个部门提供采购(如可获得性、提前期、价格、技术)方面的信息,这些部门包括管理部门、物流部门、工程部门、设计部门、生产部门和营销部门。

这些信息对于长期规划的制定和短期决策都是非常重要的。

(一)战略计划的层次和目标

战略计划的开发分为三个层次,即企业层次、业务层次和职能层次。

(1) 企业层次战略计划,即公司战略计划,涉及企业业务界定,合并资源并在各业务单元间分配,包含连接所有业务的整体问题。

(2) 业务层次战略计划,是业务单元战略计划,涉及各业务单元的范围界定及与企业战略的联系、业务单元目标和在行业内维持竞争优势的基础,包含在不同市场如何竞争等广泛的问题。

(3) 职能层次是职能战略计划,涉及如市场营销、研发、生产、采购、财务、人力资源等功能性活动领域,包含采购如何支持业务单元战略、执行其他部门战略(如运营、营销战略等)。

采购职能的战略目标:战略采购计划制订的基本原则是支持企业战略和业务战略。采购职能的战略目标就是要很好地管理为企业提供产品与服务的供应关系,以支持企业总体目标的实现。

(二)战略采购计划制订的原则与制订过程

战略采购计划制订的原则是必须支持企业战略和业务战略。采购管理者要理解业务计划的目标，开发一个最有效的支持企业发展的采购战略，并需要在各个层次的计划制订过程中进行信息的交流。

制订战略采购计划需要考虑的因素，主要包括以下内容。
(1) 产品与服务是已有的还是新开发的。
(2) 某项产品与服务的市场动态。
(3) 某项产品或服务的供应商之间的竞争。
(4) 产品与服务的可得性。
(5) 在途库存成本。
(6) 可能的供应商生产所需产品或提供所需服务的意愿。

战略采购计划制订的过程，一般包括以下步骤。
(1) 仔细研究公司或业务层次战略。
(2) 分析对公司战略有影响的采购管理职能。
(3) 确定采购管理职能怎样才能对更高一级的战略做出贡献。
(4) 寻找机会改进现存的供应和采购过程。
(5) 研究改进方法实施的要素。
(6) 获取授权，然后实施改进。
(7) 评估改进过程和结果。

(三)战略采购计划的内容

1. 资源战略

在制定资源战略时，应明确以下方面。
(1) 以往资源的使用方式，以及资源的预期需求量。
(2) 资源的来源。
(3) 资源的市场类型。
(4) 采购资源的形态。
(5) 可以得到的供应总量。
(6) 资源在某一区域受到的政策约束。
(7) 资源运达的成本。

2. 供应商战略

在制定供应商战略时，应思考以下方面。

(1) 哪个供应商能够提供总成本最低、质量最高、提前期最短以及最好的服务。
(2) 哪个供应商能够提供提高产品技术的途径。
(3) 每个潜在供应商的相对优势是什么？
(4) 每个可选供应商的相对风险是什么？

3. 应急计划

需要解决万一得不到满足数量、质量或价格需求的商品或服务，其替代产品是什么？如何才能满足顾客要求等一系列的问题。

四、采购需求的确定

(一)需求分析概述

许多企业了解采购需求的传统的做法是企业各个部门层层上报"物料采购需求计划表"和"请购单"，采购部门再把所有需要采购的物料分类整理统计出来，确定采购什么、采购多少、采购时间。这种方法存在的问题是兴师动众，耗费较大。如果某部门物料采购需求计划表迟报，就会影响到汇总和采购工作效果。现在很多企业已不用这种方法，改用需求分析法。

需求分析是指根据客户的历史或者生产计划等找出需求规律，然后根据需求规律预测客户下一个月的需求品种和需求量，掌握各个客户的需求量，就可以主动地订货，安排采购计划。

需求分析的目的和内容就是通过对需求情况进行分析，找出物料需求规律，从根本上解决客户需求什么、需要多少、什么时候需要的问题。一般情况下，需求分析很简单。在单次、单一品种需求的情况下，需求什么、需要多少、什么时候需要都比较明确，不需要进行复杂的需求分析。在较复杂的多品种、多批次采购情况下，就必须进行需求分析。例如，汽车制造企业生产的汽车由上万个零部件组成，有多个车间、多个工序配合生产，企业每个车间、工序组织生产，都需要很多原材料、工具、设备、用品以及其他物资等，在各个不同时间需要不同的物料，不可能一个个地去单独采购，必须汇总起来进行联合采购。所以，需要研究哪些品种先采购、哪些品种后采购、采购多少等问题，找出需求的规律，然后根据需求规律主动地进行采购，确定什么时候采购什么、采购多少。

需求分析是一项重要而且复杂的工作，它涉及企业各个部门、各道工序，各种材料、设备和工具以及办公用品等各种物资。其中最重要的是生产所需的原材料，因为它的需求量最大，而且持续性、时间性很强，最直接地影响生产的正常进行。做好需求分析，需要依靠企业各个部门互相配合，并提供相关资料。

进行需求分析的采购管理人员，要具备比较全面的知识。首先要有生产技术方面的知识，包括生产产品和加工工艺的知识，会看图样，会根据生产计划以及生产加工图样推算出物料需求量。还要有数理统计方面的知识，会进行物料性质、质量的分析，会进行大量的统计分析。另外，还要有管理方面的知识等。

(二)需求分析的方法

需求分析方法有统计分析法、推导分析法、ABC 分析法等。下面主要介绍前两种分析法。

1. 统计分析法

统计分析法是指运用统计的方法对采购的原始资料进行分析，找出各种物料需求的规律。在采购需求分析中，统计分析法应用广泛。在采购需求的统计分析中，最基本的原始资料主要有各个单位的采购申请表、销售日报表、领料单和生产计划任务单等。

目前很多企业采购都采取这样的模式：要求下属各个单位每月提交一份物料请购单，提出每个单位自己下个月的采购品种和数量，然后采购部门对这些表进行统计汇总，统计出下个月总的采购任务表，再根据此表制订下个月的采购计划。

这种模式使得采购申请表汇总变得十分简单。由于他们的需求时间都相同而且需求时间都有一个月之长，所以表项汇总就很简单，只要把各个表中的不同品种照抄，将相同品种的需求数量相加，就可以得到下个月汇总的采购任务表。

这种模式不但使汇总统计和制订采购计划变得简单，而且完成采购任务也很容易。但是这种模式也有一些问题：一是市场响应不灵敏；二是库存负担重、风险大。因为一个月采购一次，必然导致采购批量大、供应时间长，不能适应市场需求变化。

物料需求规律有两种表示方法：一种是时间函数法；另一种是有序数列法。

时间函数法是指把物料消耗量描述成时间的函数，这是一个连续的时间函数。例如，把第 i 种物料的需求规律描述为 $R_i(t) = f_i(t)$，这就是需求函数。第 i 种物料在一定时期内的总需求量为

$$R = \int f_i(t)dt \tag{3-18}$$

有序数列法是指把各个单位的销售日报表按单位时间(如日、周、月、季、年等)进行汇总，得到一个按先后顺序排列的销售量的序列。

2. 推导分析法

推导分析法是指根据企业生产计划进行需求分析，求出各种物料需求计划的过程。它必须要进行严格的推导计算，不能凭空估计。推导分析所依据的主要资料和步骤如下。

1) 制订主产品生产计划

(1) 主产品生产计划。在订货为主的生产企业，这个计划主要是根据社会对主产品的订货计划生成的；在以库存为主的生产企业，这个主生产计划靠预测和经营计划生成。

(2) 零部件的生产计划。在制造企业中，零部件的生产有两个用途：一是用于装配主产品；二是用于提供给社会维修企业，对社会上处于使用状态的主产品进行维修保养。这

里的零部件生产计划,主要是指为社会维修企业所提出的零部件的订货计划。

(3) 制定主产品的结构文件。这个步骤根据装配主产品需要的零件、部件、原材料等,逐层求出主产品的结构层次。每个层次的每个零部件都要标出需要数量、是自制还是外购,以及生产提前期或采购提前期。所有自制件都要分解到最后的原材料层次,这些原材料一般都是需要采购的。

2) 制定库存文件

采购人员从仓库保管员处了解主产品零部件生产采购一览表中所有部件、零件、原材料的现有库存量以及消耗速率,经过整理得到主产品零部件库存一览表。

(三)订货点采购方式下的需求确定

1. 订货点采购概述

订货点也称"再订货点""请购点"。原有物资储备量下降到必须再次订货,以便及时补充物资库存量的界限。

订货点采购:即根据物料的再订购点安排物料需求计划,一旦存货量低于再订购点即进行补充采购的一种采购方式。它是设定一些订货控制点,进行有控制的订货进货,使得仓库的库存量能在满足用户需求的条件下实现库存量最小。

当需求量或完成周期存在不确定性时,须使用合适的安全库存来缓冲或补偿不确定因素。

$$再订货点=采购提前期消耗量+安全库存$$

订货点采购的考虑因素如下。
(1) 订货时机(即什么时候订货)。
(2) 订货量(即订多少)。

2. 订货点采购策略

如何制定采购订货策略?

其原理就是要针对各种具体的经营模式,考虑各种具体情况和约束条件,求出使得经营总费用最省的订货参数方案。因此,需要思考以下几点。

1) 需求者的需求类型

一般按照需求类型分析,要确定以下方面。按照类别划分,是独立需求还是相关需求?按照性质划分,是确定型还是随机型?按照分布划分,是正态分布还是其他分布?

2) 经营者的经营方式

是不允许缺货方式,还是可以缺货方式,抑或是要实行补货方式。

3) 供应者的供应方式(进货方式分析)

每种经营方式还可能采取两种进货方式:瞬时到货方式;持续到货方式。

4) 选用合适的控制方法

选择合适的订货方法，是用定量订货法，还是用定期订货法。

3. 订货点技术的优点

(1) 操作简单，运行成本低。

(2) 特别适合于需求量连续且均匀稳定的情况。

4. 订货点技术的缺点

(1) 库存量太高、库存费用太大。

库存浪费主要是由于需求的不确定性或不均匀性造成的。需求的不确定性可能导致预测的不准确；需求不均匀性不但可能造成积压，还可能造成缺货。

(2) 灵活性不足。

不适用于个别性需求，即在满足某个别的需求时，不考虑和别的需求的相关关系。

5. 订货点采购的方法

一类是定量订货采购法，另一类是定期订货采购法。

1) 定量订货采购法

定量订货采购法是预先确定一个订货点和一个订货批量，然后随时检查库存，当库存下降到订货点时，就发出订货信息，订货批量的大小每次都等于规定的订货批量。定量订货法的关键是正确确定订购批量和订购点。订货批量一般采用经济订购批量(EOQ)。订购点的正确确定则取决于对备运时间的准确计算和对安全库存量的合理查定。安全库存量是为了应付备运时间需要量的变化而建立的，包括误期到货而增加的需要，也包括备运时间内需求率(物品消耗速度)加大而增加的需要。

确定订货点常用两个方法：基于订货提前期需求量服从正态分布公式；基于需求速率和订货提前期长度的公式。

2) 定期订货采购法

定期订货采购法是预先确定一个订货周期和一个最高库存水准，然后以规定的订货周期为周期，周期性地检查库存，发出订货，订货批量的大小每次都不一定相同，订货量的大小等于当时的实际库存量与规定的最高库存水准的差额。定期订货法的关键在于正确确定订货间隔期。订货间隔期的长短对订购量和库存水平有决定性的影响。一般是预先规定进货时间，由进货时间和备运时间长短来确定订货间隔期。这些采购模式都是以需求分析为依据，以填充库存为目的，采用一些科学方法，兼顾满足需求和库存成本控制，原理比较科学，操作比较简单。由于市场的随机因素多，使得该方法同样具有库存量大、市场响应不灵敏的缺陷。

3) 定量订货采购法和定期订货采购法的比较

定量采购的优点是：由于每次订货之前都要详细检查和盘点库存(看是否降低到订货

点),能及时了解和掌握商品库存的动态;因每次订货数量固定,切实预先确定好经济批量,所以方法简便。这种订货方式的缺点是:经常对商品进行详细检查和盘点,工作量大且需花费大量时间,从而增加了库存保管维持成本;该方式要求对每个品种单独进行订货作业,这样会增加订货成本和运输成本。定量采购适用于品种数目少但占用资金大的商品。

定期采购的优点是:由于订货间隔期确定,因而多种货物可同时进行采购,这样不仅可以降低订单处理成本,还可以降低运输成本;这种方式不需要经常检查和盘点库存,可节省这方面的费用。其缺点是:由于不经常检查和盘点库存,对商品的库存动态不能及时掌握,遇到突发性的大量需要,容易造成缺货并带来损失。定期采购控制法适用于品种多、数量大、占用资金较少的商品。两种方法的区别如表 3-13 所示。

表 3-13 定量订货法与定期订货法的比较

指 标	定量订货法	定期订货法
采购量	固定的(每次采购量相同)	变化的(每次采购量不同)
何时订购	在库存量降低到订购点时	在盘点期到来时
库存记录	每次出库都做记录	只在盘点期做记录
库存大小	较小	较大
作业所需时间	由于记录持续,所需时间长	简单记录,所需时间较短
物资类型	昂贵、关键或重要资源	品种多、数量大的一般物资

关于定量订货法和定期订货法的相关公式、控制参数和计算示例,详见本书的第八章。

五、采购预算

预算就是一种用金额来表示的计划,是将企业为了一定期间经营决策的目标通过数据系统地反映出来,是对经营决策的具体化和数量化。预算的时间范围要与企业的计划期保持一致,不能过长或过短。

一般来说,预算主要具有以下作用。

(1) 保障战略计划和作业计划的执行。
(2) 协调组织经营。
(3) 在部门之间合理安排有限资源。
(4) 控制支出,即通过审批和拨款过程及差异分析控制支出。
(5) 监督支出。

(一)预算方法简介

预算方法包括弹性预算、零基础预算、概率预算、滚动预算。

1. 弹性预算

弹性预算(Flexible Budget)又叫可变预算,通常随着销售量的变化而变化,主要用于费用预算。其基本思路是按固定费用(在一定范围内不随产量变化的费用)和变动费用(随产量变化的费用)分别编制固定预算和可变预算,以确保预算的灵活性。变动费用主要根据单位成本来控制,固定费用可按数额加以控制。

弹性预算是根据计划期间可能发生的多种业务量,分别确定与各种业务量水平相适应的费用预算数额。

弹性预算的特点如下。

(1) 弹性预算适用于业务量水平经常变动的企业。

(2) 弹性预算成本分为固定成本和变动成本两部分,即

弹性预算=单位变动成本×业务量水平+固定成本预算数

(3) 在编制弹性预算时,对变动部分费用要按不同的业务量水平分别进行计算,而固定部分成本在相关范围内不随业务量的变动而变动。

弹性预算的优点:一方面能够适应不同经营活动情况的变化,扩大了预算的范围,更好地发挥预算的控制作用,避免了在实际情况发生变化时对预算做频繁的修改;另一方面能够使预算对实际执行情况的评价与考核,建立在更加客观可比的基础上。

编制弹性预算的步骤如下。

(1) 选择和确定各种经营活动的计量单位消耗量、人工小时、机器工时等。

(2) 预测和确定可能达到的各种经营活动业务量。在确定经济活动业务量时,要与各业务部门共同协调,一般可按正常经营活动水平的70%~120%范围确定,也可按过去历史资料中的最低业务量和最高业务量为上下限,然后在其中划分若干等级,这样编制出的弹性预算较为实用。

(3) 根据成本性态和业务量之间的依存关系,将企业生产成本划分为变动和固定两个类别,并逐项确定各项费用与业务量之间的关系。

(4) 计算各种业务量水平下的预测数据,并用一定的方式表示,形成某一项的弹性预算。

2. 零基础预算

零基础预算(Zero-base Budget)是指在编制成本费用预算时,不考虑以往会计期间所发生的费用项目或费用数额,而是以所有的预算支出为零作为出发点,一切从实际需要与可能出发,逐项审议预算期内各项费用的内容及其开支标准是否合理,在综合平衡的基础上编制费用预算的一种方法。

零基础预算的优点有以下几个方面。

(1) 有利于提高员工的"投入-产出"意识。

零基础预算是以"零"为起点观察和分析所有业务活动,并且不考虑过去的支出水平,

因此，需要动员企业的全体员工参与预算编制，这样使得不合理的因素不能继续保留下去，从投入开始减少浪费，通过成本-效益分析，提高产出水平，从而能使投入产出意识得以增强。

(2) 有利于合理分配资金。

每项业务经过成本-效益分析，对每个业务项目是否应该存在、支出金额多少都要进行分析计算，精打细算，量力而行，能使有限的资金流向更有成效的项目，所分配的资金能更加合理。

(3) 有利于发挥基层单位参与预算编制的创造性。

零基础预算的编制过程，企业内部情况易于沟通和协调，企业整体目标更趋明确，多业务项目的轻重缓急容易得到共识，有助于调动基层单位参与预算编制的主动性、积极性和创造性。

(4) 有利于提高预算管理水平。

零基础预算极大地增加了预算的透明度，预算支出中的个人经费和专项经费一目了然，各级之间争吵的现象可能会缓解，预算会更加切合实际，会更好地起到控制作用，整个预算的编制和执行也能逐步规范，预算管理水平会得以提高。

零基础预算的缺点有以下几个方面。

(1) 由于一切工作从"零"做起，因此采用零基础预算法编制工作量大、费用相对较高。

(2) 分层、排序和资金分配时，可能有主观影响，容易引起部门之间的矛盾。

(3) 任何单位工作项目的"轻重缓急"都是相对的，过分强调项目，可能使有关人员只注重短期利益，忽视本单位作为一个整体的长远利益。

3. 概率预算

概率预算(Probabilistic Budget)是指对在预算期内不确定的各预算构成变量，根据客观条件做出近似的估计。估计它们可能变动的范围及出现在各个变动范围的概率，再通过加权平均计算有关变量在预期内的期望值的一种预算编制方法。

概率预算属于不确定预算，而弹性预算属于确定预算。概率预算一般适用于难以准确预测变动趋势的预算项目，如开拓新业务等。

概率预算的基本特征如下。

(1) 影响预算对象的各因素具有不确定性，因而存在着多种发展可能性，并且这些可能性能够计量。

(2) 由于对影响预算对象变量的所有可能都做了客观的估计和测算，因而扩展了变量的范围，改善了预算指标的准确程度。

4. 滚动预算

滚动预算又称为连续预算或永续预算，是指在编制预算时，将预算期与会计年度脱离开，随着预算的执行不断延伸补充预算，逐期向后滚动，使预算期始终保持为一个固定期间的一种预算编制方法。按照滚动的时间单位不同，可以分为逐月滚动、逐季滚动和混合滚动。

滚动预算的优点：能够保持预算的持续性，有利于考虑未来业务活动，结合企业近期目标和长期目标使预算随时间的推进不断加以调整和修订，能使预算与实际情况更相适应，有利于充分发挥预算的指导和控制作用。

滚动预算的缺点：编制工作量大。

(二)采购预算概述

采购预算就是将未来采购决策的目标通过有关数据系统地反映出来，是采购决策数量化的表现。采购预算编制的主要内容是设定采购所需的资金额度，其计算公式有以下两个，即

$$采购预算金额=本期应购数量×购入单价$$

$$采购预算金额=物料需求计划(MRP)的请购数量×标准成本$$

1. 编制采购预算的原则

(1) 实事求是的原则。

(2) 积极稳妥、留有余地的原则。

(3) 保持适宜性价比原则。

2. 采购预算的内容

采购预算的内容主要有原料采购预算、MRO供应、资产采购预算和采购运作预算四个方面。

(1) 原料采购预算。其主要目的是确定用于生产既定数量的产品或者提供既定水平的服务的原材料的数量和成本。原材料预算的时间通常是一年或者更短。

(2) MRO供应。MRO供应包含维护、修理和运作。MRO预算通常由以往的比例来确定，然后根据库存和一般价格水平中的预期变化来调整。

(3) 资产采购预算。固定资产的采购通常是支出较大的部分。采购计划的制订还要考虑生产率的变动对材料需求的影响。

(4) 采购运作预算。采购职能的运作预算包括采购职能业务中发生的所有花费。

(三)采购预算编制和注意事项

1. 采购预算需要考虑的因素

在制订初步的采购计划时，采购经理需要考虑以下各方面的因素：存量管理卡；用料清单；商定的库存水平和目前的交货周期；相关时期的生产进度和生产效率；主要原料和零部件的长期价格趋势；物料标准成本的设定。

2. 采购预算的编制步骤

采购预算的编制同其他类型预算的编制过程一样,也包含以下几个步骤。

(1) 审查企业以及部门的战略目标。采购预算的最终目的是保证企业采购目标的实现,企业在编制采购预算前,首先要审视本部门和企业总体的目标,以确保它们之间的相互协调。

(2) 制订明确的工作计划。采购管理者必须了解本部门的业务活动,制订出详细的计划表,从而确定实施这些活动所需要的资源。

(3) 确定所需的资源。有了详细的工作计划表,采购管理者就可以对支出做出切合实际的估计,从而确定为了实现目标所需要的人力、物力和财力资源。

(4) 提出准确的预算数字。要保证准确性,可以通过以往的经验来推断,也可以借助数学工具和统计资料通过科学分析和计算来实现。

(5) 汇总编制和总预算。汇总各分部门、各分单元的预算。最初的预算总是来自每个分单元,经过层层提交、汇总,最后形成总预算。

(6) 提交预算。采购预算通常是由采购部门会同其他部门共同编制的,采购预算编制后要提交企业财务部门及相关管理部门,为企业资金筹集和管理决策提供支持。

3. 编制采购预算的注意事项

为了确保采购预算和企业战略目标一致,同时也为了使采购预算更具灵活性和适应性,企业在预算过程中应当尽量做到以下几点,以减少预算的失误和由此带来的损失。

(1) 改进业绩评估方式,通过改进业绩评估方式来鼓励部门提交更具建设性和挑战性的预算报告。

(2) 采取合理的预算方式。

(3) 建立趋势模型。

(4) 用滚动预算的方法。

第三节 采购谈判

【案例导入】

自中国加入 WTO 以来,中美贸易格局日益完善,两国间的贸易往来已成为世界经济体系中必不可少的一环。随着中美贸易关系的不断加强和现代化采购理念的发展,采购谈判在两国贸易中的关键性作用日渐凸显。

中国作为全球最大的发展中国家和最有潜力的经济实体,对美跨国公司的全球采购战略具有举足轻重的影响力。然而,随着跨国采购中文化交流日益频繁,中美两国巨大的文化差异使得来自美跨国企业的采购谈判人员吃尽了苦头。中国文化是世界历史上成因和表现形式最复杂的文化之一,而美国文化则是西方文化的典型代表。因此,研究中美贸易采购谈判所面临的文化挑战,具有极为重要的理论和实践意义。

一、中美文化差异

中美文化差异在采购谈判中的具体表现如下。

1. 语言和表达方式的差异

语言是沟通的媒介,采购谈判从形式上看就是基于利益关系的供需双方的沟通,实现双方无障碍沟通,首要解决的难题便是语言及表达方式的差异。

2. 价值观和思维方式的差异

中国人的思维模式是演绎性的,在采购谈判过程中一般先谈原则纲领,再谈具体事项,采用先总后分的模式。美国人的思维方式则是归纳性的,一般先谈细节,再谈原则,采用先分后总的模式。中式思维模式强调感性和经验判断,美式思维模式重视理性和逻辑推理。中国人考虑问题时倾向于将私人关系排在第一位,而多数美国人则优先考虑法律,其次才是人际关系。

3. 风俗习惯的差异

风俗习惯是文化的表征。在正式的采购谈判过程中,一方的风俗习惯会对另一方的采购战略产生重要影响。

二、谈判前的准备

基于中美两国的文化差异,在进行采购谈判前,应做哪些准备呢?

1. 充分搜集采购谈判信息

谈判信息是制定谈判战略的依据和控制谈判过程的手段。供应商如果能够在采购谈判前充分搜集和挖掘有利信息,其讨价还价的筹码将成倍增加。这些谈判信息包括采购商的资信状况及财务状况、终端消费者的偏好及购买动力、采购方谈判人员的组成结构、谈判产品及其主要替代品的数量、价格、市场占有率等。

以搜集产品信息为例,对产品及其替代品的数据、采购方同类产品的销量、利润及分销渠道等信息的掌握,有利于供应商了解谈判过程中自身及对方的优劣势,摸清对方可接受的价格上限,在不影响长期合作的条件下尽可能获取更多的谈判话语权。

2. 根据订单和采购商的价值制定供应战略

传统的供应战略是以高价获取高价值订单,实现自身利益最大化,而现代采购理念则更强调供应商与采购方的长期合作。对中国供应商来说,制定供应战略时应充分考虑采购订单和采购商的价值,采取"价值区分,差别管理"的策略。

一般来说,针对实力较小、订单价值较小的采购商,中国供应商应选择基于竞争的谈判模式,采取短期合作策略,速战速决,尽可能减少谈判成本;针对实力雄厚、订单价值高的采购商,则应在对方时间约束范围内灵活地实施拖延策略,在还盘阶段进行充分的议价磋商,不到最后签订合同阶段不放弃讨价还价,从而为自身创造有利的谈判条件。

3. 注重谈判礼仪和时间观念、信用观念

对中国供应商而言，为应对采购谈判中的文化挑战，有必要了解美方的风俗习惯。中方企业在谈判礼仪上应尽可能照顾到美方的习惯，如多使用肢体语言如眼神和动作进行交流、身体保持适当的距离、避免直接提及忌讳数字等。为此，供应商应组织力量对谈判人员进行一定的文化礼仪培训，为谈判创造良好的氛围。

在时间观念上，中国人对时间变化敏感度较低，守时观念不如快节奏生活下的美国人的守时观念强，这可能会使供应商流失订单。因此，对中国供应商而言，与美跨国企业进行采购谈判时，准时、守时极为重要，宁早不迟。在信用观念上，中国人的重视程度亦稍有欠缺，对待合同条款不够严肃，为此常造成不必要的损失。因此，中国供应商应充分重视谈判过程中的信用问题，严格遵守口头承诺及合同条款，明确双方的权利与义务，从而给美方采购商留下良好印象，为双方的长期合作奠定诚信基础。

4. 遵守留有余地和转移焦点的原则

留有余地原则是保持谈判竞争力的要件之一。在低语境文化背景下，美国采购商倾向于纵向谈判，针对具体条款展开磋商，这种具体化的谈判过程对中国供应商极为不利。中国供应商在谈判过程中对关键信息如产品的成本、质量和售后服务标准等不应和盘托出，而应有所保留，特别是不能过早暴露自身接受订单的强烈意愿，更不能暴露出只此一家外资采购商的可能现状，而要将优势信息作为筹码，逐步换取更有利的谈判条件。

转移焦点原则是获取有利谈判结果的必然选择。一般来说，采购商倾向于通过寻找采购品的缺陷来获取更多的价格优惠和售后服务保证，一旦被美跨国企业抓住软肋不放，中国供应商极有可能陷入被动地位。因此，中方企业应通过诱导性的谈话将话题范围尽可能控制在产品的优势性能、服务的优质性上，使双方讨论焦点集中于对供应方有利的条款上。在焦点转移时，要通过诱导性的提示使对方再次聚焦原位，从而最大限度地创造有利于自身的环境和条件。

总之，在中国复杂多元的文化背景下，美跨国企业在华采购谈判面临文化差异带来的巨大挑战，其要想与中国的供应市场保持长期稳定和良性的联系，有必要就两国间文化差异在谈判的目标、风格、对象选择、方式和礼仪上做出适当的调整。对中国供应商而言，在与美方谈判时须采用包括充分搜集采购谈判信息、根据订单和采购商的价值制定供应战略、遵守留有余地和转移焦点原则等在内的一系列策略及其组合，以获取采购谈判的有利条件，实现双赢目标。

(资料来源：李敏. 浅谈文化差异在中美贸易谈判中的体现[J]. 黑龙江科技信息，2011(33).)

一、采购谈判的含义和影响因素

(一)采购谈判的含义

谈判(Negotiation)是人们为达到彼此的目的而进行相互协调和沟通，并在某些方面达成共识的行为和过程。

商务谈判是指不同国家、不同经济实体之间为了彼此的利益,通过沟通、协商、妥协,最终达成一致,把一种可能的商机确定下来的过程。

采购谈判(Acquisition Negotiations)是指企业为采购商品作为买方,与卖方厂商对购销业务有关事项,如商品的品种、规格、质量保证、订购数量、包装条件、售后服务、价格、交货日期与地点、运输方式、付款条件等进行反复磋商,谋求达成协议,建立双方都满意的购销关系。

1. 常见采购谈判的类型

(1) 从形式角度划分,采购谈判分为横向式谈判和纵向式谈判。横向式谈判是综合的全面铺开的一种谈法,纵向式谈判是一个问题接一个问题地谈。

(2) 从立场角度划分,采购谈判分为硬式谈判、软式谈判和价值式谈判。

2. 采购谈判的原则

(1) 公平与合作性原则:供应方与采购方是两个既对立又必须相互合作的经济独立体。双方须本着合作的原则进行谈判。双方平等互利,协商所需,但非利益均分。

(2) 诚信原则:诚信是合作的基础。

(3) 充分准备的原则:做好战前准备,商场如战场。在没有充分准备的情况下,要避免仓促应战。

(4) 求同存异原则:要与对方所希望的目标保持接触,适当地妥协以寻求双方整体的利益。

(5) 多听多问少说的原则。

(6) 分级实现目标的原则。

(二)采购谈判的影响因素

采购谈判是一种既合作又对立的过程,也是一种双赢和互利的过程。谈判各方当事人之间的关系不是"敌人",而是"合作伙伴"。但是,这并不意味着双方利益上的平均,而是利益上的均衡,因此,为了获得更多有形和无形的利益,就形成了谈判双方的"冲突",这种既"合作"又"冲突"的特点构成了采购谈判的二重性。二重性决定了采购谈判成功的基础是谈判实力。谈判实力是指"影响谈判双方在谈判过程中的相互关系、地位和谈判最终结果的各种因素总和以及这些因素对各方的有利程度"。

一般来说,影响谈判实力强弱的因素有以下七个。

(1) 谈判时机。虽然谈判双方都希望采购交易成功,但是对于交易成功的渴望程度,谈判双方是不一样的。交易本身对于采购谈判双方的重要性也不是完全相同的,如果交易对于某一方更重要,则该方在谈判中的实力就弱。

(2) 交易条件。交易中的某一方对承诺的交易条件的满足程度越高，那么在谈判中的实力就越强。

(3) 谈判时间。谈判过程中，哪一方时间紧迫，拖不起，希望早日结束谈判，达成交易，则时间的局限会削弱其谈判实力；反之，谈判实力就强。

(4) 行情的了解情况。谈判过程中谁掌握的商业行情越多、了解的情况越详细，谁就在谈判中占主动、有利地位，谈判实力就强。

(5) 市场竞争态势。在交易中，如果出现一对多的供应态势，则有利于处于垄断地位的供方，可以增强该方的谈判实力，而需方在谈判中的实力就会大打折扣；反之，对于处于多对一的供应态势，会增强需方的谈判实力。

(6) 企业的信誉和实力。企业的商业信誉越高，社会知名度越大，企业实力就越强，支持和影响谈判的因素就多，谈判实力就强。

(7) 谈判的艺术和技巧。谈判人员如果能充分调动有利于自己的各种因素，避免不利因素，就能增强谈判实力。因此，谈判人员必须外塑形象、内强素质。素质高、谈判技巧娴熟，就能增强谈判的实力；反之，则会影响谈判实力的发挥。

二、采购谈判的阶段

采购谈判可分为准备阶段、开局阶段、正式磋商阶段和终局阶段。

(一)采购谈判的准备阶段

在采购谈判中，谈判准备工作做得如何在很大程度上决定着谈判的进程及其结果。一些规模较大的重要谈判，往往是提前几个月甚至更长的时间就开始进行精心的准备。我们常会发现，给谈判者带来困难的主要根源是谈判前一阶段的管理不当。谈判前的准备工作主要有以下内容。

1. 有关价格方面的准备

采购谈判的核心内容还是决定所采购物料的价格。因此，企业在进行采购谈判之前，要对谈判时涉及的价格做出很好的准备。这里包括：慎重选择供应商；确定采购材料的底价与预算；请报价厂商提供成本分析表或报价单；审查、比较报价内容；了解优惠条件等。

2. 目标市场的调查

在做出采购需求分析之后，就要对资源市场进行调查分析，力争准确地获得市场上有关物资供给、需求等信息，为采购谈判的下一步决策提供依据。目标市场的调查一般包括：产品供应、需求情况；产品销售情况；产品竞争情况；产品分销渠道。

3. 对方情报的收集

要调查和搜集对方的资信情况和对方的谈判作风及特点。

4. 谈判地点和时间的选择

(1) 谈判地点的选择，具体分析如下。

① 谈判地点安排在采购方所在地。

优点：环境熟悉，不会给采购谈判人员造成心理压力，有利于以放松、平和的心态参加谈判；同时可以给对方谈判人员带来一定的心理压力。缺点：易受到本企业各种相关人员及相关因素的干扰，少不了繁杂的接待工作。

② 谈判地点选在对方企业所在地。

优点：采购方谈判人员可以少受到外界因素打扰，可以将全部精力投入谈判；可以使对方谈判人员无法借口无权决定而拖延谈判时间；省去了繁杂的接待工作。缺点：不熟悉环境，易有压力。

③ 谈判地点在双方之外的第三地。

优点：对于双方来说都比较公平，谈判可以不受外界干扰，保密性强。缺点：查找信息和向领导请示都不方便，各项费用支出较高。

(2) 谈判现场的安排与布置。具体操作时应注意，最好能为谈判安排三个房间：一间为双方的主谈判室；另外两间作为各方的备用室或休息室。

谈判双方的座位安排也应该认真考虑。通常有两种座位的安排方式：一是双方各居谈判桌一边、相向而坐；二是双方谈判人员随意就座。可以根据实际情况加以选择。

(3) 谈判时间的选择。一般来说，在选择谈判时间时要考虑下面几个因素：准备的充分程度；要考虑对方的情况；谈判人员的身体和情绪状况。

5. 采购谈判队伍的组选

采购谈判人员的选择应根据采购谈判的规模而定，目标单一明确，仅需要1～2名谈判人员；采购谈判规模大，情况复杂，目标多元化就需要由多个谈判人员组成的谈判小组。采购谈判队伍的组成非常重要，采购谈判能否取得预期的效果，取决于谈判人员能否审时度势，正确合理地运用谈判策略。采购谈判队伍的组选一定要针对谈判对手的情况以及谈判环境等诸多因素进行充分分析研究，根据谈判的内容、难易程度选择谈判人员，组织高效精悍的谈判队伍。

(1) 组选的原则。依据实际情况而定，应该遵循的原则就是保持精干高效。具体而言，根据谈判的内容、重要性和难易程度组织谈判队伍，并根据谈判对手的具体情况组织谈判队伍。

(2) 谈判人员的素质要求。其包括政治素质、业务素质、心理素质和文化素质。各方面的素质都要好，都要过硬。

(3) 谈判人员的分工与合作。在确定了具体谈判人员并组成谈判小组之后，就要进行分工，确定主谈和辅谈。

6. 确定谈判目标

在谈判进行之前，要确定谈判目标。具体明确的谈判目标有助于谈判的成功；谈判目标是指在采购目标确定之后，准备在谈判中实现的目标。采购目标要根据采购性质而定。

谈判目标分为三个层次，即理想目标、现实目标和立意目标。

7. 制定谈判策略

其包括：制订谈判的整体计划，在宏观上把握谈判的整体进程；制定具体谈判策略，包括确定最有利于实现谈判目标的方法。

基本步骤如下。

(1) 明确希望通过谈判达成的目标，如力争采用分期付款方式等。

(2) 收集相关数据，了解供应商的详细情况，特别是在价格方面的立场，并对所购物资的成本进行分析。

(3) 确定实际情况，也就是找出认为可信的数据。

(4) 找出分歧点，即需要在谈判中重点讨论的问题。谈判就是为了解决问题，从而签订一份双方都满意的合同。

(5) 分析各自的优势和劣势所在。

(6) 确立自己在分歧中的地位，并且根据所得资料估计供应商在每个分歧中的地位。

(7) 制定谈判策略。

首先安排谈判进程，决定先讨论什么问题，后讨论什么问题；研究在哪些方面采购者可以妥协，在哪些方面应立场坚定；确定谈判团队(通常由管理和质量控制人员组成，由采购部门领导)由哪些人组成；为每个目标确立谈判范围和指标，从而制定谈判者认为能够实现的合理目标。

8. 整理和计划在谈判中的一些问题

这些问题包括谈判中涉及的价格、时间、地点等双方共同关注的方面，以及不同国家和地区的风俗习惯和行为差异等。

9. 在谈判内容较复杂时的人员安排

根据谈判涉及的不同内容和阶段，有针对性地安排不同的专业团队参与谈判，并进行分工和合作。

【案例分析3-2】

我国某冶金公司要向美国购买一套先进的组合炉，派一名高级工程师与美商谈判，为了不负使命，这位高工做了充分的准备工作，他查找了大量有关冶炼组合炉的资料，花了很大的精力对国际市场上组合炉的行情及美国这家公司的历史和现状、经营情况等了解得一清二楚。谈判开始，美商一开口要价150万美元。中方工程师列举各国成交价格，使美商目瞪口呆，终于以80万美元的价格达成协议。当谈判购买冶炼自动设备时，美商报价230万美元，经过讨价还价，压到130万美元，中方仍然不同意，坚持出价100万美元。美商表示不愿继续谈下去了，把合同往中方工程师面前一扔，说："我们已经做了这么大的让步，贵公司仍不能合作，看来你们没有诚意，这笔生意就算了，明天我们回国了"，中方工程师闻言轻轻一笑，把手一伸，做了一个优雅的请的动作。美商真的走了，冶金公司的其他人有些着急，甚至埋怨工程师不该抠得这么紧。工程师说："放心吧，他们会回来的。同样的设备，去年他们卖给法国只有95万美元，国际市场上这种设备的价格100万美元是正常的。"果然不出所料，一个星期后美方又回来继续谈判了。工程师向美商点明了他们与法国的成交价格，美商又愣住了，没有想到眼前这位中国商人如此精明，于是不敢再报虚价，只得说："现在物价上涨得厉害，比不了去年。"工程师说："每年物价上涨指数没有超过6%。一年时间，你们算算，该涨多少？"美商被问得哑口无言，在事实面前不得不让步，最终以101万美元达成了这笔交易。

(资料来源：商务谈判案例[DB/OL]. 百度文库. https://wenku.baidu.com/view/313db05052d380eb62946d9f.html)

思考题：
我方谈判成功的原因是什么？

(二)谈判的开局阶段

谈判的开局阶段指谈判双方进入面对面谈判的开始阶段。谈判双方对谈判尚无实质性认识。主要内容是营造气氛，交换意见，相互摸底。这个阶段时间短，虽然不涉及实质问题，但给整个谈判定下基调；这个阶段，要多听、多看、少说。

谈判开局对于全局及走向有深刻的影响，因此要精心安排，创造一个和谐的谈判气氛，为实质性谈判取得成功奠定良好基础。谈判开局是谈判双方首次正式接触，是准备工作的继续、正式谈判的开始，起着承前启后的作用。

开局阶段需要做的几项工作如下。

(1) 进一步加深彼此的了解和沟通。
(2) 洞察对方，调整策略。
(3) 刺激对方的兴趣。
(4) 共同设计谈判议程，包括议题范围和日程。

(三)谈判的正式磋商阶段

谈判的正式磋商阶段是指逐步推进谈判内容，包括开始洽谈阶段和业务洽谈阶段。

开始洽谈阶段，所有参加谈判的人员精力都很充沛，注意力非常集中，双方开始进入最初的洽谈议题。这个阶段要注意观察以下几点。

(1) 供应商的神态、表情，从而判断其心理状态。
(2) 识别出他们的领导者。
(3) 如果太急于讨论一个问题，讨论问题时犹豫或者供应商没有关键问题的任何信息，这有可能就是他们的弱点。
(4) 保持注意力集中，倾听对方的发言。

业务洽谈阶段，具体包括摸底和磋商两个阶段。

在合作性洽谈中，摸底阶段双方分别独自阐述对会谈内容的理解，希望得到哪些利益，首要利益是什么，可以采取何种方式为双方共赢做出贡献，以及双方的合作前景等。这些陈述要简明扼要，将谈判的内容横向展开。

磋商阶段，所有要讨论的议题内容都已横向展开，要以合作的方式反复磋商，逐步推进谈判内容。通过对所采购商品的质量、价格、交货方式、付款条件等各项议题的反复讨论，互作让步，寻找双方都有利的最佳方案。

(四)谈判的终局阶段

经过磋商之后，双方的分歧得到了解决，就进入了成交阶段。买卖双方在将要达成交易时，还应该对前面阶段的谈判进行总结式回顾，以明确还有哪些问题需要进一步讨论，即总结和明确阐述所达成的协议，并开始安排签约事宜。

签约收尾阶段是谈判的最后阶段。协议签署应注意以下几个方面。
(1) 检查成交合同文本。最后文本一定要经过公司法律顾问的审核。
(2) 签字认可。经过检查审核之后，双方对所有的交易条件都达成共识，由谈判小组组长或谈判人员签字并加盖公章，予以认可。
(3) 小额交易的处理。对于小额交易可以直接进行，在检查确认阶段，主要应做好货款的结算和产品的检查移交工作。
(4) 礼貌道别。无论什么样的谈判和谈判的结果如何，双方都应该诚恳地感谢对方并礼貌道别，以利于建立长期的合作关系。

三、采购谈判的策略和技巧

(一)采购谈判的主旨

采购谈判的主旨可以概括为"四有"，即有理、有据、有节和有义。
(1) 有理就是采购人员与供应商讨价还价的理由。
(2) 有据就是要有根据，在进入谈判之前应该充分掌握尽可能多的相关的信息和资料并在谈判中酌情运用。
(3) 有节就是谈判中提出的谈判条件适当，使用的方法适宜。
(4) 有义就是采购人员在谈判时要有正确的出发点、持正确的态度。

(二)采购谈判的策略

采购谈判的策略分为谈判开局策略、谈判中期策略、谈判后期策略。

1. 谈判开局阶段策略

1) 一致式开局策略

一致式开局策略就是在谈判开始时以问询方式或者补充方式诱使对手走入你的既定安排，从而使双方达成一种共识。问询式是指将答案设计成问题来询问对方。例如，"我们把价格和付款方式问题放在后面讨论怎么样？"所谓补充方式，是指借以对对方意见的补充，使自己的意见变成对方的意见。运用这种方式应该注意的是，拿来征求对手意见的问题应该是无关紧要的问题，对手对该问题的意见不会影响己方的利益。另外，在赞成对方意见时，态度不要过于献媚，要让对方感觉到自己是出于尊重，而不是奉承。

2) 保留式开局策略

保留式开局策略是指在谈判开始时，对谈判对手提出的关键性问题不做彻底的、确切的回答，而是有所保留，从而给对手造成神秘感，以吸引对手步入谈判。注意，在采取保留式开局策略时不要违反商务谈判的道德原则，即以诚信为本，向对方传递的信息可以是模糊信息，但不能是虚假信息；否则，会使自己陷入非常难堪的局面之中。

3) 坦诚式开局策略

坦诚式开局策略是指以开诚布公的方式向谈判对手陈述自己的观点或想法，从而为谈判打开局面。坦诚式开局策略比较适合于有长期合作关系的双方，以往双方的合作都比较满意，彼此比较了解，不用太多的客套，减少了很多外交辞令，节省时间，直接坦率地提出自己的观点、要求，反而更能使对方对己方产生信任感。采用这种策略时，要综合考虑多种因素，如自己的身份、与对方的关系、当时的谈判形势等。

4) 进攻式开局策略

进攻式开局策略是指通过语言或行为来表达己方强硬的姿态，从而获得对方必要的尊重，并借以制造心理优势，使得谈判顺利地进行下去。采用进攻式开局策略一定要谨慎，因为在谈判开局阶段就设法显示自己的实力，使谈判开局处于剑拔弩张的气氛中，对谈判的进一步开展极为不利。进攻式开局策略通常只在以下情况使用：发现谈判对手在刻意制造低调气氛，这种气氛对己方的讨价还价十分不利，如果不把这种气氛扭转过来，将损害己方的切身利益。进攻式开局策略可以扭转不利于己方的低调气氛，使之走向自然气氛或高调气氛。但是，进攻式开局策略也可能使谈判一开始就陷入僵局。

5) 挑剔式开局策略

挑剔式开局策略是指开局时，对对手的某项错误或礼仪失误严加指责，使其感到内疚，从而达到营造低调气氛，迫使对方让步的目的。

开局的策略调整通过与对方初步接触洽谈，可获得许多有价值的信息。因此，要据此对原谈判计划做出适当调整，比如，原来谈判计划中，哪些方面做得不足，哪些判断失误，在谈判目标、策略方面要做出哪些调整等，以便进入实质性磋商时掌握主动权。

【案例分析 3-3】

> 巴西一家公司到美国去采购成套设备。巴西谈判小组成员因为上街购物耽误了时间。当他们到达谈判地点时，比预定时间晚了 45 分钟。美方代表对此极为不满，花了很长时间来指责巴西代表不遵守时间、没有信用，如果照这样下去的话，以后很多工作很难合作，浪费时间就是浪费资源、浪费金钱。对此巴西代表感到理亏，只好不停地向美方代表道歉。谈判开始以后，美方代表似乎还对巴西代表来迟一事耿耿于怀，一时间弄得巴西代表手足无措，说话处处被动，无心与美方代表讨价还价，对美方提出的许多要求也没有静下心来认真考虑，匆匆忙忙就签订了合同。合同签订以后，巴西代表平静下来，才发现自己吃了大亏，上了美方的当，但为时已晚。
>
> （资料来源：商务谈判案例[DB/OL]. 百度文库.
> https://wenku.baidu.com/view/313db05052d380eb62946d9f.html)
>
> 思考题：
> 美国公司谈判代表采用了哪种谈判开局策略？

【案例分析 3-4】

> 日本一家著名的汽车公司在美国刚刚"登陆"时，急需找一家美国代理商来为其销售产品，以弥补他们不了解美国市场的缺陷。当日本汽车公司准备与美国的一家公司就此问题进行谈判时，日本公司的谈判代表路上因塞车而迟到了。美国公司的代表抓住这件事紧紧不放，想要以此为手段获取更多的优惠条件。日本公司的代表发现无路可退，于是站起来说："我们十分抱歉耽误了你的时间，但是这绝非我们的本意，我们对美国的交通状况了解不足，所以导致了这个不愉快的结果，我希望我们不要再为这个无所谓的问题耽误宝贵的时间了，如果因为这件事怀疑到我们合作的诚意，那么，我们只好结束这次谈判。我认为，我们所提出的优惠代理条件是不会在美国找不到合作伙伴的。"
>
> 日本代表的一席话说得美国代理商哑口无言，美国人也不想失去这次赚钱的机会，于是谈判顺利地进行下去。
>
> （资料来源：商务谈判案例[DB/OL]. 百度文库.
> https://wenku.baidu.com/view/313db05052d380eb62946d9f.html)
>
> 思考题：
> 日本公司谈判代表采用了哪种谈判开局策略？

2. 谈判中期阶段策略

1) 挡箭牌策略

利用各种借口来阻挡对方的攻势。比如，当 ABC 公司以与我们长期合作的条件要求我们减少赔偿金额时，我方谈判人员可以利用权力受限、不可违背公司决定为由加以拒绝。

2) 软硬兼施的红白脸策略(唱红白脸策略)

因为我方有意要与 ABC 公司保持合作关系，ABC 公司很有可能会抓住这点来跟我方谈判，或者抓住我方的其他软肋来说事，所以我方要主动在谈判成员中形成两派意见，有的人说难听的话，有的人说好听的话，为保证达到说难听话的人所提出的相应条件内容，减少对双方关系的伤害可采用此策略。

3) 双赢策略

既然我方有意要与 ABC 公司保持合作关系，就得在谈判过程中让对方觉得我们有让步，并且已经让步到极限了，在此过程中要强调双赢。

4) 联合取胜

违约方的劣势在于与众多签约公司的相关谈判，达不成协议将可能使对方陷入困境。

5) 打破僵局

面对"固执型"谈判对手策略，避免争论，冷静地倾听对方的意见，婉转地提出不同的意见，产生分歧后，判断无法进行，应马上休会。

6) 把握让步原则

可以适当地退让赔偿金额来换取其他更大的利益，有助于发展或维系双方的友好关系。

3. 谈判后期阶段策略

1) 把握底线

要牢牢把握谈判中的基本原则，掌控谈判底线。

2) 强调双赢策略

既然我方有意要与 ABC 公司保持合作关系，并且已经让步到极限了，结束也要讲清楚谈判结果，强调双赢结果，让对方知道我方诚意。

3) 顺手牵羊策略

在谈条件的过程中，当将要确定一个条件时，还可以在该条件的基础上提出一些小要求，而使对方给出一些小小的让步，或给对方小甜头，让对方在大的条件下让步，进一步稳固大的条件下取得的成功。

4) 速决策略

我方紧急需要货物，促进快速达成协议。

(三)采购谈判的技巧

采购谈判时也要注意谈判技巧的使用，有利于谈判的成功。

1. 入题技巧

(1) 迂回入题。

(2) 先谈细节、后谈原则性问题。

(3) 先谈一般原则、再谈细节。

(4) 从具体议题入手。

2. 阐述技巧

(1) 开场阐述。
(2) 让对方先谈。
(3) 坦诚相见。

3. 提问技巧

(1) 提问的方式。

①封闭式提问；②开放式提问；③婉转式提问；④澄清式提问；⑤探索式提问；⑥借助式提问；⑦强迫选择式提问；⑧引导式提问；⑨协商式提问。

(2) 提问的时机。

①在对方发言完毕时提问；②在对方发言停顿、间歇时提问；③在自己发言前后提问；④在议程规定的辩论时间提问。

(3) 提问的其他注意事项。

①注意提问速度和对方心境；②提问后给对方足够的答复时间；③提问时应尽量保持问题的连续性。

4. 回答的技巧

回答时应注意：①要彻底答复对方的提问；②针对提问者的真实心理答复；③不要确切答复对方的提问；④降低提问者追问的兴趣；⑤让自己获得充分的思考时间；⑥礼貌地拒绝不值得回答的问题；⑦找借口拖延答复。

5. 说服技巧

常见的说服原则：①不要只说自己的理由；②研究分析对方的心理、需求及特点；③消除对方戒心、成见；④不要操之过急、急于奏效；⑤不要一开始就批评对方、把自己的意见和观点强加给对方；⑥说话用语要朴实亲切、不要过多讲大道理；态度诚恳、平等待人、积极寻求双方的共同点；⑦承认对方"情有可原"善于激发对方的自尊心；⑧坦率承认如果对方接受你的意见，你也将获得一定利益。

第四节　采购合同管理

【案例导入】

土耳其 AY 高铁物资采购合同管理案例

中国铁建股份有限公司(CRCC)，于 2007 年 11 月 5 日在北京由中国铁道建筑总公司独家发起成立，是国务院国资委管理的工程建筑企业。

土耳其安卡拉至伊斯坦布尔高速铁路二期工程线路共 158km 正线，这是一条按照欧洲标准建设的高速铁路。土耳其 AY 高铁项目是土耳其规划安卡拉至伊斯坦布尔高速铁路的中段，为双线电气化铁路工程，设计时速 250km/h。由 CRCC 牵头组织 CMC(中机集团)、CENGIZ(当地成吉思汗集团)、ICTAS(当地设计公司)组成合包公司承建土耳其 AY 高铁。CRCC 为项目牵头公司，占有 32%股份，负责轨道及四电工程的实施；CENGIZ、ICTAS 两家土方公司，各占 30%股份，负责土建工程的实施；CMC 占 8%股份，负责项目融资。

物资采购策划主要包括物资需求计划编制、市场信息调查、编制物资采购计划、编制物资采购管理文件等工作。

(1) AY 高铁项目物资需求总计划是工程技术部门根据施工图纸和设计文件，对项目所有工程量进行分析统计后，再依据工程物资消耗定额计算单项工程物资消耗量，汇总编制而成的。

(2) AY 高铁项目物资设备管理部门根据工程技术部门提供的物资需求计划，进行国内、外市场信息调查。对于国外物资供应商的调查：AY 高铁项目物资设备部从土耳其当地聘用的专业咨询公司掌握拥有铁路工程经验的土耳其当地及欧洲供应商，对提供需求物资的公司进行网上调查、电话咨询，详细记录基本情况。在安卡拉驻地邀请可提供同类型产品的几家供应商销售或技术人员分别进行面对面洽谈，如西门子、ABB、阿尔斯通、施耐德等。对于混凝土支柱及钢构等当地可以生产、物流成本较高的产品从经济、适用上考虑，优先考虑当地采购。对于国内物资供应商的调查：由于 AY 高铁电气化工程资金从中国进出口银行贷出，政策上要带动对外承包工程项下物资、机械设备出口，要求工程所需物资尽量从中国采购，所以物资设备部特别重视国内合格供应商的调查工作。根据从铁道工程交易中心的信息中得到国内高铁电气化产品合格供应商信息，考虑到业主及海关要求产品要符合欧盟相关质量、安全认证，所以从信息中遴选出有外资背景的厂商进行调查。通过国内、外物资供应商信息和市场价格的调查，综合考虑经济效益、产品选型、物流运输等因素后，编制 AY 高铁项目的物资采购计划和物资采购实施方案。

在原物资采购投标或竞争谈判文件的基础上，经过 AY 高铁项目和物资供应商最后的讨论和妥协，双方合同谈判结束时对整个合同达成了基本一致的结论，才共同确定最终合同文本和签署合同。

最终签署的合同在原招、投标或竞争谈判文件的基础上，供应商确认的内容和合同谈判阶段双方达成一致后补充的内容，形成一个正式的合同文本，其他在物资采购开标或谈判后双方同意变动的内容以合同补遗的形式确定下来，与原合同文件一起共同构成一个完整的物资采购合同。投标文件或竞争性谈判文件所附的合同文本及有关技术、商务条款一般为标准文本，而合同补遗则是在合同谈判后根据谈判结果形成的，按法律惯例，合同补遗优先于合同其他文件，采购双方对合同补遗的起草、定稿都相当重视。

1. 合同文件内容

AY 高铁项目和供应商在合同内根据工程物资的特点和要求，约定以下几个方面的内容：合同名词和术语的定义和解释；合同范围；货物名称、规格、数量及价格；技术规范与质量要求；监造、试验及验收；质量保证；交货期；递交文件和唛头；付款方式；预付款；履约银行保函；专利权；索赔；违约责任；仲裁；不可抗力；合同有效性等。国外供应商的物资采购合同由中英文对照制定，如不一致，以英文为准。

为了对合同中某些约定条款涉及内容较多部分做出更为详细的说明，还需要编制一些附件作为合同的一个组成部分。附件包括：技术资料的内容和交付安排；交货进度；技术服务的内容；备品备件说明表等。

合同签署前，采购双方对所有在招标投标及谈判前后各方发出的文件、文字说明、解释性资料进行整理。对凡是与上述合同构成内部矛盾的文件，应宣布作废。可以在双方签署的"合同补遗"中对此做出排除性质的声明。在物资采购合同中约定合同协议书及所附下列文件是构成合同不可分割的部分，上述文件应相互补充和相互解释，在不明确或矛盾时，应按顺序在先者为准。包括：中标通知书；合同条款；物资采购清单；经双方确认的技术文件、会议纪要、承诺书、补遗、澄清资料；投标文件(含经评标委员会接受的澄清和补充资料)；招标文件(含答疑修改等资料)；交货批次及交货时间通知书；合同其他条款和上述文件提到的其他有关文件。

2. 关于合同的补遗

在合同谈判阶段，双方谈判的结果一般以"合同补遗"的形式，有时也可以以"合同谈判纪要"形式，形成书面文件。这一文件将成为合同文件中极为重要的组成部分，因为它最终确认了合同签约双方之间的意志，所以它在合同解释中优先于物资采购招、投标文件和竞争性谈判文件。对于经过谈判更改了招标文件中条款的部分，应在物资采购合同中说明已就某某条款进行修正，合同实施按照"合同补遗"条款执行。

3. 签订合同

AY 高铁项目在与供应商合同谈判结束后，应按上述内容和形式完成一个完整的合同文本草案，供应商代表认真审核合同草案的全部内容，对合同谈判纪要及合同补遗进行核实，是否符合合同谈判时双方达成的意见，对谈判中修改或对原合同修正的部分要明确地表述清楚，尤其对数字要核对无误，经供应商授权代表认可后形成正式合同文件。当双方认为满意并核对无误后，由 AY 高铁项目和供应商代表草签物资采购合同，至此合同拟订阶段即报告结束，物资供应商准备递交履约保函或担保，正式签署设备采购合同。

物资采购合同草签后，双方在各自企业内部进行内部审核，在审核结束后就双方的权利、义务达成一致意见，并进行签约。合同协议书由 AY 高铁项目和供应商的法定代表人或正式授权委托的全权代表签署后，合同即开始生效。

(资料来源：陈圣喜. 土耳其 AY 高铁项目物资采购合同管理研究[D]. 北京交通大学硕士学位论文，2017.)

一、采购合同的特征和组成

合同是双方或多方确立、变更和终止相互权利和义务关系的协议。合同的种类很多，但人们生活中最常见的合同是经济合同，它是法人之间为实现一定的经济目的，明确双方权利和义务关系的协议。它的基本特征在于：经济合同的主体限于法人；经济合同的内容限于法人之间为进行经济行为的各种事项。

采购合同是经济合同的一种，是供需双方为执行供销任务，明确双方权利和义务而签订的具有法律效力的书面协议。随着商品流通的发展，采购合同正成为维护商品流通秩序和促进商品市场发展完善的手段。

(一)采购合同的含义

采购合同是采购方和供应商在采购谈判达成一致的基础上，双方就交易条件、权利和义务关系等内容签订的具有法律效力的契约文件，是双方执行采购业务活动的基本依据。该合同规定了供需双方在组织商品购销中的权利和义务，具有法律效力。

采购合同具有以下主要特征。
(1) 采购合同是转移标的物所有权或经营权的合同。
(2) 采购合同的标的物是工业品生产资料或服务。
(3) 采购合同的主体比较广泛。
(4) 采购合同与商品流通过程密切联系。

(二)采购合同的内容和形式

1. 采购合同的内容

合同、合约、协议等作为正式契约，应该条款具体、内容详细完整。一般而言，一份完整的采购合同包含很多内容，从大的方面可以分为三个部分，即首部、正文与尾部三部分。

1) 首部的主要内容
(1) 合同名称。如生产用的原材料采购合同、品质协议书、设备采购合同、知识产权协议、加工合同等。
(2) 合同编号。如××××年第××××号合同。
(3) 采供双方企业名称。要求在合同中写明企业的全称和地址，如果是自然人应写明其姓名和住所。
(4) 签订地点。
(5) 签订时间。
(6) 合同序言。

2) 合同正文的主要内容

(1) 商品名称和规格。所要采购商品的名称和商品要求的品质与规格。它是商品所具有的内在质量与外观形态的结合，包括各种性能指标和外观造型，主要包括商品技术规范、质量标准、规格和品牌。

(2) 商品的数量条款。它指的是采购数量和交货数量，数量的描述要采用国家规定的计量单位和方法。主要内容包括交货数量、单位、计量方式等，必要时还应该清楚地说明误差范围及交货数量超出或不足等情况的处置条件。

(3) 物料的质量条款。合同条款中应做出明确的质量要求，要写明执行的技术标准、技术标准的编号，若国家没有规定技术标准的，由双方协商明确其质量标准和要求。

(4) 价格条款。此条款除标明双方谈妥的价格外，还必须在合同中写明，价款结算的方式、币种、单价、总价，价款的结算方式除国家规定允许使用现金的交易外，大多数应通过银行办理转账或票据结算。

(5) 装运方式。该条款的主要内容包括运输方式、运输时间、装运地与目的地、装运方式(分批、转运)和装运通知等。在 FOB、CIF 和 CFR 合同中，卖方只要按合同规定把货物装上船或者其他运输工具，并取得提单，就算履行了合同中的交货义务。提单签发的时间和地点即为交货时间和地点。

(6) 付款方式。贸易中的支付是指采用一定的手段，在指定的时间、地点使用确定的方式方法支付货款。付款条款的主要内容有支付手段、付款方式、支付时间、支付地点。

(7) 交货地点。即由买卖双方谈妥，卖方将货物运送到买方的指定地点，并完成交接的过程。

(8) 检验条款。采购方应对购入货物进行检验，要根据货物的生产类型、产品性能、技术条件的不同，采用多种检验方法。双方应在合同中约定检验的标准、方法、期限以及索赔条件。

(9) 保险条款。此条款中包括险种、选择的保险公司及保险额。签订出口合同时，如果按照 FOB 或 CFR 条件成交，保险条款可规定为，保险由买方自理；按照 CIF 签订出口合同时，则一般由供方投保。我国签订进口合同时一般由采购方投保。

(10) 纷争与仲裁。仲裁条款是以仲裁协议为具体体现，是指买卖双方自愿将其争议事项提交第三方进行裁决。该条款的主要内容有仲裁机构、适用的仲裁程序、仲裁地点、仲裁效力等。

(11) 不可抗力等。不可抗力是指在合同执行过程中发生的、不能预见的、人力难以控制的意外事故，如战争、洪水、台风等，致使合同执行被迫停止。遭遇不可抗力的一方可因此免除合同责任。该条款主要内容包括不可抗力的含义、适用范围、法律后果、双方的权利和义务等。

3) 合同结尾的主要内容

合同份数及生效日期、签订人的签名、采购双方企业的公章。

2. 采购合同的形式

《中华人民共和国合同法》第二章第十条规定：当事人订立合同，有书面合同、口头合同和其他形式。法律、行政法规规定采用书面形式的，应当采用书面形式。当事人约定采用书面形式的，应当采用书面形式。

1) 书面合同

《中华人民共和国合同法》第十一条规定：书面形式是指合同书、信件和数据电文(包括电报、电传、传真、电子数据交换和电子邮件)等可以有形地表现所载内容的形式。

书面合同形式具体分为以下四类。

① 信件。信件是交易双方就合同的内容相互往来的普通信函。

② 合同书。记载合同内容的文书。

③ 数据电文。它是与现代通信技术相联系的书面形式，包括电报、电传、传真、电子数据交换和电子邮件。

④ 确认书。

《中华人民共和国合同法》第三十三条规定：当事人采用信件、数据电文等形式订立合同的，可以在合同成立之前要求签订确认书。签订确认书时合同成立。

2) 口头合同

口头形式是指当事人面对面地谈话或者以通信设备(如电话)交谈达成协议。以口头订立合同的特点是直接、简便、快速，数额较少或现款交易通常采用口头形式。

3) 其他合同形式

它指除了书面合同和口头合同以外的其他形式的合同，主要包括默示形式和推定形式。

二、采购合同的管理

采购合同的管理贯穿于自签订时起到执行完毕的整个过程，采购合同的管理就是对这一整个过程的组织、检查和监督。

(一)采购合同的订立

采购合同的订立是采购方和供应方双方当事人在平等自愿的基础上，就合同的主要条款经过协商取得一致意见，最终建立起物品采购合同关系的法律行为。

1. 采购合同订立前的准备工作

合同依法订立后，双方必须严格执行。因此，采购人员在签订采购合同前，必须审查卖方当事人的合同资格、资信及履约能力，逐条订立采购合同的各项必备条款。

1) 审查卖方当事人的合同资格

为了避免和减少采购合同执行过程中的纠纷，在正式签订合同之前，审核卖方当事人作为合同主体的资格。所谓合同资格是指订立合同的当事人及其经办人必须真实具有法定的订立经济合同的权利。审核卖方当事人的合同资格，目的在于确定对方是否具有合法签约的能力。这一点直接关系到所签合同是否具有法律效力。

(1) 法人资格审查。认真审查卖方当事人是否属于经国家规定的审批程序成立的法人组织。法人是指拥有独立的必要财产、有一定的经营场所、依法成立并能独立承担民事责任的组织机构。判断各组织是否具有法人资格，主要看其是否持有工商行政管理局颁发的营业执照。经工商登记的国有企业、集体企业、私营企业、各种经济联合体，实行独立核算的国家机关、事业单位和社会团体，都可以具有法人资格，成为合法的签约对象。

在审查卖方法人资格时应注意：没有取得法人资格的社会组织、已被取消法人资格的企业或组织，无权签订采购合同。要特别警惕那些根本没有依法办理工商登记手续或未经批准的所谓的"公司"，它们或私刻公章，冒充法人，或假借他人名义订立合同，旨在骗取买方的货款或定金。同时，要注意识别那些没有设备、技术、资金和组织机构的"四无"企业，它们往往在申请营业执照时弄虚作假，以假验资、假机构骗取营业执照，虽签订供货合同并收取货款或定金，但根本不具备供货能力。

(2) 法人能力审查。审查卖方的经营活动是否超出经营业务执照批准的范围。超越业务范围以外的经济合同属无效合同。

法人能力审查还包括对签约的具体经办人的审查。采购合同必须由法定代表人或法定代表人授权证明的承办人签订。法定代表人就是法人的主要负责人，如厂长、经理等。他们代表法人签订合同。法定代表人也可授权业务人员如推销员、采购员作为承办人，以法人的名义订立采购合同。承办人必须有正式授权证明书，方可对外签订采购合同。法定代表人在签订采购合同时，应出示身份证明、营业执照或其副本；法人委托的经办人在签订采购合同时，应出示本人的身份证明、法人的委托书、营业执照或副本。

2) 审查卖方当事人的资信和履约能力

资信即资金和信用。审查卖方当事人的资信情况，了解当事人对采购合同的履行能力，对于在采购合同中确定权利和义务条款具有非常重要的作用。

(1) 资信审查。具有固定的生产经营场所、生产设备和与生产经营规模相适应的资金，特别是拥有一定比例的自有资金，是一个法人对外签订采购合同起码的物质基础。准备签订采购合同时，采购人员在向卖方当事人提供自己的资信情况说明的同时，要认真审查卖方的资信情况，从而建立互相信赖的关系。

(2) 履约能力审查。履约能力是指当事人除资信以外的技术和生产能力、原材料与能源供应、工艺流程、加工能力、产品质量、信誉高低等方面的综合情况，即要了解对方有没有履行采购合同所必需的人力、物力、财力和信誉保证。

审查卖方的资信和履约能力的主要方法有：通过卖方的开户银行，了解其债权债务情况和资金情况；通过卖方的主管部门，了解其生产经营情况、资产情况、技术装备情况、产品质量情况；通过卖方的其他用户，直接了解其产品质量、供货情况、维修情况；通过卖方所在地的工商行政管理部门，了解其是否具有法人资格和注册资本、经营范围、核算形式；通过有关的消费者协会和法院、仲裁机构，了解卖方的产品是否经常遭到消费者投诉，是否曾牵涉诉讼。

2. 采购合同订立的原则

(1) 平等原则。《中华人民共和国合同法》第三条规定：合同当事人的法律地位平等，一方不得将自己的意志强加给另一方。

(2) 自愿原则。《中华人民共和国合同法》第四条规定：当事人依法享有自愿订立合同的权利，任何单位和个人不得非法干预。

(3) 公平原则。《中华人民共和国合同法》第五条规定：当事人应当遵循公平原则确定各方的权利和义务。

(4) 诚实信用原则。《中华人民共和国合同法》第六条规定：当事人行使权利、履行义务应当遵循诚实信用原则。

(5) 遵纪守法原则。《中华人民共和国合同法》第七条规定：当事人订立、履行合同，应当遵守法律、行政法规，尊重社会公德，不得扰乱社会经济秩序、损害社会公共利益。

3. 采购合同签订的程序

按照《中华人民共和国合同法》的规定，签订采购合同采用要约、承诺方式。

1) 要约阶段

它是订立采购合同的第一步，是指当事人一方向他方提出订立经济合同的建议。提出建议的一方叫作要约人，要约应具有以下特征。

(1) 要约是要约人单方的意思表示，它可向特定的对象发出，也可向非特定的对象发出。当向某一特定的对象发出要约，要约人在要约期限内，不得再向第三人提出同样的要约，不得与第三人订立同样的采购合同。

(2) 要约内容必须明确、真实、具体、肯定，不能含糊其辞、模棱两可。

(3) 要约是要约人向对方做出的允诺，因此要约人要对要约承担责任，并且要受到要约的约束。如果对方在要约一方规定的期限内做出承诺，要约人就有接受承诺并与对方订立采购合同的义务。

(4) 要约人可以在得到对方接受要约表示前撤回自己的要约，但撤回要约的通知必须不迟于要约到达。对已撤回的要约或超过承诺期限的要约，要约人不再承担法律责任。

2) 承诺阶段

它是订立合同的第二步，表示当事人另一方完全接受要约人的订约建议，同意订立采购合同的意思表示。接受要约的一方叫作承诺人。承诺具有以下特征。

(1) 承诺由接受要约的一方向要约人做出。

(2) 承诺必须是完全接受要约人的要约条款，不能附带任何其他条件，即承诺内容与要约内容必须完全一致，这时协议即成立。如果对要约提出本质性意见或附加条款，则视为拒绝原要约，提出新要约。这时要约人和承诺人之间的地位发生了互换。在实践中，很少有对要约人提出的条款一次性完全接受的，往往是经过反复的业务洽谈、协商，取得一致的意见后，最后达成协议。

供需双方经过反复磋商，经过要约和承诺的反复，形成具有文字形式的草拟合约。再经过签订合同和合同签证两个环节，一份具有法律效力的采购合同就正式形成了。签订合同是在草拟合约确认的基础上，由双方法定代表签署，确定合同的有效日期。合同签证是合同管理机关根据供需双方当事人的申请，依法证明其真实性和合法性的一项制度。

(二)采购合同的执行与跟踪

合同跟踪的目的有三个，即促进合同正常执行、满足企业的物料需求、保持合理的库存水平。

合同跟踪过程如下。

1) 合同执行前跟踪

当一个订单合同制定之后，采购人员要及时了解供应商是否接受订单、是否及时签订等情况，防止供应商拒签。

2) 合同执行过程中跟踪

在采购合同执行过程中，常常会出现许多不确定因素，导致供应方或需求方不得不变更采购合同。因此，即使是与供应商签订具有法律效力的合同，采购人员也应该全力跟踪其执行情况。合同跟踪需要注意以下几点。

(1) 严密跟踪。

(2) 紧密响应生产需求形式。

采购合同要与生产需求相一致，如果因市场生产需求紧急，要求本批货物立即到货，采购人员应马上与供应商进行协调，保证需求货物的准时供应。

(3) 控制好验收环节。

货物到达订单规定的交货地点，采购操作者必须按照原先所下的订单对到货的物品、批量、单价及总金额等进行确认，并录入归档，开始办理付款手续。

3) 合同执行后跟踪

它主要指对供应商进行付款后的合同跟踪，采购方按合同约定付款后，还要对该合同进行执行后跟踪。主要解决货款未到账的问题，防止发生不必要的事件。

4) 补充说明

(1) 在合同跟踪过程中，要注意供应商的质量、供货期等的变化情况。

(2) 注意把合同、各类经营数据的分类保存工作做好。

(3) 供应商的历史表现数据对订单下达以及合同跟踪具有重要的参考价值，因此注意利用好供应商的历史情况来决定对其实施的过程办法。

三、采购合同的履行

(一)订单管理

订单管理是买卖双方都关注的一套完整的订单管理系统和操作流程。对于供应商，订单流程是渠道组织结构的重要依据，订单信息是相关业务控制的重要依据；对于采购方，订单管理实际上关联了库存管理、物流管理、财务控制、供应商管理、需求预测、电子单据(供应商管理系统)等诸多因素。因此，订单管理是供应链管理优劣的关键性因素。以订单管理驱动流程优化，进而实现采购双方的供应链管理能力和渠道能力的提升，是一般企业应该遵循的采购管理规律。

1. 设计采购订单管理流程

掌握采购订单管理流程设计原理，是采购经理人员进行采购管理的一项重要工作。

1) 基本目标与原则

作为业务流程管理的一部分，采购订单管理流程设计的目标一般包括简化工作手续、减少管理层级、消除重复业务、打破部门界限、实现跨部门业务合作、进行工作平行处理、缩短工作周期。据此，采购订单管理流程设计的基本原则应该是：符合逻辑、符合实际；简洁、实用、规范；利于部门协作，便于与供应商的信息交流。

2) 现有流程分析

在制定每项业务流程之前，需要对该流程涉及的各种问题做全面分析和评价真正的问题，找到解决问题的办法。问题诊断是任何流程改造的初始环节，其目的是要确认什么是订单管理流程中最需要建立或改变的？建立新的或改变现有流程可能会遇到哪些制约因素？在此基础上，才能进入流程方案改造和开发过程。

随着信息技术(IT)，特别是网络技术在采购中的应用，企业使用各种采购软件和 ERP 系统，在这种情况下，采购订单管理流程设计改造的技术性工作一般交付给专门的软件商完成，这一过程也就成为"采购经理人员流程管理理念+软件技术设计"的综合过程。

3) 编制订单流程管理文件

编制订单流程管理文件涉及的主要内容有：①准确的名称、编号及发布日期、实施日期、核心内容、相关文件名称、文件更改记录、附加说明(包括文件归属部门、文件起草、起草人、审核人、最终批准者)、目的(为什么要制定本文件)等；②范围(文件适用的管理范围、业务)；③术语(对于较关键或较专业的术语做出明确的定义或解释)；④职责(文件的主管部门及实施部门的职责)；⑤工作流程和使用说明，需要以标准流程图表示；⑥工作内容，包括序号、工作描述、输入、输出、责任部门；⑦工作条例。

2. ERP 系统下的采购订单管理

基本功能模块包括：请购单录入、维护；采购订单录入；采购订单维护；采购订单确认；采购订单确认后维护；采购订单收货；无采购订单收货。

3. 订单管理工作的监督

1) 建立制度

由于订单是授权执行并记录经济业务的，因此对它的控制相当重要。订单控制制度主要包括：预先应对每份订单进行编号，以确保日后订单能被完整地保存，并能够在会计上对所有购货订单进行处理。向供应商发出订单前，必须由专人检查核对订单是否得到授权人的签字，以及是否经请购部门主管批准，以确保购货订单的有效性。由专人复查订单的编制过程和内容。订购手续办完后，应立即填写订单一式三联，并将第一、二联送至请购单位登记，同时送至验收部门，以便收到货物时有验收的标准。

2) 确立监控点

确定以下监控点，即订单的审批、订单的询价、订单的登记、订单的付款、订单的验收、订单的审核、订单的记账。

3) 审查相关单据和记录

具体内容包括：审查采购业务原始凭证的真实性；审查采购业务原始凭证的合法性；审查采购业务记账依据的完备性；审查财务验收制度的严密性；审查发票的真实性。

(二)货款支付

常用的货款支付方式主要有三种，即买方直接付款、银行托收和信用证。

1. 买方直接付款

买方直接付款是指由买方主动把货款汇付给卖方的一种付款方式。买方在安排付款时，虽然要通过银行办理，但银行对货款的收付不承担任何责任。这是一种基于商业信用的付款方式。买方直接付款可以有不同的安排，主要有以下两种。

(1) 订货付现。订货付现(Cash with Order)是指卖方要求买方在订货时即预付全部货款或部分货款。这是对卖方最为有利的支付方式，但是在国际货物买卖中使用并不普遍。

(2) 见单付款。见单付款(Sight Payment)是指卖方在发运货物后，将有关单据寄交买方，然后由买方在收到单据之后按照合同的规定将货款通过银行汇付给卖方。根据付款方式，可以将见单付款分为信汇、电汇和票汇三种。

2. 银行托收

银行托收是指由卖方对买方开立汇票，委托银行向买方收取货款的一种结算方式。银行托收的基本做法是：由卖方根据发票金额开立以买方为付款人的汇票，向出口地(卖方)

银行提出托收申请，委托出口地(卖方)银行通过它在进口地(买方)的代理行或往来银行，代为向买方收取货款。托收仍是一种商业信用。

托收分为光票托收(Clean Collection)和跟单托收(Documentary Collection)。

光票托收是指卖方仅开具汇票委托银行向买方收款，而没有附带任何单据。跟单托收是指卖方将汇票同提单、保险单、发票等装运单据一起交给银行，委托银行向买方收取货款。

在国际贸易中，货款的支付一般采用跟单托收。跟单托收又可分为付款交单及承兑交单。

付款交单(Documents against Payment，D/P)。买方付款时向其交付商业单据，有关单据经代收行向付款人提示后，付款人检查单据后决定是否接受，接受时即付款赎单。付款交单又分为即期付款交单(Document against Payment at Sight)和远期付款交单(Documents against Payment after Sight)。

承兑交单(Documents against Acceptance，D/A)。这是指卖方的交单以买方的承兑为条件。买方承兑汇票后，即可向代收银行取得货运单据，待汇票到期时才付款。因为只有远期汇票才需办理承兑手续，所以承兑交单方式只适用于远期汇票的托收。

3. 信用证

信用证(Letter of Credit，L/C)是银行根据进口人(买方)的请求，开给出口人(卖方)的一种保证承担支付货款责任的书面凭证。信用证是一种银行信用，银行承担第一位的付款责任。受益人收到了开证行开的信用证，即得到了付款的保障。信用证支付在国际贸易中使用广泛。

4. 选择支付方式

常见的不同结算使用的形式有单一支付方式、信用证与汇付结合、信用证与托收结合、汇付与银行保函或信用证结合，以及汇付、托收和信用证三者结合等。

支付方式选择的基本依据：根据贸易伙伴的资信情况灵活选择；根据货物的市场行情选择；根据贸易条件的性质选择支付方式。

不同支付方式下买卖双方的责任和风险不同，企业需要慎重考虑和选择。

(1) 信用证和汇付结合。例如，某笔交易的货款，部分用信用证方式支付，余额用汇付方式结算。常用于允许交货数量有一定机动幅度的某些初级产品的交易。

(2) 信用证与托收结合。例如，某笔交易的货款，部分用信用证方式支付，余额用托收方式结算。但信用证必须订明信用证的种类和支付金额以及托收方式的种类，也必须订明"在全部付清发票金额后方可交单"的条款。

(3) 汇付与银行保函或信用证结合。这种形式常用于成套设备、大型机械和大型交通运输工具等货款的结算。

(4) 汇付、托收、信用证三者结合。这种形式也常用于成套设备、大型机械和交通运输工具的交易中。

(三)质量管理

1. 采购质量管理流程

一般情况下,可以按照事前规划、事中执行和事后考评的三段设计思路,规划和设计采购质量管理流程。

(1) 事前规划。决定质量标准并开列公平的规格;企业和供应商双方确认规格及图样;了解供应商的承制能力;企业和供应商双方确认验收标准;要求供应商实施质量控制制度(质量控制认证等级等)。

(2) 事中执行。检查供应商是否按照规范作业;提供试验品以供质量检测;派驻检验员抽查在制品的质量;检查质量控制措施是否落实。

(3) 事后考评。严格执行验收标准;解决企业和供应商双方相关的质量分歧;提供质量异常报告;要求供应商承担保证和保修责任;淘汰不合格供应商。

2. 制定采购质量标准

采购质量标准应包括以下各项。

(1) 规格、图样与采购订单的要求。采购人员应拟定一套合适的法则,以确保供应物料的要求得以明确叙述、沟通,而最重要的是要完全为供应商了解。

(2) 合格供应商的选择标准和程序。

(3) 质量保证协议和解决纠纷的条款。

(4) 接受检验计划与管制。

(5) 接受质量记录。

3. 建立质量检验体系

其包括三检制、签名制、质量复查制和追溯制等。

(1) 三检制。所谓三检制就是实行操作者的自检、工人之间的互检和专职检验人员的专检相结合的一种检验制度。需指出,ISO 9000 系列国际标准把质量体现的"最终检验和试验",作为企业中一种重要的质量保证模式,对质量检验提出了严格的要求和规定。

(2) 签名制。它是一种重要的技术责任制。

(3) 质量复查制和追溯制。它们也都是质量检验中常见的制度。

4. 编制采购管理文件

采购文件应至少包括以下内容。

(1) 采购商品的准确标识,包括类别、型号、规格、等级、数量和其他准确的标识,以防止误采购。

(2) 采购商品的技术和质量要求,包括标准、技术规范、图样、过程要求、检验规则及其相关资料的名称,以及其他明确标识和这些技术及质量要求所适用的有效版本,以防止购入不合格品。

(3) 对于供应商质量管理体系和保证能力提出要求,并要求供应商提供有关的质量保证文件。

(四)采购合同的争议和解决

采购合同的纠纷是由于违反采购合同的责任,即违约责任引起的。违约责任是指当事人一方不履行合同义务或者履行合同义务不符合约定,应当承担继续履行、采取补救措施或者赔偿损失等违约责任。

为了防止争议的产生,并在争议发生后能得到妥善的处理和解决,买卖双方通常在签订合同时,对违约后的索赔、免责事项等内容事先做出明确规定。这些内容反映在合同中就是违约责任条款。

1. 争议

争议(Disputes)是指买卖的一方认为另一方未能全部或部分履行合同规定的责任与义务所引起的纠纷。发生争议的原因如下。

1) 卖方违约

常见的有未按合同的交货期交货,或不交货,或所交货物的品质、规格、数量、包装等与合同(或信用证)规定不符,或所提供的货运单据种类不齐、份数不足等。

2) 买方违约

常见的有未按合同规定的时间付清货款,或未按合同规定的时间、地点组织提货、验收等。

3) 合同规定不明确、不具体,以致买卖双方对合同条款的理解或解释不一致。

常见的有合同条款规定不明确,致使双方理解或解释不统一,造成一方违约,引起纠纷;或在履约过程中双方均有违约行为。

2. 索赔与理赔

索赔(Claim)是指遭受损害的一方在争议发生后,向违约方提出赔偿的要求。

理赔是指违约方对受害方所提出赔偿要求的受理与处理。

发生合同争议后,首先分清责任属供方、需方还是运输方。需方如在采购活动中因供方或者运输方责任蒙受了经济损失,可通过协商进行索赔。

索赔和理赔既是一项维护当事人权益和信誉的重要工作,又是一项涉及面广、业务技术性强的细致工作。因此,提出索赔和处理理赔时,必须注意下列问题。

1) 索赔的期限

索赔的期限是指争取索赔的一方向违约一方提出索赔要求的期限。关于索赔期限，《中华人民共和国合同法》有规定的必须依法执行，没有规定的，应根据不同商品的具体情况做出不同的规定。如果逾期提出索赔，对方可以不予理睬。

2) 索赔的依据

提出索赔时，必须出具因对方违约而造成需方损失的证据(保险索赔另外规定)，当争议条款为商品的质量条款或数量条款时，该证明要与合同中检验条款相一致，同时出示检验的出证机构。若索赔时证据不全、不清或不足，以及出证机构不符合规定，都可能遭到对方的拒赔。

3) 索赔额及赔偿办法

关于索赔金额和处理索赔的办法，通常在合同中只做一般笼统的规定，不做具体规定。有关当事人双方应根据合同规定和违约事实，本着平等互利和实事求是的精神，合理确定损害赔偿的金额或其他处理办法。

国际贸易中发生索赔时，根据《联合国国际货物销售合同公约》的规定：一方当事人违反合同应付的损害赔偿额，应与另一方当事人因其违反合同而遭受的包括利润在内的损失额相等；如果合同被宣告无效，而在宣告无效后的一段合理时间内，买方已以合理方式购买替代货物，或者卖方已以合理方式把货物转卖，则要求损害赔偿的一方可以取得合同价格和替代货物交易价格之间的差额。

3. 合同纠纷的解决措施

合同纠纷的解决措施主要有和解、调解、仲裁和诉讼四种。

1) 和解

和解是由争议各方根据合同约定的违约责任和各方实际情况，自行协商而不需通过司法程序解决纠纷的方式。

2) 调解

调解是由争议各方共同选择信任的第三方作为中间人，就合同争议进行调解处理。调解通常以各方互谅互让为原则进行。

3) 仲裁

仲裁是指争议各方根据合同中的仲裁条款或者纠纷发生以后达成的仲裁协议，将争议提交法定的仲裁机构，由仲裁机构依据仲裁规则进行调解，依法做出裁定的方式。当采购方与卖方发生纠纷需要仲裁时，可按照一般的仲裁程序到相应的受理机构提出仲裁申请，仲裁机构受理后，经调查取证，先行调解，如调解不成，进行庭审，开庭裁决。

4) 诉讼

诉讼指人民法院根据争议双方的请求、事实和法律，依法做出裁判，借此解决争议的方式。当事人没有订立仲裁协议或者仲裁协议无效的，可以向人民法院起诉。

【案例分析3-5】

　　大连市某进口公司与美国洛杉矶的某台资企业签订了出口1万吨水镁石的合同。水镁石是一种环保原料，发电厂在用煤发电时需掺加该原料以减轻空气污染。该合同明确规定：货款的75%以即期信用证方式支付(54万美元)；另外的25%在货到洛杉矶经买方检验合格后以电汇方式支付(18万美元)。

　　由于我方单证相符，顺利地收到了75%的货款。但货到洛杉矶后不久，买方即通知我方货物中掺有石头，并寄来石头的照片。买方还声称已将部分劣质货物倒入大海，拒付其余25%的货款，并要求我方赔偿其损失13万美元。

　　索赔理由如下：①由于货物中掺有石头，致使买方费城的客户(某加工厂)在粉碎水镁石的过程中打坏了机器的齿轮，损失达8万美元；②由于齿轮损坏，该加工厂停产一周，停产损失达3.5万美元；③因为加工厂未能及时向当地一电厂输送水镁石，电厂又向加工厂索赔1.5万美元。

　　我进出口公司接到索赔通知后，会同有关专家一起分析案情。认为由于当时装运期临近春节，货物数量众多，装船工人昼夜加班，又是机械化作业，可能会出现疏漏。

　　但是否如买方所言，损失额有如此之大呢？为取得第一手资料，我方人员立即动身去美国核实情况，但没有与台商正面接触，而是直飞美国东海岸费城。找到加工水镁石的客户后，我方说明来意，对方证实货物中的确掺有石头，也的确损坏了齿轮，但齿轮的损失共计8000美元，并让我方查看了实物。对方又证实该工厂停产一周，损失3.5万美元，但电厂并未向其索赔。我方人员一一做了笔录。

　　实际调查结束之后，我方人员才飞往西海岸洛杉矶同台商取得联系。台商虽然知道了我方取道费城，却仍坚持损失金额为13万美元，并强调根据美国的《产品责任法》，我方应给予足额赔偿。

　　我方则声明：

　　(1) 中美之间的贸易纠纷应适用《联合国国际货物销售合同公约》。该公约第八十六条第一款规定："如果买方已收到货物，但打算行使合同或公约规定的任何权利，把货物返回，他必须按情况采取合理措施，以保全货物。"而台商擅自处理我方货物已违背了公约保全货物的规定，侵犯了我方权益，应给予我方赔偿。

　　(2) 买方故意夸大齿轮损坏带来的损失，又不能证明电厂的索赔行为，我方只负担4.3万美元的实际损失。

　　但台商自持纠纷发生在美国，不肯让步。我方见台商一再强词夺理，便突然转变了话题，谈到交易中的佣金问题。当时，台商曾要求我方寄5%的佣金，但不是寄往洛杉矶而是寄往中国香港某银行。我方答应了台商的要求，并意识到台商可能要逃税，因为佣金是要纳税的。虽然此时已经过了纳税期，但美国商界对声誉是十分珍视的，声誉不佳是很难立足的。

> 台商意识到我方的真实意图后不再纠缠。我方借此机会提出三项条件：①承认我方适用的法律正确，支付25%的货款及利息；②我方只负责赔偿4.3万美元的实际损失；③立即派人和我方的工作人员一起到银行把我方应得的货款划入我方的账号。
>
> 台商自知理亏，又怕我方抓住佣金一事不放，只好一一答应。至此，这一纠纷以我方胜利而告终。
>
> （资料来源：合同索赔案例[DB/OL].豆丁网.https://www.docin.com/p-2087970814.html）
>
> **思考题：**
> 本案例中对于维护商家的合法权益，有哪些方面值得我们借鉴？

习　题

一、判断题

1. 合同的核心内容是正文。　　　　　　　　　　　　　　　　　　　　　　（　　）
2. 需求分析浪费人力和时间，因此采购一般不进行需求分析。　　　　　　　（　　）

二、多项选择题

1. 采购人员应具备的基本素质有(　　)。
   A. 智力　　　　　　　　　　　B. 良好的心理素质
   C. 高尚的品德　　　　　　　　D. 丰富的知识
2. 采购谈判的基本原则有(　　)。
   A. 公平与合作性原则　　　　　B. 诚信原则
   C. 非赢即输原则　　　　　　　D. 求同存异原则
3. 制定一期采购预算时，根据实际情况同时对后面几期的采购业务进行预算，这种预算方法有(　　)。
   A. 全面预算　　B. 滚动预算　　C. 长期预算　　D. 分类预算
4. 以下(　　)不是采购合同的内容。
   A. 首部　　　　B. 正文　　　　C. 结尾　　　　D. 付款明细

三、简答题

1. 简述采购合同的主要内容。
2. 简述采购谈判的策略。
3. 论述采购计划的制订流程。

附录 MATLAB 简介及实验编程

1. 实验软件 MATLAB 简介

MATLAB 是美国 MathWorks 公司出品的商业数学软件，用于算法开发、数据可视化、数据分析以及数值计算的高级技术计算语言和交互式环境，主要包括 MATLAB 和 Simulink 两大部分。

MATLAB 和 Mathematica、Maple 并称为三大数学软件。它在数学类科技应用软件中的数值计算方面首屈一指。MATLAB 可以进行矩阵运算、绘制函数和数据、实现算法、创建用户界面、连接其他编程语言的程序等，主要应用于工程计算、控制设计、信号处理与通信、图像处理、信号检测、金融建模设计与分析等领域。

它将数值分析、矩阵计算、科学数据可视化以及非线性动态系统的建模和仿真等诸多强大功能集成在一个易于使用的视窗环境中，为科学研究、工程设计以及必须进行有效数值计算的众多科学领域提供了一种全面的解决方案，并在很大程度上摆脱了传统非交互式程序设计语言(如 C、Fortran)的编辑模式，代表了当今国际科学计算软件的先进水平。

2. 实验编程过程

1) 带有需求趋势校正的指数平滑法

```
clear all
A=[390 275 420 210 413 287 426 236 428 293 432]
S(1)=A(1) ;
T(1)=0;
F(1)=A(1);
minsum=Inf
for a=0.01:0.01:0.9
   for b=0.01:0.01:0.9
      for i=1:1:11
    S(i+1)=a*A(i)+(1-a)*(S(i)+T(i));
    T(i+1)=b*(S(i+1)-S(i))+(1-b)*T(i);
    F(i+1)=S(i+1)+T(i+1);
    Q1(i)=F(i)-A(i);
    Q2(i)=(Q1(i))^2
        end
        o=sum(Q2)
        if o<minsum
minsum=o
M=a
N=b
        end
   end
end
```

```
minsum
M
N
```

结果:

minsum=9.0231e+04, M=0.0200, N=0.7900

说明此时 a=0.02, b=0.79 时，预测的结果最好。

此时补充完整表格如下：

年 份	季 度	时 期	实际值	需求水平	需求趋势	预测需求
2017	1	1	390.00			
	2	2	275.00	390	0	390
	3	3	420.00	378.5	-3.45	375.05
	4	4	210.00	379.55	-2.10	377.44
2018	1	5	413.00	360.70	-7.31	353.57
	2	6	287.00	359.52	-5.34	354.18
	3	7	426.00	347.46	-7.36	340.10
	4	8	236.00	348.69	-4.78	243.91
2019	1	9	428.00	333.12	-8.02	325.10
	2	10	293.00	335.39	-4.93	330.46
	3	11	432.00	326.70	-6.05	320.66
	4	12		331.79	-2.71	329.08

2) 普通指数平滑法

```
clear all
A=[390 275 420 210 413 287 426 236 428 293 432]
F(1)=A(1)
minsum=Inf
for a=0.01:0.01:0.9
    for i=1:11
        F(i+1)=a*A(i)+(1-a)*F(i)
        Q1(i)=F(i)-A(i)
        Q2(i)=(Q1(i))^2
    end
    S=sum(Q2)
    if S<minsum
        minsum=S
        M=a
    end
end
minsum
M
```

结果为：

minsum =9.1207e+04，M=0.0700

说明 a=0.07 时，预测结果最好。

此时补充完整表格如下。

年　份	季　度	时　期	实际值	预测值
2017	1	1	390.00	390
	2	2	275.00	390
	3	3	420.00	392.1
	4	4	210.00	379.353
2018	1	5	413.00	381.7083
	2	6	287.00	375.0787
	3	7	426.00	378.6432
	4	8	236.00	368.6582
2019	1	9	428.00	372.8121
	2	10	293.00	367.2253
	3	11	432.00	371.7595
	4	12		345.7363

第四章　供应商选择与管理

学习目标

- 了解供应商选择与管理的基本环节。
- 理解供应商管理对采购管理的意义，供应商选择的评估要素，供应商选择的标准及方法。
- 掌握供应商管理的基本概念、供应商调查的过程、供应商审核及资质认证、供应商绩效评价准则。

【案例导入】

海达泵业公司于 1998 年 12 月 30 日成立，公司自成立开始就引进了德国先进的设计理念，是全国唯一一家同时研发生产中高端屏蔽泵、磁力泵的企业，其主要产品具有"高技术、高效率、高增长"的特点，产品广泛应用于化工、石化、医药、纺织、核电站等领域。截至目前，海达泵业公司可以生产 21 个系列、440 个品种的无泄漏泵产品。公司目前有员工 270 余名，下设销售部、财务部、生产部、企划部、技术部、质保部、售后服务部七个部门，以及大连总公司和天津分公司、广州分公司，全年营业收入超过 3 亿元。大连总公司厂房占地面积逾 $13000m^2$，拥有技术先进的机械加工设备、装配生产线和试验装置。公司拥有国内领先的计算机辅助设计制造系统，以及 SAP、OA、CRM 等信息化管理软件。在国内机泵行业率先引进微机控制测试系统，泵流量、扬程、气蚀等性能参数自动采集显示，机泵试验台可测试电机功率达 275kW，泵最大流量达到 $1000m^3/h$，最大扬程为 1000m。综合各项指标来看，海达泵业公司是一家在国内同行业中竞争力处于前列的企业。

海达泵业公司大连总公司有四个部门涉及采购工作，分别是生产制造部、设备管理部、企管部和销售部。其中生产制造部负责原材料、半成品、外购零部件及成品的物资采购以及刀具、工装夹具等生产支持性产品的采购工作，以及相关供应商管理工作。设备管理部负责资本设备采购和设备维护、维修工作，企管部负责服务性外包、办公用品、后勤管理以及与 IT 相关的采购工作。销售部负责运输物流和第三方采购工作，各部门都直接对总经理负责。大连总公司生产制造部下设采购科，负责生产物资的采购，主要包括人员管理、供应商管理、采购业务管理等工作。采购科的职能主要包括选择和管理供应商，制定采购流程，保证采购产品质量和按期交货，控制采购成本，满足公司生产运营需要。

具体职能说明如下。

(1) 寻找潜在供应商。海达泵业公司主要通过第三方介绍、供应商主动联络、参加展会、互联网搜索等手段获知供应商信息。公司主要关注其提供产品的质量、价格以及交货能力等方面，而对于技术水平、服务、质量管理体系等方面则关注不够。

(2) 收集潜在供应商资料。公司采购部门通过电话、传真、邮件、邮寄样本或者上门拜访等方式与供应商建立初步联系，获取供应商的信息，并完成《供应商信息调查表》的填写。

(3) 供应商初选。根据获取的供应商资料，采购科进行初步筛选，将符合条件的供应商列入潜在供应商名单。

(4) 供应商现场考察。针对初选通过的需要进行评价的供应商，采购科组织技术部、质保部、生产部、财务部等部门对供应商进行现场评估。考虑到考察成本因素，通常情况下，公司只对主要供应商进行现场考察，如铸造厂、外协加工厂等质量难以保证的供应商进行现场考察，对原材料、标准件、零配件等，供应商不做现场考察，而且考察基本只有生产部、质保部和采购科负责人参加。

(5) 供应商开发。对于现场评估通过的供应商，可进入供应商开发阶段。采购科负责拟定采购技术协议和样件采购合同，采购科和财务部门与供应商进行价格和付款条件的谈判，技术部门提供图纸资料，检查部门负责对样品进行检查并出具检验结论。

(6) 小批量采购。样件质量检查通过的供应商，采购科可根据采购需求计划，进入小批量采购阶段并进行试用。海达泵业公司规定，试用阶段至少需要三批次以上，试用过程中质量不稳定的需要延长试用批次。如果试用阶段质量无法达到要求的供应商，则停止与供应商的合作关系。

(7) 合格供应商评价。经过试用阶段，质量表现稳定的供应商，就可以进入合格供应商评价流程。采购科负责组织技术部、质保部、财务部、生产部填写《供应商评审表》，各部门结合现场考察情况以及试用阶段的产品质量和交货情况等信息，签署最终评价意见。对于评审通过的供应商，采购科将其列入《合格供方目录》，由生产部长审批，总经理批准。对于评审未通过的供应商，则需要重新进行评价或直接淘汰。

(8) 合同签订。对于正式列入合格供方名单的供应商，采购科需要与供应商签订《采购合同》《质量保证协议》《技术保密协议》，按照合格供应商管理流程进行管理。可以看出，海达泵业公司在供应商选择方面制定了一套完整的流程，为公司的供应商管理打好了制度基础。但在实际操作过程中供应商的选择侧重于现场考察和样件的评估，主要以生产部门和质保部门关注的交货、质量等因素为主。只要样件合格，生产部门的领导签署同意后，基本上各部门都会通过。

(资料来源：周志刚. 海达泵业公司供应商选择与评价研究[D]. 大连理工大学硕士学位论文，2016.)

思考题：
该企业在选择和管理供应商的过程中，有哪些较为成功的经验？存在哪些不足？

第一节 供应商管理概述

【案例分析 4-1】

一汽大众的供应商管理

一汽大众作为中德合资企业,在整个管理体系建设方面,融合了股东双方先进的管理理念。经过近 20 年的发展,一汽大众的采购战略已经由业务导向型逐步迈向了战略导向型并且与公司级的战略相一致。在供应商管理方面,经过不断的探索,也形成了自身的管理体系。根据供应商能力与合作意愿程度进行划分管理。对供应商合作意愿强但本身能力稍有欠缺的,要扶持发展;对供应商合作意愿较低但能力强的要引入竞争,避免造成独家垄断局面;对于能力和意愿都较低的供应商要逐渐淘汰;对于能力强合作意愿又高的,要作为核心供应商管理。供应商管理的重点就在于核心供应商的管理。一汽大众现有 700 多家零部件供应商,其中核心供应商约 150 家,这些供应商与一汽大众紧密合作,是生产保障的核心资源。

对零部件供应商的管理,一汽大众采用按照材料组分类管理的管理模式,即将同类的零部件划分到一个材料组中进行同类管理。针对每个材料组,都会进行战略定位,即根据与一汽大众的合作关系制定相应的采购战略。这样能够有效地利用同类的资源,提升管理效率。目前一汽大众的零部件供应商共有约 300 个材料组。在零部件供应商评价过程中,供应商的五大能力是非常重要的评价指标。

一汽大众抛开了单维度的评价指标,采用复合的五项衡量指标对供应商的能力进行评定,分别如下。

(1) 供货保障能力。对供应商产能资源的短期锁定,中长期预测,滚动式跟踪,灵活的产能投资和计划,筹措保障支持。

(2) 成本控制能力。强调成本意识,持续不断的成本优化。

(3) 项目管理能力。在一个项目开发周期内开发出具备装车条件的零件,同时积累多个项目并行的经验。

(4) 同步开发能力。具备同步研发能力和国产化、产业化能力。

(5) 质量保障能力。从过程到结果的质量保障体系,从入口到出口的、从来料到工艺的全面跟踪。

(资料来源:范航. 一汽大众汽车有限公司跨文化管理研究[D]. 吉林大学硕士学位论文,2009.)

思考题:

一汽大众如何进行供应商管理?对于国内同类汽车企业有何启示?

一、供应商管理的含义

供应商是指可以为企业生产提供原材料、设备、工具及其他资源的企业。供应商可以是生产企业，也可以是流通企业。

供应商管理是指对供应商的了解、选择、开发、使用和控制等综合性的管理工作的总称。其中了解是基础，选择、开发、控制是手段，使用是目的。

供应商管理的目的就是要建立起一个稳定、可靠的供应商队伍，为企业生产提供可靠的物资供应。

二、供应商选择与管理的基本环节

供应商选择与管理的基本环节包括供应商调查、资源市场调查、供应商开发、供应商考核、供应商选择、供应商使用、供应商激励与控制等多个基本环节。其整体结构框图如图 4-1 所示。

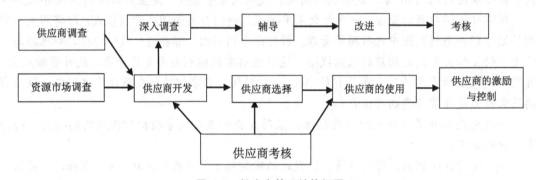

图 4-1　供应商管理结构框图

1. 供应商调查

供应商调查的目的就是要了解企业有哪些可能的供应商，各个供应商的基本情况如何，为企业了解资源供应市场以及选择企业的正式供应商做准备。主要是了解供应商的名称、地理位置、企业的知名度如何，能提供什么样的产品、供货能力如何、市场份额有多大、员工素质如何、其产品质量如何、价格如何、运输条件、进货条件等。供应商调查包括供应商初步调查和资源市场调查。

2. 供应商开发

供应商开发是供应商管理的一项重要任务。开发供应商就是从无到有地寻找新的供应商，建立适合企业需要的供应商队伍。供应商开发也是一项庞大、复杂的系统工程，必须精心策划，认真组织实施。

3. 供应商评价

供应商评价是贯穿于企业供应商管理的全过程的工作，在供应商开发、选择和使用的各个阶段，都需要进行供应商评价。虽然评价的阶段不同，与之对应的目的略有差异，但是评价的内容大体一致。

供应商评价的主要内容如下。
(1) 供应商是否遵守公司制定的供应商行为准则。
(2) 供应商是否具备基本的职业道德。
(3) 供应商是否具备良好的售后服务意识。
(4) 供应商是否具备良好的质量改进意识和开拓创新意识。
(5) 供应商是否具备良好的运作流程、规范的企业行为准则和现代化企业管理制度。
(6) 供应商是否具有良好的沟通和协调能力。
(7) 供应商是否具有良好的企业风险意识和风险管理能力。
(8) 供应商是否具有在规定的交货期内提供采购企业要求货品的能力。

供应商评价的操作步骤如下。
(1) 分析市场竞争环境。
(2) 建立供应商能够选择的目标。
(3) 建立供应商评价的标准。
(4) 建立评价小组。
(5) 供应商参与。
(6) 评价供应商。
(7) 实施供应合作关系。

4. 供应商选择

在供应商开发阶段，供应商考核的目的是选定合适的供应商。选择一批好的供应商，不但对于企业的正常生产起着决定作用，而且对于企业发展也至关重要。实际上，供应商选择融合在供应商开发的全过程中。供应商选择的方法是指企业在供应商调查、评价的基础上，为确定最终供应商而采用的技术工具。目前，供应商选择的方法有很多，可以归为两个大类，即定性分析法和定量分析法。供应商开发的过程包括几次供应商的选择过程：在众多的供应商中，每个品种选择若干供应商进行初步调查；初步调查以后，要从中选择几个供应商进行深入调查；深入调查以后又要做一次选择，确定几个供应商。初步确定的供应商进入试运行，又要进行试运行的考核和选择，确定最后的供应商结果。

5. 供应商的使用

当确定供应商以后，应当结束试运行期，签订正式的供应商关系合同，开始正常的物资供应业务运作，建立起比较稳定的物资供需关系。在业务动作的开始阶段，要加强指导与配合，对供应商操作提出明确的要求，有些比较大的工作原则、工作守则、规章制度、作业要求等应当以书面条文的形式写下来，有些甚至可以写到合作协议或加入合同中。供应商使用的初期，要加强评估和考核，不断改进工作和配合关系，直到比较成熟为止。在供应商使用比较成熟后，还要不定期地检查、合作和协商，以保持业务的稳定有序、业务运行的协调高效。

6. 供应商的激励与控制

在供应商的整个使用过程中，要加强激励和控制。既要充分鼓励供应商积极主动地搞好物资供应业务关系，又要采取各种措施约束供应商的不正当行为给企业造成损失，从而保证与供应商的合作关系和物资供应业务健康顺利地进行。

第二节 供应商调查

供应商管理中的重要环节是供应商调查。对于其过程，主要包括三个层次：初步供应商调查；供应市场调查；深入供应商调查。

一、供应商调查的过程

(一)初步供应商调查

首先需要对供应商的调查目的进行了解。

1. 初步供应商调查的目的

主要是两个方面：为选择最佳供应商做准备；为了了解掌握整个资源市场的情况。

2. 初步供应商调查的特点

调查内容较浅；调查面较广。

3. 供应商信息来源

供应商的信息来源有以下几个方面。
(1) 国内采购指南。
(2) 国内外新闻传播媒体。
(3) 国内外产品发布会、产品展销会。
(4) 国内外行业协会、企业协会会员名录、产业公报。
(5) 政府组织的各类商品订货会。
(6) 国内外各种厂商联谊会或同业工会。

(7) 国内外政府相关统计调查报告或刊物(工厂统计资料、产业或相关研究报告)。
(8) 整体性的媒体招商广告。
(9) 同行市场调查情况。

4．供应商调查的方法

供应商调查的方法分为访问调查法和实地调查法。

(1) 访问调查法。访问者通过口头交谈等方式直接了解供应商的情况，实现对供应商的调查。

(2) 实地调查法。这是企业实地对供应商的设施与设备、生产能力、供应能力等方面的调查。

(3) 调查中，一般的供应商卡片包括表 4-1 所示的内容。

表 4-1　供应商调查卡片表

公司基本情况	名称					
	地址					
	营业执照号			注册资本		
	联系人			部门、职务		
	电话			传真		
	E-mail			信用度		
产品情况	产品名称	规格	价格	质量	可供数量	市场份额
运输方式			运输时间		运输费用	
备注						

5．供应商分析的主要内容

由于供应商自身条件的差别，各有优劣，所以必须有客观的评分项目作为选拔合格供应商的依据。所以，对供应商应该制定详细的分析内容，通常包括下列各项。

(1) 供应商的经营状况：供应商经营的历史、负责人的资历、注册资本金额、员工人数、完工记录及绩效、主要的客户、财务状况。

(2) 地理交通情况。

(3) 企业的信用度。

(4) 产品的质量和价格(质优价廉)。

(5) 质量管理方针、政策；质量管理制度的执行及落实情况；有无质量管理制度手册；有无质量保证的作业方案；有无年度质量检验的目标；有无政府机构的评鉴等级；是否通过 ISO 9000 认证。

(6) 产品的生产能力及技术水平。

(7) 供应商的生产设备是否先进、生产能力是否已充分利用、厂房的空间距离以及生产作业的人力是否充足。供应商的技术是自行开发还是从外部引进、有无与国际知名技术开发机构的合作、现有产品或试制样品的技术评估、产品的开发周期、技术人员的数量及受教育程度等。

(8) 产品是竞争性商品还是垄断性商品。

(9) 管理制度。生产流程是否顺畅合理、产出效率如何、物料控制是否自动化、生产计划是否经常改变、采购作业是否为成本计算提供了良好的基础。

供应商初步调查问卷的样表，详见本章附录。

(二)资源市场调查

1. 资源市场调查的内容

(1) 资源市场的规模、容量、性质。资源市场的规模、容量与性质都是非常重要的内容。

(2) 资源市场的环境如何。

(3) 资源市场中各个供应商的情况如何。

2. 资源市场分析的内容

首先需要确定市场的类型，然后对市场的性质进行分析，最后确定市场的供给水平。

1) 确定市场的类型

是紧缺型还是富余型市场？是垄断型还是竞争型市场？

2) 确定市场的性质

是成长型的市场还是没落型市场？

3) 确定市场的供给水平

要确定资源市场的总体水平，选择工艺先进、质优而价廉的供应商。

(三)供应商深入调查

供应商深入调查是指经过初步调查后，对准备发展为自己的供应商的企业进行的更加深入仔细的考察活动。具体做法：深入供应商企业的生产线、生产工艺、质量检验环节、管理部门，有些情况需要进行资源重组和样品试制，才算考察合格。

以下情况需要对供应商深入调查。

1) 准备发展成紧密联系的供应商

例如，在进行准时化采购时，供应商的产品是否能准时、免检、直接送上生产线进行装配就尤为重要。这时，供应商已经成了与企业的利益息息相关的紧密合作伙伴。这种特殊的利益关系要求采购企业选择供应商时必须进行深入调查。因此，准备发展成紧密联系的供应商需要对供应商进行深入调查。

2) 寻找关键零部件产品的供应商

采购企业所需的关键零部件，特别是精密度高、加工难度大、质量要求高、在本企业的产品中起核心功能作用的零部件产品的生产商需要特别地挑选，要进行反复认真的深入考察审核，只有经过深入调查证明其确实能够达到要求时，才确定发展它为本企业的供应商。

二、供应市场分析

1. 供应市场的结构

市场是供给和需求的结合，供应商与采购方的数量对比、规模等要素往往决定了供应市场的结构。

2. 分析供应市场的必要性

采购方主动进行供应市场研究的主要因素有以下几个方面。
(1) 技术的不断创新。
(2) 供应市场的不断变化。
(3) 汇率的变动。
(4) 产品的生命周期及其产业转移。

3. 供应市场分析的步骤

每个项目都有自己的具体情况，其供应市场分析的目的也不同，所以很难提供一种标准的方法。一般情况下，供应市场分析主要有以下步骤。
(1) 确定目标。
(2) 成本-效益分析。
(3) 可行性分析。
(4) 制订分析计划。
(5) 方案的实施。
(6) 撰写总结报告及评估。

4. 供应市场分析的层次

供应市场分析可以分为宏观经济分析、中观经济分析和微观经济分析。
其内容分析详见第三章第一节中"二、供应市场分析"部分，此处略。

三、供应商细分

在选择供应商时，一般来说要考虑三个要素，即价格、质量和交货期。现代企业在经营理念上发生了很大的变化，把建立和发展供应商关系作为企业整体经营战略的重要部分之一，与供应商共同分析成本和质量因素，并向供应商提供技术支持，尤其在 JIT(准时生产制)生产方式下，要求供应商在需要时能按所需的数量提供产品，最大限度地降低库存成本和积压风险。

供应商的细分要建立在供应市场的细分前提下。供应商细分是供应商关系管理的先行环节。只有在供应商细分的基础上，采购方才有可能根据细分供应商的不同情况实行不同的供应商关系策略。

供应商细分的定义：在供应市场中，采购方依据采购物品的金额、采购商品的重要性及供应商对采购方的重视程度和依赖性等因素，将供应商划分为若干个群体。

供应商有多种分类，常见的可以分为以下几类。

1. 依据厂商与供应商之间交易的关系划分

可将供应商分为公开竞价型、供应商网络型、供应链管理型。

1) 公开竞价型

供应商进行竞价，采购方选择价格低、质量好的供应商作为供货商。

2) 供应商网络型

将价格、质量、售后服务、综合实力等方面比较优秀的供应商组成供应商网络，采购只限于在供应商网络中进行。这是一种长期的合作关系。

3) 供应链管理型

与供应商之间通过信息共享，供应商则根据实时的信息，将采购商所需的物资按时、按质、按量地送交厂商。

2. 依据采购的 80/20 规则划分

在实际工作中可将供应商细分为重点供应商和普通供应商。

(1) 重点供应商：占 80%价值的 20%的供应商，要重点管理。

(2) 普通供应商：占 20%采购金额的 80%的供应商。

根据 80/20 原则细分的供应商种类随着企业生产结构和产品线的调整，企业要适时地重新划分。

3. 依据厂商与供应商的紧密程度划分

可将供应商分为短期交易型、长期伙伴型、渗透型、联盟型、纵向集成型。

(1) 短期交易型：即有简单的买卖关系。

(2) 长期伙伴型：保持较长时期的合作关系。

(3) 渗透型：把对方公司看成自己公司的延伸。

(4) 联盟型：从供应链角度，形成的战略联盟。

(5) 纵向集成型：供应链上的成员整合起来，但各成员是完全独立的企业，决策权属于自己。

4. 依据供应商分类模块法进行划分

可将供应商分为商业型、重点商业型、优先型、伙伴型。供应商分类的模块法是依据供应商对本单位的重要性和本单位对供应的重要性进行矩阵分析，并据此对供应商进行分类的一种方法。

【案例分析 4-2】

某家大型电子企业集团的供应商考察计划

某家大型电子企业集团制订了年度供应商实地考察计划，要求每季度对所有的这 100 多家供应商进行实地考察，这意味着每年度采购部门要拜访 400 多次供应商。采购人员花费了大量时间，感觉力不从心。如何改进呢？

通过分析可以采用以下的解决措施。

这家公司建立供应商实地考察计划的初衷很好，但缺乏策略的应用。如果他们能应用分类管理策略对供应商进行 ABC 分类管理，采购部门就可以针对供应商的类别制订"供应商考察计划"，这样可以做到有的放矢、区别对待。首先采购部门考察供应商的工作量可大为减少，由每年 400 次减少到 200 多次，如表 4-2 所示。

表 4-2 供应商考察计划表

供应商类别	供应商数量	考察额度	每年考察工作量
A	20 家	每季度	80 次
B	50 家	每半年	100 次
C	30 家	每年	20 次
总计	100 家		200 次

其次，根据 80/20 原则将供应商划分为两类，即重点供应商和普通供应商。

(1) 重点供应商：占 80%价值的 20%的供应商，重点管理。

(2) 普通供应商：占 20%采购金额的 80%的供应商。

当然，根据 80/20 原则细分的供应商种类随着企业生产结构和产品线的调整，企业要适时地重新划分。例如，随着液晶电视的日益普及，原来重点采购的显像管可能慢慢地就会成为普通物资，该类供应商可能就会由重点供应商降级为普通供应商。

(资料来源：某家大型电子企业集团的供应商考察计划[DB/OL]. 百度文库.
https://wenku.baidu.com/view/b587c0de5022aaea998f0f3c.html)

第三节　供应商的评估与选择

【案例导入】

C 公司是由国际知名企业美国麦森公司与国内利佛德汽车零部件有限公司共同投资的一家汽车零部件合资企业。该公司创立于 2005 年，投资金额 4000 万美元，注册资本 2500 万美元。公司的绝大部分业务来源于汽车座椅系统，企业的战略目标就是将企业打造成国内外首屈一指的汽车座椅配套供应商，企业的愿景通过对座椅骨架、头枕、发泡、座椅面套等方面不断地创新、研发、提高汽车座椅的舒适度及安全性。公司的业务发展也是朝着多元化目标迈进，如汽车座椅、汽车内饰、汽车后视镜、汽车油路系统等。表 4-3 给出了 2010—2016 年 C 公司的销售额以及它们的同比增长率。不难发现，虽然 C 公司的销售额逐年增加，但增长率却不是逐年增加的，它们呈先增后减的波动趋势，原因可能是近年来，随着汽车行业的不断成熟和发展，市场逐步趋于饱和，但其竞争对手却不断增多，不断瓜分市场份额，导致销售额增长缓慢。面对如此艰难的市场环境，C 公司需要在保证产品质量的基础上，降低产品价格或快速响应市场以获得更多市场份额，而这与供应商质量息息相关，选择最优供应商有利于公司在竞争中占据有利地位，进而提高公司销售额。

表4-3　C公司2010—2016年销售额直观对比表

年份	2010	2011	2012	2013	2014	2015	2016
销售额/亿元	40	50	67	80	125	165	206
同比增长/%		25	34	19	56	32	25

C 公司配套供应商选择与评价过程如下。

目前，C 公司选择供应商的流程为：首先，搜集与汽车市场产品有关的供应商的信息与真实资料；其次，在初步筛选符合基本要求的供应商之后，对供应商提供的样品进行检测与评价；再次，采购人员进行零部件配套供应商原材料询价，秉承"货比三家"的原则进行不同供应商价格对比，与满意的供应商进行价格、订货量、付款、交货方面的交谈；最后，与满足以上所有条件的供应商进行签约。与 C 公司合作的汽车零部件配套供应商目前比较稳定，而公司为了降低采购成本不断物色产品生产配件价格更低的供应商。

（资料来源：曹晨迪. C公司汽车零部件配套供应商选择与评价研究[D]. 东华大学硕士学位论文，2016.）

思考题：

C 公司选择供应商的方法有哪些优点？有哪些需要改进的地方？

一、供应商选择的评估要素

供应商选择的评估要素主要有以下几个方面。

1. 技术水平

供应商的技术水平是指供应商提供商品的技术参数是否能达到要求,包括:供应商具有一支技术队伍和能力去制造或供应所需的产品吗?供应商有产品开发和改进项目吗?供应商能够帮助改进产品吗?

2. 产品质量

供应商的产品必须能够持续、稳定地达到产品说明书的要求,供应商必须有一个良好的质量控制体系。对供应商提供的产品除了在工厂内做质量检验以外,还要考察实际使用效果,即检查在实际环境中使用的质量情况。

3. 供应能力

供应能力也就是供应商的生产能力,企业需要确定供应商是否具备相当的生产规模与发展潜力,这意味着供应商的制造设备必须能够在数量上达到一定的规模,能够保证供应所需数量的产品。

4. 价格

价格是考虑供应商按照所需的时间,所需数量、质量和服务后确定的。供应商还应有能力向购买方提供改进产品成本的方案。

5. 地理位置

购买方期望供应商能离自己近一些,或至少要求供应商在当地建立库存,地理位置近,送货时间就短,紧急缺货时可以快速送到。

6. 可靠性(信誉)

应该选择一家有较高声誉、经营稳定、财务状况良好的供应商。双方应该相互信任,讲究信誉,并能把这种关系保持下去。

7. 售后服务

如果需要供应商提供可替代元器件,或者需要能够提供某些技术支持,售后服务好的供应商应该能够提供这些服务。

8. 提前期

要充分考虑市场需求的变化和消费者行为的影响,好的供应商能够帮助企业做好所供应货品的提前期准备和调整。

9. 交货准确率

这是一项比较重要的指标,交货准确率越高,其供应商对应的信誉度就越高。

10. 快速响应能力

该能力有助于供应商获得更高的用户评价。

二、供应商的选择标准

供应商选择的标准分为短期标准和长期标准。

(一)短期标准

具体而言，短期标准包括以下内容。

1. 商品质量合适

这是企业生产经营活动正常进行的必要条件，也是采购单位进行商品采购时首要考虑的因素。评价供应商产品的质量，不仅要从商品检验入手，而且要从供应商企业内部去考察，如企业内部的质量检测系统是否完善、是否已经通过了 ISO 9000 论证等。

2. 成本低

对供应商的报价单进行成本分析，是有效甄选供应商的方式之一。不过成本不仅仅包括采购价格，而且包括原料或零部件使用过程中或生命周期结束后所发生的一切支出。总成本最低才是选择供应商时考虑的主要因素。

总成本包括取得成本、作业成本和处置成本。

(1) 取得成本。包括以下几项。

① 开发成本，即寻求、查访、评选供应商的支出，应包括订单处理的费用。

② 采购价格，即与供应商谈判后购入的成本。

③ 运输成本，如果是从国外采购，供应商以 FOB 报价，买方还需要支付运费甚至保险费。

④ 检验成本，即进料检验所需支付的检验人员的工资及检验仪器或工具的折旧费用。

(2) 作业成本。主要包括以下几项。

① 仓储成本，包括仓库租金、仓管人员工资、仓储设备的折旧费用等。

② 操作成本。

③ 维修成本。

(3) 处置成本。

3. 交货及时

交货时间也是选择供应商所要考虑的因素之一。企业在考虑交货时间时，一方面要降低原料的库存数量，另一方面又要降低停工断料的风险。

影响供应商交货时间的因素主要有以下几个。

(1) 应商从取得原料、加工到包装所需要的生产周期。
(2) 供应商生产计划的规划与弹性。
(3) 供应商的库存准备。
(4) 所采购原料或零部件在生产过程中所需要的供应商数目与阶层(上下游)。
(5) 运输条件及能力。供应商交货的及时性一般用合同完成率或委托任务完成率来表示。

4. 整体服务水平好

评价供应商整体服务水平的主要指标有以下几个。

(1) 安装服务。供应商能否提供非常完善的安装服务是评价供应商服务水平的一个重要指标，同时也是认证人员对供应商进行认证的重要依据。
(2) 培训服务。
(3) 维修服务。
(4) 升级服务。
(5) 技术支持服务。这是供应商寻求广泛合作的一种手段。

5. 履行合同能力强

(1) 先确认供应商对采购的项目、订单金额及数量是否感兴趣。订单数量大，供应商可能生产能力不足，而订单数量少，供应商可能缺乏兴趣。
(2) 供应商处理订单的时间。
(3) 供应商在需要采购的项目上是否具有核心能力。
(4) 供应商是否具有自行研发产品的能力。
(5) 供应商目前闲置设备的状况，以了解其接单情况和生产设备的利用率。

(二)长期标准

长期标准是指需要考虑供应商的以下条件。
(1) 财务状况是否稳定。
(2) 内部组织与管理是否良好。
(3) 员工的状况是否稳定。

三、供应商选择的方法和应注意的问题

(一)供应商选择的方法

选择供应商，需要根据具体情况，采用科学、严格并合适的方法。常用的方法主要有直观判断法、考核选择法、招标选择法和协商选择法等。

1. 直观判断法

直观判断法是指通过调查、征询意见、综合分析和判断来选择供应商的一种方法，是一种主观性较强的判断方法，主要是倾听和采纳有经验的采购人员的意见，或者直接由采购人员凭经验做出判断。这种方法运作方式简单、快速、方便，但是缺乏科学性，易受掌握信息详尽程度的限制，常用于选择企业非主要原材料供应商。

2. 考核选择法

考核选择法就是在对供应商充分调查了解的基础上，再经过认真考核、分析比较后选择供应商的方法。考核选择方法包括以下内容。

(1) 调查了解供应商。供应商调查可以分为初步调查和深入调查。

(2) 考察供应商。初步确定的供应商还要进入试运行阶段进行考察。在运作过程中，就要进行所有各个评价指标的考核评估，包括产品质量合格率、准时交货率、交货差错率、交货破损率、价格水平、进货费用水平、信用度、配合度等的考核和评估。在单项考核评估的基础上，还要进行综合评估。

(3) 考核选择供应商。通过试运行阶段，得出各个供应商的综合评估成绩，基本上可以最后确定哪些供应商可以入选，哪些供应商被淘汰，哪些应列入候补名单。现在一些企业为了制造供应商之间的竞争机制，采取的做法是，故意选 2 个或 3 个供应商，称为 AB 角或 ABC 角。A 角作为主供应商，分配较大的供应量；B 角(或再加上 C 角)作为副供应商，分配较小的供应量。综合成绩为优的中选供应商担任 A 角，候补供应商担任 B 角。在运行一段时间后，如果 A 角的表现有所退步而 B 角的表现有所进步，则可以把 B 角提升为 A 角，而把原来的 A 角降为 B 角。这样无形中就造成了 A 角和 B 角之间的竞争，促使其竞相改进产品和服务，使得采购企业获得更大的好处。

3. 招标选择法

当采购物资数量大、供应市场竞争激烈时，可以采用招标方法来选择供应商。

它是由采购单位提出招标条件，各投标单位进行竞标，然后采购单位决标，与提出最有利条件的供应商签订协议。

招标方法竞争性强，采购单位能在更广泛的范围选择供应商。但招标方法手续繁杂，时间长，不能适应紧急订购的需要；订购机动性差，有时订购者对投标者了解不够，双方未能充分协商，造成货不对路或不能按时到货。招标采购详见本书第二章。

4. 协商选择法

在潜在供应商较多、采购者难以抉择时，也可以采用协商选择方法，即由采购单位选出供应条件较为有利的几个供应商，同其分别进行协商，再确定合适的供应商。

协商选择方法因双方能充分协商,再确定合适的供应商。当采购时间紧迫、投标单位少、供应商竞争不激烈、订购物资规格和技术条件比较复杂时,协商选择法比招标选择法更为合适。

5. 加权综合评分法

加权综合评分法是指规定衡量供应商的各个重要标准的加权分数。与评分法的区别如下。

(1) 综合评分法将各衡量项目的重要程度加上了不同的权重,而评分法的各项目则没有重要程度之分。

(2) 综合评分法是以统计资料为基础,通过计算得出分数,属于计量分析方法,而评分法则是简单定量分析的方法。

6. 采购成本比较法

分析不同价格和采购中各项费用的支出,以选择采购成本较低的供应商。

采购成本一般包括售价、采购费用、运输费用等各项支出的总和。

采购成本比较法是通过计算分析针对各个不同供应商的采购成本,选择采购成本较低的供应商的一种方法。

7. 评分法

评分法是指依据对供应商评价的各项指标,按供应商的优劣档次,分别对各供应商进行评分,选得分高者为最佳供应商。

(二)选择供应商时应注意的问题

(1) 自制与"外包"采购。结合企业的实际情况合理选择。一般情况下,外包的比例越高,则选择供应商的机会越大。

(2) 单一供应商和多家供应商。单一供应商是指某种物品集中向一家供应商订购。多家供应商是指向多家订购所需的物品。单一供应商这种购买方式的优点是供需双方的关系密切,购进物品的质量稳定,采购费用低;缺点是无法与其他供应商相比较,容易失去质量、价格更为有利的供应商,采购的机动性小。有多家供应商的情况,其优缺点正好相反。

(3) 国内采购与国际采购。
(4) 直接采购和间接采购。

总之,采购企业选择供应商要结合自身的实际情况来综合考虑决定。

【案例分析4-3】

根据对BY集团涉及采购业务的职能部门相关业务人员的访谈结果和集团有关采购的相关制度,梳理出以下流程。

1. 供应商选择流程

根据实际情况，BY 集团的车辆及设备基本通过委托招标、邀请招标、竞争性谈判、询价、单一来源等采购方式来选择供应商。

采用委托招标选择供应商，首先由集团公司相关部门负责采购人员委托代理公司招标并出具招标书，然后由代理公司将招标信息挂网招标，有意向的厂家可通过代理公司投标报名，接着有集团公司相关部门负责采购人员在招标截止日后连同监事办参与开标，选出中标厂家并将中标结果挂网公示。

采用邀请招标选择供应商，首先由根据采购项目组成的专项采购工作组共同商议采购事宜，然后由集团公司相关部门负责采购人员邀请厂家，投放邀请函，接着通过专项采购工作组开标、唱标、评标事宜，然后由集团公司相关部门负责采购人员将评分排名第一名上报，经由部长审批后报送所属主管副总审批，出具结果。

采用询价方式选择供应商，首先由专项采购工作组根据国内车辆及相关设备厂家生产能力及年度销售排名情况，结合生产实际情况对车辆及相关设备的使用要求和销售方提供的报价单进行商讨，确定合格供方，由机务技术部按照相关制度要求拟定出年度集团公司车辆及材料采购合格供方，报送集团公司批准后公布。

2. 合同管理流程

集团公司相关部门根据与供应商约定的各项细节条款草拟合同，将不合适的地方及时进行修改，经由部长审核后交由董事办填写文件阅办卡，然后报送总经理、所属主管副总审批，之后经由监事办审核合同的合法性和合规性，由董事办盖公章，最后送到监事办和相关部门将合同备案。

3. 验收流程

集团公司实行车辆及设备质量、计量跟踪监督，集团公司车辆及设备采购管理相关部室负责物资设备跟踪检查，确保质量承诺的严格履行。到达合同规定日期后，联合各相关部门根据合同所写条款逐一对照，检查物资质量是否达标，不合要求的及时进行调整，验收通过后交由相关部门备案和后续处理。

4. 付款流程

集团公司涉及采购需求的部门根据采购过程中产生的合同、发票等原始材料填写报销单，由本部门部长审核通过后，报送所属主管副总审批，然后交由总经理审批，接着由总会计师审核，通过后由财务计划统计部按实付款并根据相关规定进行相应会计处理。

(资料来源：赵晓慧.BY 集团采购业务内部控制问题研究[D]. 河北大学硕士学位论文，2019.)

四、供应商审核及资质认证

(一)供应商审核概述

供应商审核是在完成供应市场调研、对潜在的供应商已做初步选择的基础上，针对可能发展的供应商进行的审查和核定的活动过程。

供应商审核包括：供应商认可审核；供应商质量体系审核。

其中，质量体系审核很重要，有时与供应商认可审核同时进行，有时分开进行。

供应商审核流程框图如图 4-2 所示。

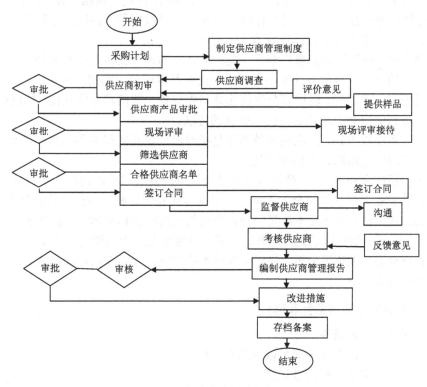

图 4-2 供应商审核流程框图

1. 供应商审核的层次

(1) 产品层次审核。主要是确认、改进供应商的产品质量；实施的办法有正式供应前的产品或样品认可检验，以及供货过程中的来料质量检查。

(2) 工艺过程层次审核。主要针对质量对生产工艺有很强依赖性的商品。要保证供货质量的可靠性，往往需要深入供应商的生产现场了解其工艺过程，确认其工艺水平、质量控制体系及相应的设备设施能够满足产品的质量要求。其审核包括供应商审核时对工艺过程的评审，也包括供应过程中因质量不稳定而进行的供应商现场工艺确认与调整。

(3) 质量保证体系层次审核。就是供应商的整个质量体系和过程，参照 ISO 9000 标准或其他质量体系标准进行的审核。

(4) 公司层次审核。这是对供应商进行评审的最高层次，不仅要考察供应商的质量体系，而且还要评审供应商经营管理水平、财务与成本控制、计划制造系统、设计工程能力等各主要企业的管理过程。

2. 供应商审核的方法

供应商审核的主要方法可以分为主观判断法和客观判断法。主观判断法是指依据个人的印象和经验对供应商进行判断，这种评判缺乏科学标准，评判的依据十分笼统，包括调查法、现场打分评比法等；客观判断法是根据较为客观的各类数据和各种因素进行判断，如供应商绩效考评、供应商综合评审、总体成本法等方法。

（1）调查法。调查法是指事先准备一些标准格式的调查表格发给不同的供应商填写，收回后进行比较的方法。这种方法常用于招标、询价及供应情况的初步搜集等。

（2）现场打分评比法。现场打分评比法是预先准备一些问题并格式化，然后组织不同部门的专业人员到供应商的现场进行检查确认的方法。

（3）供应商绩效考评。供应商绩效考评是指对已经供货的现有供应商在供货、质量、价格等方面的表现进行跟踪、考核和评比。

（4）供应商综合评审。供应商综合评审是针对供应商公司层次而组织的包括质量、工程、企划、采购等专业人员参与的全面评审，它通常将问卷调查和现场评审结合起来。

（5）总体成本法。总体成本法是一种以降低供应商的总体成本，从而降低采购价格为目的一种方法。它需要供应商的通力合作，由采购商组织强有力的综合专家团队对供应商的财务及成本进行全面、细致的分析，找出降低成本的方法，并要求供应商付诸实施与改进，改进的效果则由双方共享。

3. 供应商认可审核的条件和形式

1）供应商的认可条件

认可一个供应商，至少应满足以下三个条件。

（1）供应商提交的样板通过认证。

（2）价格及其他商务条款符合要求。

（3）供应商审核必须合格。

2）供应商认可审核的形式

供应商认可审核的形式可分为两种，即调查问卷和现场审核。

4. 供应商审核的程序

（1）市场调研，收集供应商信息。

在市场调研阶段，主要应该从供应商的市场分布，采购物品的质量、价格，供应商的生产规模等方面收集供应商的情况。

（2）确定供应商审核的主要指标。

针对供应商的实际情况和本单位所采购物品的特性，对所要审核的供应商制定具体的审核指标。

(3) 建立供应商审核小组。
(4) 综合评分。

5. 成立供应商审核小组

对供应商的审核应视不同的采购物品成立相应的审核小组。对于一些标准品及金额比较低的物品，可以用采购人员自行决定的方式，由采购人员组成审核小组。

对于非标准品、价值金额较大的物品，则可以成立跨功能小组或商品小组来执行审核的任务。由采购部门、质量部门、物料管理部门、工程及研发部门、主管或财务部门的人员共同组成的临时性的供应商审核组织。

6. 综合评分

针对每个审核项目，审核小组决定了供应的审核内容及权重后，可根据供应商反馈的调查表及实地调查的资料，编制出供应商的资格评分表，如表4-4所示。

表4-4 供应商审核检查标准(样表)

供应商名称：	提供本公司的产品：	联系人：
电话： 传真：	电子邮件：	供应商地址：
第一部分：基本情况		
第二部分：企业管理		
第三部分：质量体系及保证		
第四部分：设计、工程与工艺		
第五部分：生产		
第六部分：企划与物流		
评审内容(要素)适用否	观察记录得分	
1. 机构设置		
2. 物流管理系统		
物流管理是否	0～25～50～75～100	
物料的可追溯性是否	0～25～50～75～100	
仓储条件是否	0～25～50～75～100	
仓储量是否	0～25～50～75～100	
先进先出是否	0～25～50～75～100	
MRP系统是否	0～25～50～75～100	
3. 发货交单		
4. 供应商管理		
第六部分综合得分：		
第七部分：环境管理		
第八部分：市场及顾客服务与支持		
供应商审核综合得分：		

7. 供应商审核的内容

供应商审核应该制定详细的评审内容，通常包括下列各项。

(1) 供应商的经营状况。供应商经营的历史、负责人的资历、注册资本金额、员工人数、完工记录及绩效、主要客户、财务状况。

(2) 供应商的生产能力。供应商的生产设备是否先进、生产能力是否已充分利用、厂房的空间距离以及生产作业的人力是否充足。

(3) 技术能力。供应商的技术是自行开发还是从国外引进、有无国际知名技术开发机构的合作、现有产品或试制样品的技术评估、产品的开发周期、技术人员的数量及受教育程度等。

(4) 管理制度。生产流程是否顺畅合理、产出效率如何、物料控制是否自动化、生产计划是否经常改变、采购作业是否为成本计算提供了基础。

(5) 质量管理。质量管理方针、政策；质量管理制度的执行及落实情况；有无质量管理制度手册；有无质量保证的作业方案；有无年度质量检验的目标；有无政府机构的评鉴等级；是否通过ISO 9000认证。

(二)供应商资质认证

1. 供应商认证需要满足的条件

供应商认证需要满足以下条件。

(1) 供应商提交的文件已通过认证。

(2) 价格及其商务条款符合要求。

(3) 供应商审核必须合格。

新供应商认证需要经理批准、财务部门调查，客户指定的需出具确认函件、供应商调查等文件。

作为供应商而言，需要提供的信息包括工商文件(工商营业执照、税务登记证、资信等级、注册资本、经营范围)、行业资质和资格证书、产品质量文件、资源(工厂分布、运输、技术支持、服务等级)、客户名单、公司SWOT分析等。

企业在必要时可由资信调查公司进行财务状况、信用等级调查，也可安排专门项目调查小组进行市场调查。

2. 供应商认证的流程

(1) 供应商自我评价。认证之前应要求供应商先进行自我评价。一般是先发信给供应商，让供应商先对自己做出自我评价，然后组织有关人员进行认证。

(2) 成立供应商认证小组。供应商认证小组应包括不同部门成员，主要有质量管理、工程、生产等部门。

(3) 针对认证的内容，确定相应的指标评分体系。对于供应商的认证要针对不同的供应商采取不同的评分体系。但一般情况下，供应商认证的评分体系包括领导班子和风格、信息系统及分析、战略计划、人力资源、过程控制、商务运作、客户满意程度、供应管理、销售管理、时间管理、环境管理等子系统。

(4) 会同质量、工程、生产等部门进行现场调查。了解供应商的管理机构设置情况，各部门之间的分工及汇报流程；考察供应商质量控制与管理体系、生产工艺、顾客服务、环境体系等内容。

在现场考察的同时应根据预先设置的评分体系，进行子系统的评价，并给出相应的分值。

(5) 各部门汇总评分。各部门进行汇总评分后，组织现场调查的部门应写出考察报告，呈报上级领导，并且将考察的资料进行备案、存档。

(6) 将认证情况反馈给供应商。让供应商明确自己的不足之处，以便进行改进与提高。

(7) 供应商认证跟踪。对供应商进行认证后，要进行跟踪。

供应商的认证也是一个反馈与跟踪的过程，要随时监测供应商的执行情况，不断督促供应商进行改进。

总之，供应商的认证是一个长期的、动态的过程，是通过评估来确认和培养供应商的过程。

(三)供应商认证的主要内容

1. 供应商认证的基本情况

供应商认证的基本情况有以下几个方面。

(1) 企业的经营环境。这主要包括：企业所在国家的政治、经济和法律环境的稳定性；进出口是否受限制；货币的可兑换性；近几年来的通货膨胀情况；基础设施情况；有无地理限制等内容。

(2) 企业近几年的财务状况。这主要包括各种会计报表、银行报表、企业经营报告等。

(3) 企业在同行业中的信誉及地位。这主要包括同行对企业产品质量、交货可靠性、交货周期及灵活性、客户服务及支持、成本等各项的评价。

(4) 企业近几年的销售情况。这包括销售量及趋势、人均销售量、本公司产品产量占行业总产量的比例。

(5) 企业现有的紧密的、伙伴型的合作关系。这包括与本公司的竞争对手、其他客户或供应商之间的关系。

(6) 地理位置。这主要包括与本公司的距离和海关通关的难易程度。

(7) 企业的员工情况。这主要有员工的受教育程度、出勤率、流失率、工作时间、平均工资水平、生产工人与员工总数的比例等。

2. 供应商企业管理的情况

对供应商企业管理情况的认证要考虑以下因素。

(1) 企业管理的组织框架，各组织之间的功能分配，以及组织之间的协调情况。

(2) 企业的经营战略及目标、企业的产品质量改进措施、技术革新的情况、生产率及降低成本的主要举措、员工的培训及发展情况、质量体系及是否通过 ISO 9000 认证、对供应商的管理战略及情况等。

3. 供应商的质量体系及保证情况

供应商质量体系及保证的主要内容如下。

(1) 质量管理机构的设置情况及功能。

(2) 供应商的质量体系是否完整，主要包括质量保证文件的完整性与正确性、有无质量管理的目标与计划、质量的审核情况如何、与质量管理相关的培训工作如何等。

(3) 企业产品的质量水平，主要包括产品质量、过程质量、供应商质量及顾客质量投诉情况。

(4) 质量改进情况，主要包括与顾客的质量协议、与供应商的质量协议、是否参与顾客的质量改进、是否参与供应商的质量改进、质量成本控制情况、是否接受顾客对其质量的审核。

4. 供应商的设计、工程与工艺情况

(1) 相关机构的设立与相应职责。

(2) 工程技术人员的能力，主要包括工程技术人员受教育的情况、工作经验、在本公司产品开发方面的水平、在公司产品生产方面的工艺水平、工程人员的流失情况。

(3) 开发与设计情况，主要有开发设计的试验情况与顾客共同开发的情况，与供应商共同开发的情况、产品开发的周期及工艺开发程序、对顾客资料的保密情况等。

5. 供应商的生产情况

供应商生产情况认证的主要内容包括生产机构、生产工艺过程及生产人员的情况。具体如下。

(1) 生产机构的设置情况及职能。

(2) 生产工艺过程情况，主要有工艺布置、设备(工艺)可靠性、生产工艺的改进情况、设备利用率、工艺的灵活性、作业指导的情况、生产能力等。

(3) 生产人员的情况，主要有职工参与生产管理的程度、生产的现场管理情况、生产报表及信息的控制情况、外协加工控制情况、生产现场环境与清洁情况等。

6. 供应商的企划与物流管理情况

(1) 相关机构的设立情况。

(2) 物流管理系统的情况，主要包括物流管理、物料的可追溯性、仓储条件与管理、仓储量、MRP 系统等。

(3) 发货交单情况，主要包括发货交单的可靠性、灵活性、即时供应能力、包装及运输

情况，交货的准确程度。

(4) 供应商管理情况，主要有供应商的选择、审核情况，供应商表现考评的情况，供应商的分类管理情况，供应商的改进与优化情况等。

7. 供应商的环境管理情况

(1) 环境管理机构的设置及其管理职能。

(2) 环境管理体系，主要有环境管理的文件体系、环境管理的方针与计划等。

(3) 环境控制的情况，主要有环境控制的运作情况、沟通与培训情况、应急措施、环境监测情况、环境管理体系的审核情况。

8. 供应商对市场及顾客服务支持的情况

(1) 相关机构的设置情况。

(2) 交货周期及条件，主要有正常交货的周期、紧急交货的周期、交货与付款的条件、保险与承诺。

(四)供应商质量体系审核

1. 审核说明

(1) 审核原则上必须在供应商生产现场进行。

(2) 审核范围应集中在供应商生产与本公司产品相关的行政及生产领域。

(3) 审核的结果可作为供应商认可的依据。

2. 供应商质量体系审核主要内容

(1) 管理职责，包括总则、顾客需求、法规要求、质量方针、质量目标与计划、质量管理体系、管理评审。

(2) 资源管理，包括总则、人力资源、其他资源(信息、基础设施、工作环境)。

(3) 过程管理，包括总则、与顾客相关的过程、设计与开发、采购、生产与服务运作、不合格品(项)的控制、售后服务。

(4) 监测分析与改进，包括总则、监测、数据分析、改进。

其常用表格如表 4-5 和表 4-6 所示。

表 4-5 供应商质量体系审核表

供应商名称：
提供本公司的产品：
审核主要区域及供应商参与人员：
审核日期：
审核员：
1. 管理职责

续表

2. 资源管理 ——总则 ——人力资源 ① 质量管理体系中相关人员技能等合格 ② 有程序界定培训需求、培训计划、培训评估等 ③ 所有人员经培训掌握相应的质量管理体系的要求 ④ 所有人员了解自己相应的质量职责 ——信息 ——基础设施与工作环境
3. 过程管理
4. 监测分析与改进
供应商质量体系审核总平均分： 结论：□很差　　□一般　　□良好　　□优秀

表4-6　供应商质量体系年度审核纠正措施报告

供应商名称：　　　　　　　　　　　　　　　审核日期： 报告编号：　　　　　　　　　　　　　　　　审核人： 被审核单位代表：
不合格项目描述：(由审核人填写)
纠正措施(由被审核单位填写) 1. 短期措施：(如何、谁、何时) 2. 长期措施：(如何、谁、何时)
措施提出人签名：
跟进结果(被审核单位填写)
跟进结果(审核人员填写) 结论：该纠正措施已(未)实施到位，下一步行动

例如，福特公司的供应商质量审核表如表 4-7 所示。

表 4-7　福特公司的供应商质量审核表

项　目	行动计划											
	1月	2月	3月	4月	5月	6月	7月	8月	9月	10月	11月	12月
1. 组织机构												
2. 计划												
3. 文件及工艺变化管理												
4. 制造设备控制												
5. 生产程序作业指导												
6. 检验程序作业指导												
7. 标准												
8. 检验手段												
9. 采购件的质量保证												
10. 过程参数												
11. 过程检验												
12. 最终检验												
13. 抽样作业指导												
14. 不合格项												
15. 质量与检验状态												
16. 物料处理												
17. 人员培训												
18. 文件与登记												
19. 纠正措施												
20. 对供应商的检验												

分类	要求得分
A1 合格	825～855
A2 合格、仍有改进余地	755～820
B1 可接受	645～750
B2 有保留接受	535～640
C 不可接受	

又如，Dickson 的供应商选择与评价部分样表如表 4-8 所示。

表 4-8 供应商选择与评价部分样表

排 序	准 则	均 值	评 价
1	质量	3.51	EI
2	交货	3.42	CI
3	历史效益	3.00	CI
4	保证	2.84	CI
5	生产设施/能力	2.78	CI
6	价格	2.76	CI
7	技术能力	2.55	CI
8	财务状况	2.51	CI
9	遵循报价程序	2.49	AI
10	沟通系统	2.43	AI
11	美誉度	2.41	AI

注：1. 表中准则、均值、评价均为供应商绩效评估的研究。

2. 质量是影响供应商选择的一个"极端重要"的因素，交货、财务状况等七个因素则"相当重要"，"一般重要"包括遵循报价程序、沟通系统等多个因素。

3. 此表为 Dickson 的供应商选择评价部分内容。其中：EI 为极端重要，CI 为相当重要，AI 为一般重要。

【案例分析 4-4】

普诚华成立于 1999 年，是一家集科技研发与制造、孵化器于一体的多元化发展的企业。为全球顶尖的科技品牌提供优秀的产品创新、研发生产及配送服务。总部设在爱尔兰科克，业务基地在美国三藩市，主要运营基地在中国深圳，在全球拥有 10 个办事处，全球员工超过 5000 人。普诚华的业务范围包括提供贴身定制的供应链解决方案和产品整合开发研究计划，协助客户更灵活快捷地将产品推向市场。普诚华公司的主要客户均是全球消费电子行业的领头羊企业，包括 Apple、Beats、Amazon、Samsung、Motorola 等在该行业处于领航者的公司。同时，公司会为个别客户特别制定具有策略性且可持续发展的商业模式，确保由产品设计创作、研发、配套采购、实时装配、装运以及分销服务，每个阶段都由最佳的团队为客户服务。经营范围广泛，主要为消费类电子产品，涉及手机套、平板电脑保护套、耳机、医用消费仪器、家具、时尚、食品等，其产品广泛运用于消费终端行业。

普诚华公司采购管理部门会根据采购产品的技术要求，首先从普诚华公司现有供应商数据库中筛选，如果供应商数据库不能满足，采购部门需要面向社会寻找新的供应商，具体过程如下。

(1) 采购会在各大供应商资讯网站里面搜寻可能匹配的多家候选供应商(3~5 家)，并发送标准件制品供候选供应商做初步的报价。

(2) 在得到多家供应商的初步报价后，挑选报价最低的三家供应商让其根据普诚华的技术资料提供首版样品以此来考察供应商的产品技术制作能力。

(3) 制定出三家候选供应商名单后,采购部会组织对候选供应商进行实地考察。考察的内容包括所有供应商的基本运营情况、产能状况、价格范围、工程技术能力、工艺流程、制造设备、产品质量保证过程、质量体系等,如表4-9所示,考察完毕后会制作可供推荐的供应商名单。

表4-9 供应商考察项目表

供应商基本信息	公司名称					
	地址					
	联系人		职务		联系方式	
评价类别	评价内容	超出目标 5	达到目标 4	可以接受 3	需改进 2	未达标 1
工程技术能力	产品开发					
	制造工艺					
品质管理能力	产品质量					
	测试和认证					
	质量体系					
供应链管理能力	交货周期					
	价格范围					
	产能					
该供应商总得分						
评价说明						
备注						

(4) 理论上应根据供应商的得分高低来确定和选择供应商,然而在一般情况下,普诚华公司是由采购部门选取最关键的两个因素,即通过对比报价的高低以及样品的优劣来确定最终的供应商。由于通过供应商之间的价格竞争可以获得好处,因此,通常普诚华都会选择最低报价的供应商作为最终入选供应商,希望能够以此降低成本、增加企业利润。

(资料来源: 林霞. 普诚华公司供应商选择与评价的改进研究[D]. 兰州大学硕士学位论文, 2018.)

第四节 供应商管理

【案例导入】

A企业是全球领先的采矿与基础建设领域的生产力供应商。A企业拥有前沿的技术,专注于研发并生产创新、安全且可持续利用的凿岩钻机、岩石开挖和建筑设备及工具,并且能够提供世界一流的服务及自动化和互操作性解决方案。A企业在国内经过20多年的发展,公司服务领域已从单一的矿山凿岩产品，扩展到凿岩、铲运、破碎、喷浆、锚杆加固等一系列产品，并获得江苏省高新科技企业称号。产品以及服务遍及国内各地，远销欧、美、亚、非等国际市场，目前出口率占到60%。

企业的经营状况与行业情况息息相关，矿山机械整体行业状况在2013年发生了转折，因此，从2013年开始，A企业的订单量急速下降。根据财务报表数据显示，公司近三年来销售额连续下滑，至2016年，上半年销售额不足2013年的65%；且通过公司环比数据显示，2016年第三季度的销售额较上一季度销售额下降12%。而与下降数据相对的是公司庞大的供应商数量。根据A企业2015年的统计数据来看，当年的总体采购额为4亿元，而相对应的供应商却有339家。在这种形势下，A企业必须进行有效的供应商管理，降低企业成本，增加企业利润。于是2015年公司对采购架构进行了重新整合，由原来的分散采购变更为集中采购，由新成立的采购部门负责公司所有事业部的采购。

A企业供应商管理的主要问题：A企业近年来销售额逆增长，利润空间变小，除了所处行业不景气这一原因之外，其自身也存在很大问题。首先，从供应链视角出发，其在供应商管理方面做得不够完善，还存在不少问题。如果A企业能够找出问题、改正问题，则将为企业降低运营成本，在帮助企业实现战略目标方面大有助益。

供应商选择方面的问题主要如下。

1. 供应商数量庞大、企业采购呈现分散化

由于在2015年之前各个事业部都有自己的采购部门，事业部之间沟通较少，供应商的共享不多，其供应商数量超过300家。这300多家的供应商，使得企业的采购订单分散开来。例如，A企业需要采购B、C两种零件，这两种零件都能从D供应商处采购，且D供应商所提供的产品是完全符合A企业要求的。然而，由于A企业没有进行有效的供应商整合，使得这两种零件的采购被分成了两份订单，两种零件分别从D供应商与E供应商处获得。在这种情况下，A企业必定要花费更多的人力、物力去分别追踪跟进这拆分开的两笔订单，无形之中就增加了A企业在采购时的企业成本。其次，订单量小、金额低，对企业而言很难将供应商发展成合作伙伴的形式，更多的只是作为交易型的供应商来对待，这也是不利于企业发展的。

2. 供应商管理混乱、主次不分

面对日益严峻的市场形势，各企业为了生存，很多企业都打起了价格战。对于生产型企业而言，能合理地控制采购成本，才能最终"有利可图"。A企业属于矿山机械的制造厂商，但是企业自己并不生产零件，生产的矿山机械所需零件均来自供应商供货。生产矿山机械是一项较为复杂的工程，所需零件种类繁多，因此目前A企业供应商数量较多，且A企业也并没有对这些供应商进行合理、有效的分类管理。有些普通采购的供应商多达数十家甚至几十家，而有些比较重要的零件采购的供应商则只有一家。在此之前就已经出现过单独一家供应商供货出现问题，而又没有备选供应商，从而导致A企业整个订单都需延迟交货的案例。

例如，A 企业于 2017 年从成都的供应商处采购一批生产用零件，而在临近交货期的时候，成都忽降暴雨，使得供应商仓库进水，零件被泡，无法交货。然而当时 A 企业拿不出备选供应商，没有备选方案，这给 A 企业带来的后果是无法按时交货给上游客户而被客户索赔延期交货违约金。

经典理论告诉我们，20%的供应商需要 80%的精力去管理。在企业有限的资源下，应当将精力放在起关键作用的供应商上。面对数量庞大的供应商，A 企业没有进行有效分类，在企业需要进行物资采购时，耗费了极大的精力去进行签署采购订单前的沟通、询价、确认交货期等比较行为，这是不太明智的。

(资料来源：李洪彬.A 企业供应商管理研究[D].南京大学硕士学位论文，2019.)

一、供应商绩效管理

确保供应商供应的产品质量是供应商绩效管理的主要目的。采购企业通过对供应商的绩效管理，有利于促进供应商不断改善供应活动。

1. 供应商绩效管理的基本原则

(1) 持续。供应商绩效管理必须持续进行，要定期对供应商进行绩效考评，供应商自然会改善自身的绩效，提高自己的供应质量。

(2) 全面。确立整体目标原则，该目标要从供应商和企业自身的整体运作方面来评估。

(3) 综合。各种外来因素会影响到供应商的考核。因此，要综合考虑绩效评估。

2. 供应商绩效考评的目的

供应商绩效考评的主要目的是确保供应商供应的质量，同时在供应商之间比较，继续同优秀的供应商进行合作，以便淘汰绩效差的供应商。通过供应商的绩效考评也可以了解供应商存在的不足之处，并将其反馈给供应商，促进供应商改善其业绩，为日后更好地完成供应活动打下良好的基础。

3. 供应商绩效考评的基本原则

(1) 供应商绩效考评必须持续进行，要定期检查目标达到的程度。当供应商知道会被定期考评时，自然就会致力于改善自身的绩效，从而提高供应质量。

(2) 要从供应商和企业自身各自的整体运作方面来进行考评，以确立整体的目标。

(3) 供应商的绩效总会受到各种外来因素的影响，因此对供应商的绩效进行考评时，要考虑到外在因素带来的影响，不能仅仅衡量绩效。

4. 供应商绩效考评的准备

要实施供应商考评，就必须制定一个供应商考评办法或工作程序，作为有关部门或人员实施考评的依据。实施过程中要对供应商的表现如质量、交货、服务等进行监测记录，为考评提供量化依据。考评前还要选定被考评的供应商，将考评做法、标准及要求与相应的供应商进行充分沟通，并在本公司内对参与考评的部门或人员做好沟通协调。供应商考评工作常由采购人员牵头组织，质量、企划等人员共同参与。

5. 供应商绩效考评的范围

针对供应商表现的考评要求不同，相应的考评指标也不一样。简单的做法是仅衡量供应商的交货质量；复杂一些的除考评交货质量外，也跟踪供应商的交货表现；较先进的系统则是进一步扩展到供应商的支持与服务、供应商参与本公司产品开发等表现，也就是由考评订单履行过程延伸到产品开发过程。

二、供应商绩效评价的准则

为了科学、客观地反映供应商供应活动的运作情况，应建立与之相适应的供应商绩效考评体系。考评供应商绩效的指标主要有以下几类。

1. 提供产品或服务的质量（质量指标）

供应商质量指标是供应商考评的最基本指标，包括来料批次合格率、来料抽检缺陷率、来料在线报废率、来料免检率等，其中，来料批次合格率是最为常用的质量考评指标之一。这些指标的计算方法如下。

$$来料批次合格率 = \frac{合格来料批次}{来料总批次} \times 100\%$$

$$来料抽检缺陷率 = \frac{抽检缺陷总数}{抽检样品总数} \times 100\%$$

$$来料在线报废率 = \frac{来料总报废数}{来料总数} \times 100\%$$

$$来料免检率 = \frac{来料免检的种类数}{该供应商供应的产品总种类数} \times 100\%$$

此外，还有的公司将供应商体系、质量信息等也纳入考评。比如，供应商是否通过ISO 9000认证或供应商的质量体系审核是否达到一定的水平。还有些公司要求供应商在提供产品的同时，还要提供相应的质量文件，如过程质量检验报告、出货质量检验报告、产品成分性能测试报告等。

2. 供货及时性和柔性（供应指标）

供应指标是与供应商的交货表现以及供应商企划管理水平相关的考评因素，其中最主要的是准时交货率、交货周期、订单变化接受率等。

$$准时交货率 = \frac{按时按量交货的实际批次}{订单确认的交货总批次} \times 100\%$$

交货周期：自订单开出之日到收货之时的长度(以天为单位)。

$$订单变化接受率 = \frac{订单增加或减少的交货数量}{订单原订的交货数量} \times 100\%$$

值得一提的是，供应商能够接受的订单增加接受率与订单减少接受率往往不同，前者取决于供应商生产能力的弹性、生产计划安排与反应快慢以及库存大小与状态(原材料、半成品或成品)；后者主要取决于供应商的反应、库存(包括原材料与在制品)大小以及对减单可能造成损失的承受力。

3. 价格方面(经济指标)

供应商考评的经济指标总是与采购价格、成本相联系。质量与供应考评通常每月进行一次，而经济指标则相对稳定，多数企业是每季度考核一次。此外，经济指标往往都是定性的，难以量化。经济指标的具体考核点有：

(1) 价格水平：同本公司所掌握的市场行情比较。
(2) 报价是否及时，报价单是否客观、具体、透明。
(3) 降低成本的态度及行动。
(4) 分享降价成本。
(5) 付款条件。

4. 配合与服务方面

同经济指标一样，考评供应商在支持、配合与服务方面的表现通常也是定性的，每季度一次。相关的指标有反应与沟通、表现合作态度、参与本公司的改进与开发项目、售后服务等。

(1) 反应表现：对订单、交货、质量投诉等的反应。
(2) 沟通手段：是否有合适的人员与本公司沟通，沟通手段是否符合要求。
(3) 合作态度：是否将本公司看成重要客户。
(4) 共同改进：是否积极参与本公司相关的质量、供应、成本等改进项目或活动。
(5) 售后服务：是否积极参与公司的售后服务活动。
(6) 参与开发：参与开发力度和意愿情况。
(7) 其他支持。

5. 供应商考评指标实施细则

供应商绩效管理的主要目的是确保供应商供应的质量，同时在供应商之间进行比较，以便继续同优秀的供应商进行合作，而淘汰绩效差的供应商。供应商的绩效管理同时也是了解供应存在的不足之处，将不足反馈给供应商可以促进供应商改善其业绩，为日后更好地完成供应活动打下良好的基础。

举例说明供应商考评指标实施细则，如表 4-10～表 4-13 所示。

表 4-10 供应商质量与交货考评细则表

批次合格率/%	得 分	准时交货率/%	得 分
100	35	99～100	25
≥99.5	30	95～99	20
≥98.5	25	90～95	15
≥97.5	15	80～90	10
≥95	5	70～80	5
<95	0	<70	0

表 4-11 供应商价格与支持考评细则

价 格	得 分	支 持	得 分
报价合理、具体、透明	2	反应及时、到位	5
价格具有竞争力	12	合作态度良好	3
不断降低成本	2	沟通手段齐备	3
让顾客分享降低成本的利益	2	共同改进积极	5
收款发票合格、及时	2	其他	4
满分	20	满分	20

表 4-12 某供应商月度综合考评报告

细则	总分	某年某月考评各项表现得分											
		1月	2月	3月	4月	5月	6月	7月	8月	9月	10月	11月	12月
质量	35	23	24	24	28	30	33						
交货	25	24	24	23	22	24	24						
价格	20	14	14	14	15	15	15						
支持	20	12	12	12	12	12	12						
总得分	100	73	74	73	79	81	86						

表 4-13 某供应商综合评价表

项 目	评 价				得 分
	A	B	C	D	
商品畅销程度	非常畅销(10)	畅销(8)	普通(6)	滞销(2)	
次品率/%	2 以下(15)	2～5(10)	5～10(6)	10(2)	

续表

项 目	评 价				得 分
	A	B	C	D	
配送能力	准时(15)	偶误(10)	常误(5)	极常误(2)	
供应价格	比竞争店优惠(20)	与竞争店相同(10)	略差于竞争店(8)	与竞争店差距大(2)	
促销配合	极佳(15)	佳(10)	差(5)	极差(5)	
商品品质	佳(10)	一般(8)	差(6)	时常出现坏品(2)	
退货服务	准时(10)	偶误(8)	常误(6)	极常误(2)	
供应商经营潜能	极佳(10)	佳(8)	普通(6)	小(6)	
备注	评价每半年一次，一年两次，取平均得分；得分70分以上的为A，60～70分为B，50～60分为C，50分以下为D；A级供应商年度适当表扬				

三、供应商关系管理

(一)供应商关系管理的定义

供应商关系管理(Supplier Relationship Management，SRM)是用来改善与供应链上游供应商的关系的，它是一种致力于实现与供应商建立和维持长久、紧密伙伴关系的管理思想和软件技术的解决方案，旨在改善企业与供应商之间关系的新型管理机制，实施于围绕企业采购业务相关的领域，目标是通过与供应商建立长期、紧密的业务关系，并通过对双方资源和竞争优势的整合来共同开拓市场，扩大市场需求和份额，降低产品前期的高额成本，实现双赢的企业管理模式。

SRM 实际上是一种以"扩展协作互助的伙伴关系、共同开拓和扩大市场份额、实现双赢"为导向的企业资源获取管理的系统工程。

(二)供应商关系管理的基本内容

1. 需求分析

准确、及时的需求分析是企业制定决策的一个先决条件，在采购方面也是如此。随着供应商队伍专业化的发展，准确、及时的采购可以节省开支，取得市场上的采购优势。采购既要面对生产又要同时满足市场和客户的要求。SRM 能够整合内部和外部资源，建立起高效的组织采购，对自身业务关键性材料或者服务的需求进行战略部署，以减少日常生产运作中意想不到的问题。

2. 供应商的分类与选择

应该确定符合公司战略的供应商特征,对所有供应商进行评估,可以将供应商分成交易型、战略型和大额型。一般来讲,交易型供应商是指为数众多,但交易金额较小的供应商;战略型供应商是指公司战略发展所必需的少数几家供应商;大额型供应商指交易数额巨大,战略意义一般的供应商。供应商分类的目标是针对不同类型的供应商制定不同的管理方法,实现有效管理。这种管理方式的转变,应该首先与各利益相关方进行充分沟通,获得支持。

供应商的评估与选择应该考察多个方面的因素,包括:实力(技术、容量、竞争力等);响应速度(销售服务、质量反映速度、对防范问题的反应以及对改进工作的兴趣等);质量管理(效率、产品设计以及质量保证程序等);时间控制(交货期的长短以及交货是否准时等);成本控制(设计费用、制造费用、维护费用以及运输费用和保管费用等)。SRM可以综合考察供应商各个方面的因素,帮助企业做出准确的分类与选择。

3. 与供应商建立合作关系

确定对各类供应商采用何种关系和发展策略,这可通过几个步骤来进行:首先,与战略供应商和大额增长型供应商在总体目标、采购类别目标、阶段性评估、信息共享和重要举措等各方面达成共识,并记录在案;其次,与各相关部门开展共同流程改进培训会议,发现有潜力改进的领域;再次,对每位供应商进行职责定位,明确其地位与作用;最后,双方达成建立供应商关系框架协议,明确关系目标。在这一部分可以做的工作包括:建立供应商的管理制度;供应商绩效管理;供应商的合同关系管理;采购流程的设计与实施。SRM能够使采购流程透明化,并能提高效率和反应能力,缩短周转时间,提高买卖双方的满意度。

4. 与供应商谈判和采购

根据前面各步骤的工作可以与供应商通过谈判达成协议。SRM能够帮助企业跟踪重要的供应商表现数据,如供应商资金的变化等,以备谈判之用。SRM在采购过程中还可以实现公司内部与外部的一些功能。公司内部的功能包括采购信息管理、采购人员的培训管理和绩效管理、供应商资料实时查询、内部申请及在线审批。公司外部的功能包括在线订购、电子付款、在线招标等。

5. 供应商绩效评估

供应商绩效评估是整个供应商关系管理的重要环节。它既是对某一阶段双方合作实施效果的衡量,又是下一次供应商关系调整的基础。SRM能够帮助企业制定供应商评估流程,定期向供应商提供反馈。供应商的绩效评估流程可以从技术、质量、响应、交货、成本和合同条款履行这几个关键方面进行评估,同时该流程还可以包括相关专家团特定的绩效评估。评估流程的目的在于给双方提供开放沟通的渠道,以增进彼此的关系。同时,供应商也可以向企业做出反馈,站在客户的角度给出他们对企业的看法。这些评估信息有助于改善彼此的业务关系，从而改善企业自身的业务运作。

(三)供应商关系管理的发展

在21世纪，随着资源在全球化范围内调配、企业间业务联盟的进一步发展、供应链业务紧密联系趋势越来越强等，企业与供应商之间的关系变得越来越重要，当企业发现彼此的贡献可以融合成一种新能力和产生综合效益时，使得顾客的忠诚度得以重新建立起来，这隐含着与供应商共享合作与创新。这种与供应商合作创造的市场价值，是业务伙伴合作中的一个重要的问题，就像与客户之间的伙伴关系一样，与供应链上供应商之间的关系也将转变企业间彼此合作的伙伴关系。

传统的企业与供应商的关系是一种短期的、松散的、竞争对手的关系。而当今社会，另一种与供应商的关系模式，即合作模式，越来越受到企业的重视。在这种模式下，采购方和供应商相互视对方为"伙伴"，双方保持一种长期互惠的关系。

(四)防止供应商控制

1. 独家供应的产生

随着供应商伙伴关系的发展，许多企业的某些零部件出现了独家供应的局面。独家供应的优点是采购成本低、效率高；缺点是全部依赖于某一家供应商。独家供应主观方面也具有优势，主要体现在以下方面。

(1) 节省时间和精力，有助于企业与供应商之间加强交流、发展伙伴关系。

(2) 更容易实施双方在产品开发、质量控制、计划交货、降低成本等方面的改进，并取得积极成效。

同时，独家供应会造成供需双方的相互依赖，进而可能导致以下风险。

(1) 供应商有了可靠顾客，会失去竞争的动力及应变、革新的积极性。

(2) 供应商可能会疏远市场，以至不能完全掌握市场的真正需求。

(3) 企业本身不容易更换供应商。

2. 防止供应商控制的方法

采购方可以找到一些行之有效的反垄断措施：全球采购；再找一家供应商；增强相互依赖性；更好地掌握信息；利用供应商的垄断形象；注意业务经营的总成本；让最终客户参与；一次性采购；协商长期合同；与其他用户联手；未雨绸缪、化解垄断。

具体做法：虚实相结合的采购策略；多层接触，培养代言人；营建一流的专业采购队伍等。

习 题

一、判断题

1. 按企业与供应商之间的关系大致可以分为五种：短期目标型、长期目标型、渗透型、联盟型、纵向集成型。（   ）
2. 按供应商的重要性分类，可分为伙伴型供应商、优先型供应商、重点型供应商、商业型供应商。（   ）
3. 企业在选择供应商时，当采购商品的质量与交付时间均能满足要求时，则通常采用采购成本比较法进行。（   ）
4. 在选择供应商时，当采购时间紧迫，投标单位少，供应商竞争不激烈，订购物资规格和技术条件比较复杂时，采用协商选择方法比招标方法更为合适。（   ）

二、单项选择题

1. 供应商评选的操作步骤第一步是(   )。
   A. 建立供应商评选小组   B. 分析市场竞争环境
   C. 评选供应商   D. 实施供应链合作关系
2. 由采购单位提出招标条件，各投标单位进行竞标，然后采购单位决标，与提出最有利条件的供应商签订协议，这种供应商选择方法称为(   )。
   A. 直观判断法   B. 评分法   C. 采购成本比较法   D. 招标采购法
3. 供应商综合评价指标体系的各种要素中，第一位的是(   )。
   A. 价格   B. 交货时间   C. 质量   D. 信誉和服务
4. 对供应商的供货、质量、价格等进行表现跟踪、考核和评比，是属于供应商评审方法中的(   )。
   A. 供应商选择评估   B. 供应商绩效考评
   C. 供应商质量评审   D. 供应商资格审查

三、多项选择题

1. 依据供应商对本单位的重要性和本单位对供应商的重要性分析，供应商可以分为(   )。
   A. 伙伴型供应商   B. 行业领袖型供应商   C. 优先型供应商
   D. 重点型供应商   E. 商业型供应商
2. 按80/20规则分类，供应商可以分成(   )。
   A. 重点供应商   B. 专家级供应商   C. 普通供应商
   D. 行业领袖供应商   E. 量小品种少供应商
3. 按供应商的规模和经营品种分类，供应商可以分成(   )。
   A. 专家级供应商   B. 低产小规模的供应商   C. 普通供应商

D. 行业领袖供应商　　　　E. 量小品种多的供应商
4. 传统的物资采购管理目标是"5R",它是适当的质量、适当的价格以及(　　)。
　　A. 适当的时间　　　　B. 适当的数量　　　　C. 适当的预算
　　D. 适当的控制　　　　E. 适当的供应商

附录　供应商初步调查问卷(样卷)

1. 供应商基本情况

供应商名称：_____；地址：_____；电话：_____；

传真：_____；网址：_____；电邮：_____；

总经理：_____；业务联系人：_____；手机：_____；电邮：_____．

(1) 成立时间：__年__月,注册资本_____元,公司性质：____,合作方_____。

(2) 工厂占地____m²,建筑面积____m²,厂房____(□自有;□租赁；____)。

(3) 员工总数__人,生产工人___人,技术人员__人,高级职称__人,中级__人。

(4) 公司组织结构图如何? (请提供附件)

(5) 公司整体运营流程图如何? (请提供附件)

(6) 年正常生产___天,每天生产班次平均____班,各班生产时间___小时/天。

(7) 主打产品是___,出口比例__%,前年产量___,去年产量___,今年产量___。

(8) 工厂设计产量_____,现有产量_____;比例为____%。

(9) 最大客户是_____公司,年供应量___,占总产量__%,交货周期__天。

(10) 最大供应商是____公司,供应的产品是___,年供应量___,发货周期__天。

2. 供应商质量体系

(1) 质量方针/政策是_____。

(2) 质量代表是_____,职位_____,手机_____。

(3) 质量管理体系结构图如何? (请提供附件)。

(4) 是否已通过 ISO 9002 认证? □是(提供证书附件);□否(计划何时)。

(5) 今年质量目标主要是_____。

(6) 来料按_____标准执行,主要指标是_____。

(7) 是否有质量实验室,□无;□有(主要检验设备是_____)。

3. 供应商生产计划与物料管理

(1) 企划部、生产部、采购部、销售部的关系框架任何? (请提供附件)

(2) 生产计划__人,物料管理__人,客户服务__人,储运操作__人。

(3) 接单、安排生产、交货的主要流程如何? (请提供附件)

(4) 打样__天,首份订单交货周期为__天,正常业务交货周期____天。
(5) 在制品库存__天;成品库存__天;安全库存___天,最低库存__天。
(6) 本地原材料采购周期__天,占总原材料__%,原材料库存__天。
(7) 进口原材料进口周期__天,占总原材料__%,原材料库存__天。
(8) 是否有最小生产批量?□无;□有(最小批量是_____)。
(9) 确认订单需要__h。
(10) 采用了哪些软件系统?□MRP;□MRPII;□BPCS;□ERP;□SAP;□其他。

4. 供应商生产技术、工艺水平、工程能力

(1) 开发工程部的功能架构图如何?(请提供附件)
(2) 产品研发__人,工艺__人,工程师__人,其他技术员__人。
(3) 自己设计的产品主要有_____,工具模具有_____。
(4) 自己设计制作的设备有_____。
(5) 新产品的开发周期为_____天。
(6) 是否有客户参与产品或工艺的开发?□无;□有(请提供记录)。
(7) 是否有供应商参与产品或工艺的开发?□无;□有(请提供记录)。
(8) 应用的设计软件是_____,其功能是_____。
(9) 设备利用率是__%,设备故障率是__%。
(10) 模具制造维修主要设备设施有_____。
(11) 技术人员年流失率__%,管理人员年流失率__%,生产工人年流失率__%。

5. 供应商环境管理情况

(1) 环境方针/政策是_____。
(2) 环境管理代表是_____先生/女士,手机_____。
(3) 是否已通过 ISO 14001 认证?□是(提供证书附件);□否(计划何时____)。
(4) 今年环境管理的主要目标是_____。
(5) 是否已对公司的产品设计/工厂建设进行了环境影响的评估?
□是(请提供记录);□否(计划何时____)。
(6) 产品中是否含有贵重金属?　　　　□否;□是(含量是__%)。
(7) 包装材料能否循环使用?　　　　　□否;□能。

用户对该供应商的基本情况调查结果/供应商评审委员会初步意见
□　优秀供应商　　□　良好供应商　　□　一般供应商　　□　不合格供应商
评审人签名:____　日期__年__月__日;核定人签名:____　日期__年__月__日
采购员签名:____　日期__年__月__日;采购经理签名:____　日期__年__月__日

第五章　仓储管理概述

学习目标：

- 了解国内外仓储发展历程。
- 理解仓储的功能、仓储的不同分类。
- 掌握仓储管理的定义、仓储管理的基本内容、仓储作业过程。

【案例导入】

随着互联网的普及，电商得到快速发展，物流行业作为服务型产业在我国快速崛起。物流行业在现代化、自动化、智能化的引领下迅猛发展，其中仓储管理已是影响物流行业未来的重要因素。

在全球一体化大背景下，经济的发展决定了物流业的发展，京东、阿里等电商巨头将无人仓作为重要发力点之一，无人仓在物流仓储作业中的作用是毋庸置疑的，与传统模式相比，在成本、效率、体验上可谓是现代物流的一种升级。2017 年京东呈现了全球首个全流程无人仓，正式建成并投入使用，对于仓储管理乃至整个物流领域都具有跨时代意义。京东仓储的主要管理服务就是京东云仓，并且京东物流联合第三方仓储管理的供应商，以京东的仓储标准给供应商提供仓储管理服务。

一、京东现代物流概述

京东仓储管理是利用京东自建的仓储管理系统和资源，对企业信息进行整合管理和结合仓储信息系统进行快速融合，从而发挥京东自建仓库的优势，降低仓储成本以满足仓储服务要求。京东的仓储资源是通过开放自建仓库资源，利用仓储管理系统对企业量身定制仓储规划来解决企业的仓储问题。为了实现物流信息化管理，京东物流投入大量的人力、物力和财力，在 2014 年顺利建成并投入使用上海"亚洲一号"自动立体库之后，2017 年建成了京东全流程无人仓，实现了集自动化、信息化于一体的物流系统。现代物流行业运作的根本目标就是在成本最低、效益最大的情况下更好地服务于客户，其中仓储管理是现代物流的中流砥柱，因此，京东自建的现代物流模式与仓储作业方法引起了社会各界的关注。

二、京东现代物流仓储管理的现状以及存在的具体问题

京东依靠自营仓储管理，获得了到货的时效和极致的客户体验，树立了良好的形象，吸引国内外企业的参考和借鉴。

1. 京东现代物流仓储管理的现状

京东在上海亮相的上海"亚洲一号"，由京东开发并拥有自主知识产权，实现自动化已达到 90%以上，随后各大电商巨头都相继亮相自己的无人仓，但无人仓的技术和设备仅仅

停留在手自一体化的水平，未能真正实现全流程无人操作。直至2017年10月，京东物流公布了自建的全流程无人仓，再次向物流领域展示出强大的实力。这是在继武汉亚一小件无人仓、华北物流中心AGV仓和无人分拣中心投入使用之后，应用无人仓进行全流程无人化、自动化入库、储存、补货、包装、分拣的技术。

京东现代物流模式下的仓储管理是在降低物流运作成本、提供优质服务的前提下还坚持走可持续发展的绿色物流道路。京东的无人仓可以智能化精确计算耗材并推荐合适的包装尺寸，坚持不浪费一厘米包装材料的原则，基于海量的数据，通过算法分析、判断商品的大小形状，指导机器人高效作业，使"小商品大包装"的材料浪费问题和"大商品小包装"的包装不当问题得到了有效解决，智能耗材算法的精确使用，每厘米纸箱的节省，让企业的成本有效地降低了，而且更符合低碳理念。对于京东自身规模经济来说，既是一种技术创新，更是成本上的节约，让消费者感觉到京东在包装上不铺张浪费，而且还能给消费者包装上的视觉美。

京东的云仓是一种合作型的仓储服务模式。云仓能够把闲置的库房运用起来，给上游供应商统一提供仓储管理和订单系统，提供了优质社会化仓储资源，有效地利用了闲置的仓储资源。云仓能够与各个行业的供应商进行合作，是基于京东无人仓强大的基础设施能力，协助商家提升物流服务的能力，商家不因电商节潮汐式的订单暴涨而建立大量仓库，而且还能把京东在仓库储存方面的问题解决好，充分利用无人仓的技术和服务。我国政府对仓储管理业越来越重视，商务部、财政部、国家标准委三部门围绕京津冀区域开展物流标准化试点，以打造高效、快捷的智能化物流体系。中国物流协会根据"十三五"规划对未来物流行业的智慧物流提出了新的构想，仓储管理也呈现出良好的发展势头，在资金的投入、技术的引进方面加大了力度，使得仓储管理行业获得较快发展。计算机网络化管理、零库存管理和整合化管理等技术也开始逐渐被大型企业应用。现代物流作业在技术标准、操作安全指数的设定方面都为物流仓储业稳步走向更好的明天打下坚实的基础。

2. 京东现代物流仓储管理存在的具体问题

1) 仓库基数大、分布不合理

在基于仓库数量庞大的环境下，仓库的分区布局显得尤为重要。分区布局是为了更好地进行出库、入库等。但是仓库的分区布局不合理，对于入库的货物没有一个明确货位，对于即将出库的货品没有一个明确的目标。造成仓库内工作混乱，效率大打折扣。

2) 仓储管理现代化技术有待普及

无人仓的自动化、智能化技术在京东已经得到很好体现。在机器人技术、人工智能算法还有精准的自动识别技术方面均已领先世界水平。然而，面对形式多样的商品包装，无人仓只能完成单一动作的自动化和计算智能化，这就显得效率不高。

3) 专业仓储管理人才不足、素质有待提高

仓储业的发展活力来源于具有专业素质的技术人才，并且倾向于适应力强的技术人才，急需具有一定学历的仓储管理人才，而目前我国这方面的人才很是稀缺。就仓储管理行业看

来，从事仓储物流的管理人员和操作人员普遍学历不高、素质较低，面对烦琐的工作环境，易产生负面情绪。

4) 在面对仓储管理无人化、智能化条件下京东员工的就业问题

尽管京东管理层保证了京东员工不会因为京东自动化、无人化而让自己的兄弟失业，但是在机器人研发逐渐完善、成本投入与效率显现出规模效应时，对于企业的发展，京东将会在承担社会责任与成本优势上做出抉择。

(资料来源：吴爱萍，徐志灵，曾文怡. 京东现代物流模式下的仓储管理[J]. 市场研究，2018(08):44-46.)

思考题：
京东仓储管理怎样完善才能更好地发展呢？

第一节　仓储发展简介

近年来，"去库存"成为企业乃至国家、社会的热门话题。大家充分认识到"库存"的重要性。与之相对应的仓储，则成为需要学习的重要方面。

一、仓储概述

仓储是商品流通的重要环节之一，也是物流活动的重要支柱。在社会分工和专业化生产的条件下，为保证社会再生产过程的顺利进行，必须储存一定量的物资，以满足一定时期内社会生产和消费的需要。

"仓"即仓库，是仓储活动的主体，是专门存放物品的场所，可以是房屋建筑、洞穴、大型容器或特定的场所，具有存放和保护物品的功能；"储"即储存，以备使用，有储存、保管和交付使用的意思。

"仓储"的一般定义：根据市场和客户的要求，为确保货物的不损耗、变质和丢失，以及为调节生产、销售和消费活动，确保社会生产、生活的连续性，而在仓库内对原材料等货物进行储存、保管、装卸搬运、分拣组合、包装、流通加工等一系列作业活动。

现代仓储业是以仓储业务为主，提供货物储存、保管、中转等传统仓储服务，同时又能够提供流通领域的加工、组装、包装、商品配送、信息分析、质押、监管、融资等增值服务，以及仓库基础设施的建设租赁等业务的仓储型物流企业集群。

传统仓储管理主要体现的是对物品的管理，体现出静态的特性；现代仓储管理更注重满足客户需求、高动态响应和低成本等的管理。现代仓储是在经济全球化与供应链一体化背景下的仓储，是现代物流系统中的仓储，是以满足供应链上下游的需求为目的，在特定的有形或无形的场所，运用现代技术对物品的进出、库存、分拣、包装、配送及其信息进行有效地计划、执行和控制的物流活动。

仓储业基本可划分为两大业态,即仓储服务业和仓储地产业。

仓储服务业就是利用自建或租赁的仓库为货主企业提供专业化的仓储服务。其核心是提高服务质量和增值服务的水平。

仓储地产业主要定位于建设与租赁仓库,一般不提供仓储服务。其核心业务是建设和租赁仓库,并提供相应的技术服务和设施维护服务等。

二、我国仓储业的发展历程

(1) 古代仓储业。中国古代商业仓库是随着社会分工和专业化生产的发展而逐渐形成和扩大的。中国古代的"仓廪"是指古代存放谷物和米的场所。"邸店"可以说是商业仓库的最初形式,但由于受到当时商业经济的局限,它既具有商品寄存性质,又具有旅店性质。随着社会分工的发展和交换的不断扩大,"塌房"从"邸店"中分离出来,成为带有企业性质的商业仓库。

中国最大的古代粮仓——洛阳含嘉仓,建于隋炀帝大业元年(605年)。

对于仓储的管理思想:秦代有专门的仓律;汉代的常平仓制度,设有专门的会计簿册,成为后世封建王朝沿用的主要仓储制度。我国古代仓储系统最发达和完善的是清代。

(2) 近代仓储业。19世纪的商业仓库叫作"堆栈",指堆存和保管物品的场地和设备。堆栈业初期的业务只限于堆存货物,物品的所有权属于寄存人。

(3) 社会主义仓储业。新中国成立后,我国政府采取对口接管改造的政策发展仓储业。例如,铁路、港口仓库由交通运输部门接管;物资部门仓库由全国物资清理委员会接管;私营库由商业部门对口接管改造;外商仓库按经营的性质,分别由港务、外贸、商业等有关部门接管收购。

(4) 现代化仓储业。我国从20世纪70年代开始建造自动化仓库,而后又普遍采用电子计算机辅助仓库管理,仓储业进入了现代化发展的新阶段。

三、发达国家现代仓储业的发展情况

(一)美国仓储业

(1) 美国的仓储业与其整体物流业一样,社会化水平较高。美国的仓储业是随着工业的发展而逐步壮大起来的,现已成为一个相对独立的行业。目前作为在流通领域为工业生产服务的仓库,公共仓储公司发展迅猛。这种发展不仅是公司数量的增加,而且是公司规模的扩展。一些大型仓储公司在美国主要地区都建立仓库,设立分公司,一个仓库就是一个配送中心。

(2) 美国仓储行业普遍推行系统化、程序化、现代化管理,使仓储系统运行达到经济、高效。在管理上,仓储公司把分散在美国各地的仓库视为统一体,进行系统规划、设计和控制,以谋求整体的高效率、高效益。值得指出的是,美国的流通仓库中,90%的仓库采用托盘-叉车-货架形式的存储搬运设备(货架层间的间距可以调整),而且以经济效益和生产率的高低为依据来决定对自动化先进设备的取舍,不盲目采用。在制订作业计划时,非常强调把握生产率和灵活机动性这两个环节,并注意充分利用现有工具,使之达到最优化。

(3) 美国仓储行业高度重视服务质量,实现全方位客户服务。仓储公司把服务质量视为赖以生存和发展的根基,从而赢得了广泛的赞誉。仓储公司提供的最基本服务有加工、配送和信息等。美国公司常把仓库中的流通加工誉为一种"市场技术"。仓库加工都是根据用户要求进行的,如分解包装后再贴上标签,或把汇集的货物重新组合包装等,这也是配送服务所必需的。配送除需满足按时按量地把所需货物送到用户手中这一基本要求外,还要考虑物流成本问题,尤其是对远距离配送,不但要尽可能地满载,而且要求回程不空驶。

(4) 美国仓储行业的另一个显著特点是人员素质较高,非常重视人力资源管理。激烈的市场竞争,促使仓储公司非常重视质量管理;而质量管理的关键又在于人员质量,即员工的素质和工作责任心。为此,仓储公司一方面采取措施,提高员工素质,增强工作责任心;另一方面,努力创造稳定人心、高效率工作的环境与条件。提高员工素质,首先是严把招聘关;其次是培训和再培训。招聘员工时要对其进行严格测试(包括职业道德、文字及统计知识等方面)和体检,考核过关后还要培训、跟班实习,直到其能独立工作。独立工作后仍然要跟踪观察、评估,以便继续训练与提高。

以上这些特点,都使美国的仓储业水平随着物流业的发展而不断提高。

(二)日本仓储业

目前日本仓储业、物流业信息化程度较高,运作模式、运作效率和管理效率较为突出。日本物流业和仓储业发展阶段如下。

1. 日本本土物流概念的形成阶段(1956—1964 年)

1956 年,日本政府派出日本流通技术考察团考察美国的运输配送体系,而在 1958 年,日本政府组织了流通技术考察团对国内的物流状况进行了考察。在 1964 年之前,日本国内将物流相关活动称为 PD(Physical Distribution),在 1963 年年底前后,"物的流通"概念开始在日本国内出现,1964 年 6 月日本日通综合研究所所长金谷璋的"物的流通的新动向"演讲正式确立了"物的流通"的本土化概念。在这个时期,日本正式开始推动除了生产销售外的第三种成本的控制与削减,即对物流成本的控制与削减,因此,"物的流通"已经将"保管""在库管理"等仓储作业活动纳入考虑范围之内。

2. 物流仓储业高速发展时期(1965—1981 年)

这个时期,日本经济增长的总体特性表现为长期的高速增长,这与我国仓储过去十多年的发展相似,当时日本国内生产和销售额均大幅上涨,相应地,物流设施建设在这个时期也得到了极大推进。1965 年,日本政府在《中期五年经济计划》中强调要实现物流现代化,日本大兴高速公路、港湾、流通聚集地等设施的建设。伴随着政府的推进，各地的厂商也积极响应政府，投资物流体系的建设。在两方面的共同努力下，日本国内各物流中心新建了很多仓库。然而，虽然仓库的量上去了，但是基于"人工"的仓储管理系统无疑是非常低效的，使得仓库建设的蓬勃发展依然跟不上生产和销售扩大的需要。为此，日本国内开始在仓储业推动自动化、机械化的建设，通过引进货台、叉车等装备来提升效率，开发单位货物装卸系统来促进出入库作业。

3. 物流合理化阶段(1982年至20世纪90年代末)

自1981年的"仓库自动化国际会议"以来，日本国内推行基于网络的仓储管理系统的发展，在这一时期，日本经济进入了成熟期，"日本物流协会"也于1983年成立。鉴于经济的成熟，社会增长放缓，与物流相关的学术活动明显增多，同时，日本也开启以系统整体观点为主的新一轮降低物流成本运动，此时仓储管理作为物流的一部分正式登上企业管理的舞台。到了此阶段的后期，日本经济泡沫破灭，日本社会的生产经营模式迎来了重大变革，个性化、多品种和小批量的产品策略成为该阶段的生产经营主流，这使得物流服务竞争激化，市场中物流成本开始上扬，也成为这个时期的问题与挑战。

1996年日本政府制定了《综合物流施策大纲》，在大纲中指出未来日本物流业和仓储业的方向是：①信息化的推进；②物流技术的开发；③物流人才的培育；④物流服务的开展；⑤国际化的对应；⑥包装机械化、在库管理数码化的推进；⑦整体系统化的加强；⑧社会资本的充实；⑨规格化、标准化的推进；⑩共同化、协作化的推进。由此引发了日本仓储业乃至整个物流业的新一轮革新。

1997年财政年度末，日本全国有3729家仓储经营企业和3600万平方米的仓储面积，相较于1988年，增长比例分别达到了31%和46%，同时物流量趋于平缓。

4. 进入21世纪后日本仓储业的发展

进入21世纪后，日本仓储业的主要议题为：规划更有效的商品配送；应对进口量的增加；进一步发展信息和自动控制系统。经过十多年的发展，日本仓储业已经完成大部分的目标，日趋规范。

四、我国现代仓储的发展阶段及现状

(一)仓储活动的发展进程

我国现代仓储业经历了一个由简到繁、由零散到系统，再到比较完善的发展过程。归纳起来，仓储的发展大致经历以下五个阶段。

(1) 人工仓储阶段。该阶段物资主要是就地堆码储存，人工搬运，机械设备较少，作业效率低。

(2) 机械化仓储阶段。该阶段物资的储存、输送、管理与控制等主要通过机械辅助完成。物资储存主要用货架、托盘来实现；物料输送主要通过搬运车、输送机、吊车、机械手、堆垛机和升降机等完成；用限位开关、螺旋机械制动和机械监视器等控制设备的运行。机械化满足了人们对速度、精度、高度、重量、重复存取和搬运等方面的要求，实时性和直观性是明显优点。

(3) 自动化仓储阶段。20 世纪 50 年代末以来，自动导引车(AVG)、自动货架、自动存取机器人、自动识别和自动分拣等系统在仓储作业中得到广泛使用。到 20 世纪 70 年代，旋转体式货架、移动式货架、巷道式堆垛机和其他搬运设备都加入了自动控制行列。这些自动化设备只在仓库的局部使用，还未做到在整个仓库系统衔接，被称为"自动化孤岛"。

(4) 集成自动化仓储阶段。随着计算机技术的发展，局部自动化的设备被衔接成为自动化系统，原来的"自动化孤岛"变成了"集成自动化系统"，利用计算机及时地记录订货、到货时间，显示储存位置库存量，进行储存计划和决策，准确把握货物的入库、出库作业，整个系统的有机协作使总体效益和生产的应变能力大大提高。自动化立体仓库就是集成自动化在仓储环节中的有效运用。

(5) 智能化仓储阶段。近些年，自动化仓储进一步与其他信息决策系统集成，朝着智能和模糊控制的方向发展，形成了人工智能仓储技术，即智能化仓储。随着物联网技术的发展，智能化仓储必将具有广阔的应用前景。

(二)我国仓储业的现状

仓储是商品流通的重要环节之一，也是物流活动的重要支柱。我国仓储业是国民经济的重要组成部分，为国家大政方针的顺利实施起到了举足轻重的作用。

1. 2018 年仓储行业经济地位日益重要，占物流费用比例和 GDP 比例稳步上升

仓储在国民经济中占有重要的地位和作用。近年来，仓储业占社会物流总费用的比例和仓储占 GDP 的比例都随着仓储业的发展而不断上升，仓储业在整个经济运行中的地位逐年提高。2017 年全国社会物流总费用 12.1 万亿元，其中保管费用 3.9 万亿元，管理费用 1.6 万亿元，仓储费用是为储存保管一定数量的商品物资所支出的仓储保管费用和应负担的企业管理费用的总和，因此 2017 年仓储费用占社会物流总费用的 45.5%，占 GDP 的 6.65%。2018 年上半年社会物流总费用 6.1 万亿元，仓储费用为 3 万亿元，仓储费用占社会物流总费用的 49.2%，占 GDP 的 7.16%，如图 5-1 和图 5-2 所示。

2. 仓储行业进入成熟期，固定资产投资首次出现下降

有数据显示，2017 年仓储业固定投资额为 6855.78 亿元，同比下降 1.83%，首次出现负增长，同年物流业(含交通运输、仓储和邮政业)固定资产投资总额增幅为 14.8%，全社会固定资产投资额增幅为 7.2%，如图 5-3 所示。据究其原因是由于仓储业投资连续十年大幅增长，

仓储设施日趋饱和，业内投资转向库内末端节点建设的功能完善、信息化、智慧化(云仓储、大数据、物联网)等方面，导致投资增幅趋缓。

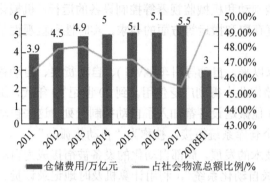

图 5-1　2011—2018 年上半年仓储费用占社会物流总费用的比例(单位：万亿元、%)

图 5-2　2011—2018 年上半年仓储费用占 GDP 的比例(单位：%)

图 5-3　2011—2018 年仓储业固定资产投资额走势(单位：亿元、%)

3. 2020 年仓储行业稳中向好格局将继续延续

中国物流与采购联合会发布的 2018 年 11 月中国物流业景气指数为 55.9%，较上月回升 1.4 个百分点；中国仓储指数为 54.6%，较上月回升 2.9 个百分点。11 月份，物流仓储业景气指数再次攀升高位，显示出供应链上下游采购销售活动更加活跃，市场需求回升态势进一步巩固。

中国物流和采购联合会与中储发展股份有限公司联合调查的 2019 年 8 月中国仓储指数为 54.3%，较上月回升 4.5 个百分点。各分项指数中，除主营业务成本指数、业务活动预期指数较上月有所回落外，其余指数均有不同程度的回升。由 21 类商品组成的 2019 年 8 月期末库存指数为 54.6%，较上月回升 4.2 个百分点，库存水平再次上升。分品种来看，生产资料类商品中，钢材、建材等商品库存较上月有较大幅度回升。有色、化工、石油、机械设备等商品库存较上月有所回落；生活资料类商品中，医药类商品库存较上月有所回升，食品、纺织品、农副产品、日用品库存较上月有明显回落，如图 5-4 所示。

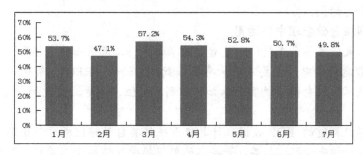

图 5-4 2019 年 1—7 月中国仓储指数走势

(数据来源：中物联；中商产业研究院整理)

从 2018 年和 2019 年中国仓储指数和物流指数走势来看，2020 年国内宏观经济发展质量有望继续提升，互联网+高效物流快速发展，在此背景下，我国仓储行业的运行环境将会继续优化，行业稳中向好的格局将会延续。

(三)中国仓储业未来十大发展热点

在我国经济持续、稳定、高速发展的背景下，我国仓储业未来发展的热点可概括如下。
(1) 仓储资源的深度整合与仓储网络优化，仓储业将进入大调整、大整合、大重组时期。
(2) 仓储业信息化与电商仓储在"互联网+"战略推动下有望取得重大进展。
(3) 仓配一体化与城乡共同配送将向深度和广度发展。
(4) 以仓库屋顶光伏发电、电商物流绿色包装、绿色仓储和配送技术与产品推广运用为标志的仓储配送与包装绿色化发展迎来契机。
(5) 库存管理与供应链优化成为仓储企业的发展目标之一。
(6) 以托盘循环共用为核心的商贸物流标准化推广实施进一步扩大。
(7) 低温仓储与冷链物流系统建设结合，建设针对性、适应性强的各种类型的冷链物流网络体系。
(8) 中药材仓储网络建设提速。
(9) 金融仓储保持规范持续发展。
(10) 危险品仓储在建立健全监管体制和机制等措施下将获得有序发展。

【案例分析 5-1】

物联网在仓储管理的应用

作为第三利润增长点的物流，在国民经济中有着举足轻重的地位，是商品供应链中至关重要的一个环节，而仓储管理又是现代物流的支柱环节。仓储管理的活动中会产生大量具有数据操作频繁、信息内容复杂的信息，如何利用这些信息降低存货投资，加强存货控制与监管，提高空间、人员、设备的使用率以及缩短入库、出库的时间流程等，都是企业降低成本和提高自身竞争力的关键。

一、物联网在仓储管理中的运用

物联网由三大技术体系支持：一是智能技术体系；二是感知技术体系；三是通信与网络技术体系。在智能仓储中，主要采用传感器、激光、语音、RFID、条码、蓝牙、红外和视频监控等感知技术，对仓储货物实现感知、识别、定位、计量、监控和分拣等。

1. 入库

公司接到客户到货的 EDI 数据，计算机系统将其自动转化成可以识别的数据进入数据库，并对物品进行预先分配、归类，等待本地数据接受反馈后予以确认。每个货物入库前都会被安置一个终端设备，该终端设备存储着对应货物的型号、理化性质等信息，货物到达仓库之后，当贴有电子标签的产品经过装有读写器的大门时，数据会被自动采集，对产品进行归类。

2. 出库

接收到客户发货的 EDI 订单时，主机在仓库中选定货物所在库区，操作人员根据物联网数据显示，手持阅读器，去货物架分拣货物，同时刷新物联网上的货物架数据，进行数据记录，把货物发送出库，同时，向客户发出送货通知，收到客户确认收货的 EDI 之后，在物联网上正式确认该货物出库。

3. 产品追踪

由于物联网技术的快速发展，很多企业都有自己在网上的物流平台，全面向客户公开，客户可以根据订单号在托运的物流公司的网站上查询货物输送情况，实行货物追踪，防止货物失窃，保证货物安全抵达。

4. 在库盘点

货物被储存到指定的库区之后，主机会重新确认货物分配归类是否正确，经过检查无误后，把货物信息存储进物联网，主机可以随时通过物联网更新货物的存储信息，随时在库盘点。

5. 货物数量调整

主机会定期对货物的数量进行清算、盘点，当货物的数量低于或者高于警戒值时，物联网会及时提醒仓管人员进行货物的增补及出库，保证货物处于正常数值。同时，物联网还会根据网上的存货信息，根据货物储存时间长短安排货物出货顺序的先后，保证货物不会堆积在仓库太长时间以至于被忽略。

二、物联网在仓储管理中的运用案例

物联网自诞生之后，欧美、日韩等国家纷纷制定与物联网相关的信息技术发展战略，各大公司都加强对物联网在仓储管理中的运用。例如，沃尔玛公司已在 2006 年采用射频识别(RFID)技术，该技术使商品出库时，可以通过读写器识别标签，不需要人工进行识别，读写器只要 250ms 就可以从射频标签中读出商品相关数据与位置，这比传统扫描方式要快 1000 倍。

我国的物流公司关于物联网在仓储管理中的运用也有不同程度的发展。例如，一直处于

信息化管理方面前列的安得物流，利用物联网自主设计出 ALIS，即安得物流供应链信息管理系统，它包括供应商、客户和安得三大平台，涵盖了电子商务、计划、配送、接口、订单、核算、仓储、运输、报表、决策分析等功能模块。在运用过程中追求信息准确性、完整性和实时性，ALIS 安得平台的内部管理的有效手段是网络办公功能，通过集成短信、文件审批、资源管理和知识管理等功能，对公司信息的快捷传递起到了十分重要的作用，强化了物联网在仓储管理中的运用。

自 2006 年开始，安得物流在基于自主开发安得物流供应链信息管理系统的基础上，开发了"物流供应链全程可视化智能管理系统开发与应用"项目，得到相关专家的高度评价。该项目分为三个层面。

1. 可视化仓储管理

安得物流在公司总部设立了监控中心，实现对所有仓库的集中监控管理，及时提供了有效的第一手可靠信息。

2. 可视化订单管理

使用可视化订单系统，不仅实现了订单的跟踪、记录了物品的使用现状和来源，还有效地帮助制订生产计划和安排生产，防止零配件的多装、漏装、错装，实时统计车间数据，监控物料、在制品与成品的生产状态和质量状态，加强仓储管理。

3. 车辆管理

安得物流的信息平台利用全球定位、人工智能等技术实现对运输过程中车辆和货物的有效管理与监控，打破了物流管理中对货运车辆管理的盲点，达到信息的透明化、可视化。

(资料来源：董蕾. 浅析物联网在物流仓储管理中的运用[J]. 现代经济信息，2017(12): 316.)

第二节　仓储的作用、分类与功能

一、仓储的作用

1. 仓储是现代物流中不可缺少的重要环节

物流过程可以看作是由一系列连接"供给"和"需求"的活动组成的。供给和需求之间，既存在实物的"流动"，同时也存在实物的"静止"。静止状态即是将实物进行储存，实物处于静止是为了更好地衔接供给和需求这两个动态的过程。当供给和需求节奏不一致时，生产的产品不能立即消费，或者有需求却没有产品来满足时，这种情况就需要通过储备，将不能即时消费的产品储存起来，以满足以后的需求。

2. 仓储能对货物进入下一个环节前的质量起保证作用

在仓储环节对产品质量进行检验，能够有效地防止伪劣产品流入市场，既维护了消费者的权益，也在一定程度上维护了生产厂家的信誉。通过仓储来保证产品质量，主要有两个环节：一是在货物入库时进行质量检验，看货物是否符合仓储要求，严禁不合格产品混入库场；二是在货物的储存期间，要尽量使产品不发生物理及化学变化，尽量减少库存货物的损失。

3. 仓储是保证社会再生产过程顺利进行的必要条件

货物的仓储过程，不仅是商品流通过程顺利进行的必要保证，也是社会再生产过程得以进行的必要条件。

4. 仓储是加快商品流通、节约流通费用的重要手段

虽然货物在仓库中进行储存时处于静止的状态，会带来时间成本和财务成本的增加，但从整体上来看，它不仅不会带来时间成本和财务成本的增加，相反它能够帮助加快流通并节约运营成本。仓储能够有效地降低运输和生产成本，从而带来总成本的降低。

5. 仓储能够为货物进入市场做好准备

仓储能够在产品进入市场前，完成整理包装、质检和分拣等程序，这样就可以缩短后续环节的工作时间，加快产品的流通速度。

二、仓储的分类

仓储的分类有多种方式。

(一)按用途分类

1. 企业自营仓储

企业自营仓储是用于生产、流通过程中的自用仓储，不对外经营。其特点是规模小、数量多、专用、设施简单。

2. 营业仓储

营业仓储属于专业仓储，能提供仓储服务或场地租赁服务，收取仓储费用；在提供服务时，需订立仓储合同。

3. 公共仓储

公共仓储一般是公共事业单位的公用配套设施，具有内部服务的性质，可为车站、码头的运输和作业服务。有些具有营业仓储的性质，但无仓储合同，仓储费包含在运费中。

(二)按仓储功能分类

(1) 生产仓储。生产仓储是为生产服务的仓储。
(2) 流通仓储。流通仓储是为流通服务的仓储，可存放待售商品，进行批零等业务。
(3) 中转仓储。中转仓储是衔接不同运输方式的仓储，多位于交通枢纽地带，货物能大

进大出，储期较短，注重效率。

(4) 保税仓储。保税仓储是使用海关核准的保税仓库，存放保税货物的仓储行为。保税货物主要是暂时进境后还需要复运出境的货物，或者海关批准暂缓纳税的进口货物。其特点是进而复出或暂缓纳税。暂时入境时，海关予以缓税；常位于进出境口岸附近，由海关直控。

(5) 加工式仓储。具有保管功能，同时根据需求可以提供加工服务。

(三)按仓库功能分类

(1) 储存仓库。储存仓库是以储存为主的仓库。

(2) 配送中心。配送中心是具有发货、配送和流通加工功能的仓库。

(3) 出口监管仓库(Export Supervised Warehouse)。

出口监管仓库是指经海关批准设立，存放已按规定领取了出口货物许可证或批件，已对外买断结汇并向海关办完全部出口海关手续的货物的专用仓库。出口监管仓库可以存入：①一般贸易出口货物；②加工贸易出口货物；③从其他海关特殊监管区域、场所转入的出口货物；④出口配送型仓库可以存放为拼装出口货物而进口的货物，以及为改换出口监管仓库货物包装而进口的包装物料；⑤其他已办结海关出口手续的货物。

(4) 自动化仓库。自动化仓库是由计算机进行管理和控制，无须人工搬运作业而实现出入库作业的仓库。

(5) 立体仓库。立体仓库是采用高层货架配以货箱或托盘储存货物，用巷道堆垛机及其他机械进行作业的仓库。自动化立体仓库的主体，由货架、巷道式堆垛起重机、入(出)库工作台和自动运进(出)及操作控制系统组成。

(四)按仓储保管条件分类

1. 普通物品仓储

普通物品仓储不需要特殊保管条件，如储存一般的生产物资、普通生活用品、普通工具的通用仓库或货场；常温、自然通风等一般条件即可。

2. 专用仓储

专用仓储主要用于存放某类(种)专用物品，如由于具有特殊性质而要专门储存的商品、担心交叉串味的商品等。

3. 特殊物品仓储

特殊物品仓储是指在特殊保管条件的特殊物品的储存。举例如下：

(1) 危险品仓储(需用监控、调温、防爆、防毒、泄压等装置)。

(2) 冷库仓储(一定温度要求)。

(3) 粮食仓储(恒温要求)。

三、仓储的功能

(一)基本经济功能

不管是传统仓库还是现代仓库，它们都具有相同的基本功能，即储存功能、保管功能、拼装功能、分类和交叉功能、加工/延期功能等。

1. 储存功能

物资储存是仓储的最基本功能。对于生产过程，储存能防止因缺货造成的生产停顿；对于销售过程，储存尤其是季节性储存能为企业的市场营销创造良机。储存的经济利益来源于通过储存可以克服商品产销在时间上的间隔，克服商品产销量的不平衡等来保证商品流通过程的连续性。

2. 保管功能

生产出的产品在消费之前必须保持其使用价值；否则将会被废弃。这项任务就需要由仓储来承担，即在仓储过程中对产品进行保护和管理，防止产品损坏而丧失价值。如水泥受潮易结块，则使用价值会降低。因此，在保管过程中就要选择合适的储存场所，采取合适的养护措施。

3. 拼装功能

拼装是仓储的常用功能，主要指通过仓库接收来自一系列制造工厂的产品或原材料，将它们组装在一起装运的货物。拼装的特点是有可能实现最低的运输成本，并减少由多个供应商向同一客户供货带来的拥挤和不便。

4. 分类和交叉功能

分类作业和拼装作业相反，分类作业接收来自制造商的客户组合订单，把它们分类或分割成个别的订货，装运到个别的客户手中。

5. 加工/延期功能

仓储企业可以通过承担少量的生产加工和制造活动来延期或延迟生产。具有包装能力或加标签能力的仓库可以把产品满足个性化需求的最后一道生产工序一直推迟到获悉该产品的需求时再进行加工。例如，罐头生产厂可以将罐头生产的最后一道工序——贴标签延迟或推迟到产品出库之前进行。这种加工/延期功能使仓储企业和制造商都得到利益。一方面，制造商可以为特定的客户提供定制化的产品，适应了特定客户的需求，降低了盲目生产带来的风险；另一方面，仓储企业通过增加加工业务扩大了收益，并通过识别产品最后一道工序是否完成来推算库存货物的库存水平，达到控制库存和降低库存成本的目的。

(二)增值服务功能

增值服务是现代仓库的重要业务内容,是现代仓库与传统仓库的重要区别之一,是仓库能否满足客户需求的重要指标。

1. 增值服务

目前仓储企业除提供基本的物流服务外,还向客户提供一系列附加的创新服务和独特的延伸服务,即增值服务。例如,丰田公司能够按客户要求的规格制造汽车并在一周内交货,这就是增值服务。创新、超出常规、满足客户需要是增值物流服务的本质特征。

2. 增值服务的类型

增值服务的具体内容可以归纳为以下几个方面。

1) 以客户为核心的服务

以客户为核心的增值服务,向企业提供储存产品的各种可供选择的专业服务方式。例如,对仓库来说,普遍流行一种做法,即提供"精选-定价-重新包装"服务,以便于按客户的独特要求配置。

2) 以促销为核心的服务

这类服务涉及独特的销售点、展销台的配置,以及旨在刺激销售的其他范围很广的各种服务。在许多情况下,促销活动中所包括的服务和奖励商品由专业物流机构处理和托运。许多以促销为核心的增值服务还对仓储的环境进行介绍,甚至进入需要仓储服务的企业进行宣传。

3) 以制造为核心的服务

这一类型的增值服务是通过独特的产品分类和递送来实现的。例如,仓储公司提供切割各种长度和尺寸钢材的服务,以适应个别客户所使用的不同规格的需要。现实生活中每一位客户的实际需求和制造装配都是独特的,那么就应该对材料和部件进行客户定制化。因此,以制造为核心的服务,是对基本产品进行了修正,以适应特定的客户需求,改善了服务质量。

4) 以时间为核心的服务

以时间为核心的服务,一个主要的特征就是排除不必要的仓库设施和重复劳动,最大限度地加快服务速度。它与准时化(JIT)方式紧密联系在一起,涉及专业人员在递送以前对存货进行分类、组合和排序。例如,广州宝供物流在 JIT 方式下,供应商向位于装配工厂附近的 JIT 供给仓库进行日常递送,一旦某时某地产生了需要,供给仓库就会对多家卖方的零部件进行精确的分类、排序,然后递送到装配线上去。其目的是在总量上最低限度地减少在库户的搬运次数和检验次数。

【案例分析 5-2】

随着信息时代的来临,在全球经济逐渐一体化、同步化的今天。现代化的石油工具及设备仓储管理体系已经取缔了传统的管理方式。石油企业作为我国支柱性保障企业之一，应该将自身企业实际情况与创新石油工具及设备仓储管理模式相结合，不断完善危险识别级别与安全控制体系。针对石油工具及设备仓储管理体系中的人员、流程、制度等逐一进行调整、健全，确保石油企业石油工具及设备仓储管理体系的保障性、实用性与效率性，为我国石油企业的发展壮大再助东风。

一、我国石油工具及设备仓储管理过程中存在的弊端

现阶段，我国石油企业发展速度较快，经营规模与生产数量日益提升。可一些企业决策者只是单一片面地追求眼前的经济利益，虽然获得了相对的经济效益，但其石油工具及设备仓储管理工作与相关危险事故应对措施的完善程度还有所欠缺，这也是直接导致我国石油工具及设备仓储管理中问题与弊端频出的原因。基于诸多因素的存在现状，笔者对其相关的石油仓储管理机构进行实地走访与认真调查，从中发现具体问题如下。

1. 缺乏石油工具及设备仓储管理机制

石油工具及设备仓储管理是石油企业安全的重要保障与基本前提，我国的石油工具及设备仓储管理缺乏相应的管理机制，只是针对各节点存在的问题进行针对性管理，无法形成一整套相对完善且覆盖面较广的综合管理体系。其中，石油工具及设备仓储管理模式相对传统落后，该管理模式已经无法适应"与时俱进、紧跟时代"的必然要求，更无法有效对石油企业的整体仓储安全进行合理性把控。另外，石油工具及设备仓储管理作为相对独立的管理部门，其自身管理流程无法保障认可与执行，导致石油工具及设备仓储管理的作用发挥得不明显。因此，现阶段我国石油工具及设备仓储管理从模式、保障、保存、执行等多方面存在诸多弊端与漏洞，往往使其安全管理制度变成了一纸空文，大大增加了仓储管理事故危险的产生与隐患，对石油企业的稳定发展造成了较大的阻碍与影响。

2. 缺乏石油工具及设备仓储管理的风险应对机制

石油工具及设备仓储管理的实质目的是有效预防与降低风险的产生，可以根据风险的产生提前洞察、预防，并制定相应的应急预案和措施，对风险的发生到发展起到积极的防治作用。其次，在相关风险来临时可以"从容不迫"地理性面对，使其损失与影响降至最低限度。但目前我国的石油工具及设备仓储管理中缺乏相应的风险应对机制，更缺少积极的安全防范意识，对危险事故的发生与来临持有"麻木、松懈"的消极思想和态度，主观防范意识薄弱。另外，风险的预判能力与把控能力较差，没能将先进的国际石油工具及设备仓储管理理念引进自身企业中去。只是单一片面地注重眼前的传统管理模式，缺乏全局组织意识。最后，我国石油工具及设备仓储管理机构极少参与实际环境下的仓储危险事故处理应对行动，进而造成实战能力与应对水平相对较低。

二、我国石油企业石油工具及设备仓储管理的优化对策

1. 建立完善的石油工具及设备仓储管理体系

如何有效发挥石油工具及设备仓储管理工作的实质作用。首先，要建立相对完善的仓储

管理体系。基于传统安全管理模式的优点借鉴，结合当下先进的安全管理模式，整合国际相关石油企业的先进石油工具及设备仓储管理经验和理念，制定出一套完整、科学、合理的石油工具及设备仓储管理保障体系。该保障体系必须综合所有仓储安全管理链条，从仓储结构、安全摆放、安全预防、风险应对与紧急处理等多方面进行系统配置。形成集约化的仓储安全管理链条，并使各个链条之间保持紧密关联与制约影响，进而在具体管理流程中可以达到相互协调、配合的最佳效果。另外，将具体管理目标与预防计划进行明确完善与责任划分，保障仓储管理的责任落实制。同时，对每个环节与阶段造成风险事故的可能性进行及时、准确地预判，在危险事故来临时应"理性面对、从容不迫"，并采取相关防范措施与处理手段，将风险的发生率与影响率消除或降至可控点，充分保证石油工具及设备的正常运用。

2. 提高石油工具及设备仓储管理人员的素质与水平

石油工具及设备仓储管理的核心主导因素是仓储管理人员，仓储管理人员的水平能力与职业素养在整体仓储管理中起到至关重要的作用。由于石油工具及设备仓储管理具有相对的专业性与系统性，所以对仓储管理人员的要求也同样颇高。因此，提升仓储管理人员的专业水平与职业素质就尤为重要，通过聘请相关资深仓储管理讲师，系统、完善地对仓储管理人员进行集中培训。其次，应不定期组织有关石油工具及设备仓储管理主题讨论会，通过对存在问题与弊端的全面分析来总结其优化对策。最后，应该开展有关仓储管理职业道德素养培训活动，使仓储管理人员的综合素质迅速得以提升，并对责任心的增强与使命感的树立起到积极的推动作用。总之，通过对仓储管理人员的集中教育培训，可以不断加强石油工具及设备仓储管理人员的执行能力与把控能力。

3. 加强仓储库房的消防保障工作

首先，应该树立"安全为主、消防第一"的防范理念。切合实际地将消防保障工作落到实处，在消防设备器材的配备上一定要及时检查更新，对不符合标准规格的消防器材进行更换。并按照仓储库房的实际需求，对消防器材的数量进行合理配置，保证充足的器材数量，最大限度地满足控制火源的目的。其次，应该结合石油企业仓储的特殊性质，配备相对的应急性、特殊性消防器材，这种设备器材不仅可以起到灭火作用，还可以根据石油工具及设备的特殊性进行针对性处理。最后，应该增强管理人员的防火意识，对石油工具及设备的摆放、挪用等进行科学规定，并对仓储库房周边的火灾隐患进行充分了解。制定严格的消防机制，如禁止吸烟、禁止点火、禁止携带易燃品等。同时，应该建立严格的仓储库房进出制度，严禁闲杂人等出入库房。

综上所述，石油工具及设备仓储管理与应对处理尤为重要。因此，需要加强石油企业石油工具及设备仓储管理体系建设，完善相关的风险事故识别与预防机制，科学、合理地运用石油工具及设备仓储管理技术，为我国石油企业中石油工具及设备仓储管理与整体生产运行奠定坚实的基础。

(资料来源：刘海庆. 石油工具及设备仓储管理存在的问题及应对策略[J]. 中小企业管理与科技(下旬刊)，2018(10)：17-18.)

第三节 仓储管理的内容

一、仓储管理的定义

对仓库及仓库的物资所进行的管理,是仓储机构为了充分利用所具有的仓储资源(包括仓库、机械、人员、资金、技术)提供高效的仓储服务所进行的计划、组织、控制和协调过程。

二、仓储管理的基本内容

仓储管理是一项综合性的管理工作。仓储管理的基本内容一般包括仓库选址与建设、仓库设施与设备管理、仓储作业流程管理和合理控制库存等。还可以细分如下。

(1) 仓储系统规划与设计。

(2) 仓储设施设备的选择与配置,如仓库的分类、储存设备、装卸搬运设备、仓储辅助设备、自动化立体仓库等。

(3) 储位管理与物料分类编码,如仓库分区、储位管理、物料分类管理、仓库储存能力等。

(4) 仓库作业管理。

(5) 库存商品的保管与养护。

(6) 库存管理,如 ABC 库存分类管理法、CVA 库存分类管理法、库存补充方法等。

(7) 库存控制技术,如定量订货法、定期订货法、现代库存控制技术等。

(8) 仓库安全与特殊货物处理,如仓库安全管理、特殊货物管理等。

(9) 仓储管理信息技术,包括仓储管理信息系统、条形码技术、RFID 技术、EDI、EOS 与 POS 系统等。

(10) 现代仓储绩效分析,如仓储绩效评价概述、仓储绩效评价量化指标体系、仓储绩效考核指标的分析等。

三、仓储管理的基本原则

(1) 质量原则。保证在库物品以质量管理为中心,各项作业有质量标准。

(2) 效率原则。仓容利用率、货物周转率、进出库时间、装卸车时间等效率高;快进快出、多存管好。

(3) 安全原则。安全可靠,为企业核心竞争力的提升助力。

(4) 服务原则。在控制成本的前提下,不断提高服务水平。

(5) 效益原则。促进企业经济效益的提高。

四、仓储作业

仓储作业是指从商品入库到商品发送出库的整个仓储作业全过程,主要包括入库流程、在库管理和出库流程等内容。

仓储作业过程可归纳为订单处理作业、采购作业、入库作业、盘点作业、拣货作业、出库作业和配送作业七个环节。

1. 订单处理作业

仓库的业务归根结底来源于客户的订单,它始于客户的询价、业务部门的报价,然后接收客户订单,业务部门了解库存状况、装卸能力、流通加工能力、包装能力和配送能力等,以满足客户需求。对于具有销售功能的仓库,核对客户的信用状况、未付款信息也是重要的内容之一。对服务于连锁企业的物流中心,其业务部门也叫作客户服务部。每日处理订单和与客户经常沟通是客户服务的主要功能。

2. 采购作业

采购作业环节,一是将仓库的存货控制在一个可接受的水平,二是寻求订货批量、时间和价格的合理关系。采购信息来源于客户订单、历史销售数据和仓库存货量,所以仓库的采购活动不是独立的商品买卖活动。采购作业包括统计商品需求数量、查询供货厂商交易条件,然后根据所需数量及供货商提供的条件提出采购单。可服务于企业的物流中心,此项工作由采购和存货控制部门来完成。

3. 入库作业

仓库发出采购订单或订单后,库房管理员即可根据采购单上预定入库日期进行作业安排,在商品入库当日,进行入库商品资料查核、商品检验,当质量或数量与订单不符时,应准确地进行记录,及时向采购部门反馈信息。库房管理员按库房规定的方式安排卸货、托盘码放和货品入位。对于同一张订单分次到货,或不能同时到达的商品要进行认真的记录,并将部分收货记录资料保存到规定的到货期限。

4. 盘点作业

仓储盘点是仓库定期对仓库在库货品实际数量与账面数量进行核查。通过盘点,掌握仓库真实的货品数量,为财务核算、存货控制提供依据。

5. 拣货作业

根据客户订单的品种及数量进行商品的拣选,拣选可以按路线拣选,也可以按单一订单拣选。拣选工作包括拣取作业、补充作业的货品移动安排和人员调度。

6. 出库作业

出库作业是完成商品拣选及流通加工作业之后，送货之前的准备工作。出库作业包括准备送货文件、为客户打印出货单据、准备发票、制订出货调度计划、决定货品在车上的摆放方式、打印装车单等工作。

7. 配送作业

配送作业包括送货路线规划、车辆调度、司机安排、与客户及时联系、商品在途的信息跟踪、意外情况处理及文件处理等工作。一般在具有配送服务功能的仓储管理中可以实施此工作。

五、仓储管理人员的基本素质要求

1. 具有丰富的商品知识

仓储管理人员对于所经营或保管的商品要充分熟悉，掌握其物理、化学性质和保管要求，能有针对性地采取合理措施。

2. 掌握现代仓储管理的技术

仓储管理人员对仓储管理技术应充分掌握，并能熟练运用。

3. 熟悉仓储设备

仓储管理人员要能合理和高效地安排使用仓储设备。

4. 办事能力强

仓储管理人员要能分清轻重缓急、有条有理地处理事务。

5. 具有一定的财务管理能力

仓储管理人员要能查阅财务报表，进行经济核算、成本分析，正确掌握仓储经济信息，进行成本管理、价格管理和决策。

6. 具有一定的管理素质

仓储管理人员要具有一定的管理素质。

【案例分析5-3】

某光电科技有限公司的仓储管理

某光电科技有限公司位于广东惠州金源工业区，它成立于1998年，是一家专业照明器与电气装置产品制造商，它是行业的龙头企业。凭借自身优异的产品品质、卓越的服务精神，获得了客户的广泛认可与赞誉。为了适应新形势下的战略发展需要，公司对现有的客户关系网络进行了整合，在全国各地成立了35个运营中心，完善了公司供应链系统、物流仓储与配送系统以及客户服务系统。

该公司总部共有成品仓库3个，分别是成品一组仓库、成品二组仓库和成品三组仓库。它们是按产品的型号不同而将产品分放在不同的仓库。其中：成品一组仓库位于一楼，目的是方便进出货，所以它那里存放的货物种类相对比较多，如筒灯、灯盘等，并且所有的外销品也存放在成品一组仓库。成品二组仓库储存的主要是路轨灯、金卤灯、T4灯、T5灯以及光源，公司的几大光源都存放在成品二组仓库。成品三组仓库主要存放特定的格栅灯、吸顶灯、导轨灯以及其他公司的一些产品。

1. 仓库储存空间分析

仓库仓储系统的主要构成要素包括储存空间、货品、人员及设备等要素。储存是仓库的核心功能和关键环节，储存区域规划合理与否直接影响到仓库的作业效率和储存能力。因此，储存空间的有效利用成为仓库管理好坏的重要影响因素之一。该公司的产品销量很好，仓库的出入库频率大，货品流量也就很大。该公司的仓库空间布局是货架上存放货物，立体的空间利用率不高，所以它的仓库机械化程度也不是很高，仓库内只有叉车，包括手动叉车和电动叉车。仓库的作业方法，一般都用叉车，很少用人力的，对于货物的收发，他们用的是物资收发卡，每次收发货都会在物资收发卡上做登记，这样就很方便平时查货等的一些后续工作，从目前的工作结果看来效率还是比较高，作业还是比较方便的。所以从整体上看，该公司仓库的作业方法还是比较合理的。而仓库平时经常会因为储存空间不够用而将货物存放在作业空间的位置上。特别是在产品销售旺季，仓库产品存放特别拥挤，在里面工作让人觉得有点压抑。所以仓库的作业环境不太合理。该公司仓库的储存成本根据统计的数据来看还算合理，因为它的设备费用很少，固定保管费用也不是很高，而储存成本就是由该类费用构成，所以储存成本也就不是很高了。

储存空间即仓库中以保管商品为功能的空间。

储存空间=物理空间+潜在利用空间+作业空间+无用空间

物理空间指货品实际上占有的空间。该公司仓库中，它的物理空间占了整个仓库的75％以上；潜在利用空间占10%左右；作业空间占10%左右，因为该公司的仓库机械化程度并不高，所以作业空间小一点并没有什么影响，它的安全间歇还基本符合要求；它的无用空间占5%左右。从整体上看，该仓库的空间利用率还可以，还有一点拥挤。分析认为，应该相对地减少一些物理空间的使用，增加一些作业空间中安全间歇等空间的使用。另外，从平面空间和垂直空间看，水平空间有了很好的利用，但垂直空间的利用率不高，因此可考虑采用高层货架或高层自动立体货架，以便更好地利用垂直空间。

2. 货位管理的分析

货位管理就是指货品进入仓库之后，对货品如何处理、如何放置、放置在何处等进行合理有效的规划和管理。而货品如何处置、如何放置，主要由所采取的储存策略决定，货品的具体存放位置，则要结合相关的货位分配原则来决定。该公司的仓库货位管理的储存方式采用的是定位储存原则。定位储存是指每类或每个储存货品都有固定货位，货品不能互用货位。所以，在规划货位时，每项货品的货位容量不得小于其可能的最大在库量。但在实际操作中，定位储存一般会按照情况不同而做适当的调整，它会根据实际情况而做改变。在该仓库的货位管理中，经该公司有关工作人员研究，把理论与实际相结合，实行了定位、定点、定量管理的原则，因此，它的货位容量不是全部按照最大在库量进行定位的，因为该公司的产品是属于季节性差异较大的产品，如果按照最大在库量设定就会使仓库的空间利用率下降，从而出现浪费资源的情况。

由于该公司仓库的所有库位都用的是定位储存原则，按照该公司的仓库现状来看，全部使用定位储存原则是不太合理的，应该按照产品不同特点与存储要求将产品进行分类，对于重要的产品、数量少且品种多的产品使用定位储存。而由于公司的产品特性几乎都一样，所以它们是不会相互排斥的，从产品特性上看是可以把它们随机放在一起的。

另外，该公司在仓储管理的货位分配上也有以下原则。

(1) 先进先出原则，即是先入库的货品先出库的原则，该原则一般适用于寿命周期短的货品。

(2) 面对通道原则，即指将货品的标志、名称面对通道摆放，以便让作业员容易且方便地辨识，这样可以使货品的存、取更容易且有效率地进行，这也是使仓库内能流畅作业的基本原则。

(3) 重量特性原则，即指按照货品重量的不同来决定货品在保管场所的高低位置。一般而言，重物应该保管于地面上或货架的下层位置，轻的货品则保管于货架的上层位置。如果是以人工进行搬运作业，人的腰部以下的高度用于保管重物或大型货品，而腰部以上的高度则用来保管轻的货物或小型货品。这个原则对于采用货架的安全性及人工搬运的作业有很大的意义。根据这个原则，该公司的仓库备货就采用了摘果式方式，对于该公司对仓储要求的现状这是非常合理的，而且对于工作人员来说也是很方便的。

在具体的货位管理过程中，通过以上介绍可以看出，该公司还是使用了较多的现代管理方法和原则，是比较科学合理的。当然，在管理的过程中也会有问题，比如在实际的操作中，有些操作人员的疏漏也使得一些原则执行得不够好。在公司产品的销售旺季，仓库的货位管理会出现混乱局面，有些产品还会存放在作业通道和安全通道上，这样不但不利于作业，而且影响仓库作业人员的安全，存在安全隐患。由于这些问题往往是在销售旺季时特别突出，所以，针对这些问题，建议将一些货物存放在露天货场，但在存放时要做好保护工作。

3. 建议采用产品ABC分类管理法

要想对库存进行有效的管理和控制，首先就要对存货进行分类，只有这样才能对货物进行更好的管理和控制。因此，在原仓储设施条件不变的情况下，可对货品进行ABC分类实施管理。这样可有效地利用原仓库的空间和货位。即通过对货品的分析,找出主次,分类排队。根据帕累托曲线所揭示的"关键的少数和次要的多数"的规律在管理中加以应用。因此,可按照产品价值、销售量、缺货成本或订购提前期等指标将产品进行分类。其中 A 类产品是属于价值最高的库存产品,一般它的库存占总库存的 15%,而它的价值却占总数的 70%～80%;B 类产品是属于价值中等的库存,这些品种占全部库存的 30%,价值占总价值的 15%～25%;而 C 类产品是价值最低的库存产品,它的价值只占总价值的 5%,但它的库存却占了总库存的 55%。仓库就可以通过货品分类并针对每类不同的产品制定不同的管理策略,从而实施不同的控制措施。

在管理过程中,对于 A 类产品,要求仓管员每天都对产品进行检查和盘点,操作时应仔细,可明显地体现出此类产品与其他产品的不同之处,进行重点管理;对 B 类产品,采用次重点方式管理,可 2～3 天进行检查和盘点。与此同时,并不忽视对 C 类产品的管理,每周都对 C 类产品进行一次检查和盘点。

从以上分析可知,仓储作业中"空间""货位"及其科学合理的管理方法是仓储管理的重要内容,同时也是影响仓储成本、费用的重要因素。通过对这些问题的分析和研究,对仓储管理有了更深刻的了解。

(资料来源:罗俊. 物流公司仓储管理案例分析[J]. 现代商贸工业,2009,21(11):39-40.)

习　　题

一、单项选择题

1. 通过对储存物的保管、保养,可以克服产品的生产与消费在时间上的差异,创造物资的(　　)。
   A. 时间效用　　　B. 增值效用　　　C. 空间效用　　　D. 附加效用
2. (　　)经营业态的大量发展是仓储交易功能高度发展、仓储与商业密切结合的结果。
   A. 百货商店　　　B. 折扣商店　　　C. 仓储式商店　　　D. 连锁商店
3. 仓储基本的任务是(　　)。
   A. 流通调控　　　B. 数量管理　　　C. 质量管理　　　D. 物资存储

二、多项选择题

1. 按仓库功能分类,仓库可分为(　　)。
   A. 保税仓库　　　B. 储备仓库　　　C. 周转仓库　　　D. 营业仓库
2. 按仓储保管条件分类,仓库可以分为(　　)。
   A. 专用仓储　　　B. 普通物品仓储　　　C. 立体仓储　　　D. 特殊物品仓储

三、简答题
1. 简述入库作业的步骤。
2. 仓储管理的基本内容是什么？
3. 简述仓储作业的过程。

第六章　仓储设施与设备

学习目标：

- 了解不同类型仓储设备的概念、功能和特点。
- 理解自动化立体仓库的系统组成。
- 掌握仓库货架系统及装卸搬运设备的主要类型和使用范围；能够根据不同情况选择合适的仓库设施与设备。

【案例导入】

仓库货架节约企业成本的案例

仓库货架的安装可以很好地为企业节约成本，还可以很好地提升企业仓库的利用率，本案例是重型货架和阁楼式货架的结合。其中重型货架有 2336 个货位(1.05m×1.3m)，阁楼式货架有 1120 个货位(1m×0.6m)。下面简单分析货架的安装对库容的影响。

某公司货架安装的库区总面积为 2592m^2(54m×48m)，净高 9m(因为有灯和消防喷淋，实际可用高度为 7.5m)。原先就地堆码摆放，效率很低，其中通道面积达 1568.94m^2，真正用来存放货物的储位面积只有 1023.06m^2，只占了库区面积的 39.47%。平面堆垛的平均高度只有 1.5m 左右。经计算，仓库的空间利用率较低，库区可用空间体积为 19440m^3(54m×48m×7.5m)，而存储货位体积只有 1534.59m^3(1023.06m^2×1.5m)，占 7.89%。

设施空间利用率是衡量仓库容量能力的基本指标，货架的可用体积为 6978.32m^3(其中重型货架体积 6268.32m^3，阁楼式货架体积 710m^3)，其设施空间利用率理论上可达到 35.89%，比不用货架提高了足足 4.54 倍。但是，由于货物不可能填满每个货位，存在难以利用的空隙，实际上的空间利用率大约为 23.7%(其中重型货架利用率按 65%计算，阁楼式按 75%计算)，比地面堆垛提高 3 倍，等于将原来一个库当作 3 个库来用。

下面分析由此产生的经济效益。

某公司仓库库房单位租金为 0.58 元/天(每平方米，下同)，现租用面积 6300m^2，年租金 133.37 万元。根据我公司(仓库设施与设备供应商)与该公司的协议，货架和叉车(这两项)采用购买和向我公司付租赁的模式，年租赁费用为 58.2 万元，仓储设备单位租金为 0.25 元/天。

与原先租用一辆叉车费用 10.6 万元相比，即设备年租赁费用净增 37 万元。货架安装库区的面积为 2592m^2，安装完货架等于面积扩大了 5184m^2，按单位租金 0.58 元计算，年租金约需 109.75 万元(省下来的费用)，减去增加的 37 万元费用，为 72.75 万元。可见，货架安装使得仓库每年净节省租金 72.75 万元；仓库库房单位租金降至约 0.32 元，下降了 44.8%；仓库设施单位租金降至约 0.14 元/天，下降了 44%。

由上可见，仓库设施和设备的合理使用，对于企业仓储成本的降低有重要作用。

(资料来源：仓库货架节约企业成本的案例[DB/OL]. www.sycrack.com)

第一节　仓库及设施概述

一、仓库的定义及分类

仓库是保管、储存物品的建筑物和场所的总称，是用来存放货物包括商品、生产资料、工具或其他财产，并对其数量和状态进行保管的场所或建筑物等设施，还包括用于减少或防止货物损伤而进行作业的土地或水面。

仓库的分类有多种划分方式。

1. 根据营运形态分类

(1) 自备仓库：各生产流通企业，为了本企业物流业务的需要而修建的仓库。

(2) 营业仓库：是社会化的一种仓库，根据法律取得营业资格，面向社会，以经营为手段和以营利为目的。

(3) 公共仓库：属于公共服务的配套设施，为社会物流服务的仓库。

2. 根据保管方式分类

(1) 普通仓库：常温下的一般仓库，用于存放一般性的物料。

(2) 冷藏仓库：有制冷设备并有良好的保温隔热性能，以保持较低温度的仓库，专门用来储存冷冻物资。

(3) 恒温仓库：能调节温度并能保持在某一温度的仓库。

(4) 水上仓库：利用水面或水下在高湿度条件下存储物品的仓库，还包括漂浮在水上的储藏货物的趸船、浮驳或其他水上建筑。

(5) 危险品仓库：保管危险品并能对危险品起一定防护作用的仓库，如图 6-1 所示。

(6) 散装仓库：专门保管散粒状、粉状物资的容器式仓库。

3. 根据主要职能分类

(1) 生产仓库：为企业生产或经营储存原材料、燃料及产成品的仓库。

(2) 流通仓库：专门从事中转、代存等流通业务的仓库，这种仓库主要以物流中转为主要职能。在运输网点中，也以转运、换载为主要职能。

(3) 储备仓库：专门长期存放物资，以完成各种储备保证任务的仓库，如图 6-2 所示。

图 6-1　化学危险品仓库

图 6-2　物资储备库

4. 根据建筑形式分类

(1) 平房仓库：是指砖木结构的平房式仓库，有效高度一般不超过 5～6m。
(2) 多层仓库：是指两层或两层以上的楼房式仓库。
(3) 罐式仓库：是指以储藏散装颗粒和液体物资为主的仓库，如图 6-3 所示。
(4) 露天货场：这是用于在露天堆放货物的场所，一般堆放大宗原材料或者不怕受潮的货物。
(5) 地下仓库：利用地下洞穴或地下建筑物储存物资的仓库，这种仓库主要储存石油等物资，储存安全性较高。
(6) 自动化立体仓库：仓库内采用高层货架储存货物，主要采用计算机进行管理和控制，实现机械化、自动化作业，如图 6-4 所示。

图 6-3　液化气存储仓库

图 6-4　自动化立体仓库

二、仓库设施

仓库设施主要由主体建筑、辅助建筑和辅助设施构成。

1. 仓库主体建筑

仓库主体建筑包括库房、货棚和露天货场三种。

(1) 库房。库房是仓库中用于存储货物的主要建筑，多采用封闭方式。库房主要由以下建筑结构组成：库房基础、地坪、墙壁、库门、库窗、柱、站台、雨棚。

(2) 货棚。货棚是一种简易的仓库，为半封闭式建筑。比库房结构简单，往往就地取材，建造时间短，但性能差，使用年限短。主要用于存放受自然温湿度影响较小的较重商品及经得起风雨或日晒的商品。

(3) 露天货场。露天货场比库房、货棚用料省、建造快、花钱少、容量大，只要有平整地面、有围墙，有管理人员住房，就可存放商品，但对自然条件的适应能力差，储存的商品有一定局限性。

库房、货棚和露天货场分别如图6-5～图6-7所示。

图6-5 库房

图6-6 货棚

图6-7 露天货场

2. 仓库辅助建筑

仓库的辅助建筑是指办公室、车库、修理间、装卸工人休息间、装卸工具储存间等建筑物。这些建筑一般设在生活区，并与存货区保持一定的安全间隔，如图6-8所示。

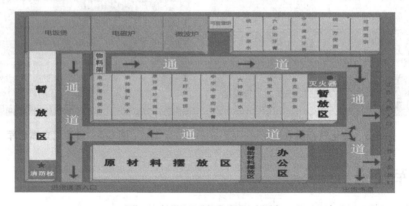
图6-8 仓库及辅助建筑示意图

3. 仓库辅助设施

仓库辅助设施主要有通风设施、照明设施、取暖设施、提升设施(电梯等)、地磅以及避雷设施等。其中地磅如图 6-9 所示。

图 6-9 地磅

4. 综合仓库的布置情况

某企业综合仓库布置情况的总平面布置图如图 6-10 所示。

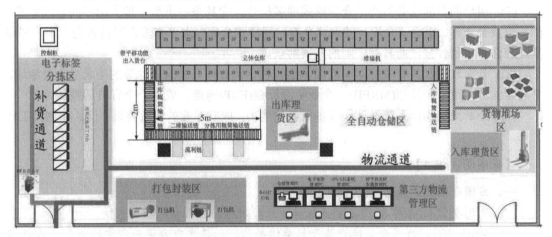

图 6-10 综合仓库的总平面布置图

三、仓库的主要性能参数

1. 库容量

库容量是指仓库能容纳物品的数量，是仓库内除去必要的通道和间隙后所能堆放物品的最大数量。在规划和设计仓库时首先要明确库容量。

2. 出入库频率

出入库频率表示仓库出入库货物的频繁程度，它的大小决定了仓库内搬运设备的参数和数量，出入库频率可用"t/h"或"托盘/h"表示。

四、仓库的发展趋势

(1) 仓储设备市场发展空间巨大。

(2) 自动化仓库的类型将向多品种发展。

(3) 巷道堆垛起重机的性能参数和可靠性将进一步提高。

(4) 对于出入库系统，我国目前大多采用链式和轨道输送机组合而成，应开发高速轨道式输送机及其系统、自动搬运车系统(AGVS)等高效、柔性的出入库输送设备及其系统。

(5) 随着仓库设备及其系统的自动化、高速化以及信息技术的广泛应用，其海量数据的处理和应用必将越来越得到重视。

(6) 从系统的观点来看，成套设备的全面匹配应用才是最高效、经济的。因此，自动仓库的周边设备，如站台跳板、汽车等专用装卸设备、货物自动码拆设备、工业快速门等，随着仓库现代化的发展，其产品市场也前景广阔。

(7) 用户的多样性必然产生仓库形式的多样性，尤其是中小型、量大面广的仓库形式，如托盘货架仓库、重力式仓库、驶入式仓库、阁楼式仓库、水平和垂直回转式仓库等，都因其适应性和实用性强，而具有广阔的发展前景。

(8) 仓库软件及其有关的运输软件、销售和分销软件、采购软件等的需求量也会激增，并与企业的制造资源计划(MRPII)、企业资源计划(ERP)链接，成为一个有机的整体。

(9) 不断提高物流系统设计和设备成套的能力，成立专业的物流咨询、设计和物流工程公司。

【拓展阅读 6-1】

一、我国仓储业发展情况(2010—2015 年)

(1) 全国仓储业(含邮政)固定资产投资、业务规模与主营收入增速最快。

(2) 2010 年后，我国仓储地产业开始重组并购，如普洛斯运营与在建的仓库有 680 万平方米。

(3) 企业仓储成为仓储行业发展的新热点。阿里巴巴 2010 年后投资百世物流、京东物流的"亚洲一号"库建设。

(4) 冷库建设掀起高潮。全国有 15 家以上，存储量过万吨的冷库建成投产。

(5) 我国危险品仓储企业发展迅速。

新建危险品仓储平均资产为 1.9 亿元，平均占地面积 15 万平方米。平均建筑面积 3 万平方米，平均储罐库容量 4 万立方米。

(6) 国有和国有控股企业占 70%左右，民营和集体所有企业占 20%左右，外资和合资企业占 10%左右。

(7) 私人仓储在北京、上海等城市悄然兴起。

(8) 金融仓储方面，主要集中在浙江。

2012 年我国共有各类物流园区 754 家，物流园区占地以 0.1～1km^2（150～1500 亩）居多，占 46%。投资规模以 1 亿～10 亿元为主，占到 44%。

2013 年通用仓储企业排名表如表 6-1 所示。

表 6-1　2013 年通用仓储企业排名表

名次	公司名称	仓库面积/万平方米
1	普洛斯投资管理(中国)有限公司	870
2	芜湖安得物流股份有限公司	438，其中租用 230
3	山东盖世国际物流集团有限公司	150
4	招商局物流集团有限公司	149，其中租用 65
5	宝湾物流控股有限公司	110

2013—2015 年，我国仓储行业资产总额逐年增加，从 2013 年的 1.70 万亿元扩大到 2015 年的 2.28 万亿元。

二、2015 年以来我国仓储业发展的新趋势

近年来，我国仓储业的发展取得了明显成效。2016 年，我国仓储行业总体发展平稳，在冷链物流、城乡配送、跨境电商、危化品仓储、中药材物流等方面取得积极成效，绿色包装、新能源车等新技术也逐步推广应用。

1. 固定资产投资逐年增长

2016 年，仓储业固定资产投资额约 6983.5 亿元，同比增长 5.5%，增幅较上年降低 22.9 个百分点，首次低于物流业(含交通运输、仓储和邮政业)固定资产投资总额增幅(9.5%)和全社会固定资产投资额增幅(9.8%)。截至 2016 年年底，全国仓储企业约 2.9 万家；行业从业人员约 92.9 万人。

到 2016 年年底，我国营业性通用仓库面积已近 10 亿平方米，其中立体仓库接近 30%。冷库容积已超过 1 亿立方米，静态储存能力达 2700 万吨左右，冷藏车辆已近 6 万辆。

2. 绿色标准《绿色仓库要求与评价》发布实施

由中国仓储与配送协会起草、商务部批准的行业标准《绿色仓库要求与评价》(SB/T 11164—2016)于 2017 年 5 月 1 日起实施，标志着我国仓储行业绿色标准发布实施。标准提出了绿色仓库规划设计中库区选址和规划、节地与土地利用、节能与能源利用、节水与水资源利用、节材与材料资源利用等方面的要求。从企业角度讲，可了解自身仓储设施存在的高耗低效问题，找到解决办法，对绿色仓储设施建设提供指引，有效降低企业运营成本，积极承担社会责任；从行业角度讲，在全社会的企业中推广绿色仓库的理念和技术，推动我国仓储行业的节能降耗、绿色减排工作，减少全社会的碳排放。

3. 标准托盘开放式循环共用运营工作正式启动

2017年11月15日，首批10000个带有中国商贸物流标准化行动联盟(以下简称联盟)标识和GS1编码，并纳入全国开放式托盘共用系统公共平台管理的标准托盘，在天津光明乳业和华润万家配送中心投入使用，标志着我国开放式托盘循环共用的运营工作正式启动。

4. 智能化技术应用推动智慧仓储发展

2017年，继6月武汉亚一小件无人仓、华北物流中心AGV仓、7月昆山无人分拣中心投入使用后，10月9日，京东物流全流程无人仓正式亮相。该全流程无人仓实现了入库、存储、包装、分拣的全流程、全系统的智能化，对整个物流领域而言都具有里程碑意义。京东无人仓通过将无人化带入仓储中心的全流程操作过程，带动了物流效率的提升，标志着物流智慧化发展进入新阶段。

2018年我国仓储业的发展情况，从中国仓储指数、物流景气指数数据表现来看，1—4月份业务活动保持了较为明显的增长态势。8月起随着运营环境改善，受"金九银十"及中秋国庆、双十一等节点影响，传统旺季来临，连续四个月保持在扩张区间，仓储物流行业整体运行良好，短期内的需求预期较为乐观。

随着"一带一路"战略的贯彻落实，"互联网+"热潮的迅猛袭来，中国经济和物流行业都将迎来新的机遇，这必然为仓储业的发展提供巨大的市场需求。同时，中国制造业、商贸流通业外包需求的释放和仓储业战略地位的加强，未来仓储必将存在巨大的市场需求。

第二节 仓储设备

仓库设备根据其在仓库中的不同用途，一般可分为以下几大类。
(1) 储存设备：主要包括各种货架和托盘。
(2) 装卸搬运设备：包括各类搬运车辆、输送机械以及自动物料搬运设备等。
(3) 仓库辅助设备：主要包括计量设备、安全与养护设备。
下面介绍仓库设备中最常见的一些设备。

一、货架

一般来说，仓库货架就是指存放货物的架子。在仓储设备中，货架是专门用于存放成件物品的保管设备。货架在物流及仓库中占有非常重要的地位。随着现代工业的迅猛发展，生产物流量的大幅度增加，为了实现仓库的现代化管理，改善仓库的功能，对于货架，不仅要求数量多，而且要求功能全，并能实现机械化和自动化。

1. 货架的优、缺点

1) 货架的优点

一般而言，货架的优点如下。

(1) 空间利用率高，可在最小的空间实现最大的储存量。
(2) 采用连续的货架组成，托盘存储区同时也是叉车通道。
(3) 驶入式货架只能从一边存取货物，驶出式货架能从两端取货。
(4) 适用于存储数量多、品种规格少的货物。
(5) 需配合平衡式叉车或前移式叉车使用。
(6) 场地利用率可达到60%。
2) 货架的缺点

而对于货架的缺点，则表现在以下方面。
(1) 购买货架设备的费用较高。
(2) 必须配备相应的装卸搬运设施和托盘等集装单元器具。
(3) 货架设备的位置相对固定，机动灵活性差。
(4) 货架之间需预留通道，有时可能会对仓容率产生一定的负面影响。

2. 货架的分类

货架的常见分类方式如下。
(1) 按货架制作工艺，可分为焊接式、组合式。
(2) 按货架运动状态，可分为固定式、移动式、旋转式。
(3) 按高度，可分为高层(15m以上)、低层(5m以下)、中层(5～15m)。
(4) 按货架与建筑物的结构关系，可分为整体结构式和分离结构式。
(5) 按货架储存货物单元的形式，可分为托盘货架、容器货架。
(6) 按结构特点，可分为层架、层格架、抽屉架、旋臂架、橱架、三脚架、栅型架等。
(7) 按载重量，可分为重型货架(500kg以上)、中型货架(150～500kg)、轻型货架(150kg以下)。
(8) 按货架的发展过程分为以下两种。
① 传统式货架。其主要包括层架、层格式货架(抽屉式货架、橱柜式货架)、U形架、悬臂架、鞍架、气罐钢筒架、轮胎专用架。
② 新型货架。其主要包括旋转式货架、移动式货架、装配式货架、托盘货架、驶入式货架、高层货架、阁楼式货架、重力式货架、悬挂式货架等。

3. 常见的不同类型货架

(1) 搁板式货架。通常为人工存取货方法，组装式结构，层间距可调，货物也常为集件或不是很重的未包装物品(即用于人工存取)，货架高度通常在2.5m以下，如图6-11所示。
(2) 横梁式货架。它是以存取托盘货物为目的的专业仓库货架(每个托盘为一个货位，因此又被称为货位式货架)，如图6-12所示。

图 6-11　搁板式货架　　　　　　　　图 6-12　横梁式货架

(3) 重力式货架。这是一种利用存储货物自身重力来达到在存储深度和方向上使货物运动的存储系统，较多用于拣选系统中。常与流利装置和辊道配合使用，取倾斜布置，如图 6-13 所示。

(4) 贯通式货架又称为通廊式货架或驶入式货架。贯通式货架可供叉车驶入通道存取货物，适用于品种少、批量大的货物储存。贯通式货架除了靠近通道的货位外，由于叉车需要进入货架内部存取货物，通常单面取货建议不超过 7 个货位深度。为提高叉车运行速度，可根据实际需要选择配置导向轨道，与货位式货架相比，贯通式货架(驶入式货架)的库空间利用率可提高 30%以上，贯通式货架(驶入式货架)广泛应用于批发、冷库及食品、烟草行业，如图 6-14 所示。

图 6-13　重力式货架　　　　　　　　图 6-14　驶入(贯通)式货架

(5) 悬臂式货架(Cantilever Rack)，又称为树枝型货架。由中间立柱向单侧或双侧伸出悬臂而成。悬臂可以是固定的，也可以是可调节的。一般高度在 6m 以下，空间利用率较低，为 35%～50%。

悬臂式货架具有结构轻巧、载重能力好等特点，适于存放长条形材料和不规则货物，如圆钢、型钢、木板等，可采用起重机进行吊装作业，也可采用侧面叉车和长料堆垛机作业；也可存放圆形物品，此时在其臂端设挡块以防止物品滑落，如图 6-15 所示。

(6) 阁楼式货架。可以有效提升空间利用率，通常上层存放轻量物品，不适合重型搬运设备运行，上层物品搬运需配垂直输送设备。底层货架不但是保管物料的场所，而且是上层建筑承重梁的支撑(柱)。因此，承重梁的跨距大大减小，建筑费用也大为降低。它也适用于现有旧仓库的技术改造，提高仓库的空间利用率。也可以是多层结构。如图 6-16 所示。

图 6-15　悬臂式货架

图 6-16　阁楼式货架

(7) 抽屉式货架又称模具货架。主要用于存放各种模具物品。顶部可配置移动葫芦车(手拉或电动)，抽屉底部设有滚轮轨道，承载后依然能用很小的力自如地拉动，附加定位保险装置，安全可靠。根据承载能力可分为轻量型、重量型两种，如图 6-17 所示。

图 6-17　抽屉式货架

(8) 水平移动式货架。可将货架本体放置在轨道上，在底部设有行走轮或驱动装置，靠机械或人力驱动货架整体沿轨道横向移动，如图 6-18 所示。

(9) 旋转货架。可以沿水平、垂直方向回转，货物随着货架移动到操作者面前，而后被操作者选取，如图 6-19 所示。图 6-20 所示为水平旋转货架。

(10) 流利货架。通过滚道将货物从配货端输送到取货端，货物借助重力自动下滑，可实现"先进先出"作业，通常用于精益生产流水作业，如图 6-21 所示。

(11) 高层货架。这是自动化仓库(AS/RS)和高层货架仓库的主要组成部分。随着单元货物重量和仓库高度的升高，要求货架立柱、横梁的刚度和强度也不断增强。高层货架的高精度是自动化仓库的主要保证之一，如图 6-22 所示。

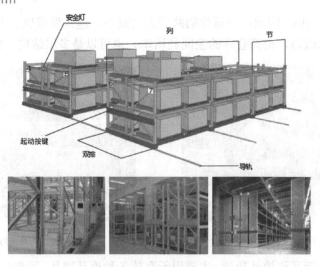

图 6-18 水平移动式货架

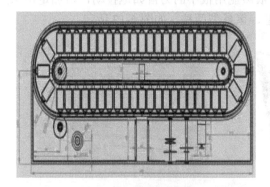

图 6-19 旋转货架

图 6-20 水平旋转货架

图 6-21 流利货架

图 6-22 高层货架

【拓展阅读6-2】

高层货架的特点

(1) "高"：国外高层货架仓库一般均在10m以上，有的高达30m，货架高低可以调整。立体仓库的使用大大提高了仓库单位面积的仓储能力。国内目前投入使用的立体仓库有的高达18m。

(2) "快"：就是物资运输快。库房配备成套的装卸搬运机械，货架可以拆卸调整，升降机可通过多条巷道上下左右连续作业，装取任何一个货架的货物。

(3) "动"：现代化仓库不仅仅是物资储存的场所，是"静态"的概念；而且是一个物资配送中心、物资中转枢纽，是"动态"的概念。

(4) "灵"：库存信息反馈灵。物资的入库、在库、出库都由计算机自动记忆，它可以及时查对库存，根据库存多少安排进货计划，避免积压。仓库物资没有固定货位，根据计算机记忆哪里有空位、哪里距离最近，计算机控制的堆垛机就去哪里存放或提取。仓库现代化在一些经济发达国家已成为现实，它不仅包括仓库管理、作业手段现代化，还包括作业技术、仓储设施的维修使用和安全技术现代化。

4. 货架的结构

常见货架的结构示意图如图6-23所示。

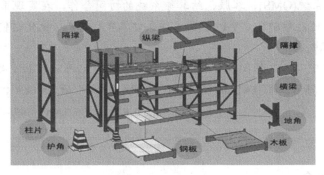

图6-23 货架结构

货架在仓储中作用显著，在选用货架时应考虑以下因素。

(1) 物品特性。物品的尺寸大小、外形包装等会影响储存单位的选用；物品的重量直接影响选用何种强度的货架。

(2) 存取性。一般存取性与储存密度是相对的。也就是说，为了得到较高的储存密度，则要相对损失物品的一些存取性。有些货架形式虽可得到较好的储存密度，但会使货位管理较为复杂。只有自动化立体仓库可使存取性与储存密度较为协调，但相对投资成本比较高。因此选用何种形式的货架应是各种因素的折中。

(3) 出入库量。出入库量高低是选用货架时应考虑的重点，某些形式的货架虽有很好的储存密度，但出入库量却不高，适合于低频度的作业。

(4) 厂房架构。要考虑梁下有效高度，梁柱位置会影响货架的配置。地板承受的强度、平整度也与货架的设计、安装有关。

另外，还要考虑防火设施和照明设施的安置等。

【案例分析6-1】

SKU360华东一号：亚洲先进自动化物流配送中心

2014年7月，由上海杜隆实业投资建造的SKU360华东一号基地将在上海松江正式启用，为电子商务企业，传统商超零售企业等提供高效的第三方仓储和物流服务。

项目一期工程启用后，其每日的订单处理能力为20万单，每日单一商品处理量可达120万件。二期工程建成后，每日订单处理量将跃升至80万单，单一商品日处理量可达400万件。项目拥有10万立方米实时有效动态容量，50万种SKU(库存量单位)的管理能力。SKU360最大限度地实现了存储、拣选、交叉识别、分拣、配单、填充、包装、贴标、派单等一系列环节的自动化处理，单位占地存储能力和单位占地吞吐能力分别为传统配送中心的5倍和15倍，而单位订单处理所需的人力仅为传统仓储的20%，原先因人工操作导致的差错率也因自动化技术的引入接近于零。在软件系统方面，通过仓库管理系统(WMS)、运输管理系统(TMS)、订单管理系统(OMS)、客服、结算等系统的协同合作，在实现第三方仓库保管、订单履行业务之外，还能帮助客户实时监控库存及订单履行状态、优化运输线路、实施最佳库存管理、节省物流成本。

这个物流配送中心内拥有38000个货位的旋转货架，它可对货物进行高速存取。

(资料来源：SKU360华东一号：亚洲先进自动化物流配送中心[DB/OL]. 慧聪机械网.
http://info.machine.hc360.com/2014/04/301741483093-2.shtml)

二、托盘

(一)托盘的概念

托盘是为了使物品能有效地装卸、运输、保管，将其按一定数量组合放置于一定形状的台面上，这种台面有供叉车从下部叉入并将台板托起的叉入口。以这种结构为基本结构的平面台板和在这种基本结构基础上所形成的各种形式的集装器具，都可统称为托盘。

(二)托盘的特点

优点：自重量小、返空容易、装盘容易。装载量虽较集装箱小，但以托盘为运输单位时，货运件数变少而体积、重量变大，且每个托盘所装数量相等，既便于点数、理货、交接，又可以减少货差事故。

缺点：托盘回收利用难度较大，浪费一定运力和仓容。

(三) 托盘的种类

托盘的种类繁多，结构各异。

目前国内外常见的托盘是平板托盘。平板托盘又称为平托盘，是托盘中使用量最大的一种，也是最通用的托盘，如图 6-24 所示。

(1) 按台面分类。分成单面型、单面使用型和双面使用型、翼型四种。

(2) 按叉车叉入方式分类。分为单向叉入型、双向叉入型、四向叉入型三种。四向叉入型，叉车可以从四个方向叉进，因而叉车操作较为灵活。单向叉入型只能从一个方向叉进，因而叉车操作时较为困难。

(3) 按材料分类。分为木制品托盘、钢制托盘、铝合金托盘、胶合板托盘、塑料托盘、纸板托盘、复合材料托盘等。

其他类型的托盘简介如下。

(1) 立柱式托盘。这是指在托盘上部的四个角有固定式或可卸式的立柱，有的柱与柱之间有连接的横梁，使柱子呈门框型，如图 6-25 所示。

图 6-24　平板托盘

图 6-25　立柱式托盘

(2) 箱式托盘。箱式托盘是指在托盘上面带有箱式容器的托盘，如图 6-26 所示。

(3) 轮式托盘。轮式托盘是指在柱式、箱式托盘下部装有小型轮子，如图 6-27 所示。

(4) 特种专用托盘。这类托盘是根据产品特殊要求专门设计制造的托盘，如平板玻璃托盘、油桶专用托盘、轮胎托盘等。

(四) 托盘的国际标准

国际标准化组织已于 2003 年对 ISO 6780《联运通用平托盘主要尺寸及公差》标准进行了修订，在原有的 1200mm×1000mm、1200mm×800mm、1219mm×1016mm(即 48in×40in)、1140mm×1140mm 四种规格的基础上，新增了 1100mm×1100mm，1067mm×1067mm 两种规

格，现在的托盘国际标准共有六种。其中尺寸为1200mm×1000mm托盘，如图6-28所示。

图6-26 箱式托盘

图6-27 轮式托盘

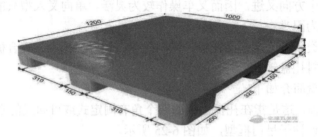

图6-28 尺寸为1200mm×1000mm托盘

(五)托盘的堆码方式

1. 重叠式

重叠式堆码即各层码放方式相同、上下对应。其优点为：人工操作速度快，包装货物的四个角和边重叠垂直，承载能力大。缺点是：各层之间缺少咬合作用，容易发生塌垛。

2. 纵横交错式堆码

纵横交错式堆码即相邻摆放旋转90°，一层横向放置，另一层纵向放置。每层间有一定的咬合效果，但咬合强度不高。

3. 正反交错式

正反交错式堆码是指在同一层中，不同列的以90°垂直码放，相邻两层的码放形式是另一层旋转180°的形式。这种方式不同层间咬合强度较高，相邻层之间不重缝，因而码放后稳定性较好，但操作较为麻烦，且包装体之间不是垂直面相互承受载荷。

4. 旋转交错式

旋转交错式堆码是指第一层相邻的两个包装体互为90°，两层间码放又相差180°，这样相邻两层之间互相咬合交叉，货体的稳定性较高，不易塌垛。其缺点是，码放的难度较大，且中间形成空穴，降低托盘的利用效率。不同的托盘堆码方式如图6-29所示。

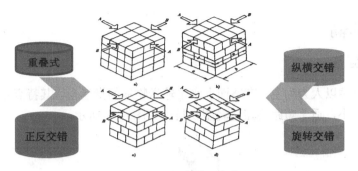

图 6-29 托盘堆码方式

【拓展阅读 6-3】

　　托盘标准体系的建立为我国托盘标准建设发展提供了依据。图 6-30 所示为托盘标准体系框图。2008 年《联运通用平托盘 主要尺寸及公差》(GB/T 2934—2007)的颁布实施具有里程碑式的意义。在借鉴国际标准及发达国家标准的同时，根据我国国情，确定我国联运通用平托盘国家标准的两种规格，即 1200mm×1000mm 和 1100mm×1100mm，并明确优先推荐 1200mm×1000mm，这从根本上促进了我国联运通用平托盘规格的统一。进入 2014 年，我国又迎来了托盘标准建设的爆发期，《联运通用平托盘 性能要求和试验选择》(GB/T 4995—2014)和《联运通用平托盘 试验方法》(GB/T 4996—2014)等国家标准相继颁布，一举扭转了长期存在的托盘标准空白较多、标准滞后严重的局面，托盘标准体系建设初具规模并日趋完善。

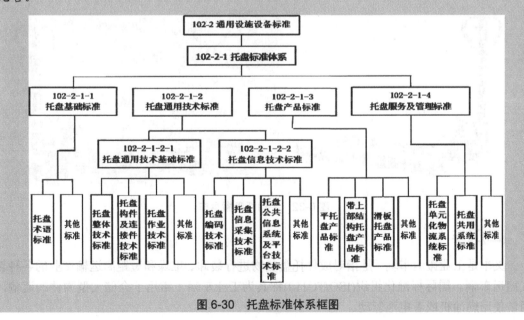

图 6-30 托盘标准体系框图

三、搬运车辆

(一)手推车

手推车是一种以人力为主，在路面上水平输送物料的搬运车。其特点是价廉、轻巧、易操作、回转半径小，适于短距离搬运轻型物料，如图 6-31 所示。

图 6-31 手推车

(二)手动托盘搬运车

手动托盘搬运车是一种轻小型搬运设备，它有两个货叉式插腿，可插入托盘叉孔之内。插腿的前端有两个小直径的行走轮，用来支撑托盘货物的重量。货叉通过液压或机械传动可以抬起，使托盘或货箱离开地面，然后使之行走。这种托盘搬运车广泛应用于仓库内外的物料装卸或车间内各工序间的搬运作业，如图 6-32 所示。

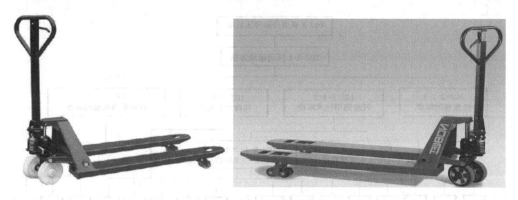

图 6-32 手动托盘搬运车

(三)叉车

叉车是工业搬运车辆，是指对成件托盘货物进行装卸、堆垛和短距离运输作业的各种轮式搬运车辆。国际标准化组织(ISO/TC110)称其为工业车辆。常用于仓储大型物件的运输，通常使用燃油机或者电池驱动。

叉车的技术参数是用来表明叉车的结构特征和工作性能的。主要技术参数有额定起重量、载荷中心距、最大起升高度、门架倾角、最大行驶速度、最小转弯半径、最小离地间隙以及轴距、轮距等。

叉车(Forklift Truck)是一种用来装卸、搬运和堆码单元货物的车辆。它具有适用性强、机动灵活、效率高的优点，不仅可以将货物叉起进行水平搬运，还可以将货物提升进行堆码。如果在货叉叉架上安装各种专用附属工具，如推出器、吊臂、旋转夹具、串杆、侧移叉、倾翻叉等，还可以进一步扩大其使用范围。图 6-33 所示为普通叉车。

叉车在企业的物流系统中扮演着非常重要的角色，是物料搬运设备中的主力军。广泛应用于车站、港口、机场、工厂、仓库等国民经济各部门，是机械化装卸、堆垛和短距离运输的高效设备。

自行式叉车出现于 1917 年，第二次世界大战期间叉车得到了较快发展。中国从 20 世纪 50 年代初开始制造叉车。近年来，大部分企业的物料搬运已经脱离了原始的人工搬运，取而代之的是以叉车为主的机械化搬运。进入 21 世纪以来，中国叉车市场的需求量几乎每年都以两位数的速度增长。

叉车的分类广泛，有多种划分方式。按照结构可以分为平衡重式、前移式、插腿式、侧面叉式；按照动力分为电动、内燃。叉车的常见指标有吨位、最大提升高度等。

1. 按照动力分类

叉车通常可以分为两类，即内燃叉车、电动叉车。

1) 内燃叉车

内燃叉车又分为普通内燃叉车、重型叉车、集装箱叉车和侧面叉车。

(1) 普通内燃叉车。

普通内燃叉车一般采用柴油、汽油、液化石油气或天然气发动机作为动力，载荷能力为 1.2～8.0t，作业通道宽度一般为 3.5～5.0m，考虑到尾气排放和噪声问题，通常用在室外、车间或其他对尾气排放和噪声没有特殊要求的场所。由于燃料补充方便，因此可实现长时间的连续作业，而且能胜任在恶劣环境下(如雨天)工作，如图 6-34 所示。

(2) 重型叉车。重型叉车采用柴油发动机作为动力，承载能力为 10.0～52.0t，一般用于货物较重的码头、钢铁等行业的户外作业。

(3) 集装箱叉车。集装箱叉车采用柴油发动机作为动力，承载能力为 8.0～45.0t，一般分为空箱堆高机、重箱堆高机和集装箱正面吊。应用于集装箱搬运，如集装箱堆场或港口码头作业，如图 6-35 所示。

(4) 侧面叉车。侧面叉车采用柴油发动机作为动力，承载能力为 3.0～6.0t。在不转弯的情况下，具有直接从侧面叉取货物的能力，因此主要用来叉取长条形的货物，如木条、钢筋等，如图 6-36 所示。

图 6-33 普通叉车

图 6-34 普通内燃叉车

图 6-35 集装箱叉车

图 6-36 侧面叉车

2) 电动叉车

电动叉车以电动机为动力，蓄电池为能源。承载能力为 1.0~4.8t，作业通道宽度一般为 3.5~5.0m。由于没有污染、噪声小，因此广泛应用于对环境要求较高的工况，如医药、食品等行业。由于每个电池一般在工作约 8h 后需要充电，因此对于多班制的工况需要配备备用电池。

2. 按照使用场所分类

仓储叉车主要是为仓库内货物搬运而设计的叉车。除了少数仓储叉车采用人力驱动外，其他都是以电动机驱动的。因其车体紧凑、移动灵活、自重轻和环保性能好而在仓储业得到普遍应用。在多班作业时，电机驱动的仓储叉车需要有备用电池。

(1) 电动托盘搬运叉车。电动托盘搬运叉车的承载能力为 1.6~3.0t，作业通道宽度一般为 2.3~2.8m，货叉提升高度一般在 210mm 左右，主要用于仓库内的水平搬运及货物装卸。一般有步行式和站驾式两种操作方式，可根据效率要求选择。

(2) 电动托盘堆垛叉车。电动托盘堆垛叉车的承载能力为 1.0~1.6t，作业通道宽度一般为 2.3~2.8m，在结构上比电动托盘搬运叉车多了门架，货叉提升高度一般在 4.8m 内，主要用于仓库内的货物堆垛及装卸。

(3) 前移式叉车。前移式叉车的承载能力为 1.0~2.5t，门架可以整体前移或缩回，缩回时作业通道宽度一般为2.7～3.2m，提升高度最高可达11m，常用于仓库内中等高度的堆垛、取货作业。

前移式叉车主要用电池作为动力，其主要特点是前部设有跨腿，跨脚前端装有支轮与车体两轮形成四轮支承。起重货架可以伸缩，在进行堆垛作业时，可以只伸架不伸腿，因此适合于狭小场地的装卸。蓄电池前移式叉车属室内搬运机械，广泛应用于医药物品、肉食、水产、果品、烟草、机械零件、电器等各类仓库，是现代仓储必不可少的设备之一，如图6-37所示。

图 6-37　前移式叉车

(4) 电动拣选叉车。在某些工况下(如超市的配送中心)，不需要整托盘出货，而是按照订单拣选多品种的货物组成一个托盘，此环节称为拣选。按照拣选货物的高度，电动拣选叉车可分为低位拣选叉车(2.5m 内)和中高位拣选叉车(最高可达 10m)。承载能力分别为 2.0～2.5t(低位)、1.0～1.2t(中高位，带驾驶室提升)，如图6-38 和图6-39 所示。

图 6-38　低位拣选叉车

图 6-39　高位拣选叉车

(5) 低位驾驶三向堆垛叉车。这种叉车通常配备一个三向堆垛头，叉车不需要转向，货叉旋转就可以实现两侧的货物堆垛和取货，通道宽度为1.5～2.0m，提升高度可达12m。叉车的驾驶室始终在地面不能提升，考虑到操作视野的限制，主要用于提升高度低于6m 的工况。

(6) 高位驾驶三向堆垛叉车。与低位驾驶三向堆垛叉车类似，高位驾驶三向堆垛叉车也配有一个三向堆垛头，通道宽度为 1.5～2.0m，提升高度可达 14.5m。其驾驶室可以提升，驾驶员可以清楚地观察到任何高度的货物，也可以进行拣选作业。高位驾驶三向堆垛叉车的效率和各种性能都优于低位驾驶三向堆垛叉车，因此该车型已经逐步替代低位驾驶三向堆垛叉车。

(7) 电动牵引车。牵引车采用电动机驱动，利用其牵引能力(3.0～25t)，后面拉动几个装载货物的小车。经常用于车间内或车间之间大批货物的运输，如汽车制造业仓库向装配线的运输、机场的行李运输。

3. 根据工况选择叉车车型和配置

车型和配置的选择一般要考虑以下几个方面。

1) 作业功能

叉车的基本作业功能分为水平搬运、堆垛/取货、装货/卸货、拣选。根据企业所要达到的作业功能，可以从上面介绍的车型中初步确定。另外，特殊的作业功能会影响到叉车的具体配置，如搬运的是纸卷、铁水等，需要叉车安装附属工具来完成特殊功能。

2) 作业要求

叉车的作业要求包括托盘或货物规格、提升高度、作业通道宽度、爬坡度等一般要求，同时还需要考虑作业效率(不同的车型，其效率不同)、作业习惯(如习惯坐驾还是站驾)等方面的要求。

3) 作业环境

如果企业需要搬运的货物或仓库环境对噪声或尾气排放等环保方面有要求，在选择车型和配置时应有所考虑。如果是在冷库中或是在有防爆要求的环境中，叉车的配置也应该是冷库型或防爆型的。仔细考察叉车作业时需要经过的地点，设想可能的问题。例如，出入库时门高对叉车是否有影响；进出电梯时，电梯高度和承载对叉车的影响；在楼上作业时，楼面承载是否达到相应要求等。

在选型和确定配置时，要向叉车供应商详细描述工况，并实地勘察，以确保选购的叉车完全符合企业的需要。

4. 叉车性能评判标准

在综合评估时，很多企业由于对叉车专业知识及技术不了解，常常对产品质量无法做出合理的判断。一般来说，高质量的叉车，其优越的性能往往体现在高效率、低成本、高安全性、人机工效设计好以及服务便利等诸多方面。

1) 高效率

高效率并不只意味着高速度(行驶、提升、下降速度)，它还意味着操作者在完成一个工作循环所需的时间短，并且能在整个工作时间始终保持这个效率。

2) 低成本

企业购买和使用叉车时,每年所需花费的总成本包括采购成本、维护成本、能耗成本和人工成本。

采购成本将被平摊到叉车寿命中,因此高价叉车将因其寿命更长而使采购成本降低。实际的维修费用不仅与维修配件的成本有关,而且与故障率或故障时间有关。因此,一台高品质的叉车,由于其较低的故障率,它的维护成本也更低。能耗成本将随不同动力系统的叉车而不同,如电能、柴油、液化石油气或汽油。人工成本是随驾驶员的数量和他们每月总工资变化而不同,驾驶员的数量将会因采用高效率的叉车而减少。

3) 高安全性

叉车的安全性设计,应能够全面保证驾驶员、货物以及叉车本身的安全。高品质的叉车往往在安全设计方面考虑到每个细节和每个可能性。

4) 人机工程

人机工程学是一门广泛应用于产品设计特别是改善操作环境的科学,目的是通过降低驾驶员疲劳程度和增加操作的舒适性等手段,最大限度地提高生产效率。

在叉车设计上,人机工程学体现在以下几个方面。

(1) 降低驾驶员操作时的疲劳度。独特的设计能减少驾驶员的操作动作,使操作更省力。

(2) 舒适性。人性化的设计能够使驾驶员保持良好的心情,减少操作失误。

(3) 良好的视野。为叉车作业过程提供良好的视野,不仅能提高效率,同时确保驾驶员安全。

5) 维护方便

要考虑叉车是否方便维护。

企业在购买叉车前,除了了解叉车的价格和吨位外,还应结合企业的具体工况和发展规划,综合考虑叉车厂家的实力、信誉、服务保证等多方面因素之后做出采购决定。有实力的叉车供应商除了能提供可靠的售后服务外,其销售人员应该具备专业知识,能够帮助客户完成车型及配置选择阶段的工作。

5. 叉车选择的其他因素

(1) 托盘。大部分叉车是以托盘为操作单位的,较普遍的是欧洲标准1200mm×1000mm或1200mm×800mm的四向叉取式托盘,它可适用于各种车型。

(2) 地坪。地坪的光滑度及平整度等状况极大地影响叉车的使用,尤其是使用高提升的室内叉车时。地坪需考虑的因素还包括承重能力、叉车轮压等。

(3) 电梯、集装箱高度等。如果叉车需要进出电梯,或者要在集装箱内部作业,则需要考虑电梯、集装箱的入口高度。

(4) 日作业量。仓库的进出货频繁度、叉车每天的作业量关系到叉车电瓶容量或者叉车数量的选择,以保证日常作业正常进行。

(5) 其他。如仓库作业高峰期、轮子材质、建筑限制等。

【课外阅读6-1】

输送机资料

1970—1990年：是其初级应用时期。托盘输送机主要为立体库配套，厢式输送机主要在邮政领域应用。

1991—2000年：是其技术提高期。PLC系统和总线技术的应用，促进了输送机的发展。AGV等开始应用于市场。

2001—2008年：是其高速发展期。高速输送机、AGV等均已经实现国产化。市场应用已经渗透到各个行业，尤其是烟草、零售、医药、图书、服装等领域发展迅猛。

2009—2010年：是其技术成熟期。

2010年至今，其市场总量不断增长。

四、输送机械

连续输送机械是以连续、均匀、稳定的输送方式，沿着一定的线路搬运或输送散状物料和成件物品的机械装置，简称输送机械。由于输送机械具有能在一个区间内连续搬运物料、运行成本低、效率高、容易控制等特点，因而被广泛应用于现代物流系统中。它是现代装备传输系统实现物料输送搬运的最主要基础装备，在现代生产企业中，各种自动化流水线都属于自动化的输送机械。

输送机械按安装方式可分为固定式输送机(输送量大、效率高)和移动式输送机(机动性强)两类；按结构特点可分为具有挠性构件的输送机(牵引构件是一个往复循环的封闭系统，如带式、链式等)和无挠性构件的输送机(利用工作构件的旋转运动或振动，使物料向一定方向输送，构件不具有往复循环形式，如螺旋输送机、振动输送机等)；按输送对象可分为散料输送机、成件输送机、通用输送机；按采用原动力的不同，可分为动力式(如电动等)和无动力式(靠物料自重惯性或人工推力)。

常见输送机的类型如下。

1. 带式输送机

带式输送机一般由连续且具有挠性的输送带和电机组成。根据挠性输送带的不同，可以分成织物芯胶带、织物芯PVC带、钢带、网带。其输送物品的特点：输送各种散状物料、输送单位质量不大。其中，皮带输送机常称为传送带，是用输送带作承载和牵引构件的输送机械，它利用物品与皮带之间的摩擦力来输送各种轻量或中量的规则或不规则形状的物品，如图6-40所示。

2. 链条式输送机

链条式输送机是以链条作为牵引和承载体输送物料，链条可以采用普通的套筒滚子输送链，也可采用其他各种特种链条(如积放链、倍速链)。链条输送机的输送能力大，主要输送托盘、大型周转箱等。输送链条结构形式多样，并且有多种附件，易于实现积放输送，可用作装配生产线或作为物料的储存输送。最简单的链条式输送机由套筒辊子链条组成。链条由驱动链轮牵引，链条下面有导轨，支撑着链条上的套筒辊子。货物直接压在链条上，随着链条的运动向前移动。

3. 辊子输送机

辊子输送机是一种使用最为广泛的输送机械，它由一系列以一定的间隔排列的辊子组成，用于输送成件货物或托盘货物，辊柱在动力驱动下带动其上置物料移动；也可在无动力情况下，由人力或依靠重力运送物料，如图6-41所示。

4. 滚轮式输送机

滚轮式输送机又称为算盘式输送机，与辊子输送机类似，只是安装的是轮子而不是辊子，适合人力和重力搬运，主要用于仓库、配送中心等，如图6-42所示。

图6-40 皮带输送机

图6-41 辊子输送机

图6-42 滚轮式输送机

五、自动物料搬运设备及系统

自动物料搬运设备主要有自动导引搬运车、自动堆垛机、搬运机器人和智能物流机器人。

自动搬运系统是以多台自动导引搬运车为主体，结合集群中央控制系统组成的物料搬运系统，其主要应用于自动化程度较高的机械制造业、自动化仓库等场合。

1. 自动导引搬运车

AGV即无人驾驶的自动搬运车，是一种能自动导向、自动认址、自动动作的搬运车辆。自动导引搬运车系统(Automatic Guided Vehicle System，AGVS)是由若干辆自动导引搬运车在计算机控制下按导引路线行驶，应用在物流系统、生产系统中的总称。AGVS 广泛应用于柔性生产系统 (FMS)、柔性搬运系统和自动化仓库中。

AGV 主要由导向系统、移载装置、转向机构及安全设施四大部分组成，如图 6-43 所示。

图 6-43　AGV

AGV 的工作过程：当接收到货物搬运指令后，控制器就根据所存储的运行地图和 AGV 当前位置及行驶方向进行计算、规划分析，选择最佳的行驶路线，自动控制 AGV 的行驶和转向，到达装载货物位置准确停位后，移载机构动作，完成装货过程。然后 AGV 起动，驶向目标卸货点，准确停位后，移载机构动作，完成卸货过程，并向控制计算机报告其位置和状态。随后 AGV 起动，驶向待命区域。接到新的指令后再做下一次搬运。

以激光导向 AGV 为例。行驶过程中，车上的激光扫描头不断地扫描周围环境，当扫描到行驶路径周围预先垂直设定好的反射板时，即"看见"了"路标"。只要扫描到三个或三个以上的反射板，即可根据它们的坐标值，以及各块反光板相对于车体纵向轴的方位角，由定位计算机算出 AGV 当前在全局坐标系中的 X、Y 坐标，和当前行驶方向与该坐标系 X 轴的夹角，实现准确定位和定向。AGV 通过其车载通信装置与系统控制计算机通信，报告其位置及状态，并接受工作指令。

【拓展阅读 6-4】

AGV 发展简介

(1) 1954 年世界上首台 AGV 在美国的仓库内投入运行，用于出入库货物的自动搬运。
(2) 1960 年欧洲安装了各种形式、不同水平的 AGVS 220 套，使用 AGV 1300 多台。
(3) 1985 年欧洲发展到 10000 台左右。
(4) 日本在 1963 年首次引进 AGV，到 1990 年拥有 AGV 约一万台。
(5) 中国 AGV 的起步较晚，1976 年在北京的起重机械研究所产生第一台 AGV。
(6) 20 世纪 80 年代后期为汽车行业研究出了配套的 AGV。
(7) 20 世纪 90 年代将 AGV 应用于实验研究和邮政系统，上海邮政于 1990 年开始使用

AGV 搬运邮件。

(8) 海尔集团于 2000 年用 9 台 AGV 组成了一个柔性的库内自动搬运系统。

(9) 近年来，在国内工业机器人需求量激增以及"中国制造 2025"、智慧物流等各项政策的支持下，我国 AGV 机器人销售量持续增长。2013 年我国 AGV 机器人销量为 2439 台，2014 年上升至 3150 台，同比增长 29.15%；2016 年销量为 6500 台，同比增长 51.16%；2013—2016 年的年复合增长率达 38.64%，增幅较大的主要原因为电商仓储 AGV 的使用推广和港口物流 AGV 的应用。2018 年中国 AGV 销量已达到 2.96 万台，与 2017 年的 1.35 万台相比，同比增长 119%。2018 年中国 AGV 市场规模达到 42.5 亿元，AGV 机器人相关产品市场新增量较 2017 年实现 42.5%的增长。

2. 自动堆垛机

堆垛机是立体仓库中最重要的搬运设备，主要用途是在高层货架仓库的巷道内来回穿梭运行，将位于巷道口的货物存入货格或者取出货格内的货物运送到巷道口，完成出库作业，如图 6-44 所示。

图 6-44　堆垛机

堆垛机有多种类型。

(1) 按支承方式，分为悬挂式堆垛机和地面支承式堆垛机。

(2) 按作业方式，分为单元式堆垛机、拣选式堆垛机、拣选—单元混合堆垛机。

(3) 按结构形式，分为单立柱堆垛机和双立柱堆垛机。

单立柱型：金属结构由一根立柱和上、下横梁组成(或仅有下横梁)；其自重较轻，但刚性较差。一般用于起重量在 2t 以下，起升高度不高于 16m 的仓库。

双立柱型：金属结构由两根立柱和上、下横梁组成一个刚性框架；其刚性好，自重较单立柱大。适用于各种起升高度的仓库；起重量可达 5t 或更大。适用于高速运行、快速起、制动方便的场合。

单立柱堆垛机和双立柱堆垛机，分别如图 6-45 和图 6-46 所示。

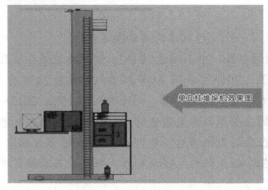 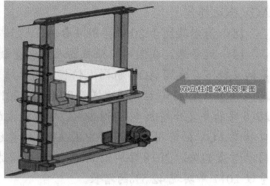

图 6-45 单立柱型堆垛机效果　　　　图 6-46 双立柱型堆垛机效果

3. 搬运机器人

搬运机器人是一种有若干自由度,动作程序灵活可变,能任意定位,具有独立控制统,能搬运、装卸物件或操纵工具的自动化机械装置。在生产物流搬运中,主要用于机床搬运、装卸工件、为加工中心更换刀具;在物流的节点和输送线的端点,用来装卸堆垛料;在装配线上用于产品的装配与喷漆等,如图 6-47 所示。

图 6-47 搬运机器人

4. 智能物流机器人

随着 21 世纪全球智能化和信息化的深入发展,搬运机器人的功能日趋全面和完善,不断向智能物流机器人演变和发展。智能物流机器人已成为现代物流业更新换代、科技创新的潮流和方向。

目前,典型的智能物流机器人如下。

1) Kiva

2012 年亚马逊以 6.78 亿美元买下自动化物流提供商 Kiva 的机器人仓储业务后，利用机器人来处理仓库的货物盘点及配货等工作。目前亚马逊全球物流中心的仓库里，有超过 15000 个 Kiva 机器人在辛勤工作，如图 6-48 所示。

2) Fetch 和 Freight 机器人

Fetch 和 Freight 是硅谷机器人公司 Fetch Robotics 的仓储机器人，Fetch 机器人可以根据订单把货架上的商品拿下来，放到另一个叫 Freight 的机器人里运回打包。Fetch 相当于 Kiva 的升级版，Fetch 机器人具备自动导航功能，可以在货架间移动，识别产品并将其取下货架运动至被称为 Freight 的自动驾车机器人里，Freight 的作用则与 Amazon 的 Kiva 相当，可以自助规划路线和充电，从而保证整个仓储系统的无缝运行。Fetch Robotics 是 2017 年最亮眼的机器人公司之一。

3) Click&Pick 系统

Swisslog 是一家总部位于瑞士的自动化仓库和配送物流解决方案提供商，与 Kiva 等货架式存储不同，Swisslog 的 Click & Pick 系统采用的是一种三维的立方体网格架系统，每个立方体内有一个标准尺寸的箱子装着特定货物，如果装着所需货物的箱子堆在别的箱子下面，机器人会把上面的箱子拿起来堆在旁边，拿到货物后再放好。据称该系统 1h 能处理 1000 张订单，速度是人类作业的 4～5 倍，如图 6-49 所示。

4) 日立 HITACHI 智能机器人

日立公司 2017 年推出了一款机器人，该机器人可以拿起大约 1kg 的商品，能够代替企业仓储中一些重复性的工作，如在仓库中从货架上找物品，如图 6-50 所示。

5) 阿里机器人"曹操"

目前，天猫超市的"曹操"就是正在应用的国内智能分拣机器人。这个机器人是一部可承重 50kg、速度达到 2m/s 的智能机器人，所用的系统都是由阿里自主研发的。其工作流程：接到订单后，它可以迅速定位出商品在仓库分布的位置，并且规划最优的拣货路径，拣完货后会自动把货物送到打包台，因此提高了仓储效率，如图 6-51 所示。

图 6-48 智能仓储机器人 Kiva

图 6-49 Click&Pick 系统

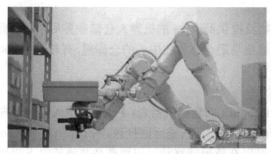

图 6-50　日立 HITACHI 智能机器人　　　　图 6-51　智能机器人"曹操"

(注：图 6-48～图 6-51 源自电子发烧友网站)

【课外阅读 6-2】

智能物流时代，机器人将扮演什么角色？

物流历史上每一次进化的背后都有消费与产业、技术变化的影子。今天，无论是在消费与产业层面还是技术层面，都在经历一场变革。而作为零售最重要的基础设施，物流"新时代"同样也呼之欲出。那么，未来物流将会走向哪里？

一、物流行业即将迎来翻天覆地的巨变

国家邮政局公布了 2017 年上半年快递行业运行情况，从今年第二季度开始，我国常态化进入单日快递亿件时代。随着包裹量的增长越来越快，物流行业需要思考如何为"未来的日均 10 亿个包裹"做好准备。

而在快递业务持续增长的同时，消费者多样化与个性化需求也在不断提升。竞争的激烈使得消费者对电商的每个环节都更加挑剔。物流行业的服务标准正在不断升级，"一日达"开始成为配送领域新航标。单日、亿件、一日达，在这些字眼惊人组合在一起的背后，都对物流行业的服务和效率有了更高的标准。

二、智能化升级关口机器人将成为物流行业主角

随着中国的人口红利逐渐消失，科技创新正在席卷全球，传统行业正不断地与科技碰撞。依赖人力的物流行业，也正努力从劳动密集型向技术密集型转变，从传统模式向机器人智能物流升级。

机器人智能物流，顾名思义，即是用机器人作为物理载体，智能机器人、人工智能、大数据等先进技术，将物流的不同环节实现自动化、柔性化、智能化的系统级解决方案。一家企业想要实现效率提升，低成本地履行订单，一套自动化、智能化的仓储系统就显得尤为重要。

随着各家巨头的积极布局、新锐创业公司的迅速崛起，各大企业纷纷加入了智能物流机器人的市场布局和研发中来，尤其在我国大力推行"中国制造 2025"以及企业转型升级的

大背景下，智能物流机器人已被认为是下一个风口。

就整个行业来看，电商发展到一定规模以后，物流才是取胜的法宝。只有在物流成本不断下降的前提下，电商才会有更多的优势，提供更加优质的服务。上一个10年是电商，下一个10年是物流，大变革即将到来，全面机器人化的时代还会远吗？

(资料来源：俊世太保. 智能物流时代，机器人将扮演什么角色？[DB/OL]. 百度百家号.
https://baijiahao.baidu.com/s?id=1586586438367647749&wfr=spider&for=pc)

六、自动分拣系统

自动分拣系统(Automatic Sorting System，ASS)是先进的配送中心所必需的设施条件之一，它具有很高的分拣效率，通常每小时可分拣商品6000~12000箱。可以说，自动分拣系统是提高物流配送效率的一项关键因素。

自动分拣系统一般由控制装置、分类装置、输送装置及分拣道口组成。

(1) 控制装置的作用是识别、接收和处理分拣信号，根据分拣信号的要求指示分类装置，按商品品种、商品送达地点或货主的类别对商品进行自动分类。这些分拣需求可以通过不同方式，如可通过条形码扫描、键盘输入、重量检测、语音识别、高度检测及形状识别等方式，输入分拣控制系统中去，根据对这些分拣信号判断，来决定某种商品该进入哪个分拣道口。

(2) 分类装置的作用是根据控制装置发出的分拣指示，当具有相同分拣信号的商品经过该装置时，该装置动作，改变在输送装置上的运行方向进入其他输送机或进入分拣道口。分类装置的种类很多，一般有推出式、浮出式、倾斜式和分支式等，不同的装置对分拣货物的包装材料、包装重量、包装物底面的平滑程度有不同的要求。

(3) 输送装置的主要组成部分是传送带或输送机，其主要作用是使待分拣商品顺次通过控制装置、分类装置。在输送装置的两侧，一般要连接若干分拣道口，使分好类的商品滑出主输送机(或主传送带)以便进行后续作业。

(4) 分拣道口是已分拣商品脱离主输送机(或主传送带)进入集货区域的通道，一般由钢带、皮带、滚筒等组成滑道，使商品从主输送装置滑向集货站台，在那里由工作人员将该道口的所有商品集中后或是入库储存或是组配装车并进行配送作业。分拣道口分别如图6-52所示。

以上四部分装置通过计算机网络连接在一起，配合人工控制及相应的人工处理环节构成一个完整的自动分拣系统。

分拣机按照其分拣机构的结构分为不同的类型，常见的主要类型有滑块式、交叉带式、倾斜式、挡板式等。

(a) 分拣道口1　　　　　　　　　　　(b) 分拣道口2

图 6-52　分拣道口

1. 滑块式

滑块式分拣机由链板式输送机和具有独特形状的滑块(能在链板间左右滑动进行商品分拣)等组成。滑块式分拣系统是由滑块式分拣机、供件机、分流机、信息采集系统、控制系统、网络系统等组成，如图 6-53 所示。

图 6-53　滑块式分拣机

其特点如下。
(1) 可适应不同大小、重量、形状的各种不同商品。
(2) 分拣时轻柔、准确。
(3) 可向左、右两侧分拣，占地空间小。
(4) 分拣时所需商品间隙小，分拣能力高达 18000 个/时。
(5) 机身长，最长达 110m，出口多。

2. 交叉带式

由主驱动带式输送机和载有小型带式输送机的台车(简称"小车")连接在一起，当"小车"移动到所规定的分拣位置时,转动皮带,完成把商品分拣送出的任务。因为主驱动带式输送机与"小车"上的带式输送机呈交叉状,故称为交叉带式分拣机。

主要优点/性能参数如下。

(1) 适宜于分拣各类小件商品,如食品、化妆品、衣物等。
(2) 分拣出口多,可左、右两侧分拣。
(3) 分拣能力一般达 6000~7700 个/时。

3. 倾斜式

倾斜式分拣机可分为翻盘式和翻板式两种,它是输送机本身设有分送装置,货物到达规定的分拣位置,货物所在的盘或板向左或向右翻转倾斜一定的角度进行分拣。

4. 挡板式

挡板式分拣机是利用一个挡板(挡杆)挡住在输送机上向前移动的商品,将商品引导到一侧的滑道排出。挡板的另一种形式是挡板一端作为支点,可做旋转。挡板动作时,像一堵墙挡住商品向前移动,利用输送机对商品的摩擦力推动,使商品沿着挡板表面移动,从主输送机上排出至滑道。平时挡板处于主输送机一侧,可让商品继续前移;如挡板做横向移动或旋转,则商品就排向滑道,如图 6-54 所示。

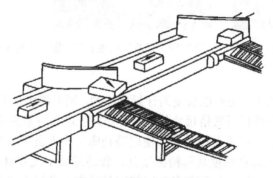

图 6-54 挡板式分拣机

七、仓库辅助作业设备

(一)计量设备

1. 衡器设备

仓库所保管的货物中,绝大多数以重量为计数单位,因此,衡器是仓库作业中使用最多和最主要的计量设备。

仓库只有在具备精良衡器的条件下，才能保证货物在收发保管过程中数量上的准确性。但衡器精确性的保持，主要在于合理使用和妥善保管。

因此，懂得如何正确、合理地使用与妥善保管衡器，以便经常保持其精确性，是仓库工作人员所必须掌握的专业知识。

衡器主要由承重系统(如秤盘)、传力转换系统(如杠杆传力系统)和示值系统(如刻度盘)三部分组成。衡器按结构原理可分为机械秤、电子秤、机电结合秤三大类。电子秤如图6-55所示。

关于衡器设备的具体应用，这里以电子汽车衡的应用为例加以说明。

电子汽车衡是可对各种载重车辆进行称重的计量设备。具体分为浅基坑式、无基坑式、移动式等电子汽车衡，分别适用于不同的场合，如图6-56~图6-58所示。

图6-55　电子秤

图6-56　浅基坑式电子汽车衡

图6-57　无基坑式电子汽车衡

图6-58　移动式电子汽车衡

2. 量具设备

仓库所保管的货物中，还有以长度为计量单位的，同时绝大部分货物都有其一定的规格尺寸，所有货物的长度和材料规格尺寸的计量，必须应用各种量具来完成。因此，各种量具也是仓库所必备的设备，熟练掌握量具的使用是仓库工作人员所必须掌握的技能。

仓库常用的量具包括普通量具和精密量具。普通量具中又有直接量具(如直尺、折尺、卷尺等)和辅助量具(如卡钳、线规等)之分。精密量具中有游标卡尺和千分尺等。

(二)养护与安全设备

1. 养护设备

影响库存物品储存的因素多种多样，而仓库温、湿度条件是影响库存物品质量的两个最重要因素。为了使库内的温、湿度条件符合物品养护条件标准，有时就需要排除库内多余的热量，对库内温、湿度进行控制，改善库内的储存环境。这样就需要通过设置各种不同的通风设备、减湿设备等构成仓库养护系统。

常用养护设备有温度仪、测潮仪、吸潮器、烘干箱、风幕(设在库门处，以隔绝内外温差)、空气调节器、商品质量化验仪器等。

2. 安全设备

仓库安全是其他工作的前提和基础。安全对于仓库来说具有重要意义。

常见的安全设备有指纹自动检测仪、仓储安全巡检设备、灭火器和灭火剂、摄像头自动视频监控装置、自动报警设备、自动消防设备及安全防护装置等。

因此，做好仓库安全工作，保障储存物品的安全，减少各种灾害所造成的损失，需要仓库工作人员的努力和各种高效的设备。

【案例分析 6-2】

英特诺——为智慧仓储系统提供技术支撑

在经济全球化的影响下，企业之间的竞争日益激烈，如何配置和利用资源，以有效降低制造成本，成为企业重点关注的问题。要解决这一问题，没有一个高度发达的、可靠快捷的仓储系统是很难实现的。当然，随着互联网和新技术的兴起，仓储的功能也不再仅仅是降低成本，它还承担着帮助提升客户服务质量以及提高企业综合竞争力的功能。随之而来的对仓储的旺盛需求，为智能化物流技术装备的创新发展提供了难得的机遇和优良的土壤。智能仓储是智能物流系统中最重要的一环，仓储技术的进步直接推动着智能物流的发展，因而不少企业把目光投向了智能仓储，使自身不仅走在仓储技术的最前沿，也在打造智能物流系统的潮流中先人一步。

英特诺动态仓储系统在食品领域的深度应用。位于埃及的 Juhayna Food Industries 是一家乳制品和果汁产品的领先生产商，致力于牛奶、酸奶、果汁和浓缩果汁的生产、加工和包装。在过去的 30 年中，Juhayna 成功赢得了消费者的信任，将其一系列高质量的产品打造成深受家家户户信赖的品牌。多年来，Juhayna 提供的奶制品品种不断增加，其仓储和容量需求也在相应扩大，直至面临严重的仓储容量问题。因此，他们委托埃及领先的货架系统制造商 Link Misr 为其评估目前和未来的需求，并借助 Link Misr 的专业能力为其不断扩大的存储需求提供最佳解决方案。Link Misr 表示，Juhayna 占地 $1800m^2$ 的最大冷藏库需要更高效的集成方法，以解决其在仓储能力和分配流程方面遇到的瓶颈。

Link Misr 是英特诺集团 "Roling On Interrol" 计划的官方合作伙伴，因此在解决仓储问题上，他们共同为 Juhayna 打造了先进先出(FIFO)的托盘式动态仓储系统。该动态仓储系统可在尽可能减少物流操作中叉车数量的情况下，在既定区域内实现极高的仓储密度和自动仓储循环。这一动态仓储系统共有四层，合计有 2680 个托盘位。安装完成后，该动态仓储系统可在提高仓储容量的同时还能够实现最快速的操作。事实证明，先进先出的托盘式动态仓储系统非常适合 Juhayna。由于产品特性、库存周转率和 SKU 的快速流转对 Juhayna 都非常重要，而该系统的成功安装给 Juhayna 带来了立竿见影的效果。Juhayna 副首席执行官 Seifeldin Thabet 表示："Link Misr 提供的这一解决方案采取了可靠的'先进先出'原则，从而实现了快速的库存周转。通过英特诺的解决方案，我们在很多方面，特别是在空间上，都实现了节约。此外,通过对公司的内部物流进行彻底调整,我们的能源消耗也得到了下降。"
英特诺动态仓储系统分为先进先出和后进先出两种方式。先进先出方式,即第一个装载的托盘将第一个卸货,用于快速移动产品,是输送易腐货物的理想选择;后进先出方式,即最后装载的托盘将处于最前面的卸载位置,该解决方案可以增加靠墙位置或者中间位置的仓储密度,空间使用率高达80%~95%,每次可以输送一个批次的货物。对冷库而言,英特诺托盘式动态仓储系统的优势非常明显。首先,密集存储的方式可以减少50%的空间,也就意味着至少可以减少50%用于冷却仓库而耗费的能源。其次,英特诺仓储系统利用"倾斜"原理,即利用重力推动托盘滑动。换言之,就是零能耗。因此,就不会因为电机驱动产生任何热量,更利于保持冷库的恒定温度,从而减少能耗。最后,因其独特的巷道式结构,英特诺动态仓储系统只在巷道的一端上货,另一端取货,这样可以大大减少叉车操作,也方便保持冷库相对封闭的环境,利于维持温度的稳定,减少能源的使用。

(资料来源:郭浩. 英特诺——为智慧仓储系统提供技术支撑[J]. 中国储运,2017(3): 80.)

思考题:
英特诺的智慧仓储系统成功的因素是什么?

第三节　自动化立体仓库

一、自动化立体仓库的概念

自动化仓库系统是在不直接进行人工处理的情况下能自动存储和取出物料的系统。自动化立体仓库又称为自动化存取系统、自动化仓库系统、自动化高架仓库、高架立体仓库等。

自动化立体仓库(AS/RS)是由立体货架、有轨巷道堆垛机、出入库托盘输送机系统、尺寸检测条码阅读系统、通信系统、自动控制系统、计算机监控系统、计算机管理系统以及其他如电线电缆桥架配电柜、托盘、调节平台、钢结构平台等辅助设备组成的复杂自动化系统。它运用一流的集成化物流理念,采用先进的控制、总线、通信和信息技术,通过以上设备的协调动作进行出入库作业活动,如图6-59所示。

图6-59　自动化立体仓库

二、自动化立体仓库的发展

立体仓库的产生和发展是第二次世界大战之后生产和科技发展的结果。

20世纪50年代初，美国出现了采用桥式堆垛起重机的立体仓库；50年代末至60年代初出现了司机操作的巷道式堆垛起重机立体仓库；1963年美国率先在高架仓库中采用计算机控制技术，建立了第一座计算机控制的立体仓库。此后，自动化立体仓库在美国和欧洲得到迅速发展，并形成了专门的学科。60年代中期，日本开始兴建立体仓库，并且发展迅猛，已成为当今世界上拥有自动化立体仓库最多的国家之一。

中国对立体仓库及其物料搬运设备的研制起步并不晚，1963年研制成第一台桥式堆垛起重机，1973年开始研制中国第一座由计算机控制的自动化立体仓库(高15m)，该仓库1980年投入运行。到2003年，中国自动化立体仓库数量已超过200座。由于自动化立体仓库具有很高的空间利用率、很强的出入库能力、采用计算机进行控制管理、有利于企业实施现代化管理等特点，已成为企业物流和生产管理中不可缺少的仓储技术，越来越受到企业的重视。

近年来，我国每年建成的各类自动化立体仓库已经超过400座，截至2017年，中国自动化立体库保有量大约在3800座以上，其中烟草、医药、零售是主要应用领域，合计占到需求量的40%左右。

三、自动化立体仓库的分类

1. 按照建筑形式分类

按照建筑形式可分为整体式和分离式两种。

(1) 整体式。它是指货架除了存储货物外，还作为建筑物的支撑结构，构成建筑物的一部分，即库房货架一体化结构，一般整体式立体仓库高度在12m以上。这种仓库结构重量轻，整体性好，抗震能力强。

(2) 分离式。分离式货架在建筑物内部独立存在。分离式货架高度在12m以下，但也有15~20m的。适用于利用原有建筑物作库房，或在厂房和仓库内单建一个高层货架的场所。

2. 按照货物存取形式分类

按照货物存取形式可分为单元货架式仓库、移动货架式仓库和拣选货架式仓库。

(1) 单元货架式仓库。单元货架式是常见的仓库形式。货物先放在托盘或集装箱内，再装入单元货架的货位上。

(2) 移动货架式仓库。移动货架式由电动货架组成，货架可以在轨道上行走，由控制装置控制货架合拢和分离。作业时货架分开，在巷道中可进行作业；不作业时可将货架合拢，只留一条作业巷道，从而提高空间的利用率。

(3) 拣选货架式仓库。拣选货架式中的分拣机构是其核心部分，分为巷道内分拣和巷道外分拣两种方式。"人到货前拣选"是拣选人员乘拣选式堆垛机到货格前，从货格中拣选所需数量的货物出库。"货到人处拣选"是将存有所需货物的托盘或货厢由堆垛机送至拣选区，拣选人员按提货单的要求拣出所需货物，再将剩余的货物送回原地。

3. 按照货架构造形式分类

按照货架构造形式可分为单元货格式、贯通式、水平旋转式和垂直旋转式。

(1) 单元货格式仓库。类似单元货架式，巷道占去了 1/3 左右的面积。

(2) 贯通式仓库货架。为了提高仓库利用率，可以取消位于各排货架之间的巷道，将个体货架合并在一起，使每层、每列的货物互相贯通，形成能一次存放多货物单元的通道，而在另一端由出库起重机取货，称为贯通式仓库。根据货物单元在通道内的移动方式，贯通式仓库又可分为重力式货架仓库和穿梭小车式货架仓库。重力式货架仓库每个存货通道只能存放同一种货物，所以它适用于货物品种不太多而数量又相对较大的仓库。

(3) 水平旋转式仓库的货架。这类仓库本身可以在水平面内沿环形路线来回运行。每组货架由若干独立的货柜组成，用一台链式传送机将这些货柜串联起来。每个货柜下方有支撑滚轮，上部有导向滚轮。传送机运转时，货柜便相应运动。需要提取某种货物时，只需在操作台上发出出库指令。当装有所需货物的货柜转到出货口时，货架停止运转。这种货架对于小件物品的拣选作业十分合适。它简便实用、充分利用空间，适用于作业频率要求不太高的场合。

(4) 垂直旋转货架式仓库。与水平旋转货架式仓库相似，只是把水平面内的旋转改为垂直面内的旋转。这种货架特别适用于存放长卷状货物，如地毯、地板革、胶片卷、电缆卷等。

四、自动化立体仓库的系统组成

(1) 货架。用于存储货物的钢结构。主要有焊接式货架和组合式货架两种基本形式。

(2) 托盘(货厢)。用于承载货物的器具，也称为工位器具。

(3) 巷道堆垛机。用于自动存取货物的设备。按结构形式分为单立柱和双立柱两种基本形式；按服务方式分为直道、弯道和转移车三种基本形式。

(4) 输送机系统。立体库的主要外围设备，负责将货物运送到堆垛机或从堆垛机将货物移走。输送机种类非常多，常见的有辊道输送机、链条输送机、升降台、分配车、提升机及皮带机等。

(5) AGV 系统，即自动导向小车。根据其导向方式可分为感应式导向小车和激光导向小车。

(6) 自动控制系统。驱动自动化立体库系统各设备的自动控制系统。以采用现场总线方式为控制模式为主。

(7) 储存信息管理系统。也称为中央计算机管理系统，是全自动化立体库系统的核心。

典型的自动化立体库系统均采用大型的数据库系统(如 Oracle、SyBase 等)构筑典型的客户机/服务器体系，可以与其他系统(如 ERP 系统等)联网或集成。

【案例分析 6-3】

华为自动化立体仓库

华为技术有限公司于 1987 年成立于中国深圳，是全球领先的电信解决方案供应商。在 20 多年的时间里，华为基于客户需求持续创新，在电信网络、全球服务和终端三大领域都确立了端到端的领先地位。凭借其在固定网络、移动网络和 IP 数据通信领域的综合优势，华为已成为全 IP 融合时代的领导者。

华为制造业务将由深圳坂田搬迁至东莞 SSH 工业园，将实现华为原材料到自动立体仓库的集自动收货、质检、储存、分拣和发货于一体的配套系统，包括自动传输系统、物料分拣系统、货架系统、堆垛机系统、输送机系统、业务管理和控制系统、条形码系统、箱输送系统等的设计、制作、运输、装卸、安装及调试验收交付、技术资料、验证文档、售后服务等全过程。

物流中心采用国际、国内领先技术及设备，集光、机、电、信息于一体的高度复杂的自动化物流系统工程。以配合华为技术有限公司的整体战略思想，展示华为技术有限公司与时俱进的形象及现代化的物流管理能力。

一、用户解决方案的特点

(1) 从入库到出库的全程自动化。

包括：入库周转箱从月台到拆包装区的自动化搬送；入库托盘与周转箱的自动上架；补货料箱的自动化搬送与分流；拣选货物的自动供给；分拣机实现自动化分拣。

(2) 业务优化。

包括：GTP 作业模式；PTL 灯光指示拣选；提前拣选；高价值商品的紧急应对；夹层拆包、贴标业务处理。

(3) 有限空间的充分利用。

包括：自动仓库实现密集存储；水平旋转货架创造更多的拣选点。

(4) 空托盘/料箱收集与供应。

(5) 逆向物流的自动化作业。

二、解决方案过程中融入的新技术与创新管理理念

1. GTP 站台

GTP 站台采用货到人的接力式拣选模式，有效地节省了人工搬运距离，提高了作业效率，本站台的设计完全符合人体工程学，有效地将 PTL 拣选模式、自动输送模式整合为一体，同时本设计方案具备后续业务的可扩展性。

2. 夹层

夹层方案设计，对料箱业务进行提前预处理，同时有效地利用了物流中心建筑的空间，提高了空间利用率，保证了入库暂存区的面积。同一层面的自动化库内有效利用空间，设置了料箱业务的二次回库及出库作业，增加了货位，提高库存能力。

3. 侧边拣选

侧边拣选区域实现了自动化入库、补货、PTL 拣选三位一体的立体拣选模式，采用接力拣选模式为生产线直接供料。

4. 大件在线拣选

对于拉手条等大件商品实现在线直接拣选，提高作业效率，节省了离线作业的暂存场地，同时在设计时充分考虑作业高峰期的应对策略，设计有备用暂存拣选站台。

5. 特殊情况下的灾备方案

整个华为物流中心的设计采用了一二级库分级管理，确保整个供料系统可以有双重防护面对临时灾难性状况导致的供料中断，通过各功能区的并行库存管理及多站点式拣选，可以有效降低单个站点或功能区障碍导致的无法拣料，在华为项目设计伊始就充分考虑了防灾预备方案，确保整个物流中心在紧急情况下仍然可以为生产线供料。

(资料来源：王静(编辑). 华为自动化立体仓库[DB/OL]. 中国工控网，2018.7.)

第四节　RFID 在仓储管理中的应用

一、RFID 的基本概念和构成

无线射频识别即射频识别技术(Radio Frequency IDentification，RFID)是自动识别技术的一种，通过无线射频方式进行非接触双向数据通信，利用无线射频方式对记录媒体(电子标签或射频卡)进行读写，从而达到识别目标和数据交换的目的，其被认为是 21 世纪最具发展潜力的信息技术之一。

RFID 是一种非接触的自动识别技术，其基本原理是利用射频信号和空间耦合(电感或电磁耦合)或雷达反射的传输特性，实现对被识别物体的自动识别。

RFID 可通过无线电信号识别特定目标并读写相关数据，而无须识别系统与特定目标之间建立机械或光学接触。由于其识别距离较远且局限性小，射频识别卡具有读写能力，可携带大量数据，难以伪造，并具有智能化等优点，因此被广泛应用在物流等多个行业。

最基本的 RFID 系统由三部分组成，即电子标签、阅读器和天线。其工作流程如图 6-60 所示。

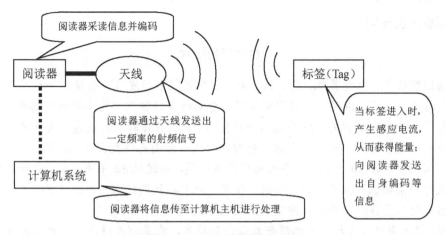

图 6-60　RFID 的工作流程框图

RFID 射频标签的构造如图 6-61 所示。

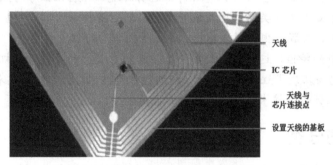

图 6-61　电子标签的构造

二、RFID 的发展历程

1941—1950 年：雷达的改进和应用催生了 RFID 技术，1948 年奠定了 RFID 技术的理论基础。

1951—1960 年：早期 RFID 技术的探索阶段，主要处于实验室实验研究阶段。

1961—1970 年：RFID 技术的理论得到了发展，开始了一些应用尝试。

1971—1980 年：RFID 技术与产品研发处于一个大发展时期，各种 RFID 技术测试得到加速，出现了一些最早的 RFID 应用。

1981—1990 年：RFID 技术及产品进入商业应用阶段，各种规模应用开始出现。

1991—2000 年：RFID 技术标准化问题日趋得到重视，RFID 产品得到广泛采用。

2001 年至今：RFID 技术及应用高速发展阶段。

【拓展阅读6-5】

自动识别技术

自动识别技术是以计算机、光、机、电、通信等技术的发展为基础的一种高度自动化的数据采集技术。它通过应用一定的识别装置，自动地获取被识别物体的相关信息，并提供给后台的处理系统来完成相关后续处理的一种技术。它能够帮助人们快速而又准确地进行海量数据的自动采集和输入，目前在运输、仓储、配送等方面已得到广泛的应用。

自动识别技术在20世纪70年代初步形成规模，经过近50年的发展，自动识别技术已经发展成为由条码识别技术、智能卡识别技术、光字符识别技术、射频识别技术、生物识别技术等组成的综合技术，并正在向集成应用的方向发展。

RFID技术是近年发展起来的现代自动识别技术，它是利用感应、无线电波或微波技术的读写器设备对射频标签进行非接触式识读，达到对数据自动采集的目的。它可以识别高速运动物体，也可以同时识读多个对象，具有抗恶劣环境、保密性强等特点。

生物识别技术是利用人类自身生理或行为特征进行身份认定的一种技术。生物特征包括手形、指纹、脸形、虹膜、视网膜、脉搏、耳郭等，行为特征包括签字、声音等。由于人体特征具有不可复制的特性，这一技术的安全性较传统意义上的身份验证机制有很大的提高。

目前，人们已经发展了虹膜识别技术、视网膜识别技术、面部识别技术、签名识别技术、声音识别技术、指纹识别技术等多种生物识别技术。

三、RFID的分类

(1) 按照采用的频率分类不同，可分为低频系统和高频系统。

(2) 根据电子标签驱动方式，又可将其分为有源系统和无源系统。

(3) 根据电子标签内保存的信息注入的方式可分为集成电路固化式、现场有线改写式、现场无线改写式。

(4) 根据读取电子标签数据的技术实现手段，可分为广播发射式、倍频式、反射调制式。

四、RFID与现代物流

RFID与现代物流相结合，其应用优势表现如下。

(1) 增强供应链的可视性，提高供应链的适应性能力。

(2) 降低库存成本，提高库存管理能力。

(3) 有助于企业资产实现可视化管理。

(4) 加快企业信息化进程，提高客户服务水平。

RFID的应用中需要考虑的问题，主要包括以下几个方面：物流对象的物理特性；被识别物体的形状；被识别物体的大小；同时识别的标签数；安装环境；应用层级；标签形状与大小；安装方式；标签成本等。

五、RFID 在仓储管理中的应用环节

(一)电子标签基于托盘及包装箱的应用

电子标签基于托盘及包装箱的应用的具体流程如图 6-62 所示。

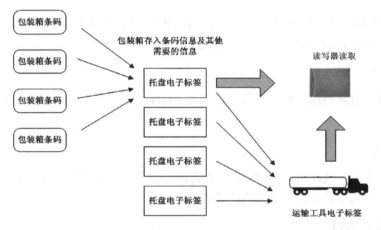

图 6-62　电子标签基于托盘及包装箱的闭环应用

(二)RFID 在仓储中的应用方案

一般仓储管理流程框图如图 6-63 所示。

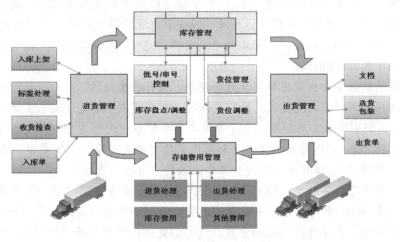

图 6-63　仓储管理流程框图

RFID 在仓储管理中的解决方案如下。

1. 入库时

当产品进入库房时，在库房入口处安装固定的 RFID 读取设备或通过手持设备自动对入库的货物进行识别，由于每个包装上安装有电子标签，可以识别到单品，同时由于 RFID 的并行读取性，可以一次识别很多个标签，做到快速入库识别。

2. 盘点时

安装有 RFID 电子标签的货物入库后，配合 RFID 手持终端在库内可以方便地进行查找、盘点、上架、拣选处理，随时掌握库存情况。

3. 分拣时

拣选后可以将经销地、经销商等信息写入 RFID 电子标签，以方便进行发货识别、市场监管。

4. 出库时

在发货出库区安装固定的 RFID 读取设备或通过手持设备自动对发货的货物进行识别，读取标签内信息与发货单匹配进行发货检查确认。

【案例分析 6-4】

RFID 助力中百集团全面实现智能物流

2013 年，中百集团与中瑞思创合作，引进 ESL 电子价签系统，确定以进口食品为主的高端消费品超市——生活剧场作为试点。"电子价签的使用大大节省了人力成本，提高了运营效率。"生活剧场超市的毛经理说。生活剧场安装电子价签系统后，人力成本和价格管理时间均下降 20%～30%。据统计，纸质标签丢失率为 2%，差误率在 0.1‰～0.5‰，而电子价签变价错误率为 0.00001%。

"以往纸质的标签会出现更新不及时的现象，常有顾客投诉。如今，面对产品信息一目了然的电子标价，顾客满意度提高，购物更舒适。有人笑言'这是过未来生活的节奏'。"毛经理介绍。接着他补充说，在德国，电子价签在各个超市应用非常普遍，就连购物车也是投币使用的信息化工具。"这与科技化水平和国民素质有很大关联，中国超市的智能化发展还需要走很长一段路。"这位有十多年超市工作经验的"老兵"感叹道。

中百智能物流迈出第二步，RFID 将应用于进销存各环节。2013 年 12 月前，中百集团已完成电子商务 B2B 平台改造，中百仓储水果生活剧场电子标签的使用和物流公司 RFID 测试选型，并制定出具体作业流程和方案，这些都是该集团智能物流计划实施的第一步。

记者从该集团党委获悉，2014 年 1—9 月份，射频识别技术将被运用于物流配送和两个选定的大卖场。目前,按照 RFID 技术的测试情况,中百集团在汉鹏物流已完成了安装智能电子分拣机。不久之后,物流入库、出库、配送、上货等系列进销存作业环节都将贴上"身份标识"。

资料显示,早在 2012 年,中百集团就成功申报了武汉市电子商务示范城市智能物流信息服务试点项目。以此为契机,该集团将 RFID、物联网、互联网等技术引入商业运行全过程,成为中部地区悄然崛起的"智慧企业"。

(资料来源:http://www.cnhubei.com/xw/jj/201405/t2928289.shtml)

思考题:
国内商业连锁企业如何更好地应用 RFID 技术?

习 题

一、单项选择题

1. 比较贵重或怕尘土、怕湿的小件物品适合使用( )。
   A. 层格式货架   B. 抽屉式货架   C. 悬臂式货架   D. 重力式货架

2. 适用于存放长形货物和不规则货物的货架是( )。
   A. 悬臂式货架   B. 托盘货架   C. 重力式货架   D. 层架

3. 以下仓房高度属于中层仓库范围的是( )。
   A. 4.5m   B. 5.5m   C. 15.5m   D. 4m

4. ( )是现代物流系统中一种应用广泛的设备。其原理是利用货物单元的自重,使货物单元在有一定高度差的通道上,从高处向低处运动,从而完成进货、储存、出库的作业。
   A. 层架   B. 单元货格式货架
   C. 托盘式货架   D. 重力式货架

5. 以下关于旋转式货架的论述,正确的是( )。
   A. 适于大物品的存取
   B. 储存密度小
   C. 货架间不设通道,但不易管理且投资较大
   D. 拣货路线短,拣货效率高和便于库存管理

二、多项选择题

1. 按货架的可移动性分为( )。
   A. 固定式货架   B. 移动式货架   C. 旋转式货架
   D. 组合货架   E. 敞开式货架

2. 托盘的优点有( )。

A. 自重量小　　　　　　B. 返空容易　　　　　　C. 装盘容易
D. 装载量适宜　　　　　E. 节省包装材料

三、判断题

1. 一般情况下，对于作业量很大，特别是笨重、大宗货物、起动频繁、节拍较短而有规律的作业，宜采用机械化系统。（　）
2. 仓储是保管、储存货物的建筑物和场所的总称。（　）
3. 专业性仓库是用于存储一般工业品、农副产品的仓库。（　）
4. 仓库作业环节包括储存、保管、拣选、配货、检验、分类、流通加工等。（　）
5. 随机储存通常是自动化仓库，指由电子计算机进行管理和控制，需要人工搬运作业实现收发作业的仓库。（　）
6. 直达运输指承运人在托运人的工厂或仓库整箱接货，负责运抵收货人的工厂或仓库整箱交货。（　）
7. 旋转式货架适于以分拣为目的的大件物品的存取。（　）
8. 叉车的最小转弯半径是指叉车在满载低速行驶时，转向轮偏转最大角度时，车体的最外侧至转向中心的最小距离。（　）
9. 集装箱标准按使用范围分，有国际标准、国家标准、地区标准和城市标准四种。（　）
10. 托盘与集装箱相比，有自重量小、返空容易、装盘容易、组合量大、货物保护性好等特点。（　）

四、简答题

1. 选用货架时应考虑的因素有哪些？
2. 自动化立体仓库的分类有哪些？
3. 自动化立体仓库的系统组成有哪些？
4. RFID 与现代物流相结合，有哪些应用优势？

第七章 仓储作业管理

学习目标：

- 了解商品储存整体流程的业务管理知识，包括商品入库、在库、出库管理；并了解仓库分区的原则。
- 理解企业订单处理过程，仓库保管的基本方法，仓库选址的影响因素及方法。
- 掌握仓库入库过程和出库过程的关键作业、仓库选址的程序和步骤。

【案例导入】

仓储公司验收货物欠妥酿成大祸，存货人未尽说明义务承担部分责任

2010年3月15日，山西忻州某铝材厂因冬季供暖需要燃料，故向某物资供应部订购柴油，后该物资供应部给铝材厂送去柴油一车，铝材厂试烧后对柴油质量感到满意，遂提出继续供货。之后，铝材厂先后收到物资供应部柴油9车，合计收到柴油共计60t。物资供应部给铝材厂出具的发票中写明的品名是废柴油，铝材厂收货时在收货条上注明的品名是柴油。

铝材厂因库房紧张，无法储存该批柴油。于是在2010年5月28日，铝材厂与某石化综合厂签订了关于这批柴油的仓储保管合同。合同约定，石化综合厂为铝材厂保管柴油60t，铝材厂自备容器，保管费为每月3500元，保管期限为3个月。合同签订后，铝材厂将60t废柴油以柴油名义交付保管。

2010年6月24日，石化综合厂仓库管理员阮某发现柴油气味浓烈，便打开抽油泵来抽取漏油槽中的漏油。在抽取过程中，突然发生爆炸。石化综合厂仓库区的十几名工人前往救火，在救火过程中油气又发生第二次爆炸，烧伤了救火员工15名。随后火被消防队扑灭，受伤员工也被送往医院治疗。

事后，石化综合厂统计遭受以下损失：救治伤员共花费医疗费、伤员营养费40万元，因爆炸造成石化综合厂仓库及存储的其他货物共计损失30万元。石化综合厂认为是铝材厂将含轻汽油的废油当作柴油储存，没有说明该批柴油的质量不纯，才导致了此次事故，于是向法院提起诉讼，要求被告赔偿经济损失共计70万元。

铝材厂辩称，石化综合厂作为有经验的储存单位，应对每一批储存货物进行检验，而石化综合厂并没有这样做，而且事故的直接原因是由于石化综合厂员工抽油时使用的油泵是非防爆型的，以致抽油时打火引发爆炸，因此，石化综合厂应对此次事故负责。

法院审理后认为，造成此次事故的主要原因是铝材厂未向石化综合厂说明真实情况，应当承担事故的主要责任，但是石化综合厂在接收货物时未进行检验，对事故也负有不可推卸

的责任，据此判决铝材厂只赔偿石化综合厂经济损失 40 万元，其余经济损失由石化综合厂自行承担。

(资料来源：仓储公司验收货物欠妥酿成大祸，存货人未尽说明义务承担部分责任[DB/OL]. 豆丁网. https://www.docin.com/p-1871365604.html)

思考题：
入库验收时应该如何操作才能杜绝本案例中存在的漏洞？

第一节 商品入库管理

仓库作业主要围绕物品的入库、在库保管保养、出库三个主要的阶段展开。其每个阶段的作业水平都会影响到仓库的运作绩效。

入库是仓储工作的第一步，标志着仓储工作的正式开始。入库作业水平的高低直接影响整个仓库作业的效率和效益。因此，提高入库作业的管理水平十分重要。

入库作业的管理内容包括入库准备、接货、验收、搬运入库、物品堆码与苫垫、验收的处理、进口物品的检验等。

一、入库准备

入库准备是仓库管理者根据仓储合同或者入库单，及时对即将入库的货物进行安排库位及相关作业人力、物力的协调工作。其主要目的是保证入库工作的顺利进行。

1. 入库准备的内容

入库准备主要包括以下几个方面的内容。

(1) 熟悉入库货物，掌握仓库库场情况，确定仓储计划。

(2) 妥善安排货位、做好货位准备。根据预计到货物品的特性、体积、质量、数量和到货时间等信息，结合物品分区、分类和货位管理的要求，预计货位，预先确定物品的拣货场所和储存位置。

(3) 合理组织人力和文件单证准备。按照到货物品的入库时间和到货数量，按照计划安排准备接运、卸货、检验、搬运物品的工作人员。仓管员根据物品入库所需要求，准备各种报表、单证、账簿。

(4) 准备苫垫材料、作业用具。苫垫材料应根据货位位置和到货物品特性进行合理选择。

(5) 验收准备及装卸搬运设备设定。准备验收所需要的计件、检斤、测试、开箱、装箱、丈量、移动照明等器具。同时要根据到货物品的特性、货位、设备条件、人员等情况，科学合理地制定卸车搬运工艺，备好相关作业设备，安排好卸货站台或场地，保证装卸搬运作业效率。

2. 商品入库的一般程序

(1) 大数验收。仓库收货人员与运输人员或运输部门进行商品交接后，进行大数验收，这是商品入库的第一道工序。大数点收，一般采用逐件点数计总以及集中堆码点数两种方法。

(2) 检查商品包装和标志。在点数接收的同时，还需要对每件商品的包装和标志进行仔细检查。

(3) 办理交接手续。入库商品经上述两个工序后，可以与送货人员办理交接手续。

(4) 商品验收。商品入库后，要根据有关业务部门的要求以及必须抽验入库的规定，进行开箱，拆包点验。

(5) 办理商品入库手续。商品验收后，由保管员或验收人员根据验收结果写在商品入库凭证上，以便记账、查货和发货。

二、接货

接货又称货物接运，主要任务是向托运者或者承运者办清业务交接手续，按时、按量地将货物安全地接运回仓库，并协同保管员把相应信息录入物流管理信息系统，与采购员做交接确认。

做好货物的接货工作，一方面可以防止在运输过程中或运输之前就已经发生的物品损害和将各种差错带入仓库，减少或避免经济损失；另一方面可以为货物验收和后期保管创造良好的条件。下面介绍几种接货方式及注意事项。

1. 车站、码头接货

(1) 提货前，了解商品的品名、型号、特性和一般保管知识以及装卸搬运注意事项等。做好接运货物的准备工作，如备好装卸运输工具、腾出存放商品的场地等。

主动了解到货时间和交货情况，组织装卸人员、机具和车辆，按时提货。

(2) 提货时，详细核对品名、规格、数量，并要注意商品外观，查看包装、封印是否完好，有无沾污、受潮、水浸、油渍等异状。若有疑点或不符，应当场要求运输部门检查。对短缺损坏情况，凡属于铁路方面责任的，应做出商务记录；属于其他方面责任、需要铁路部门证明的，应做出普通记录，由铁路运输员签字。注意记录内容与实际情况要相符合。

(3) 短途运输中，要做到不混不乱，避免碰坏损失。危险品应按照危险品搬运规定办理。

(4) 商品到库后，提货员应与保管员密切配合，尽量做到提货、运输、验收、入库、堆码一条龙作业，从而缩短入库验收时间，并办理内部交接手续。

2. 专用线接车

(1) 接到专用线到货通知后，应立即确定卸货货位；组织好卸车所需要的机械、人员及有关资料。

(2) 车皮到达后,引导对位,进行检查。看车皮封闭情况是否良好,核对到货品名、规格、标志和清点件数;检查包装是否有损坏或有无散包;检查是否有进水、受潮或其他损坏现象。发现异常情况,应请铁路部门派员复查并记录。

(3) 卸车时要注意为商品验收和入库保管提供便利条件,分清车号、品名、规格,不混不乱;保证包装完好、不碰坏、不压伤,更不得自行打开包装。卸车后在商品上应标明车号和卸车日期。

(4) 编制卸车记录,记明卸车货位规格、数量,连同有关证件和资料,尽快向保管人员交代清楚,办好内部交接手续。

3. 仓库自行接货

(1) 仓库接受货主委托直接到供货单位提货时,应将这种接货与出验工作结合起来同时进行。

(2) 仓库应根据提货通知,了解所提取货物的性能、规格、数量,准备好提货所需要的机械、工具、人员,配备保管人员在供方当场检验质量、清点数量,并做好验收记录,接货与验收合并一次完成。

4. 库内接货

存货单位或供货单位将商品直接运送到仓库储存时,应由保管人员或验收人员直接与送货人员办理交接手续,当面验收并做好记录。

若有差错,应填写记录,由进货人员签字证明,据此向有关部门提出索赔。

三、验收

货物验收是指根据合同或国家标准规定,对货物的质量、数量、包装等进行检查、检验的总称。

(一)商品检验与验收的作用

验收是做好商品保管、保养的基础;验收记录是仓库提出退货、换货和索赔的依据;验收是避免商品积压、减少经济损失的重要手段;验收有利于维护国家利益。

(二)验收作业流程及其内容

商品验收包括验收准备、核对凭证和实物检验三个作业环节。

1. 验收准备

要做好以下准备:人员准备;资料准备;器具准备;货位准备;设备准备。此外,对于有些特殊商品的验收,如毒害品、腐蚀品、放射品等,还要准备相应的防护用品。

2. 核对凭证

核对凭证也就是将上述凭证加以整理全面核对。入库通知单、订货合同要与供货单位提供的所有凭证逐一核对，相符后才可进行下一步实物检验，包括以下内容。

(1) 入库通知单和订货合同副本，这是仓库接受商品的凭证。
(2) 供货单位提供的材质证明书、装箱单、磅码单、发货明细表等。
(3) 商品承运单位提供的运单，若商品在入库前发现有残损情况，还要有承运部门提供的货运记录或普通记录，作为向责任方交涉的依据。

入库通知单示意图如图 7-1 和图 7-2 所示。

\multicolumn{12}{c}{外购入库通知单}											
编号：									年	月	日
序号	订单号（填业务部统一编号）	供货合同号	供货单位（人）	货物名称	规格型号	订单总量	本次交货数量	累计交货数量	剩余数量	本次到货日期	推迟天数	推迟原因	应罚款金额
1													
2													
	采购主管：			业务员：						仓库主管：			

图 7-1　外购入库通知单

\multicolumn{11}{c}{（集团）有限公司}										
\multicolumn{11}{c}{外购入库通知单}										
订单号（业务部统一的编号）			供货单位		下单日期		交货日期			
\multicolumn{11}{c}{货物详单}										
序号	货物代码	货物名称	规格型号	计量单位	颜色	包装方式	结算方式	总订货量	本次成交数量	累计交货数量	剩余数量	提货仓库	备注
1													
2													
备注													
采购主管：			业务员：			仓管：				

图 7-2　某集团外购入库通知单

发货明细表样表分别如表 7-1 和表 7-2 所示。

表 7-1　发货明细(汇总)表

日期	单位名称	产品名称	数量	单价	金额	增值税发票	运输发票	承运人	运费	备注

表 7-2 发货明细表

公路运输发货明细表													单位公斤/元	第一联 存根
附: 化验单	价													
发货	单位 地点					收货	单位 地点			承运	单位 地点			记事	
	日期	年	月	日			日期	年	月	日		车(船)号			
品种	水分	杂质	容重	出糙率	整精米率	出米率	单价	毛重	皮重	净重			金额	
定量包装							袋数	规格		数量			金额	
收货单位章:		收方经手人章:				发货单位章:				发方经手人章:			

发货单示意图如图 7-3 所示。

***科技有限公司
发货单

代码: SNSW-002-003
编号: NO.010001

发往单位:					金额单位: 元		
编号	产品名称	规格	单位	数量	单价	金额	备注
合 计								
收货方	收货人签字:			发货方	发货人签字:		
	收货日期: 年 月 日				发货日期: 年 月 日		

图 7-3 发货单

3. 实物检验

实物检验就是根据入库单和有关技术资料对实物进行数量和质量检验。

1) 数量检验

数量检验是保证物资数量准确、不可缺少的重要步骤，一般在质量验收之前，由仓库保管职能机构组织进行。按商品性质、包装情况和数量检验分为三种形式，即计件、检斤、检尺求积。

计件是指对于按件数供货或以件数为计量单位的货物，进行数量验收时清点件数。一般情况下，计件货物应全部逐一点清。

检斤是指对按重量供货或以重量为计量单位的货物进行数量验收时的称重。所有检斤的货物都应填写磅码单。

检尺求积是指对以体积为计量单位的货物，如竹材、砂石、木材等，先检尺后求体积。

2) 质量检验

质量检验包括外观检验、尺寸检验、机械物理性能检验和化学成分检验四种形式。

仓库一般只做外观检验和尺寸精度检验，后两种检验如果有必要，则由仓库技术管理职能机构取样，委托专门检验机构检验。

(三)商品验收方式

商品验收方式分为全验和抽验。在进行数量和外观验收时一般要求全验。当批量大，规格和包装整齐，存货单位的信誉较高，或验收条件有限的情况下，通常采用抽验的方式。

商品验收方式和有关程序应该由存货方和保留方共同协商，并通过协议在合同中加以明确规定。

仓库管理部门在办完大数点收手续后，必须对接收的物品做全面、认真、细致的验收，包括开箱、拆包、检验物品的质量和细数。物品验收应注意以下问题。

(1) 细数不符。在进行数量验收时一般要求全验。在开箱、拆包核点物品细数时，如发现有多余情况，应在入库通知单上按实签收，并通知供应商，不能做溢余处理；如发现数量减少，也应按实际数量签收，同时联系供应商，不能以其他规格的多余物品作抵充数，或以其他批次余额抵补。要按开箱拆包后清点的实际数量签收。

(2) 质量问题。在质量验收时，当批量小、规格复杂、包装不整齐或要求严格验收时可以采用全验，全验需要大量的人力、物力和时间，但是可以保证验收的质量。当批量大、规格和包装整齐、存货单位的信誉较高或验收条件有限的情况下，通常采用抽验的方式。

拆包验收而发现商品有残损、变质情况，仓库保管人员应将残损物品另列，好坏分开。签收的单据则根据货主的规定办理，可同时在一份物品入库单上分完好物品、残损物品签收的，也可另设残损物品入库单。残损物品签收后，也应及时通知供应商，并分开堆存，保持原状，以便供应商检查和处理。即要把发现的残损物品单列，并规整堆存，通知供应商。

(3) 查询处理。这是仓库管理部门将物品验收中的具体问题，用书面形式通知供应商要求查明情况进行处理的一种方式。一般分别按溢余、短少、残损、变质等情况用不同表式填报货主并抄送发货方。

(四)验收中发现问题的处理

(1) 检验中发现问题的货物，应该单独存放，妥善保管，防止混杂、丢失、损坏。

(2) 质量不符合规定的货物，应向供货单位进行退货处理、换货或征得供货单位同意代为修理，或在不影响使用的前提下降价处理。若部分规格不符或错发的，记录并交给主管部门办理换货。

(3) 数量短缺，在规定磅差范围可按原数入账，超过磅差的，做好检验记录，并将磅码单交主管部门，同供货单位办理交涉。多于原发数量，则退回货或补发货款。

(4) 凡价格不符，应主动联系供货方，及时更正。

(5) 凡承运部门造成的商品数量短少或外观包装严重残损等，应凭接运提货时的货运记录单向承运部门索赔。

(6) 入库单证未到或不齐时，应及时向供货单位索取，并将到库商品作为检验商品码放在待验区，待入库单证到齐后，进行验收。

验收入库单示意图如图7-4所示。

验收入库单 Acceptance Check Entry Sheet								
供应商：Supplier			PO Number: Delivery Number:				No: 00000001 日期/Date:	
序号 No.	物料名称 Material description	规格/型号 Specification	单位 Unit	送货数量 Delivery Qty.	实收数量 Actual Qty.	检验结果 Check Relust	备注 Remarks	
1							
2							
采购：Purchase				品管：IQC			仓库：Warehouse	

第一联：存根

图7-4 验收入库单

【小贴士】

质量检验应该确定合适的抽验比例。一般根据物品来源、包装好坏或有关部门规定，确定对到库物品采取抽验还是全验。抽验比例应首先以合同规定为准，合同没有规定时，确定抽检的比例，一般应考虑以下因素。

① 货物的价值。货物价值高的抽验比例大；反之则小。有些价值特别大的货物应全验。

② 货物的性质。货物性质不稳定的或质量易变化的，验收比例大；反之则小。

③ 气候条件。在雨季或梅雨季节，怕潮的货物抽验比例大；在冬季，怕冻的货物抽验比例大；反之则小。

④ 厂商信誉。信誉好的货物抽验比例小；反之则大。

⑤ 生产技术。生产技术水平高或流水线生产的货物，产品质量较稳定，抽验比例小；反之则大。

⑥ 储存时间。储存时间长的货物抽验比例大；反之则小。

⑦ 外包装质量。外包装质量差的货物抽验比例大；反之则小。

⑧ 进口货物。对进口货物原则上全部逐件检验。

四、理货

对于验收合格的货物要及时整理分类，以方便货物入库作业。原则上采取分货种、分规格、分批次的方式分类货物、贴标签、贴条码，对于需要存入重型货架上的货物，还需要进行托盘堆码。

装盘码垛是托盘作业中重要的操作环节。为了提高托盘的装载效率和运作效率，降低物流成本，避免托盘一贯化作业过程中造成货物损毁，货物在装盘的过程中必须遵守以下三方面的作业原则。

1. 充分利用托盘的载货能力

在同一只托盘上,要充分利用托盘的载货空间,尽可能码放更多的货物。

2. 充分利用货物自身重量固定货物

平托盘的最大缺点是码放的货物四边不靠,在物流作业过程中容易塌垛。解决塌垛问题的路径有两个:一是使用带、绳、胶、网和其他紧固件来加固货物,这种方式需要支付额外的成本,费工费时,作业过程难以标准化;二是按照一定的货物码放规则,利用货物自身的重量,使货物互相咬合在一起,这种方式是充分利用货物自身的重量紧固货物。

3. 严格按照货物的堆放要求装盘

货物码盘要充分考虑货架的高度、货物的耐压性、托盘及货架的承重能力、托盘的厚度及合理的安全空隙。一般来说,托盘货物在货架上的存取要有不小于15mm宽度的安全空隙。

五、搬运入库

拟搬运入库的货物要满足以下几个方面的要求。
(1) 货物已验收完毕,已查清数量、质量和规格。
(2) 包装完好,标志清晰、完整。
(3) 对外表有污渍或其他杂物的货物,应给予清扫,且不能损坏货物质量和包装。
(4) 当货物受潮、锈蚀甚至出现某种质量变化时,必须进行养护处理,确认无质量问题后恢复原状。

六、登账、立卡、建档

1. 登账

商品入库后,要及时登记入账。登账应遵循以下原则。
(1) 以正式合法的凭证为依据,如入库单、出库单等。
(2) 一律使用蓝、黑墨水笔来登账,用红墨水笔冲账。当发现登账错误时,不得刮擦、挖补、涂抹或用其他药水更改字迹,应在错处画一红线,表示注销,然后在其上方填上正确的文字或数字,并在更改处加盖更改者的印章,红线画过后的原来字迹必须仍可辨认。
(3) 记账应连续、完整。依日期顺序,不能隔行或跳页。账页应依次编号,年末结存后转入新账,旧账页入档妥善保管。
(4) 记账时,其数字书写应占空格的 2/3 空间,便于改错。

2. 立卡

每次货物入库码垛时,即应按入库单所列内容填写卡片,发货时应按出库凭证随发随销货卡上的数字,以防事后漏记。卡片式样根据货物的存放地点不同而不同,存放在库房内的货物一般挂纸卡或塑料卡。存放在露天的货物,为防止卡片丢失或损坏,通常装在塑料袋中或放在特制的盒子里,然后挂在垛位上,也可用油漆写在铁牌上。

3. 建档

库存商品都应该建立档案,做到一物一档。商品档案应统一编号,妥善保管。商品档案部分资料的保管期限根据实际情况酌定。其中有些资料,如库区气候资料和商品储存保管的试验资料应长期保留。存档资料主要包括以下内容。

(1) 商品出厂时的各种凭证和技术资料,如商品技术证明、合格证、装箱单、发货明细表等。

(2) 商品运输单据、普通记录或货运记录、公路运输交接单等。

(3) 商品验收的入库通知单、验收记录、磅码单、技术检验报告。

(4) 商品入库保管期间的检查、保养、损益、变动等情况的记录。

(5) 仓库内外的温度、湿度记载及对商品的影响情况。

(6) 商品出库凭证。

当然,使用仓储管理信息系统的仓库,有的步骤可以省去。但是,登账、立卡和建档这三个环节是不可缺少的。

【案例分析7-1】

中药饮片验收入库常见质量问题分析与改进措施

中医药文化是中华民族几千年传承的一种世界独特医学资源,具有独立的思想及治疗方式。但在实际中药治疗过程中,中药饮片的质量对患者用药安全程度及总体治疗效果具有重要作用,并且随着中药的广泛运用,中药饮片掺假的事件也越来越多,严重影响中医药的发展。本案例分析中药饮片验收入库过程中存在的质量问题及改善措施。

1. 中药饮片验收入库常见质量问题

中药饮片验收入库常见质量问题,主要包括虫蛀、发霉、融化、泛油、变色等情况,具体分析如下。

(1) 虫蛀和发霉。中药材虫蛀与发霉变质是中药饮片的主要存储问题,且与药材供货商的存储也有直接关系。中药饮片在采集、加工炮制、运输、采购、验收入库、储藏等过程中,极易发霉变质。

(2) 品种不符。品种不符问题直接影响中药饮片的使用效果,进而影响治疗效果,如大黄与炒大黄、生地与熟地、生熟混乱等情况,半夏和水半夏、山药和天花粉均是比较容易混淆的品种。中药饮片产地复杂多样,各地习用品种不同,有些中药饮片虽然名称相近,但是来源却不同,治疗效果也有所不同。

(3) 掺伪掺假。中药伪品的形状与中药正品的形状相似，如大黄伪品土大黄，两者外观形状极为相似，若混用，直接影响大黄的治疗效果。

(4) 中药饮片炮制不当。中药饮片炮制不规范主要分为蒸制不足、醋制不足、炒制火候过大、切制过程不标准等，另外还有粉碎程度不足、杂质超标、未进行炮制、水分超标、硫熏过度、随意称重等情况。

(5) 管理混乱。很多地区中药材市场对药材的管理比较混乱，管理制度不够完善。

2. 改进措施

(1) 加强中药饮片质量检测、提高验收水平。目前主要还是从形态、色泽、气味、质地等方面检查中药饮片质量，然而这对检验工作人员的专业能力要求也较高，增加了检验难度。因此，在未来中药饮片入库管理过程中需进行硬件投入，建立检验室及标本室，采用科学的手段对购入饮片进行正规检测，整体评价中药饮片质量。

(2) 规范中药饮片炮制方法。如果中药饮片炮制操作不够规范，会严重影响中药饮片的治疗效果。各地炮制规范不同，各地用药习惯与处方用名不同，医疗机构在选用中药炮制品时，需依据各地炮制规范，还需结合本院医师用药习惯。

(3) 制定中药饮片标准化养护管理制度。

(4) 实施严格的入库管理和操作规程。中药饮片验收入库须严格执行"先入先出""近期先出"等出库原则，制定合理的中药饮片采购与入库制度，保证中药饮片的质量。严格按照中药饮片相关标准进行采购、验收。另外，需全面提高中药饮片储存与养护的质量，逐渐提升验收工作人员的专业水平，减少中药饮片验收入库中出现的质量问题，确保用药质量。

(资料来源：唐晓红. 中药饮片验收入库常见质量问题分析与改进措施[J]. 中国民康医学，2019(2)：121-122.)

第二节 保管作业管理

物品在库管理过程中不断有出库、入库作业，库存品的损耗在所难免。选用合适的保管方式，理顺库存品的账物关系才能做好仓库保管工作。保管作业是仓储作业的核心，仓储作业管理得好坏都会在这里集中体现。因此，要重视保管作业，科学保管物品，促使仓储企业的收益最大化。同时还需要了解仓储商品的各项特性，进行高效保管。

一、仓储商品的质量变化

货物在储存期间，如果保管不善，就会发生质量变化，从而影响产品的价值和使用价值。

货物质量变化的形式很多，主要有物理变化、化学变化、生理生化变化及生物学变化。

(一)物理变化

物品常发生的物理变化主要有挥发、溶化、熔化、渗漏、串味、冻结、沉淀、破碎、变形、干裂等形式。物理变化是指货物仅改变其本身的外部形态,在变化过程中没有新物质生成。

1. 挥发

挥发是指低沸点的液体货物或经液化的气体货物在空气中经汽化而散发到空气中的现象。挥发会降低货物的有效成分,增加货物损耗,降低货物质量;一些燃点很低的物品还可能会引起燃烧或爆炸;一些货物挥发的气体有毒性或麻醉性,会对人体造成伤害,如酒精、白酒、香精、花露水、香水、化学试剂、医药试剂、部分化肥农药、杀虫剂、油漆。

2. 溶化

溶化是指在保管过程中,某些固体货物吸收空气或环境中的水分变成液体的现象,食糖、食盐、明矾、硼酸、氯化钙、氯化镁、尿素、硝酸铁、硫酸钾、硝酸锌及硝酸锰等。

3. 熔化

熔化是指低熔点的货物受热后发生软化变为液体的现象,如巧克力、糖果、发蜡、蜡烛、蜡纸、打印纸等。

4. 渗漏

渗漏主要是指液体货物,特别是易挥发的液体货物,由于包装容器不严密,包装质量不符合货物性能的要求,或在装卸、搬运时因发生碰撞、震动而破坏了包装,使货物发生跑、冒、滴、漏的现象。

5. 串味

串味是指吸附性较强的货物吸附其他气体、异味,从而改变本来气味的现象。举例如下。
(1) 易被串味:大米、面粉、木耳、食糖、饼干、茶叶、卷烟。
(2) 引起串味:汽油、煤油、桐油、腌鱼、樟脑、卫生球、肥皂、化妆品、农药。

6. 沉淀

沉淀是指含有胶质和易挥发成分的货物,在低温或高温等因素影响下,部分物质凝固,进而发生沉淀或膏体分离的现象,如墨汁、墨水、牙膏、雪花膏。

7. 破碎、变形

破碎、变形是指货物在外力作用下所发生的形态上的变化,如玻璃、陶瓷、搪瓷制品、铝制品、皮革、塑料、橡胶。

8. 干裂

有些货物在储存过程中，由于环境干燥，引起货物失水，使货物干缩、开裂的现象称为干裂，如肥皂、乐器。

(二)化学变化

化学变化是指构成货物的物质发生变化后，不仅改变了货物的外观形态，而且改变了本质，并伴有新物质生成的现象。

物品的化学变化形式主要有氧化、分解、化合、聚合、锈蚀、风化、燃烧与爆炸、老化、水解等。

1. 氧化

氧化是指货物与空气中的氧或其他能放出氧的物质接触，发生的与氧相结合的现象。

货物发生氧化，不仅会降低货物的质量，有的还会在氧化过程中产生热量，发生自燃，甚至可能导致爆炸事故，如棉、麻、丝、毛等纤维织品。

2. 分解

分解是指某些性质不稳定的货物，在光、热、酸、碱及潮湿空气的作用下，由一种物质生成两种或两种以上物质的现象，如氯水、溴水、硝酸等。

3. 化合

化合是指货物在外界条件的影响下，两种或两种以上的物质相互作用，而生成新物质的反应，如过氧化钠、氧化钙。

4. 聚合

聚合与分解相反，聚合过程使得某些货物中的同种分子相互加成而结合成一种更大分子，如桐油聚合生成的桐油块。

5. 锈蚀

金属制品在潮湿的空气及酸、碱、盐等作用下被腐蚀的现象称为锈蚀，如钢铁等。

6. 风化

风化是指含结晶水的货物在一定温度和干燥的空气中，失去结晶水而使晶体崩解变成非晶态无水物质的现象，如煤炭风化变成碎渣和煤末。

7. 燃烧与爆炸

燃烧是可燃物与助燃物(氧化剂)发生的一种剧烈的、发光、发热的化学反应。

爆炸是指物质由一种状态迅速转变成另一种状态,并瞬间释放大量能量的现象。爆炸分为物理爆炸、化学爆炸、核爆炸等。

例如,氢气、天然气、一氧化碳、液化石油气等易燃气体;酒精、汽油、油漆等易燃液体;黄磷、白磷等易自燃物品;锂、钠、钾等遇湿易自燃物品。

8. 老化

老化指含有高分子有机物成分的货物在储存过程中,受到光、热、氧等因素的作用,出现发黏、龟裂、变脆、褪色、失去强度等现象,如塑料、橡胶制品及合成纤维制品。

9. 水解

水解是指在一定条件下,某些货物遇水发生分解的现象。蛋白质在碱性溶液中容易水解,但在酸性溶液中却比较稳定,所以羊毛等蛋白质纤维怕碱不怕酸。

(三)生理生化变化

生理生化变化是指有机体货物(有生命力货物)在生长发育过程中,为了维持其生命活动,而自身发生的一系列变化,如呼吸作用、后熟作用、发芽与抽薹、胚胎发育等现象。

1. 呼吸作用

呼吸作用是指有机货物在生命活动过程中,不断地进行呼吸,分解体内有机物质,产生热量,维持其本身的生命活动的现象。

保持正常的呼吸作用,可以维持有机体的基本生理活动,有机货物本身会具有一定的抗病性和耐储性。

呼吸作用会产生热量,积累到一定程度,往往会使货物腐败变质。由于呼吸作用会产生水分,有利于有害微生物生长繁殖,加速货物的霉变。以苹果为例,降低储藏环境中的氧气浓度,能够降低果实的呼吸强度,延长储存时间。但氧气的浓度不宜太低,当氧含量低于1%时,缺氧呼吸显著增加,并发生缺氧生理病害,抗病性减弱。

2. 后熟作用

后熟是指瓜果、蔬菜等类食品在脱离母株后继续其成熟过程的现象。

瓜果、蔬菜等的后熟作用,能改进色、香、味以及硬脆度等食用性能。

但当后熟作用完成后,则容易腐烂变质,甚至失去食用价值。例如,苹果的后熟作用在4.4℃时要比在0℃时快1倍,在9℃时比4.4℃时快1倍。因此,苹果采摘后应进行冷却存储,储藏的最适宜温度为-1~1℃。

3. 发芽与抽薹

发芽与抽薹是指有机体货物在适宜条件下,冲破"休眠"状态而发生的发芽、萌发现象,如大蒜、马铃薯、葱、白菜等。

4. 胚胎发育

胚胎发育主要是指新鲜蛋类产品的胚胎发育，如血丝蛋、血环蛋。

(四)生物学变化

生物学变化是指货物在外界有害生物作用下受到破坏的现象，如霉腐、虫蛀等。

1. 霉腐

霉腐是货物在霉腐微生物作用下所发生的霉变和腐败现象。霉腐对货物会造成不同程度的破坏，严重的霉腐可使货物完全失去使用价值，如针棉织品、皮革制品、香烟、家具、纸张以及中药材等许多货物常会生霉；肉、蛋、鱼类就会腐败发臭；水果、蔬菜就会腐烂。

霉变的花生、豆类、谷物含有黄曲霉毒素，具有很强的毒性和致癌性，其毒性比砒霜大68倍，对肝脏器官损害严重。

2. 虫蛀

仓库害虫在蛀蚀货物的过程中，不仅破坏了货物的组织结构，使货物发生破碎和孔洞，而且排泄各种代谢废物污染货物，影响货物的质量和外观，降低货物的使用价值。

二、仓储商品的储存养护

1. 空气的温度影响储存商品质量

有的商品怕热，如蜡等，如果储存温度超过要求(30～35℃)就会发黏、熔化或变质。有的商品怕冻，如医药针剂、水果等，则会因库存温度过低冻结、沉淀或失效，如苹果储藏在1℃比在4～5℃储藏时寿命要延长一倍。但储藏温度过低，可引起果实冻结或生理失调，也会缩短储藏寿命。

2. 空气的湿度影响储存商品质量

由于商品本身含有一定的水分，如果空气相对湿度超过75%，吸湿性的商品就会从空气中吸收大量的水分而使含水量增加，这样就影响到商品的质量。

如食盐、麦乳精、洗衣粉等出现潮解、结块，服装、药材、糕点等发霉、变质，金属生锈。但空气相对湿度过小(低于30%)，也会使一些商品的水分蒸发，从而影响商品质量，如皮革、香皂、木器家具、竹制品等的开裂，甚至失去使用价值。

3. 储存商品的质量管理

在德国，食品、农产品的保鲜非常讲究科学性和合理性。无论是肉类、鱼类，还是蔬菜、水果，从产地或加工厂到销售点，只要进入流通领域，这些食品就始终在一个符合产品保质要求的冷藏链的通道中运行。这些保鲜通道都是由计算机控制的全自动设备，如冷藏保鲜库全部采用风冷式，风机在计算机的控制下调节库温，使叶菜类在这种冷藏环境中能存放2~5天。

三、商品的保管与养护

商品保管是指在一定的仓库设施和设备条件下，为保存商品使用价值而进行的生产活动。商品养护是指根据货物的不同特性，对在库物资进行的保养和维护工作。

商品养护的目的是保持库存物资的使用价值，最大限度地减少货物的损耗，节省费用开支，杜绝因保管不善而造成货物损害，防止货物损失。

商品养护是仓储保管中一项经常性的工作，也是一项综合性的应用科学技术工作，应遵循"以防为主，防治结合"的方针。

商品养护的要求如下。

(1) 严格验收入库商品。
(2) 合理安排储存场所。
(3) 妥善进行堆码苫垫。
(4) 认真进行商品在库检查。
(5) 控制好仓库温、湿度。
(6) 搞好仓库清洁卫生。

商品在库保管与养护措施，主要包含以下几个方面。

1. 温、湿度的控制与调节

在货物储存过程中，绝大部分货物的质量变化是由仓库的温度和湿度变化引起的，因此，仓库温度和湿度的管理对货物保管十分重要。

几种商品的温、湿度要求如表7-3所示。

表7-3 几种商品的温、湿度要求表

种 类	温度/℃	相对湿度/%	种 类	温度/℃	相对湿度/%
金属及制品	5~30	≤75	重质油、润滑油	5~35	≤75
碎末合金	0~30	≤75	轮胎	5~35	45~65
塑料制品	5~30	50~70	布电线	0~30	45~60
压层纤维塑料	0~35	45~75	工具	10~25	50~60
树脂、油漆	0~30	≤75	仪表、电器	10~30	70
汽油、煤油、轻油	≤30	≤75	轴承、钢珠、滚针	5~35	60

【小贴士】

空气湿度的表示方法有绝对湿度、饱和湿度、相对湿度等。

绝对湿度(e)是指在单位体积的空气中,实际所含水蒸气的量。可以按密度来计算,用 g/m^3 表示。

饱和湿度(E)是指在一定湿度下单位体积中最大限度能容纳水蒸气的量,用 g/m^3 表示。

空气的饱和湿度是随着温度的升高而增大,随温度降低而减小。

$$相对湿度 = \frac{绝对湿度}{同温度下的饱和湿度} \times 100\%$$

相对湿度表示空气中实际水蒸气量距离饱和状态程度,相对湿度大,空气就潮湿,水分不易蒸发;反之,极易蒸发。

控制与调节仓库温、湿度的方法包括密封、通风、吸湿和加湿、升温和降温等。

一般来说,为取得更好的效果通常将几种方法结合在一起使用。

1) 密封

密封是指把整库、整垛、库内小室、整货架或整件货物密封起来,减少外界环境对货物的影响。密封是仓库温、湿度控制的基本措施,能起到防潮、防霉、防干裂、防热、防冻、防溶化、防锈蚀、防虫、防火、防老化等目的。

密封应当选择最有利的时机,通常是在春末夏初,潮湿季节到来之前对货物进行密封。

由于密封方式不同,所需要的密封材料也不同。按照作用,密封材料可分为主体材料和涂敷黏结材料两大类。其中,主体材料主要包括油毡纸、防潮纸、牛皮纸、塑料薄膜等,涂敷黏结材料主要包括沥青、清漆、胶黏剂等,如图 7-5 所示。

图 7-5 仓库密封

2) 通风

通风是根据空气流动的规律,有计划、有目的地使仓库内外的空气进行交换,以达到调节仓库内温度和湿度的目的。

按通风的目的不同,可分为利用通风降温(或升温)和利用通风散潮两种。

通风的方法有自然通风和机械通风。自然通风是开启库房门窗和风洞，让仓库内外的空气进行自然对流的通风方法。机械通风是在库房上部装设排气扇，下部装设进风扇，以加速空气交换的通风方法，如图7-6所示。

3) 吸潮

在梅雨季节或阴雨天，仓库内外湿度都比较大，在无法通风的情况下，可以通过吸潮的方法来降低仓库内的湿度。

常用的吸潮方法有吸潮剂和除湿机吸潮。

图 7-6　机械通风

吸潮剂的种类很多，常用的有生石灰、氯化钙、氯化锂、硅胶等，除了以上几种吸潮剂外，还可以因地制宜、就地取材，如使用木炭、木灰、炉灰、草灰等进行吸潮。

除湿机是一种冷却吸潮的装置，其工作原理是将室内潮湿空气经过滤器到蒸发器，由于蒸发器的表面温度低于空气露点温度，空气中的水分就会凝结成水滴，流入接水盘，经水管排出，使空气中的含水量降低；被冷却的干燥空气，经加热后，使其相对湿度降低，再由离心机送入仓库内，从而使得仓库的湿度不断下降，当达到所要求的相对湿度时，即可停机。

4) 温、湿度日常管理过程

(1) 在库内外适当地点设立干湿球温度计，一般可在每个库房内的中部悬挂一个，悬挂的高度离地面约1.5m。库外则应挂在"百叶箱"内。

(2) 指定专人每天按时观察和记录。

(3) 按月、季、年分析记录统计该时期内最高、最低和平均温湿度。

(4) 当发现库内温、湿度超过要求时，应立即采取相应措施，以达到安全储存的目的。

2. 霉腐的防治

霉腐是由霉菌、细菌、酵母菌等微生物引起的。其中，霉菌对货物破坏的范围较大；细菌主要破坏含水量较大的动、植物货物，对日用品、工业品也有影响；酵母菌主要引起含有淀粉、糖类的物质发酵变质，对日用品、工业品也会产生直接危害。

货物发生霉腐有三个必要条件：货物受到霉腐微生物污染、货物中含有可供霉腐微生物利用的营养成分、货物处在适合霉腐微生物生长繁殖的环境。缺少一个条件，微生物就不能很好地生长。根据这个规则，在防治货物霉腐过程中，只要有效控制其中一个条件，就能达到防霉腐的目的。

常用的防霉腐的方法有化学药剂防霉、干燥防霉腐、低温冷藏防霉腐、气相防霉腐、气调防霉腐、紫外线、微波、红外线、辐射等。其方法说明略。

3. 锈蚀的防治

金属材料和金属制品在储存保管中的主要工作就是防治锈蚀。

金属的防锈蚀就是防止金属与周围介质发生化学作用或电化学作用，使金属免受破坏。

防锈措施：改善仓储条件，控制环境温湿度和空气中腐蚀性气体(如 O_2、CO_2、HS、SO_2 等)的含量，并可用以下方法防锈。

常用的防锈蚀方法有涂油防锈、涂漆防锈、可剥性塑料防锈、气相防锈等。

1) 气相防锈

气相防锈是利用气相缓蚀剂在金属货物周围挥发出缓蚀气体，以隔阻空气中氧、水分等有害因素的腐蚀作用，从而达到防锈的目的。

2) 涂油防锈

涂油防锈是一种常用的简便而又有效的防锈方法，通过在金属表面喷涂一层具有缓蚀作用的防锈油脂，以此阻止水分、氧气及其他有害气体接触金属表面，从而起到防止或减缓金属生锈的作用。

3) 涂漆防锈

对一些瓦木工具、农具、炊具等不便进行涂油防锈的，可用酯胶清漆或酚醛清漆加等量稀释剂，然后用来浸沾或涂刷，使金属表面附着一层薄漆膜，干燥后即可防锈。

4) 可剥性塑料防锈

可剥性塑料防锈是以塑料为基体材料或成膜物质加入矿物油、增塑剂、稳定剂、缓蚀剂、防霉剂等加热或溶解而成。可用浸、涂、刷、喷等方法将其散布在金属上，待冷却或溶剂挥发后，即形成一层可以剥落的特殊的塑料薄膜，它能够阻隔锈蚀介质对金属的作用，从而达到防锈目的。

4. 老化的防护

防老化是根据高分子材料的变化规律，采取各种有效措施，以减缓其老化速度，达到延长其使用寿命的目的。常用方法有添加防老剂、添加防护层等。

1) 添加防老剂

防老剂是一种能够防护、抑制或延缓光、热、氧、臭氧等对高分子有机物产生破坏作用的物质，可分为抗氧剂、光稳定剂、热稳定剂等。可以在聚合反应时或聚合反应的后处理中加入，也可以在制成半成品或成品时加入。

2) 添加防护层

在实际生产中也可采用物理防老化法，通过在高分子有机物表面附上一层防护层，起到阻缓甚至隔绝外界因素对高分子有机物的作用，从而延缓高分子有机物的老化。

例如，将石蜡、蜡等喷于塑料或橡胶制品的表面，以隔绝光和氧的作用而达到防老化的目的。此外，对于容易老化的货物，在储存保管过程中要注意防止日光照射和高温的影响，更不能在阳光下曝晒。

5. 虫害防治

常见措施如下。

1) 杜绝仓库害虫的来源

把好入库关，做好日常的清洁卫生，铲除库区周围的杂草，清除附近沟渠污水，同时辅以药剂进行空库消毒，在库房四周1m范围用药剂喷洒防虫线，以有效杜绝害虫的来源。

2) 物理防治

物理防治是指利用各种物理因素，破坏害虫生理活动和机体结构，使其不能生存或繁殖的方法。

3) 化学防治

化学防治是指利用化学药剂防治害虫，常用的防治虫害的方法有以下几种。

(1) 高温杀虫法。主要用于耐高温商品的害虫防治，是利用日光曝晒、烧烤等产生的高温，作用于储存商品中的仓虫机体使其致死的方法。

(2) 低温杀虫法。利用低温使害虫体内酶的活性受到抑制，生理活动缓慢，处于半休眠状态，不食不动，不能繁殖，因时间过长使体内营养物质过度消耗而死亡。

(3) 射线杀虫与射线不育法。分别利用高剂量与较低剂量的射线照射虫体。

(4) 微波杀虫法。利用高频电磁场使虫体内水分子等成分分子发生高频振动，分子间剧烈摩擦而产生大量热能，使虫体温度达到60℃以上而死亡。

(5) 远红外线杀虫法。这是利用远红外线对虫体的光辐射所产生的高温，直接杀死害虫。

(6) 生物学杀虫法。这是利用害虫的天敌和人工合成的昆虫激素类似物来控制和消灭害虫。

四、物资堆码

(一)堆码货物要求

1. 对堆码场地的要求

(1) 库房内堆码场地。要求平坦、坚固、耐摩擦，一般要求1m^2的地面承载能力为5～10t。堆码时货垛应在墙基线和柱基线以外，垛底需适当垫高。

(2) 货棚内堆码场地。货棚堆码场地四周必须有良好的排水系统，如排水沟、排水管道等。货棚内堆码场地的地坪应高于棚外场地,并做到平整、坚实。堆码时,货垛一般应垫高 20～40cm。

(3) 露天堆码场地。应坚实、平坦、干燥、无积水、无杂草,四周应有排水设施,堆码场地必须高于四周地面,货垛必须垫高 40cm。

2. 对堆码商品的要求

商品在正式堆码前,须达到以下要求。
(1) 商品的名称、规格、数量、质量已全查清。
(2) 商品已根据物流的需要进行编码。
(3) 商品外包装完好、清洁、标志清楚。
(4) 部分受潮、锈蚀以及发生质量变化的不合格商品,已加工恢复或已剔除。
(5) 为便于机械化作业,准备堆码的商品已进行集装单元化。

(二)堆码原则

堆码操作的原则如下。
(1) 分开堆码。
(2) 垛形合理。
(3) 高度适中。
(4) 货垛的五距合适。
(5) 大不压小、重不压轻、缓不压急。

【小贴士】

> 为了计数方便,堆码时可以有计划地按照"五五化"堆码的方式进行。将货垛垛型与"五五化"堆码方法结合运用。常见的"五五化"堆码方式有梅花五和重叠五等。

(三)货物堆码规范和方式

1. 货垛的规范要求

(1) 货垛之间须留有一定的间距,不能依墙、靠柱、碰顶、贴灯。
(2) 叠垛时主要有"五距"要求,即垛距、墙距、柱距、顶距和灯距。
(3) 库房内的垛距一般为 0.5～1m,货场则一般不少于 1.5m。
(4) 库房墙距又分为内墙距和外墙距。库房的外墙距为 0.3～0.5m,内墙距为 0.1～0.2m;货场的外墙距一般为 0.8～3m,柱距一般为 0.1～0.3m。
(5) 顶距的一般规定是:平库房为 0.2～0.5m;对于多层库房,底层与中层为 0.2～0.5m,顶层须大于等于 0.5m。
(6) 灯距规定不少于 0.5m。

2. 货物堆码的方式

其常见方式有散堆方式、垛堆方式、货架方式、成组堆码方式。

对于有包装的货物和裸装的计件货物一般采取垛堆法,具体方式有俯仰相间式、压缝式、通风式、栽柱式、衬垫式等。

五、物资垫垛

垫垛指的是在货物码垛前,在预定的货位地面位置使用衬垫材料进行铺垫。

垫垛的目的:使地面平整;堆垛货物与地面隔离,防止地面潮气和积水浸湿货物;分散重物的压力,避免损害地坪;地面杂物、尘土与货物隔离;形成垛底通风层,有利于货垛通风排湿;货物的泄漏物留存在衬垫之内,不发生扩散流动,便于处理和收集。

垫垛的基本要求如下。

(1) 所使用的衬垫物不能对货物造成影响,具有足够的抗压强度。

(2) 地面要平整坚实、衬垫物要摆平放正,并保持同一方向。

(3) 衬垫物间保持一定间距,直接接触货物的衬垫面积与货垛底面积相同,衬垫物不超过货垛范围。

(4) 要有足够的厚度,露天堆场的垫垛厚度要达到3~5mm,库房内的垫垛厚度为2mm即可。

六、物资苫垫

货物在堆码时一般需要苫垫,即把货垛垫高,露天货物进行苫盖,只有这样才能使货物避免风吹、日晒、雨淋、冰冻等的侵蚀,保证货物的保管质量。

(一)货物垫垛

垫垛就是在货物堆垛前,根据货垛的形状、底面积大小、货物保管养护的需要、负载重量等要求,预先铺好货垛物的作业。垫垛是为了使货物免受地坪潮气的侵蚀,使垛底通风透气,提高储存货物的保管养护质量。

垫垛材料的要求:使用的垫垛材料应具有足够的抗压强度,且与要堆垛的货物不会发生不良影响,常用的垫垛材料有枕木、石墩、防潮纸、木板、水泥墩等。

常用的垫垛方法主要有码架式、垫木式和防潮纸式三种形式。

(1) 码架式即采用若干个码架,拼成所需货垛底面积的大小和形状,以备堆垛。

码架是用垫木为脚,上面钉着木条或木板的构架,专门用于垫垛。

常见的码架规格有长2m、宽1m、高0.2m或0.1m。

不同储存条件所需码架的高度不同:楼库一般使用高0.1m的码架;平库房一般使用高0.2m的码架;货棚、货场使用的码架高度则一般在0.3~0.5m。

(2) 垫木式是采用规格相同的若干根枕木或垫石，按货位的大小、形状排列，作为垛垫。枕木和垫石一般是长方体的，其宽和高相等，约为 0.2m，枕木较长，约 2m；而垫石较短，约 0.3m。这种垫垛方法最大的优点是拼拆方便，不用时节省储存空间，适用于底层库房及货棚、货场垫垛。

(3) 防潮纸式是在垛底铺上一张防潮纸作为垛垫，常用芦席、油毡、塑料薄膜、帆布等。适用于地面干燥的库房，同时储存的货物对通风要求不高时，也可在垛底垫一层防潮纸防潮。

(二)货物的苫盖

货物在堆垛时必须堆成易苫盖的垛形，如屋脊形、方形等，并选择适当的苫盖物。

对于某些不怕风吹、雨淋、日晒的货物，如果货场排水性能好，可以不进行苫盖，如生铁、石块等。

1. 苫盖材料

通常使用的苫盖材料有塑料布、席子、芦苇、帆布、油毡纸、苫布、竹席、铁皮等，也可以利用一些货物的旧包装材料改制成苫盖材料。

若货垛需苫盖较长时间，一般可用两层席子，中间夹一层油毡纸作为苫盖材料，这样既通风透气，又可防雨雪、日晒。

2. 苫盖方法

苫盖方法主要有以下四种。

1) 垛形苫盖法

垛形苫盖法是指根据货垛的形状进行适当的苫盖，适用于屋脊形货垛、方形货垛及大件包装货物的苫盖，常使用塑料布、苫布、席子等作苫盖物，如图 7-7 所示。

2) 鱼鳞苫盖法

鱼鳞苫盖法是指用席子、苫布等苫盖材料，自下而上、层层覆盖的一种苫盖方法，适用于怕日晒、雨淋的货物。若货物还需要通风透气的储存条件，可将席子、苫布等苫盖材料的下端反卷起来，使空气流通，如图 7-8 所示。

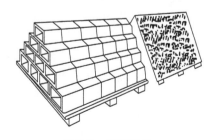

图 7-7　垛形苫盖

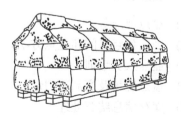

图 7-8　鱼鳞苫盖

3) 隔离苫盖法

隔离苫盖法是指用竹竿、钢管、旧苇席等，在货垛周围及垛顶隔开一定空间搭起框架，进行苫盖，既能防雨又能隔热，如图 7-9 所示。

4) 活动棚架苫盖法

活动棚架苫盖法是指根据常用的垛形制成棚架，棚架下装有滑轮以便推动。活动棚架需要时可以拼搭，并放置在货架上，不需苫盖时，即可拆除，节省空间，如图 7-10 所示。

 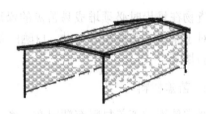

图 7-9 隔离苫盖　　　　　　　　　　图 7-10 活动棚架苫盖

七、盘点管理

(一)盘点的目的

盘点的目的为：核查库存，修正料账不符产生的误差；计算损益，分析经营策略；稽核物料管理绩效，发现物料管理问题。

(二)盘点的内容

(1) 检查数量。
(2) 检查质量。
(3) 检查保管条件。
(4) 检查安全。

(三)盘点步骤

(1) 盘点前准备。
(2) 确定盘点时间和盘点方法。
(3) 盘点人员培训。
(4) 盘点现场及商品整理。
(5) 库存信息结算处理。
(6) 实物盘点。

(7) 盘点差异原因调查。
(8) 盘点结果处理。

(四)盘点方法

1. 账面盘点法

账面盘点法也称永续盘点法,即对每种物料分别设账,记录每天入出库的数量和单价,以后不断累积计算账面库存量和库存金额。具体来说,就是把每天入库及出库货品的数量及单价,记录在计算机或账簿上,而后不断地累计加总算出账面上的库存量及库存金额。

2. 现货盘点法

现货盘点也称为实地盘点或实盘,就是实际去清点调查仓库内的库存数,再依货品单价计算出实际库存金额的方法。目前,国内大多数配送中心都已经用计算机来处理库存账务,所以可以采用"账面盘点法"和"现货盘点法"平行的方法,以查清库存实际情况。

现货盘点法按照盘点时间频率的不同,又可以分为期末盘点法和循环盘点法。

期末盘点法是指在会计计算期末统一清点所有物品数量的方法;循环盘点法是指在每天、每周清点一小部分物品,一个循环周期将每种物品至少清点一次的方法。

期末盘点法:由于期末盘点是将所有物品一次点完,因此工作量大、要求严格。通常采用分区、分组的方式进行,其目的是明确责任,防止重复盘点和漏盘。分区即将整个储存区域划分成一个个的责任区,不同的区由专门的小组负责点数、复核和监督。因此,一个小组通常至少需要三人分别负责清点数量并填写盘存表,复查数量并登记复查结果,第三人核对前两次盘点数量是否一致,对不一致的结果进行检查。等所有盘点结束后,再与计算机或账簿上反映的账面数核对。

循环盘点法:循环盘点通常对于价值高或重要的物品进行盘点,检查的次数多,而且监督也严密一些;而对价值低或不太重要的物品,盘点的次数可以尽量少。循环盘点一次只对少量物品盘点,所以通常只需保管人员自行对照库存资料进行点数检查,发现问题按盘点程序进行复核,并查明原因,然后调整。也可采用专门的循环盘点单登记盘点情况。

一般而言,循环盘点与期末盘点结合使用的情况较多。平时对重要物料循环盘点;期末对所有物料大盘点。既减少盘点误差,又降低盘点成本。

3. 仓库盘点流程

仓库盘点具体流程如下。
(1) 财务部事先准备好盘点单,要求已经编号并且连号。
(2) 每月固定时间段开始盘点,仓库冻结一切库存的收、发、移动操作。
(3) 仓库主任负责协调具体的盘点工作,由其领取盘点表。
(4) 仓库、财务部分别指定每个存储区域的盘点负责人,要求每个区域都有相应的盘点员和财务复核人员，由财务人员担任该区域的盘点组长。

(5) 将盘点清单发放到每个盘点区域的盘点人员。

(6) 实施盘点，由储运人员进行盘点，财务人员复核。

(7) 财务部收取所有的盘点清单，要求所有清单连号，没有遗漏，并且进行汇总。

(8) 对比库存账，比较差异。

(9) 对比差异报告，由仓库对差异项进行复盘。

(10) 再次对复盘结果进行汇总，并与库存账比较差异。

(11) 仓库分析差异原因，做详细书面报告，同时提出差异调整申请。

(12) 财务经理及总经理对差异调查报告及差异调整申请进行审批。

(13) 仓库根据审批情况做库存差异调整。

(14) 财务部根据审批情况做库存财务账差异调整。

盘点中常用表格，现货卡表如表 7-4 所示，账面盘点表如表 7-5 所示，货品盘点盈亏表如表 7-6 所示。

表 7-4 现货卡表

货品编号			管理员姓名			编号：	
货品名称			供应商名称				
存放位置			包装单位				
月	日	出入库地点	单据编号	入库数	出库数	库存数	作业员签名

表 7-5 账面盘点表

商品编号：										
订货点：				经济订购量：						
日期		订购		入库			出库		出存	记录人
月	日	数量	订单号码	数量	单价	总金额	数量	出货单号	数量	总金额
合 计										

表 7-6 货品盘点盈亏表

部门：															日期：	
货品编号	货品名称	单位	账面数据			实物盘点			数量盈亏				库存调整				差异原因	负责人
									盘赢		盘亏		增数		减数			
			数量	单价	金额	数量	单价	金额	数量	金额	数量	金额	单价	金额	单价	金额		
差异原因代码： ① ② ③ ④ ⑤																		
配送中心经理： 申请人：																		

【案例分析 7-2】

粮食存储技术

2010 年，安徽市宿州粮库改革传统储粮方法，大胆引进新技术，改用环保、科学储粮方法，目前已全部消灭历年的陈化粮，在确保国家储备粮质量同时节约了 100 多万元资金。

针对传统方法储粮造成的粮食陈化周期短、储存中药物使用量大影响粮食质量等弊端，宿州粮库改变了不发热、不生虫、不霉变、不短少的传统储粮标准，确立了低污染、低药量、保鲜度高的绿色环保储存目标，不断加大投入力度，改革传统储粮方法，大胆引用环保新技术实行科学保粮。

近年来，通过不断增加环流熏蒸、机械通风等环保设施，先后改造陈旧简陋仓库 20 多幢，并在安徽省率先实行粮库低温、低氧"双低"技术。

"双低"储存技术的使用，使粮食储存周期由原来的 3 年延长至 5 年，保鲜能力提高 80%；仓库配置谷物冷却机，使粮库温度由原来的 27℃下降到 16℃，实现低温状态；同时采用宽幅复合薄膜达到低氧条件，每年冬季实行两次机械通风，夏季进行复合膜压盖下的低温熏蒸。

据这个市粮库的负责人介绍，近两年来，他们多方引资，先后添置了布拉班德粉质仪、降落数值器、面筋指数仪等一批先进设备，粮库全部实现环保电子测温。

新技术推行以来，每仓每年仅药物费一项就可节约 5 万元。

本案例材料涵盖了多种商品保管和养护的方法。

(1) 低温储存。"仓库配置谷物冷却机，使粮库温度由原来的 27℃下降到 16℃，实现低温状态"。

(2) 气调储存。"采用宽幅复合薄膜达到低氧"。

(3) 干燥储存。"每年冬季实行两次机械通风"。

(4) 化学储存。"夏季进行复合薄膜压盖下的低温熏蒸"。

(资料来源：粮食存储技术[DB/OL]. 圣才学习网·管理类.
http://guanli.100xuexi.com/view/specdata/20100602/4AF3D844-A975-4CEE-BC2C-3E228FC34772.html)

第三节　商品出库管理

出库作业是货物从储存状态到流通状态的第一作业点，是按照货主的调拨出库凭证或发货凭证(提货单、调拨单)的指示进行货物出库前准备、凭证核对、备货、复核点交、清理到发运为止的整个作业过程。

出库作业管理，首先需要保证出库货物的数量正确无误、质量符合标准，同时还要根据运输的需要保证货物的包装符合要求。在此基础上，出库流程还要提高操作的效率，尽量缩短出库花费的时间，对于某些仓储作业，尤其是以流通为目的的仓储系统，出库作业效率是企业的核心竞争力。与入库和保管流程相比，出库作业是最直接面对仓储系统的服务对象，因此，出库流程的优化和变动需求也是最多的。

一、商品出库概述

1. 商品出库的定义

商品出库是仓库根据业务部门或存货单位开出的商品出库凭证(提货单、调拨单)，按其所列商品编号、名称、规格、型号、数量等项目，组织商品出库一系列工作的总称。

出库发放的主要任务如下。

①所发放的商品必须准确、及时、保质保量地发给收货单位；②包装必须完整、牢固、标记正确清楚；③核对必须仔细。

(1) 提货单示意图如图 7-11 所示。

图 7-11 提货单

(2) 海运提单示意图如图 7-12 所示。

1) SHIPPER托运人				10)B/L NO. COSCO 中国远洋运输（集团）总公司 CHINA OCEAN SHIPPING(GROUP)CO. ORIGINAL COMBINED TRANPORT BILL OF LADING	
2)CONSIGNEE收货人					
3)NOTIFY PARTY通知人					
4)PLACE OF RECEIPT收货地		5)OCEAN VESSEL船名			
6)VOYAGE NO.船名航次		7)PORT OF LOADING 装运港			
8)PORT OF DISCHARGE卸货港		9)PLACE OF DELIVERY目的港			
11)CONTAINER SEAL NO. 11)MARKS唛头　12)NOS.&KINDS OF PKGS 包装与件数 13)DESCRIPTION OF GOODS商品名称　14)G.W.(kg)毛重和体积　15)MEAS(m3)					
16)TOTAL NUMBER OF CONTAINERS OR PACKAGES(IN WORDS)总件数					
FREIGHT & CHARGES 运费支付	REVENUE TONS 计费吨数	RATE 价格	PER	PREPAID预付	COLLECT 到付
PREPAID AT预付	PAYABLE AT应付		17)PLACE AND DATE OF ISSUE 签发地点与日期		
TOTAL PREPAID 总额预付	17)NUMBER OF ORIGINAL B(S)L 正本提单份数				
LOADING ON BOARD THE VESSEL 19)DATE			20)BY		

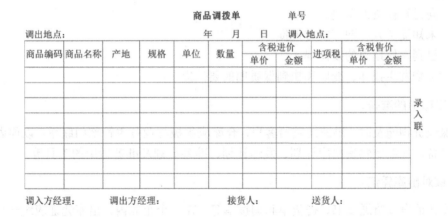

图 7-12　海运提单

(3)　商品调拨单示意图如图 7-13 所示。

商品调拨单　　　　单号

调出地点：　　　　　　　　　　年　　月　　日　　调入地点：

商品编码	商品名称	产地	规格	单位	数量	含税进价		进项税	含税售价	
						单价	金额		单价	金额

录入联

调入方经理：　　　调出方经理：　　　　　接货人：　　　　　送货人：

图 7-13　商品调拨单

2. 商品出库的原则

(1)　按程序作业，提货单据必须符合要求。

(2)　做好发货准备(备好包装材料和设备工具)。

(3)　坚持“先进先出”原则。

(4)　及时记账。

(5)　保证安全。

3. 商品出库形式

（1）送货。按照"货物调拨通知单"把货物送达收货单位。

（2）收货人自提。持"货物调拨通知单"直接到库提取。自提具有"提单到库，随到随发"的特点。

（3）过户。就地划拨形式，货物虽未出库，所有权已转移到新库存户主。

（4）取样。货主出于对商品质量检验、样品陈列等需要，到仓库提取货样，仓库根据正式取样凭证才予以发给样品，并做好账务记载。

（5）转仓。为了业务方便或改变储存条件，需要将某批库存商品自甲库转移到乙库。

二、商品出库的程序

商品出库的一般程序包括催提、出库前的准备、核对出库凭证、备料、复核、出库交接、登账、现场和档案的清理等。

1. 催提

催提共分为四种。

（1）向已知提货人催提。

（2）未知提货人，向存货方催提。

（3）已到存储期限的要催提。

（4）货物发生损坏、变质和快到保质期的要催提。

2. 出库前的准备

为保证货物能及时、迅速地发给客户，仓库应积极与业务主管部门联系，以便做好货物出库的准备，如编制物资出库计划、发运计划、准备计划及准备适用的工具等。

3. 核对出库凭证

出库凭证有发货通知书、提货单和调拨单等。在一个企业内，出库凭证应统一规格。仓库是根据出库凭证来发放货物的，一切非正式凭证、白条、便条都不能在这里生效。仓库接到出库凭证后，业务人员应审核单证上的印鉴是否齐全相符，凭证上所列货物的名称、规格、数量等是否有误，检查无差错后方可备料。

4. 备料

按照出库凭证上所列货物名称、规格查对货物保管账。确认出库货物的货位，注意规格、批次和数量，按先进先出的原则进行备料。

5. 复核

备料后必须经过复核，以防出差错。复核的内容可归纳为"二检""一核"。"二检"是检查外观质量是否完好合格；检查技术证件是否齐全；"一核"是核对出库凭证上所列货物名称、规格、数量是否与实物相符。出库复核包括专职复核、交叉复核和环环复核三种。

专职复核是指由仓库设置的专职复核员进行复核；交叉复合是由两名发货保管员对对方所发货物进行照单复核，复核后应在对方出库单上签名以与对方共同承担责任；环环复核是指发货过程的各道环节，如查账、付货、检斤、开出门证、出库验放、销账等各环节，对所发货物的反复核对。

6. 出库交接(点交)

货物经过复核后，如果是使用单位自行提货的，即可将货物随同证件向提货员当面点交，办理交接手续；若是代运的货物，则要办清内部交接手续，向负责代运部门或包装组点交清楚。提货人员在出库凭证上签章。

7. 登账

点交后，仓管人员应在出库单上填写实发数、发货日期等内容，并签章。

8. 现场和档案的清理

货物点交清楚，办完交接手续后，该货物的保管阶段基本结束，仓库工作人员应立即做好清理工作。

(1) 清理现场。一批物资出库后，该并垛的要并垛，垛底要整理；该清点的要清点，收检苫垫材料，以便新料入库时使用。

(2) 清理账目。账册要日清月结，随发随销。货物出库后，根据出库凭证在货物保管账上注销，算出结余，并查对与料卡上的余额是否相符，若发现问题，要及时查明原因，研究处理。

三、商品出库的依据和要求

1. 商品出库的依据

商品出库必须依据货主开的"商品调拨通知单"进行。不论在任何情况下，仓库都不得擅自动用、变相动用或者外借货主的库存商品。

2. 商品出库的要求

商品出库要求做到"三不、三核、五检查"。

三不：未接单据不翻账、未经审单不备货、未经复核不出库。

三核：核实凭证、核对账卡、核对实物。

五检查：对单据和实物进行品名检查、规格检查、包装检查、件数检查、质量检查。

四、出库中发生问题的处理

1. 出库凭证(提货单)上的问题

（1）凡出库凭证超过提货期限，用户前来提货，必须先办理手续，按规定缴足逾期仓储保管费方可发货。任何非正式凭证都不能作为发货凭证。提货时，用户发现规格开错，保管员不得自行调换规格发货。

（2）凡发现出库无证有疑点，如有假冒、复制、涂改等情况时，应及时与仓库保卫部门以及出具出库单的单位或部门联系，妥善处理。

（3）商品进库未经验收，一般暂缓发货，并通知供应商，待验收后再发货，提货期顺延，保管人员不得代验。

（4）如客户因各种问题将出库凭证遗失，客户应及时与仓库发货员和账务人员联系挂失。如果挂失时货已被提走，保管人员不承担责任，但要协助货主单位找回商品；如果货还没有被提走，经保管人员和账务人员查实后，做好挂失登记，将原凭证作废，缓期发货。

（5）如果出库凭证不齐，或是提货人不具有提货资格，应该要求提货人补齐相关凭据以及签字流程，同时开具提货资格证明；否则不予发货。

2. 提货数与实存数不符

原因：货主漏记账而多开的出库数。

处理方式：货主出具新的提货单，重新组织提货和发货。

原因：仓储过程中的损耗。

处理方式：考虑该损耗数量是否在合理范围内，并与货主协商解决，属于合理范围内的损耗，应由货主自行承担，而超过合理范围外的损耗，则应由仓储部门负责赔偿。

3. 窜发货和错发货

没有出库的，重新组织发货；已经出库的，保管员要根据实际库存情况，如实向本库主管部门和货主单位讲明窜发货和错发货的品名、规格、数量提货单位情况；会同货主单位和运输部门共同协商解决。

4. 包装破漏

主要是在储存的过程中因堆垛挤压、发货装卸不慎等情况引起的，发货时应经过整理或更换包装，方可出库；否则造成的损失由仓储部门承担。

5. 漏记和错记账

一经发现，及时向有关领导如实汇报情况，根据原出库凭证查明原因，调整保管账，使之与实际库存保持一致；若已经给货主单位、运输单位和仓储部门造成损失的，应给予赔偿，同时应追究相关人员的责任。

第四节 仓库分区和储位管理

一、仓库分区

仓库分区是根据仓库建筑形式、面积大小、库房、货场以及库内道路的分布情况，并结合考虑商品分类情况和各类商品的储存量，将仓库划分为若干区域，确定每类商品储存的区域。

(一)仓库分区的原则和设计要求

1. 仓库分区的原则

(1) 有利于货物保管。
(2) 有利于作业优化。
(3) 有利于仓库安全。
(4) 有利于节省投资。
(5) 有利于未来发展。

2. 分类分区的原则

货物的分类是指根据货物性能、养护措施、作业手段、消防方法的一致性，将库存物资划分为若干种类，以便于结合业务需要，分别按种类集中储存于相对固定的货区。

货物的分区就是按照一定的规则，把仓库划分为若干保管区域，以适应储存一定货物的需要，如日用百货区、生鲜产品区、洗化用品区等。

对仓库存储区域分区时，存放在同一货区的货物必须具有互容性。分区应遵循以下原则。

(1) 保管条件不同的货物不应混存。温、湿度等条件要求不同的货物，不宜存放在一起，因为在一个保管区域同时满足不同的保管条件是不经济的，更是不可能的。

(2) 作业手段不同的货物不能混存。如果存放在同一场所中的货物体积和重量相差悬殊，将严重影响该货区所配置设备的利用率，同时还增加了作业组合的复杂性和难度，增加作业风险。

(3) 灭火措施不同的货物不能混存。灭火方法不同的货物存放在一起，不仅会留下安全隐患，而且不利于火灾的控制和扑救。

库区的划分一般在库房、货场的基础上进行，多层库房分区时也可按照楼层划分货区。

(二)仓库分区的依据和方法

1. 分区的依据

(1) 根据货物特性分区、分类储存，将性质相近的物品集中存放。
(2) 将单位体积大、单位质量大的物品存放在货架底层，并且靠近储存区和作业通道。
(3) 将周转率大的物品放在仓库装卸搬运最便捷的位置。
(4) 将同一供应商或同一客户的物品集中存放，以便于进行分拣配货作业。

由于仓库的类型、规模、经营范围和用途各不相同，各种仓储商品的性质、养护方法也不同，因而仓库可以分为不同区域。

2. 分区的方法

1) 按货物的种类和性质分区

这是大多数仓库采用的方法，即按照货物的自然属性划分不同集中存放的库区，具体又可按照储物的关键性分为多种货物集中储存与单一货物专仓专储。

2) 按不同货主分区

这通常是综合性仓库采用的方法。

3) 按货物发往去向分区

这种方式多适用于短期中转储存的商品，如在各种交通场站、港口和码头仓库一般可采用此方法。

4) 按货物危险性质分区

这种方法主要适用于化学品及危险品仓库。

二、储位管理

现代仓储管理与传统的仓储管理相比，更加注重仓储的时效性，是一种动态的管理，重视商品在拣货出库时的数量位置变化，从而配合其他仓储作业。储位管理就是利用储位来使商品处于"被保管状态"，并且能够明确显示所储存的位置，当商品的位置发生变化时，能够准确记录，使管理者能够随时掌握商品的数量、位置及去向。

储位管理的原则如下。

(1) 储位明确。先将储存区域进行详细规划区分，并标示编号，让每项预备储存的货品均有具体的存放位置。

(2) 有效定位。综合考虑多种储存的影响因素，依据货物保管区分方式的限制，寻求合适的储存单位、储存策略和指派法则，将货物有效地配置在先前所规划的储位上。

(3) 记录及时变动。当货物被有效地配置在规划好的储位上后，若现存货物的位置或数量发生改变时，就必须切实地把变动情况记录下来，使料账和实际数量能够完全吻合，这样才能对库存进行管理。

(一)储位规划

1. 储位规划的要求

(1) 充分、有效地利用空间。
(2) 尽可能提高人力资源及设备的利用率。
(3) 有效地保护好商品的质量和数量。
(4) 维护良好的储存环境。
(5) 使所有在储货物处于随存随取状态。

2. 储位规划的基本原则

(1) 储位明确化。在仓库中所储存的商品应有明确的存放位置。
(2) 存放商品合理化。每一商品的存放是遵循一定的规则精细指定的。
(3) 储位上商品存放状况明确化。当商品存放于储位后，商品的数量、品种、位置、拣取等变化情况都必须正确记录，仓库管理系统对商品的存放情况明确、清晰。

3. 储位规划的方式

货物在仓库中存放的位置决定了货物进出库的方便程度和物流成本。

储位规划中常见的储存策略有定位储存、随机储存、分类储存和分类随机储存四种方式。

(1) 定位储存是将每种物品的储位固定，物品不能互用储位。
(2) 随机储存是入库时根据货位的空置情况随机安排货物的储存位置，货物的储位不固定。
(3) 分类储存是将所有的仓储物按照一定的特性加以分类，每类物品都有固定存放的位置，而同属一类的不同物品又按一定的法则来指派储位。
(4) 分类随机储存是给每类物品安排固定的储区，但在同一储区内货物的储位是随机指派的。

(二)储位管理方法

在存储作业中，为有效地对商品进行科学管理，必须根据仓库、存储商品的具体情况，实行仓库分区、商品分类和定位保管。仓库分区就是根据库房、货场条件将仓库分为若干区域；商品分类就是根据商品的不同属性将存储商品划分为若干大类；定位保管就是在分区、分类的基础上固定每种商品在仓库中具体存放的位置。

在进行储区规划时应充分考虑商品的特性、轻重、形状及周转率情况，根据一定的分配原则确定商品在仓库中具体存放的位置。

1. 根据商品周转率确定储位

计算商品的周转率，将库存商品周转率进行排序，然后将排序结果分段或分列。将周转率大、出入库频繁的商品储存在接近出入口或专用线的位置，以加快作业速度和缩短搬运距离。周转率小的商品存放在远离出入口处，在同一段或同列内的商品则可以按照定位或分类储存法存放。

2. 根据商品相关性确定储位

有些库存的商品具有很强的相关性，相关性大的商品，通常被同时采购或同时出仓，对于这类商品应尽可能规划在同一储区或相近储区，以缩短搬运路径和拣货时间。

3. 根据商品特性确定储位

为了避免商品在储存过程中相互影响，性质相同或所要求保管条件相近的商品应集中存放，并相应安排在条件适宜的库房或货场，即将同一种货物存放在同一保管位置，产品性能类似或互补的商品放在相邻位置。将相容性低，特别是互相影响其质量的商品分开存放。这样既可提高作业效率，又防止商品在保管期间受到损失。

另外，对于特殊商品的储区规划，有其不同的要求。

(1) 易燃物品必须存放在具有高度防护作用的独立空间内，且必须安装适当的防火设备。

(2) 易腐物品需储存在冷冻、冷藏或其他特殊的设备内。

(3) 易污损物品需与其他物品隔离。

(4) 易窃物品必须隔离封闭管理。

4. 根据商品体积、重量特性确定储位

在仓库布局时，必须同时考虑商品体积、形状、重量单位的大小，以确定商品所需堆码的空间。通常，重大的物品保管在地面上或货架上的下层位置。为了保证货架的安全并方便人工搬运，人的腰部以下的高度通常宜储放重物或大型商品。

5. 根据商品先进先出的原则确定储位

先进先出即指先入库的商品先安排出库，这一原则对于寿命周期短的商品尤其重要，如食品、化学品等。在运用这一原则时，必须注意在产品形式变化少、产品寿命周期长、质量稳定且不易变质等情况下，要综合考虑先进先出所引起的管理费用的增加，而对于食品、化学品等易变质的商品，应考虑的原则是"先到期的先出货"。

除上述原则外，为了提高储存空间的利用率，还必须利用合适的积层架、托盘等工具，使商品储放向空间发展。储放时尽量使货物面对通道，以方便作业人员识别标号、名称、提高货物的活性化程度。保管商品的位置必须明确标示，保管场所必须清楚，易于识别、联想

和记忆。另外，在规划储位时应注意保留一定的机动储位，以便当商品大量入库时可以调剂储位的使用，避免打乱正常储位安排。

(三)储位编码和物资编码

储位编码是指在分区、分类和划好储位的基础上，将仓库的库房、货场以及料架等存放货品的场所，划分为若干储位，然后按储存地点和位置排列，采用统一标记，编列储位的顺序号码，并做出明显标志，以方便仓库作业的顺利进行。

1. 储位编码的方法

储位编码的方法一般有区段式、品项群式、地址式和坐标式四种方式。

1) 区段式

把保管区分成几个区段，再对每个区段编码。这种方式是以区段为单位，每个号码代表的储区较大。适用于单位化货品和大量货品且保管期短的货品。区域大小根据物流量大小而定。

2) 品项群式

把一些相关性货品经过集合，区分成几个品项群，再对每个品项群进行编码。这种方式适用于容易按商品群保管的场合和品牌差距大的货品，如服饰群、五金群、食品群。

3) 地址式

利用保管区中的现成参考单位，如建筑物第几栋、区段、排、行、层、格等，按相关顺序编码，如同地址的区、胡同、号一样。这是被物流配送中心使用较普遍的编码方法。

4) 坐标式

利用空间坐标 x、y、z 对储位进行编码。这种编码方式直接对每个储位定位，在管理上较复杂，适于流通频率很小、存放时间较长的物品。

因为储存货品的特性不同，所以采用的储位编码方法也不一样。应根据货品储存量、流动频率、保管空间布置和保管设备来选择储位编码方法。

2. 物资编码

物资编码是将物资按其分类内容进行有序编排，并用简明文字、符号或数字来代替物资的"名称""类别"。通过对物资的编码可以应用计算机进行高效管理，并可实现整个仓储作业的标准化管理。

物资代码通常应用阿拉伯数字、字母或便于记忆和处理的符号形成一个或一组字符串。

物资编码的方法很多，常见的有：无含义编码和有含义编码。无含义编码通常可以采用流水顺序码来编排；有含义编码是在对物资进行分类的基础上，采用序列顺序码、层次码等编排。在仓库管理中可以采用以下六种编码方法进行编排。

(1) 流水编码方法。流水编码方法又称顺序码和延伸式编码。编码方法是将阿拉伯数字或英文字母按顺序往下编排。流水编码的优点是：代码简单、使用方便、易于延伸，对编码对象的顺序无任何特殊规定和要求。缺点是：代码本身不会给出任何有关物资的其他信息。流水编码多用于账号或发票编号。

(2) 分组编号法。这种编号方法是按物资特性分成多个数组，每个数组代表物资的一种特性。例如，第一组代表物资类别，第二组代表物资形状，第三组代表物资的供应商，第四组代表物资的尺寸。分组编码方法代码结构简单、容量大、便于计算机管理，在仓库管理中使用较广泛。

(3) 数字分段法。把数字分段，每一段代表有共同特性的一类物资。

(4) 后数位编码法。利用编号末尾数字，对同类物资进一步分类编码。

(5) 实际意义编码法。根据物资的名称、重量、尺寸、分区、储位、保存期限等其他实际情况来对物资进行编码。应用实际意义进行编码的特点是通过物资编号能够迅速了解物资的内容及相关信息。其编码举例如表7-7所示。

表7-7 某仓库实际意义编码实例

编码	含义	
F4915A1	F	F：FOOD，表示食品类
	4915	表示尺寸：4×9×15
	A	表示物品储存在A区
	1	表示第一排货架

(6) 暗示编码法。用数字与文字组合编码，编码暗示物资的内容和有关信息。暗示编码法容易记忆，又可防止物资信息外泄。

第五节 仓库选址

仓库选址是指在一个具有若干供应点及若干需求点的经济区域内，选一个地址设置仓库的规划过程。设施选址首先要根据设施的特点选择建设的地区，然后在选择确定的地区内采用选址的某种方法进一步确定建设的具体地点。较佳的仓储选址方案使商品通过仓库的汇集、中转、分发，直至输送到需求点的全过程的效益最优。

一、仓库选址的原则和影响因素

(一)仓库选址的原则

仓库的选址过程应同时遵守经济性原则、适应性原则、协调性原则和战略性原则。

(1) 经济性原则。在仓库的发展过程中，有关选址的费用主要包括建设费用及物流费用(经营费用)两部分。仓库的选址定在市区、近郊区或远郊区时应以总费用最低作为仓库选址的经济性原则。

(2) 适应性原则。仓库的选址需与国家以及省、市的经济和社会发展相适应，与我国物流资源的分布和需求分布相适应，与国民经济的发展相适应。

(3) 协调性原则。仓库的选址应该将国家的物流网络作为一个大系统来考虑，使仓储的设施设备在地域分布、物流作业生产力、技术水平方面互相协调。

(4) 战略性原则。仓库的选址应具有战略眼光。一是要考虑全局，二是要考虑长远。局部要服从全局，目前利益要服从长远利益。既要考虑目前的实际需要，又要考虑日后发展的可能。

(二)仓库选址的影响因素

影响仓库选址的因素是多种多样的，涉及各个方面。选址过程中考虑的因素主要有以下几方面。

1. 自然环境因素

(1) 气象条件。

(2) 地质条件。

(3) 水文条件。

(4) 地形条件。

2. 经营环境因素

(1) 经营环境。仓库所在地区的优惠物流产业政策对物流企业的经济效益将产生重要影响，数量充足和素质较高的劳动力也是仓库选址考虑的因素之一。

(2) 物流费用。物流费用是仓库选址的重要考虑因素之一，大多数仓库选择建在接近物流服务的需求地。例如，接近大型工业或商业区，以便缩短运距、降低运费等物流费用。

(3) 商品特性。经营不同类型商品的仓库最好能分别布局在不同地域，如生产型仓库的选址应与产业结构、产品结构、工业布局紧密结合进行考虑。

(4) 服务水平。在现代物流过程中，能否实现准时运送是仓库服务水平高低的重要指标，因此，在仓库选址时，应保证客户在任何时候向仓库提出物流需求都能获得快速满意的服务。

3. 基础设施状况

(1) 交通条件。仓库必须具备方便的交通运输条件，最好靠近交通枢纽进行布局，如紧邻港口、交通主干道枢纽、铁路编组或机场，有两种互通运输方式相连接。

(2) 公共设施状况。仓库的所在地，要求城市的道路、通信等公共设施齐备，有充足的供电、供水、供热、供燃气的能力，而且场区周围要有污水、固体废物处理场所。

4. 其他因素

(1) 国土资源利用。

(2) 环境保护要求。

(3) 由于仓库是火灾重点防护单位，不宜设在易散发火种的工业设施附近，也不宜选择在居民住宅区附近。

二、仓库选址的基本方法

(一)单一仓库的选址方法

1. 重心法

重心法是将物流中心系统的资源点与需求点看成分布在某一平面范围内的物体系统，各资源点与需求点的物流量可分别看成物体的重量，物体系统的重心将作为物流中心的最佳位置。

在某计划区域内，有 n 个资源点和需求点，各点的资源量或需求量为 $W_j (j=1,2,\cdots,n)$，它们各自的坐标是 $(x_j, y_j)(j=1,2,\cdots,n)$。该网络如图 7-14 所示。

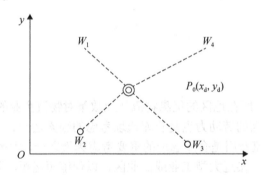

图 7-14 重心法

现计划在该区域内设置一个物流中心，设该物流中心的坐标是 (x_d, y_d)，物流中心至资源点或需求点的运费率是 a_j。

根据求平面中物体重心的方法，可以得到：

$$\begin{cases} \overline{x} = \dfrac{\sum\limits_{j=1}^{n} a_j W_j x_j}{\sum\limits_{j=1}^{n} a_j W_j} \\ \overline{y} = \dfrac{\sum\limits_{j=1}^{n} a_j W_j y_j}{\sum\limits_{j=1}^{n} a_j W_j} \end{cases} \quad (7\text{-}1)$$

代入数值后，实际求得的 $(\overline{x}, \overline{y})$ 值即为所求得配送中心位置的坐标 (x_d, y_d)。

重心法有以下假设条件。
(1) 需求集中于某一点。
(2) 不同地点物流设施的建设费用、营运费用相同。
(3) 运输费用与运输距离成正比。
(4) 运输路线为空间直线距离。

【例 7-1】 某企业在某区域设置配送中心，为区域内的各个需求点提供配送服务，区域的坐标和运费率如表 7-8 所示，求在该区域选址的最佳位置 P 的坐标。

表 7-8 区域的坐标和运费率表

需求地	需求量	运费率	坐标位置 x	坐标位置 y
A	5000	0.3	10	15
B	3000	0.5	15	50
C	1800	0.9	30	40
D	3200	0.6	40	40
E	4500	0.3	30	20

解：代入公式，计算得

$$x = \frac{5000 \times 0.3 \times 10 + 3000 \times 0.5 \times 15 + 1800 \times 0.9 \times 30 + 3200 \times 0.6 \times 40 + 4500 \times 0.3 \times 30}{5000 \times 0.3 + 3000 \times 0.5 + 1800 \times 0.9 + 3200 \times 0.6 + 4500 \times 0.3} = 25.78$$

$$y = \frac{5000 \times 0.3 \times 15 + 3000 \times 0.5 \times 50 + 1800 \times 0.9 \times 40 + 3200 \times 0.6 \times 40 + 4500 \times 0.3 \times 20}{5000 \times 0.3 + 3000 \times 0.5 + 1800 \times 0.9 + 3200 \times 0.6 + 4500 \times 0.3} = 33.73$$

所以，最佳区域为(25.78, 33.73)。

2. 综合因素评价法

综合因素评价法是基于影响设施选址的诸多因素而设计出的一种选址定量分析的方法。

设施选址的影响因素有很多，包括从宏观角度和从微观角度考虑的不同因素，其中有些因素可以进行定量分析，并用货币的形式加以反映，称为经济因素或成本因素，可以采用基于选址成本因素的重心法等方法进行选址分析评价。而有些因素则是非经济因素，直接定量分析有一定的难度。

1) 分级加权评分法

分级加权评分法适合于比较各种非经济因素，由于各种因素的重要程度不同，需要采用加权方法，并按照以下步骤实施。

(1) 针对仓库选址的基本要求和特点列出要考虑的各种因素。
(2) 按照各因素相对重要程度，分别规定各因素相应的权重。通过征询专家意见或其他方法来决定各因素的权重。
(3) 对各因素分级定分，即将每个因素由优到劣分成等级，如很好、好、一般、差，并相应规定各等级的分数为 4、3、2、1 等。

(4) 将每个因素中各方案的排队等级系数乘以该因素的相应权数，最后比较各方案所得总分，总分数最高者为入选方案。

【例7-2】对某一设施的选址有 K、L、M、N 四种方案，影响选址的主要因素有位置、面积、运输条件等8项，并设每个因素在方案中的排队等级为 A、E、I、O 和 U 五个等级。现设定：A=4 分，E=3 分，I=2 分，O=1 分，U=0 分。各原始数据及评分结果如表7-9所示。

表7-9　分级加权评分法选择场址结果表

序号	考虑因素	权重数	各方案的等级及分数			
			K	L	M	N
1	位置	7	A/28	A/28	I/14	I/14
2	面积	6	A/24	A/24	U/0	A/24
3	地形	2	E/6	A/8	I/4	E/6
4	地质条件	10	A/40	E/30	I/20	U/0
5	运输条件	5	E/15	I/10	I/10	A/20
6	原材料供应	3	I/6	E/9	A/12	O/3
7	公用设施条件	8	E/24	E/24	E/24	E/24
8	扩建可能性	9	I/18	A/36	I/18	E/27
	合计		161	169	102	118

2) 因次分析法

因次分析法是一种将各种候选方案的成本因素和非成本因素同时加权并加以比较的方法。其实施步骤略。

(二) 多仓库的选址方法

对于现代物流网络规划而言，物流网络包含众多的仓库，这就会出现多个仓库的选址问题。这个问题又可以分解为以下问题。

(1) 应该建多少个仓库？
(2) 仓库应建在什么地方？
(3) 每个仓库的规模有多大？
(4) 每个仓库的供应渠道是什么？
(5) 送货的方式应如何选址？

对于这些问题的研究有很多方法，如鲍摩-瓦尔夫(Baumol-Wolfe)模型、CELP法等都是多个仓库选址的常用方法，多重心法也是其中之一。

多重心法的应用过程中，经常采用精确重心法来实现。在多点布局时使用精确重心法，就可以发现多设施选址问题的一些特点。精确重心法是一种以微积分为基础的模型，用来找出起讫点之间使运输成本最小的中介设施的位置。如果要确定的点不止一个，就有必要将起讫点预先分配给位置待定的仓库。这就形成了数个等于待选址仓库数量的许多起讫点群落。随后，找出每个起讫点群落的精确重心。方法之一是把相互间距离最近的点组合起来形成群落，找出各群落的重心位置，然后按单一仓库选址重心法求出各群落中的全部点到它们所在群落重心的总运输成本，最后把各群落的总运输成本汇总，一种分群组合分析完后换一种新的分群组合，找出新分群组合的各群落新的重心位置，计算新的分群组合下的汇总运输成本，并与上一个汇总运输成本进行比较，看是否更优，如果更优，还要继续上述过程，直到不再有更优的组合方案为止。这样就完成了特定数量仓库选址的计算。随着仓库数量的增加，运输成本通常会下降。需要注意的是，与运输成本下降相对应的是物流系统中总固定成本和库存持有成本的上升。最优解是使所有这些成本和最小的解。

其中假设：

(1) 模型常常假设需求量集中于某一点；

(2) 模型没有区分在不同地点建设仓库所需的资金成本，以及与在不同地点经营有关的其他成本的差别，而只是计算运输成本；

(3) 运输成本在公式中是以线性比例随距离增加的；

(4) 模型中仓库与其他网络节点之间的路线通常假定为直线；

(5) 模型未考虑未来收入和成本的变化。

多个仓库选址的多重心法，关键是要计算每种分群组合下汇总运输成本并进行比较，最小的组合为最佳方案，这个组合下的各群落重心即为待建仓库的地址。

【模拟实验】

(1) 实验目的：使用精确重心法进行单一节点的选址。

(2) 实验环境：由于精确重心法需要进行多次迭代计算和比较，因此适合用计算机编程进行求解。在这里采用的编程软件为 Matlab。

(3) 实验内容：某企业两个工厂 P1、P2 分别生产 A、B 两种产品，供应三个市场 M1、M2、M3，已知条件如表 7-10 所示。现需设置一个配送中心，A、B 通过配送中心向三个市场供货，请使用精确重心法求出配送中心的位置。各项数据如表 7-10 所示。

表 7-10 节点运输量和运费率表

节点	运输量	运费率	x	y
P1	2000	0.5	3	8
P2	3000	0.5	8	2
M1	2500	0.5	2	5
M2	1000	0.75	6	4
M3	1500	0.75	8	8

(4) 输入数据。将实验给定的表格内的数据输入编好的程序中，其中 x=[3 8 2 6 8]; y=[8 2 5 4 8]; w=[2000 3000 2500 1000 1500]; a=[0.5 0.5 0.75 0.75 0.75]; 分别为 x 坐标、y 坐标、运输量和费率。

(5) 输出(结果)。经过计算机的比较和迭代得出最终的运费最低的坐标：

x_0=4.91——横坐标

y_0=5.06——纵坐标

$H(c)$=214250——最小费用

注：编程代码详见本章附录。

三、仓库选址的步骤

在进行仓库选址时，具体可分为以下几个步骤。

1. 选址约束条件分析

选址时，首先要明确建立仓库的必要性、目的和意义，然后根据物流系统的现状进行分析，制订物流系统的基本计划，确定所需要了解的基本条件，以便大大缩小选址的范围。

2. 收集整理资料

选择地址的方法一般是通过成本计算，也就是将运输费用、配送费用及物流设施费用模型化，采用约束条件及目标函数建立数学公式，从中寻求费用最小的方案。但是，采用这种选择方法寻求最优的选址方案时，必须对业务量和生产成本进行正确的分析和判断。

(1) 掌握业务量。选址时，应掌握的业务量包括：①工厂到仓库之间的运输量；②向顾客配送的货物数量；③仓库保管的数量；④各配送路线的业务量。由于这些数量在不同时期会有种种波动，因此要对所采用的数据进行研究。另外，除了对现状的各项数据进行分析外，还必须确定设施使用后的预测数值。

(2) 掌握费用。选址时应掌握的费用为：①工厂到仓库之间的运输费；②仓库到顾客之间的配送费；③与设施、土地有关的费用及人工费、业务费等。由于①和②两项的费用随着业务量和运送距离的变化而变动，所以必须对每吨公里的费用进行成本分析；第③项包括可变费用和固定费用，最好根据可变费用和固定费用之和进行成本分析。

(3) 其他。用缩尺地图表示顾客的位置、现有设施的配置方位及工厂的位置，并整理各候选地址的配送路线及距离等资料。必备车辆数、作业人员数、装卸方式、装卸机械费用等要与成本分析结合起来考虑。

3. 地址筛选

对所取得的上述资料进行充分的整理和分析，考虑各种因素的影响并对需求进行预测后，就可以初步确定选址范围，即确定初始候选地点。

4. 定量分析

针对不同情况选用不同的模型进行计算，得出结果。如果是对多个仓库进行选址，可采用奎汉－哈姆勃兹、鲍摩－瓦尔夫、CELP法模型等；如果是对单一仓库进行选址，可采用重心法等。

5. 结果评价

结合市场适应性、购置土地条件、服务质量等条件对计算所得结果进行评价，看是否具有现实意义及可行性。

6. 复查

分析其他影响因素对计算结果的相对影响程度，分别赋予它们一定的权重，采用加权法对计算结果进行复查。如果复查通过，则原计算结果即为最终结果；如果复查时发现原计算结果不适用，则返回第3步继续计算，直至得到最终结果为止。

7. 确定选址结果

在用加权法复查通过后，则计算所得的结果即可作为最终的计算结果。但是，所得解不一定为最优解，可能只是符合条件的满意解。

习　　题

一、判断题

1. 金属材料、金属制品、金属零配件、机械设备等物资允许存入同一库房。（　　）
2. 仓库选址是在各具有若干供应点及若干需求点的经济区域内，选一个地址设置仓库的规划过程。（　　）
3. 仓储搬运系统一般是指一个独立于人之外的，具有集合性、相关性、目的性和环境适应性特点的，由物料、装卸搬运设备、仓储设施和信息等要素构成的集合体。（　　）
4. 在库存品种与数量管理的ABC分类管理中，由于B类和C类物资远远没有A类重要，所以将大多数或全部的管理重点可以放到对A类物资的管理上。（　　）

二、单项选择题

1. 仓储规划中保管区的划分一般是按(　　)。
   A. 储存物资的使用方向划分　　B. 储存物资的用途划分
   C. 储存物资的自然属性划分　　D. 按储存物资的储存时间长短划分

2. (　　)是基于影响设施选址的诸多因素而设计出的一种选址定量分析的方法。
　　A. 综合因素评价法　　　　　B. 数值分析法
　　C. 重心法　　　　　　　　　D. 多仓库的选址方法

三、多项选择题

1. 仓库的选址过程应同时遵循(　　)原则。
　　A. 适应性原则　　　　B. 协调性原则　　　　C. 经济性原则
　　D. 战略性原则　　　　E. 相关性原则
2. 仓储作业的作业有效率与(　　)因素有关。
　　A. 库区的合理规划　　B. 作业活动的组织情况　　C. 作业时间
　　D. 作业量　　　　　　E. 吞吐量
3. 常见的储存方式有(　　)。
　　A. 定位储存　　　　　B. 随机储存　　　　　C. 分类储存
　　D. 共同储存　　　　　E. 包装储存
4. 仓库搬运系统良好效能的实现与(　　)因素有关。
　　A. 物料　　　　　　　B. 装卸搬运设备
　　C. 仓储设施　　　　　D. 仓储设施、设备的维护保养能力
　　E. 作业人员

四、简答题

1. 商品入库的一般程序是什么？
2. 商品养护的要求是什么？
3. 简述仓库盘点的流程。
4. 简述商品出库的程序。
5. 仓库分区的依据是什么？
6. 储位规划的要求是什么？

附录　模拟实验

使用的编程软件为Matlab，编程过程如下：

```
clear all
x=[3 8 2 6 8];
y=[8 2 5 4 8];
w=[2000 3000 2500 1000 1500];
a=[0.5 0.5 0.75 0.75 0.75];
x0=0;
x0=0;y0=0;
```

```
for j=1:length(x)
d(j)=((x0-x(j))^2+(y0-y(j))^2)^0.5;
h(j)=a(j)*w(j)*d(j);
end
H(1)=sum(h(:));
H(2)=H(1)-1;
c=2;
while H(c)<H(c-1)
x1=0;x2=0;y1=0;y2=0;
for j=1:length(x)
x1=(a(j)*w(j)*x(j)/d(j))+x1;
x2=(a(j)*w(j)/d(j))+x2;
y1=(a(j)*w(j)*y(j)/d(j))+y1;
y2=(a(j)*w(j)/d(j))+y2;
end
x0=x1/x2;
y0=y1/y2;
for j=1:length(x)
d(j)=((x0-x(j))^2+(y0-y(j))^2)^0.5;
h(j)=a(j)*w(j)*d(j);
end
H(c+1)=sum(h(:));
c=c+1;
end
x0=4.91--横坐标
y0=5.06--纵坐标

H(c)=214250 - 为最小费用
```

第八章 库存管理

学习目标：

- 了解库存控制需要解决的基本问题、库存控制的原理和 CVA 库存分类方法。
- 理解经济批量的各种形态的计算、定期订货法和定量订货法及其优、缺点。
- 掌握 ABC 分类的概念及使用方法，应用 ABC 原理控制库存和 EOQ 的计算。加强对库存管理的全面认识和提高定量分析计算能力。

【案例导入】

H 公司坐落在深圳南山科技园，专业从事智能控制器产品生产，从技术研发设计、软件服务、产品制造的高新技术企业，并生产多元化智能家居产品。近年来，随着公司的发展和规模的壮大，在杭州、顺德、深圳光明设立子公司，在欧洲和南美等设立办事处，公司业务增大，产品订单越来越多，产品设计复杂，产品的生命周期短，但物料种类繁多，核心物料周期长，导致紧急物料缺料需调货，成本非常高。因此，分析 H 公司物料库存控制问题，并提出解决对策是其库存管理水平提升的关键。

库存是物流的基本功能，是企业生产经营过程中必要的环节，需要合理地进行库存控制，平衡库存的利与弊，才能为企业生产提供更有效的服务。库存是企业为客户未来的订单生产和服务销售以原料、半成品或者成品暂时存储的商品，确保生产运作有序进行，能够满足客户需求的多变性，能够及时补充短、缺紧急物料，利用经济订购量能克服原料交货期波动的影响，但库存增加会极大地影响资金周转率和增加库存存储成本。

库存控制是供应链管理的核心部分和重要内容。随着经济全球化、行业分工的精细化，库存理论研究和企业实际运用相结合也在飞速发展和转变升级，从确定库存控制发展模式到变动库存控制模型，从单品种单级到多样化库存控制模式。库存合理控制是公司管理决策中的重要环节，对企业的生产经营都具有重要的指导和建设性意义。

传统库存控制方法是供应链系统单级库存控制方法，主要有 ABC 分类、经济订购批量 (EOQ) 策略法、定量订货管理法和定期订货管理法。

(1) ABC 分类重点控制法是库存控制原料基本认知方法，是在 80/20 原则上衍生出来的，80/20 原则是抓事物的关键，ABC 分析法是分清事物主次，能够帮助管理者确定哪些是主要问题、哪些是次要问题，在企业生产管理中得到广泛的应用。ABC 分类是根据累计百分比对商品进行分类，将存货按价值大小分成 A、B、C 三类，其中 A 类存货价值占总存货的 70%，品种约占 20%；C 类存货价值占总存货的 5%~10%，种类约占 70%；其余的为 B 类存货。ABC 分类法帮助企业降低库存，提供资金周转率。根据存货类别的重要性对各类存货采取不同的控制措施。例如，对 A 类存货重点主要管控对象进行专人专区管理，且在适当的时候以经济批量订货的模式进行采购，降低原料占库存总成本，使库存管理工作精简化，提高库存周转率。

（2）经济订货批量(Economic Order Quantity, EOQ)是企业根据采购费用、单位库存成本、产品年需求量等进行订货数量计算，以便确保采购成本最低。早期的经济订货批量是在不允许缺货的前提下，并且各种假设因素确定不变的情况得出，经济订货批量模型是将企业产品采购进行量化。

（3）定量订货法又称为定量控制法，是指某物料库存下降到预定的最低库存量(订货点)时，按一定数量下采购订单补充订货的库存管理方法，该方法需要预先设定订货点和订货量，专门对所有物料设定订货点和订货量会增加运输成本与采购原料成本，因此只适应成本高和占库存存储空间小的 A 类物料。定量订货法的关键在于如何确定订货点和订货量。订货点主要依据订货提前期和需求率因素确定，若订货提前期不确定，需求不稳定，则订货点方法就复杂。订货量一般以库存总成本最低时的 EOQ 作为订货量订货。

（4）定期订货法又称定期控制法，是预先设定订货间隔期间进行订货补充库存的一种库存管理方法。根据企业历史数据和经营目标预先设定订货间隔期，利用 SAP 系统自动检测和财务固定周期盘点方法控制订货周期，平衡好订货周期、最高库存量和订货量，避免缺料和库存积压呆滞，一般适用量大资金少的 C 类和 B 类物料。

H 企业使用 EOQ 模式对物料进行控制，此模式适用于存货需求量均衡稳定，采购中产生不可避免的订货成本的环境，以及大批量产品生产、生产准备成本高的企业环境。EOQ 模式的特点在于合理、有效地平衡订货成本和存货维持成本，通过设定安全库存，对不确定的各种因素，在综合考虑存货交付周期供给和需求、存货消耗速度的基础上，确定科学合理的再订货点。EOQ 模式操作灵活简便，以库存管理制度为基础，为订单驱动的项目管理者对物料库存控制指明方向。EOQ 模式设定条件严格，实际应用中有一定的限制，依赖项目管理中信息共享透明，才能获得准确的物料成本数据，为管理者做出正确的库存管理决策。

(资料来源：叶小娇.H公司物料库存控制问题研究[D].深圳大学硕士学位论文，2017.)

思考题：
H 公司在库存控制管理方面还有哪些可以采取的措施呢？

第一节　库存概述

一、库存内涵

库存(Inventory)是仓库中实际储存的货物，是指暂时闲置的用于将来目的的资源。库存中的每种物品都是众多的物料种类中具有某种特性的物品种类。现代物流理论认为，库存具有两面性。

1. 库存的优点

1) 使企业实现规模经济、降低库存成本及相关成本

企业通过持有库存，可以实现采购、运输和制造等方面的规模经济。例如，在采购方面，大批量的采购可以节约采购费用，同时可以获得采购批量折扣；在运输方面，大批量的采购可以选用最合理的运输方式，实现运输费用的分摊，从而降低单位物品的物流运输成本；在制造方面，持有库存有利于生产规模的扩大，从而形成规模收益。

2) 缓冲供给与需求之间的差异

库存的出现有利于解决供给与需求之间差异的矛盾。可以确保生产的连续性，满足客户的差异化需求，避免延迟交货的情况出现。

3) 预防因非确定的、随机的需求变化及订单周期的不确定性造成的供给中断

制造商通过增加存货数量，持有超出为满足生产所必需的库存量，提高物料的可用性，以防止由于未来存货供给不足或突发的需求等可能原因造成的缺货，从而避免缺货带来的相关损失。

4) 消除供需双方在地理位置上的差异

在途库存是指处于两个不同地区之间的库存，它包括在运输过程中的库存及存放在两地之间的库存。因此可以利用存货的在途库存来消除生产者、中间商及最终消费者处于不同地理位置而产生的差异。

2. 库存的缺点

库存在给企业带来优势的同时，也会让企业遭受不利的影响，这些影响主要包括以下几个方面。

1) 产生库存成本

库存是指企业为持有库存所需的成本。库存是仓储管理的重要组成部分，是企业所储备的所有物品和资源，库存成本就是持有这些物品和资源所需的成本。

库存成本主要包括以下几种。

(1) 资金的利息支出。

(2) 仓储管理费(包括仓储人员工资和搬运费用)。

(3) 保险费。

(4) 库存物品价值损失费用(包括丢失或被盗、库存物品降价、发生物理或化学变化导致的价值损失等)。

2) 占用大量流动资金

库存中的每种物品根据其价值的不同占用不同程度的资金量，库存中的原材料、在制品及产成品是占用流动资金的主要构成部分。因此，库存中存放的物品越多，占用的资金也就

越多。

3) 掩盖了管理上存在的问题

不合理库存的存在会掩盖许多问题，导致问题无法得到及时解决，这样就会带来一些管理上的问题。例如，当废品率和返修率很高时，企业常规的做法就是加大生产批量和在制品、产品和产成品库存，这样就会导致供应商的产品质量差、交货不及时、生产过程中及销售过程中存在的问题等被掩盖。

总之，持有库存会带来双重的影响，因此在库存的作用及其反作用之间，寻求一个折中平衡的问题处理方法，是库存管理所要研究和解决的问题，一方面要满足企业的生产需要，另一方面要使企业保持较低的库存成本。

【小贴士】

在企业生产经营的过程中，各个环节都会涉及库存，但企业不同的职能部门对库存有着不同的目标，即关心着不同种类的库存。销售部门：维持较高的库存，避免任何产品的缺货，从而及时满足客户需求，提高客户满意度；采购、运输部门：多批量少批次采购，从而获得数量折扣优惠，同时降低采购、运输的费用；库存管理部门：尽量降低库存，减少流动资金的占用，同时便于进行盘点和库存控制；财务部门：减少库存，甚至保持"零"库存，加快资金流动，提高资金的投资回收率。

因此，如何协调各方面的目标，达到系统整体最优的目标。库存管理在企业的生产经营中发挥着举足轻重的作用。

二、库存的种类

(一) 按库存的作用、目的分类

1. 周转库存

为满足企业生产经营需要，按周期性批量购入形成的库存称为周转库存。周转库存涉及两个概念：一个是订货周期，即相邻两次订货之间的间隔时间；另一个是经济订货批量，即每次订货的最佳数量。

2. 安全库存

客户需求和订货提前期等方面具有不确定性，企业为保证生产经营，需持有超过周转库存的安全库存。安全库存是用来应对客户需求、生产周期或订货周期等不确定性变化发生而设置的缓冲库存。

安全库存的设置方法有两种：一种是比正常的订货时间提前一段时间订货；另一种是每次采购大于一个订货周期的需要量，超出量就是安全库存。企业在确定安全库存时，除考虑供给与需求的不确定性外，还会考虑企业的顾客服务水平以及市场销售计划等方面的因素。

3. 在途库存

在途库存的数量取决于在途运输时间以及在运输期间发生的需求量。

4. 预期库存(调节库存)

预期库存又称调节库存,是为等待一个高峰销售季节、一次市场营销推销计划或一次工厂关闭期而预先建立起来的库存,用来调节需求或供应不均衡、生产速度与供应速度不均衡、各个生产阶段的产出不均衡等情况。

5. 投机性库存

投机性库存又称为屏障库存,是指为了避免因物价上涨造成的损失或者为了从商品价格上涨中获利而建立的库存,具有投机性质,如一些矿产品或农牧产品等。

(二)根据用户对物料需求特性分类

1. 单周期库存

单周期订货也称为一次性订货,在一定时期内不会重复订货,其主要特征是物品生命周期短和需求的偶发性。

2. 多周期需求

多周期需求是指在较长时间内对某种物品的重复的、连续的需求,库存需要不断补充。在实际生活中,这种需求现象十分普遍。

多周期需求又分为独立需求与相关需求两种。独立需求是指客户需求不受其他库存的影响,主要受消费市场的影响,表现出对这种产品需求的独立性;相关需求是指与其他需求有相关性的需求,通过相互之间的关系推算出需求量。

(三)按库存的参数特性分类

1. 随机性库存

随机性库存是指物品的市场需求和订货提前期中至少存在一个是随机变量。若可根据统计资料得出在任意给定时期内需求量的概率分布,则称为概率性库存模型。

2. 确定性库存

确定性库存模型的参数是确定的,即物品的需求量是已知且确定的,订货提前期也是确定的。只有当这两个条件同时得到满足时,才适用于确定性库存。

三、库存的成本

库存成本的组成一般包括五个部分,即库存持有成本、订货成本、缺货成本、补货成本和购买成本。

1. 库存持有成本

库存持有成本即获得和管理库存而发生的成本,可划分为营运成本、机会成本和风险成本三方面。

(1) 营运成本。营运成本主要包括存货占用的流动资金、设施与设备投资,存货越多、仓储面积越大、设备越多,库存成本越高。营运成本还包括仓储设备的折旧费、维修费、日常运作费(水、电搬运费用等)、仓储管理人员工资、资金利息和税金等。

(2) 机会成本。机会成本是指库存所占用的流动资金用于其他用途所能带来的最大收益。企业是通过占用流动资金来持有存货作为企业资产的,企业的经营是以获得投资报酬为目标的。因此,库存占用的资金如果不用于库存而去经营其他投资就能获得其他方面的投资报酬,而投资报酬率在不同企业和行业有所不同,一般为10%~16%。因此,任何投资于库存的流动资金都会失去获得投资回报的机会,使得资金投资于其他方向的可偿性受到限制。

(3) 风险成本。风险成本是企业为防止库存风险的发生,减少库存损失而产生的成本,一般表现为保险费用。保险费用主要是根据物品的价值及承受的风险评估来确定的。例如,高价值的物品以及易燃易爆物品的保险费用较高,为保证库存的安全,企业会在仓库安装保全系统及消防设施等,从而产生保险费用。同时可能会因为库存的管理不合理而造成物品的损耗或报废,从而产生物品损耗费,如食品过期、存放过程中破损、产品滞销等都属于库存的风险成本。

2. 订货成本

订货成本是指企业为了获得库存(原材料)、采购而产生的相关费用。一般表现为订货的事务费,包括与订货有关的通信费、差旅费、货物的运输费用和入库费等。采购及运输次数越多,订购成本就越高。如果库存(半成品、产成品)由企业自行生产,则相关成本就是企业的生产准备成本,即企业为生产一批产品而进行的生产线改装及生产工人技术培训产生的费用。

3. 缺货成本

缺货成本是指由于库存供应中断而造成的损失,包括原材料供应中断造成的停工损失、产成品库存缺货造成的延迟发货损失、销售机会丧失带来的损失(还应包括商誉损失和企业采用紧急采购来解决库存的中断而承担的紧急额外采购成本)等。缺货成本主要包括保险库存的持有成本、延期交货及其成本、滞销成本和失去顾客成本。企业有必要分析缺货可能产生的后果,从而确定发生缺货所造成的损失。如果某项物品短缺而导致整个生产线停工,这会使缺货成本非常高。库存量随时间的波动性变化是导致库存管理混乱、缺货成本上升的主要原因。库存随着时间的推移产生的波动性变化如图8-1所示。

4. 补货成本

由于生产强度的加大，现有库存不能满足生产需要时，制造商通过重新下订单，以保障存货，提高仓储的安全性，以防止由于未来存货供给不足及突发的需求等可能原因造成缺货，从而避免因缺货带来的相关损失。正常情况下补货费是计划以外的，具体根据不同企业面临的实际情况而定。

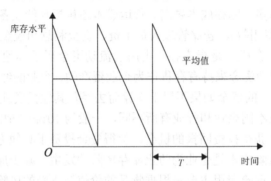

图 8-1　库存变化曲线

5. 购买成本

购买成本是指企业购买原材料的费用。购买费一般表现为合同上约定数量和价格的全部材料的总费用。进货费一般由采购人员和原材料供应商共同商定。选择合适的供应商，降低购买费是降低企业物流成本的重要途径之一，也是企业谋求长远发展的关键环节。

四、库存管理

库存管理是对库存进行计划、组织、协调和控制。

(一)库存合理化

库存合理化就是用最经济的方法实现库存的功能。既要做到不断料、不呆料、不滞料，提高企业客户服务水平，又要使库存品的数量、时间、空间及"硬件"配置合理化，以降低库存成本，提高企业竞争力。合理组织商品库存的内容包括以下几个方面。

1. 库存数量合理

库存数量合理即在满足企业生产经营条件下，符合经济核算，降低库存成本，使商品库存量与销售量相适应。在确定库存数量时，应考虑订货周期及销售量的不同波动情况。

2. 库存结构合理

库存结构合理即库存商品中各类商品品种与规格所占的比例合理。例如，同类商品的不同档次商品、一种商品的不同规格等的比例关系要合理,要满足企业销售计划和市场需求的变化。

3. 库存时间合理

库存时间合理即库存要适应不同时期需求的变化。库存管理应处于动态的、不断周转的状态。必须加强对生产、销售情况的了解,商品保质期的核定及对季节性商品的管理。资金周转率越高,企业经营成本就越低。因此,库存时间管理标志着库存的动态管理程度。

4. 库存空间合理

合理进行仓库选址布局、设施规划和商品编码工作,并注意预留机动货位及季节性货位的调整,以适应季节性需求变化,并做好日常库存记录管理工作。库存空间合理是一个相对概念,是商品库存与企业生产经营的动态适应过程。库存空间合理有利于提高生产流通的经济效益,库存适当集中就是一个重要的标志。

5. 库存"硬件"配置合理

库存"硬件"是指进行库存活动所需的设施与设备的总称。物流设施与设备是进行各项物流作业的物质技术基础,有利于企业进行机械化、现代化操作,物流基础设施与设备的不足或过剩以及物流技术水平落后,都会限制库存有效作用的发挥。

(二)库存周转的计量

1. 库存周转率的含义

库存周转率是指某时间段内的出库总金额(总数量)与该时间段库存平均金额(或数量)之比。

2. 库存周转率计算

实际评价中可用以下公式进行计算,即

$$常用的库存周转率=\frac{年度销售产品成本}{当年平均库存价值}$$

年度销售产品的成本(不计销售的开支以及管理成本)作为分子,除以年度平均库存价值。依此类推,月度库存周转率为月销售成本除以月库存平均值,月库存平均值等于期初库存加期末库存之后除以2。

库存周转率计算公式为(以月平均库存周转率为例):

$$原材料库存周转率=\frac{月内出库的原材料总成本}{原材料平均库存}$$

$$在制库存周转率=\frac{月内入库的成品物料成本}{平均在制库存}$$

$$成品库存周转率 = \frac{月销售物料成本}{成品在库平均库存}$$

库存周转率在实际的企业运营过程中是非常重要的，下面就通过具体案例来了解库存周转率的重要性。

【案例分析8-1】

工商协同提升卷烟库存周转率——以湖南烟草为例

卷烟库存周转率(期间卷烟出库总量/期间卷烟平均库存量)是衡量烟草商业企业管理水平的一项重要指标。提高库存周转率，能够有效降低资金占用率和仓储保管费用，实现降本增效。

目前，湖南烟草商业系统共有14个市(州)公司物流配送中心。各市(州)公司新物流配送中心陆续建成投产，仓储管理硬件水平提高，但管理软实力却相对滞后。受市场环境和管理水平的影响，合理库存控制与管理难度增加，日均库存量上升，库存周转率下降，造成库存资金浪费和管理成本增加。

库存周转率低的主要原因从卷烟库存周转率测算公式可以看出，在当前卷烟销量趋于稳定的条件下，日均库存量过大是导致卷烟库存周转率偏低的主要原因。存在的其他方面的问题表现如下。

(1) 市场需求预测不准确，实际需求低于采购计划。当前市场卷烟品规多，需求变化快，消费者品牌忠诚度下降，市场需求预测难度加大。调研发现，部分商业企业滞销卷烟中，多个新品规初上市时表现良好，但在下个订货周期加大采购量后，市场销量锐减，变成滞销卷烟。

(2) 未根据库存情况均衡到货。工商双方先签订半年度供货协议，再将供货数据平衡到季度、月，初步制订月度计划。每月中旬，工业企业销售区经理和商业企业营销部门预测下月销售计划，协商后按存销比上下限进行到货预排，形成月度计划量、周计划安排。然而，目前卷烟到货时间并未严格按计划安排执行，集中到货情况比较普遍。

(3) 低销量卷烟订货周期长，库存较大。商业企业通常会选择保持一定的安全库存，来应对两次进货之间市场可能出现的波动。订货周期越长，需求不确定性越大，为此而设计的安全库存也越大，其结果是预期订货量远大于实际需求量。调研发现，大部分地市公司低销量品规卷烟及进口卷烟购进频次低、数量大，虽然这类卷烟销量占比较小，但库存占用率往往较高。

(4) 工商企业信息共享不够便捷。湖南烟草工商物流相关信息系统较多，数据共享便捷性较差，货源供给、仓储信息等没有及时共享。主要表现在以下方面。

① 统计节点不一。工业企业了解商业企业库存主要是通过"一号工程"系统及商业企业反馈的数据，但受各地分拣配送模式影响，"一号工程"销售数据会有1~2天的延迟。

② 统计口径不一。卷烟从工业企业发货出库后，商业企业可以通过工商卷烟物流在途信息系统获知卷烟到货情况，但无法跟踪订单、查看协议执行情况。湖南中烟"和+"服务系统可以为商业企业提供订单跟踪、协议执行情况查看等功能，但该系统到货时间并不是采集的物流实时到货时间，而是最初协商到货日期，到货时间存在误差。

③ 信息断层严重。网上配货系统由工商双方确认配货规则，系统自动计算配货量，进行网上配货。目前仅浙江中烟工业有限责任公司与湖南烟草商业系统开展了网上配货，其他工业企业主要通过自建信息系统、Excel表配货，缺乏信息化手段支撑。

工商协同提升库存周转率的要点。经济发展新常态下，加强工商协同、提升库存管理水平、降低库存周转率显得尤为重要。笔者认为，提高库存周转率，可从以下几个方面着手。

(1) 基于日存销比建立卷烟库存管理机制。存销比是指在一个周期内，商业库存与日均销量的比值。合理的存销比，能够保障商品销售既满足市场需求，又将库存控制在适当水平。当前烟草行业主要用月存销比来考核商业企业库存控制水平，灵敏度偏低。笔者认为，可以考虑基于每日存销比数值进行实时测算，根据工商双方共同协商确定的目标存销比，确定卷烟库存天数的上下限，超存销比购进或低库存未购进通过信息系统实时预警，这样既能理顺工业企业生产、调拨计划，又能使商业企业避免库存积压，提升库存周转率。

(2) 打通工商企业物流信息共享接口，工商企业联合管理库存。工商双方合作打通物流信息共享接口，实时共享相关信息。工业企业获取省级卷烟营销平台销售、库存数据，实时查看库存预警，避免因库存数据滞后导致"断档"。商业企业物流管控信息系统对接工业物流数据。目前湖南烟草商业系统已上线的物流综合管理信息系统在统一规范下自动采集物流各个作业系统的实时数据并上报，实现了物流系统与其他业务系统的互联互通。商业企业利用物流管理系统从物流信息共享接口中获取数据，能够实时查看湖南中烟月到货计划、周到货计划、合同执行及到货明细等信息，并进行工商协同库存管理。通过打通工商企业物流信息共享接口，建立工商协同库存管理机制，库存管理不再是各自为政的独立运作，而是供需连接的纽带和协调中心。供应链上的工商企业可以利用共享数据，实现协同储运，提高库存周转率和运输效率。

(3) 针对省产大品规卷烟探索工业直送商业分拣线。目前湖南市场省产烟销售比例高，减少省产大品规卷烟日均库存，对这些品规实施工业直送商业分拣线试点，对加快库存流转帮助较大。直送商业分拣线，就是依托托盘联运与准时制，对到货频次进行优化，在需要的时间提供需要数量的品规，通过越库或专用库区、通道等方式直送商业企业分拣线，商业企业仅需准备2~3天的安全库存以备不时之需。工业直送商业分拣线工作的开展，大幅降低了大品规卷烟库存，有效减少了库存占用。

(资料来源：徐智等. 工商协同提升卷烟库存周转率——以湖南烟草为例[J]. 物流工程与管理，2018(1).)

第二节　ABC 和 CVA 库存分类管理

一、ABC 分类管理法的基本原理

物料 ABC 管理法的依据是帕累托原理。帕累托是 19 世纪意大利的一位经济学家，他提出了著名的"二八"定律：社会 80% 的财富集中在 20% 的人手里，而余下的 80% 的人只占有 20% 的财富。后来人们发现，"关键的少数和次要的多数"规律使用于很多场合，于是称之为帕累托原理。1951 年，管理学家戴克将帕累托原理应用于库存管理，命名为 ABC 法。ABC 管理分类表如表 8-1 所示。

表 8-1　ABC 管理分类表

类别	占用库存金额比例/%	品种比例/%	管理方法	记录要求
A 类	占用资金多 (60～80)	品种少 (10～20)	(1) 定量订货，定期调整库存 (2) 经常盘点，掌握精确的库存信息 (3) 尽量减少库存量的波动，降低安全库存 (4) 放置于安全、便于进出的位置	详细
B 类	处于 A、C 类之间 (15～35)	中等 (20～30)	(1) 正常控制，较 A 类简单 (2) 可采用定期订货方式与定期定量方式混用	一般
C 类	占用资金少 (5～15)	品种多 (50～70)	(1) 宽松管理 (2) 减少盘点次数，有些物品可不进行盘点 (3) 防止缺货，可增加安全库存量，减少订货次数、降低成本	简单

上述 ABC 三类存货中，由于各类存货的重要程度不同，一般可以采用下列控制方法。

(1) 对 A 类存货的控制。要计算每个项目的经济订货量和订货点，尽可能适当增加订购次数，以减少存货积压，也就是减少其昂贵的存储费用和大量的资金占用；同时，还可以为该类存货分别设置永续盘存卡片，以加强日常控制。

(2) 对 B 类存货的控制。要事先为每个项目计算经济订货量和订货点，同时也可以分享设置永续盘存卡片来反映库存动态，但要求不必像 A 类那样严格，只要定期进行概括性检查就可以了，以节省存储和管理成本。

(3) 对 C 类存货的控制。由于它们为数众多，而且单价又很低，存货成本也较低，因此，可以适当增加每次订货数量，减少全年的订货次数，对这类物资日常的控制方法，一般可以

采用较为简化的方法进行管理，常用的是"双箱法"。

"双箱法"就是将某项库存物资分装两个货箱，第一箱的库存量是达到订货点的耗用量，当第一箱用完时，就意味着必须马上提出订货申请，以补充生产中已经领用和即将领用的部分。

二、ABC 分类管理法的实施

ABC 管理法用来对库存物品进行分类管理。其管理实施步骤如下。

1. 数据收集

收集库存物品的相关信息，包括库存物品每个品种的平均库存量和每个物品的单价等。

2. 数据处理

对收集的信息进行整理和汇总计算，用平均库存乘以物品单价。计算各种物品的平均资金占用额，分析库存物品的资金占用比例、品种比例，以便进行分类管理。

3. 绘制 ABC 分析表

制表时按数据处理计算得出的平均资金占用额由高到低填入表中第六栏，再以此栏为准，分别填写其他栏目，如表 8-2 所示。

表 8-2 ABC 分析表

物品名称	品种数累计	占总品种数的百分数/%	物品单价	平均库存	物品平均占用资金数额	物品占用资金总额	占总资金额的百分数/%	分类结果
(1)	(2)	(3)	(4)	(5)	(6)	(7)	(8)	(9)

4. 根据 ABC 分析表进行分类

观察 ABC 分析表的第三栏中占总品种的百分数和第八栏中占总资金额的百分数，将占总品种数的百分数为 10%～20%且占总资金额百分数为 60%～80%的前几类物品确定为 A 类物品；将占总品种数的百分数为 20%～30%且占总资金额百分数为 15%～35%的物品确定为 B 类物品；其余为 C 类物品，其占总品种数百分数为 50%～70%，而占总资金额的百分数仅为 5%～15%。

5. 绘制 ABC 分析图

以占总品种数的百分数为横坐标，以占总资金额的百分数为纵坐标，依据 ABC 分析表第三栏和第八栏所提供的资料,即根据 ABC 分析表对应的数据,将物品划分为 A、B、C 三类,在坐标平面上描绘出各点,并连接各点绘制出 ABC 曲线,如图 8-2 所示。

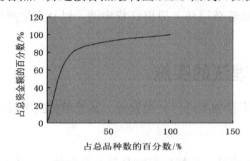

图 8-2　ABC 分析曲线

为了直观地看出 ABC 类物品的分布,可依据 ABC 分析表的数据绘制出 ABC 分析直方图,如图 8-3 所示。

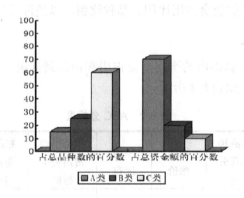

图 8-3　ABC 分析直方图

上述步骤完成后,还应根据分析结果对这三类产品制定不同的库存管理方法。对于 A 类产品,应实行连续性检查策略,每天检查库存情况,对其进行严格的控制,在满足客户需要的前提下维持尽可能低的安全库存量。对于 B 类产品,应实行周期性检查策略;对于 A 类产品,则采用定量订货的方法,一旦库存达到最低库存时就订货,将其补充到最低库存量。严格按照 ABC 分类法的实施步骤来运行,是企业库存管理取得成效的基础。

三、CVA 的基本原理

CVA 管理法又称为关键因素分析法,它比 ABC 库存管理法更具有目的性。CVA 是将库存划分为最高优先级、较高优先级、中等优先级和较低优先级,并根据不同特点采取特定管理措施的一种管理方法。

有些公司发现 ABC 分类并不能令人满意，因为 C 类物资往往得不到应有的重视。例如，经销鞋的企业会把鞋带列入 C 类物资，如果鞋带短缺，将会严重影响到鞋的销售；汽车制造厂商会把螺钉列入 C 类物资，但缺少一个螺钉往往会导致整个生产链的停工。因此，有些企业采用关键因素分析法(Critical Value Analysis，CVA)。

四、CVA 的基本应用

在使用时，CVA 管理法强调合理数量的高优先级物品，原因是高优先级物品的数量过多会导致非高优先级物品的重视程度降低，不利于最高优先级以外物品的管理。

在实际工作中，提倡把 ABC 分类法和 CVA 管理法结合起来使用，会取得更理想的效果。CVA 管理法库存品种划分及其管理策略如表 8-3 所示。

表 8-3 CVA 管理法库存品种划分及其管理策略

库存类型	特　点	管理措施
最高优先级	生产经营中的关键物品或 A 类重点客户的存货	不允许缺货
较高优先级	生产经营中的基础型物品或 B 类客户的存货	偶尔允许缺货
中等优先级	生产经营中比较重要的物品或 C 类客户的存货	允许在合理范围内缺货
较低优先级	生产经营中需要，但可替代物品	允许缺货

【知识拓展 8-1】

ABC 分类法在库存管理中的应用

当企业采购的物资种类比较多时，要对这些物资进行分类，可以基于采购物价值/成本和关键程度进行分类，分为战略物品、关键物品和普通物品。对于 A 类战略物品，采购企业应该寻找能够进行设计协作并能与供应链的其他成员协调设计与生产活动的供应商，并与供应商保持长期合作关系，小批量采购，低库存；对 B 类关键物品，采购目标不是低价而是保障供应，由此采购企业要加强与供应商供应计划的协调，大批量采购，高库存；对 C 类普通物品，如包装材料，可以选择单一供应商，签订长期供货合同，大批量采购，适当库存。

供应链中的库存是指供应链中所有原材料、在制品和成品。不论是哪种库存，要对每种存货都进行详细的库存分析是不经济的。根据不同需求，按照不同的分类标准，对库存货物进行分类。

1. 按照库存价值分类

为了有效控制库存，对价值高的物资要严格控制，少量采购；而对于价值低的物资可以粗放控制，大量采购。

2. 按照周转率分类

周转率高低决定了出入库概率的大小，根据物资出入库频率大小，结合库区规划，合理安排储存位置。根据周转率大小对库存物资进行分类，周转率高的物资为 A 类，周转率低的物资为 C 类，周转率介于 A 类和 C 类的物资为 B 类。A 类物资出入库概率大，在入库作业时，将 A 类物资放在仓库的一层(如果有多层)、出口、过道、货架的下层，以便在拣货作业时减少拣选路径，提高效率，降低成本；而将 C 类物资放在离出口和过道口较远的地方，放在货架的高层。

(资料来源：汪芳. 供应商分类方法在供应商管理中的应用[J]. 经营管理者，2015(36).)

第三节 库存控制技术

一、库存控制概述

库存是把双刃剑，企业必须清楚地认识并进行控制，做到用最低的成本实现企业的物料供应。那么，库存控制方法有哪些呢？如何灵活应用这些库存控制方法呢？

(一)库存控制的定义

库存控制(Inventory Control)是指用尽量少的人力、物力、财力等企业资源将库存物品控制在保障供应的最合理的数量范围内所进行的有效管理措施。库存控制的有效性受许多方面条件的制约。由于库存成本与满足客户服务水平之间存在着效益悖反，因此最佳的库存控制就需要平衡库存成本与库存收益的关系。

(二)库存控制的内涵

1. 库存控制的内容

库存控制包括确定产品的储存数量与储存结构、订货批量和订货周期、库存动态调整等。在企业资源有限的约束下，在达到满意的客户服务水平的前提下，尽量降低库存水平是很多企业追求的目标，是企业之间竞争的重要环节。

2. 库存控制的作用

(1) 平衡供需关系，维持生产稳定。掌握库存量以及市场需求的动态，适时、适量地提出订货，维持生产经营的持续进行。

(2) 降低库存成本。保持合理的库存，减少库存不合理带来的库存持有成本、订货成本、缺货成本，加快资金周转，为企业创造经济效益。

(3) 规避风险。做好日常记录，做到账实相符(主要针对 A、B 类物品)，以达到财务保护的目的。减少呆料、断料的发生，减少存货因过期、变质、缺货所带来的经济损失。

【知识拓展 8-2】

库存控制对于整个供应链上的企业而言都具有极其重要的战略意义。企业如何实现既满足生产经营的需要，又要增加收入、降低成本、提高盈利能力，还要提高客户服务水平、赢得竞争力呢？在经济全球化的大趋势下，企业不再是完全独立的存在，企业开始面向全球经营，进行协调的生产运作方式，这些都离不开库存控制技术的支持。

(三)库存控制的参数

(1) 订货点，即发出订货要求时的库存量。
(2) 订货批量，即每次订货的物品数量。
(3) 订货周期，即相邻两次订货的时间间隔。
(4) 订货提前期，即从订货到货物到达的时间间隔。

根据这四个主要参数的变化，库存控制有两种基本类型：一是定量控制，强调制定固定订货批量；另一个是定期控制，强调选择固定订货周期。在实际工作中，企业也会选择把两种方法结合起来运用，目的都是节约成本。

二、定量订货法

(一)定量订货法的原理

定量采购是指当库存量下降到预定的最低库存数量(采购点)时，按规定数量(一般以经济批量模型 EOQ 为标准)进行采购补充的一种方式。当库存量下降到订货点(R，也称再订货点)时，马上按预先确定的订货量(Q)发出货物订单，经过订货提前期(L)，收到订货，库存水平上升。

定量订货法的原理是，根据客户需求及订货周期，预先确定企业的最低库存量(订货点)，经常进行库存检查和盘点，当库存降低至订货点时，立即发出订货通知，执行订货任务，采购的物品到达时，库存品的数量得到补充。

采用定量采购必须预先确定订货点和订货量。

(二)定量订货法的控制参数

定量订货法是一种基于物资数量的订货法，它主要靠控制订货点和订货批量两个参数来控制订货。

订购点的确定取决于订货提前期、需求速率和安全库存量，即

$$订购点 = 平均需求速度 \times 提前期(或备货期) + 安全库存量$$

定量订货法的关键是正确确定订购批量和订购点。订货批量一般采用经济订购批量(EOQ)。订购点的正确确定取决于对备货时间的准确计算和对安全库存量的合理查定。安全库存量是为了应付备运时间需要量的变化而建立的，包括误期到货而增加的需要，也包括备运时间内需求率(物品消耗速度)加大而增加的需要。

定量订货作业程序步骤如下：确定应采购商品的现有库存量；根据用户的需求和现有库存量确定商品的需要数量；如果现有库存能满足用户的需求，为用户提取货物；按以下公式

计算库存量,即

库存量= 现有库存量-提取数量+在途库存量-延期购买量

当库存量小于或等于用户的订购量时,向供应商发出订货单,请求订货。

下面分别讨论经济批量模型 EOQ 和安全库存量在不同情况下的确定情况。

(三)经济批量模型 EOQ

1. EOQ 基本含义

EOQ (Economic Order Quantity,经济订货批量):从经济的观点出发在各种库存情况下,考虑怎样选择订货批量,使得库存总费用最少、最经济。这个使得库存总费用最少、最经济的订货批量,叫经济订货批量,用以解决独立需求的库存控制问题。

2. EOQ 假设条件

(1) 企业能够及时补充存货,即需求订货时,便可立即取得存货。
(2) 没有在途物资。能集中到货,而不是陆续入库。
(3) 不允许缺货,即无缺货成本,TC_S 为零,这是因为良好的存货管理本来就不应该出现缺货成本。
(4) 已知连续不变的需求速率。需求量稳定,并且能预测。
(5) 与订货数量和时间保持独立的产品价格不变。
(6) 企业现金充足,不会因为现金短缺而影响进货。
(7) 所需存货市场供应充足,不会买不到需要的存货。

3. EOQ 基本模型

经济订货批量的基本模型可用图 8-4 来表示。既然 EOQ 是根据单一的产品进行计算,那么,该基本公式的形成中不考虑产品联合订货的影响。虽然 EOQ 模型可以确定最佳的补给数量,但它需要某些相当严格的假设才能直接应用。

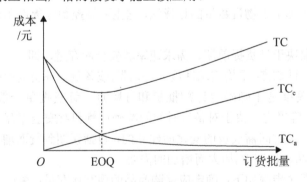

图 8-4 EOQ 基本模型

4. EOQ 公式

约束条件不同的情况下,经济订货批量的计算公式也不相同。常见的有以下三种情况。

1) 不允许缺货、瞬时到货的确定性存储模型

假设:
- 缺货费用无穷大。
- 货物存储量减少到零时,可以立即得到补充。
- 货物需求是连续、均匀的,即货物消耗速率(单位时间提货量)为常数。
- 每次进货量不变,订货费不变。
- 单位存储费用不变。

该模型如图 8-5 所示。

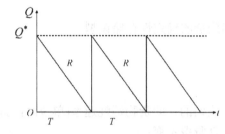

图 8-5 不允许缺货、瞬时到货的确定性存储模型

$$Q_0 = \sqrt{\frac{2C_0 D}{C_1^*}} = \sqrt{\frac{2C_0 R}{C_1}} \tag{8-1}$$

$$T = \sqrt{\frac{2C_0}{C_1 R}} \tag{8-2}$$

$$C = \sqrt{2C_0 C_1 R} \tag{8-3}$$

$$C_1 = \frac{C_1^*}{t}$$

式中:T——经济订货周期;

D——t 时间内总需求量,$D = Rt$;

Q_0——订购批量;

R——消耗速率,即单位时间的需求量,$R = D/t$;

C——瞬时到货的平均总变动成本;

C_1^*——年单位存货储存成本;

C_1——单位时间单位存货储存成本;

C_0——每次订购成本。

【例 8-1】 某单位每月需要某一产品 200 件，每批订购费为 20 元。若每次货物到达后，先存入仓库，每月每件要付出 0.8 元的存储费。试计算其经济订购批量。

解： 已知 R=200 件/月，C_0=20 元/批，C_1=0.8 元/月·件。

根据上述模型，可算出最佳订购批量、平均最少费用。

$$Q_0 = \sqrt{\frac{2 \times 20 \times 200}{0.8}} = 100(件)$$

$$T = \sqrt{\frac{2C_0}{C_1 R}} = \sqrt{\frac{2 \times 20}{0.8 \times 200}} = \frac{1}{2}(月)$$

$$C = \sqrt{2C_0 C_1 R} = \sqrt{2 \times 0.8 \times 20 \times 200} = 80(元/月)$$

即在一个月内订购两次，每次订购量为 100 件，在不致中断需求的前提下，每月付出的最小费用为 80 元。

2) 不允许缺货、持续到货的确定性存储模型

假设：
- 缺货费用无穷大；
- 进货需持续进行；
- 货物需求是连续、均匀的，即货物消耗速率(单位时间提货量)为常数；
- 每次进货量不变，订货费不变；
- 单位存储费用不变。

该模型如图 8-6 所示。

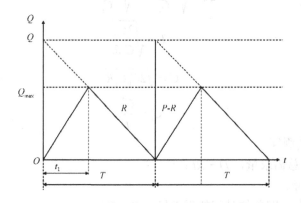

图 8-6 不允许缺货、持续到货的确定性存储模型

P—进货速度；R—消耗速度

持续进货与瞬时进货的比较如下。

(1) 持续进货导致储存费用减少，从而导致订货批量增大、订货周期增长、总费用减少。

(2) 瞬时进货是持续进货的特殊情况。

$$Q_0 = \sqrt{\frac{2C_0 \cdot D}{C_1^*}}\sqrt{\frac{P}{P-R}} = \sqrt{\frac{2C_0 \cdot R}{C_1}}\sqrt{\frac{P}{P-R}} \tag{8-4}$$

$$C_1 = \frac{C_1^*}{t}$$

式中：D——t 时间内总需求量；

Q_0——订购批量；

R——消耗速率，即单位时间的需求量，$R = D/t$；

C_1^*——年单位存货储存成本；

C_1——单位时间单位存货储存成本；

C_0——每次订购成本；

P——进货速率。

3) 允许缺货、瞬时到货的确定性存储模型

假设：

● 缺货造成的损失可以承受(允许缺货)；
● 货物存储量减少到零时，可以立即得到补充；
● 货物需求是连续、均匀的，即货物消耗速率(单位时间提货量)为常数；
● 每次进货量不变，订货费不变；
● 单位存储费用不变。

该模型如图 8-7 所示。

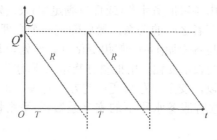

图 8-7 允许缺货、瞬时到货的确定性存储模型

R—货物消耗速率；T—订货周期

$$Q_0 = \sqrt{\frac{2RC_0}{C_1}}\sqrt{\frac{C_1+C_3}{C_3}} \tag{8-5}$$

$$C_1 = \frac{C_1^*}{t}$$

式中：D——t 时间内总需求量；

Q_0——订购批量；

R——消耗速率，即单位时间的需求量，$R = D/t$；

C_1^*——年单位存货储存成本；

C_1——单位时间单位存货储存成本；

C_0——每次订购成本；

C_3——缺货成本。

其他情况下的公式略。

(四)安全库存量的确定

现实中由于经济形势、竞争行为、政府管制的变化以及市场转移和消费者购买模式的变化等因素均影响到产品需求的准确性，企业极少能给出正确的需求预测值。另外，备货期与运输时间通常也不是固定不变的，所有这些方面均说明安全库存管理的重要性，对企业也更有意义。下面将在明确安全库存的基础上，重点考察不同情况下安全库存量的计算方法以及订货点的确定。

1. 安全库存的概念

安全库存是指为防止因订货期间需求量增长和到货延迟所引起的缺货而设置的库存量，又称最低库存、保险库存或固定库存。

由于顾客需求是变化的，而且订货是有备货期(即提前期)的。因此，顾客需求变化时的订货解决方案是在基本库存的基础上加上一个安全库存量。在库存低于某一水平就开始订货，并在订货时将订货量定在一个高于经济批量的水平。

安全库存量的大小主要由顾客服务水平(或订单满足率)来决定。必须综合考虑顾客服务水平、缺货成本和存储成本三者之间的关系，最后确定一个合理的安全库存量。

需要思考，库存在需求与备货期(即提前期)变化时如何处理？

一般而言，常用标准方差表示变化，用批量订货量与平均需求匹配，用一个安全库存来保证变化时的服务水平。所以，安全库存与变化的方差有关，也与服务水平有关。

服务水平与 Z 值(一定顾客服务水平下的安全系数)关系密切，其对应转换表如表 8-4 所示。

表 8-4 服务水平与安全系数 Z 对应表

服务水平/%	90	91	92	93	94	95	96	97	98	99	99.9
Z	1.29	1.34	1.41	1.48	1.56	1.65	1.75	1.88	2.05	2.33	3.08

安全库存与方差和服务水平的关系如下。

① 方差越大，安全库存也越大。

② 服务水平越高，安全库存也越大。

由于，最大库存=平均库存+安全库存，降低库存可从两方面入手。
① 降低平均库存。
② 降低安全库存。
需要降低需求与提前期的变化(方差)，减小提前期的长度。

安全库存量的大小主要由顾客服务水平(或订单满足率)来决定。顾客服务水平越高，说明缺货发生的情况越少，从而缺货成本就越小，由此带来的安全库存的加大会使存储成本增加；顾客服务水平越低，说明缺货情况较多，缺货成本较高。因安全库存水平较低，存储成本较小。综上所述，必须综合考虑顾客服务水平、缺货成本和存储成本三者之间的关系，最后确定一个合理的安全库存量。

2. 安全库存量的计算

在给定需求水平下确定安全库存量可借助计算机模拟或数理统计方法。下面主要运用数理统计知识，对顾客需求量和备货期的变化情况做一些基本的假定，然后给出不同条件下的安全库存量的计算方法。

1) 需求量和备货期均为随机值

假设需求量和备货期的变化情况均服从正态分布，则可根据正态分布的原理确定安全库存量。假定需求量和备货期彼此独立，当需求量和备货期的均值和标准差确定后，就可利用下面的公式求得安全库存量，即

$$SS = Z\sqrt{\overline{L}\sigma_d^2 + \overline{d}^2\sigma_l^2} \tag{8-6}$$

式中：SS——安全库存量；
Z——一定顾客服务水平下的安全系数；
$\overline{L}$——平均提前期；
σ_d——在提前期内需求的标准差；
$\overline{d}$——提前期内的日平均需求量；
σ_l——提前期的标准差。

【例 8-2】某商场的饮料平均日需求量为 100 箱，饮料的需求量和备货期均服从正态分布，饮料需求量的标准差为 20 箱，平均备货期为 10 天。根据调查数据知，过去 16 个周期的备货期实际数据见表 8-5。试确定 98%的顾客服务水平下的安全库存量。

实际备货期频数表如表 8-5 所示。

表 8-5 实际备货期频数表

备货期/天数	7	8	9	10	11	12	13
发生次数	1	2	3	4	3	2	1

解：先求备货期的标准差 σ_l，即

$$\sigma_l = \sqrt{\frac{\sum(L_i - \overline{L})^2 f_i}{\sum f_i}} = \sqrt{\frac{9+8+3+3+8+9}{16}} = \sqrt{\frac{40}{16}} = 1.581$$

又根据题意知，σ_d=20，98%的顾客服务水平对应的安全系数 Z 为 2.05，$\overline{L}$=10，$\overline{d}$=100。

于是　　SS = $2.05 \times \sqrt{10 \times 20^2 + 100^2 \times 2.5} \approx 349.1$(箱)

因此，98%的顾客服务水平下的安全库存量应为 350 箱。

2) 需求量是随机的、备货期为固定常数

由于备货期为固定常数，其标准差为零，只要确定了备货期内需求量的均值和标准差，就可利用下面的公式求得安全库存量，即

$$SS = Z\sigma_d\sqrt{L} \quad (8\text{-}7)$$

【例 8-3】 如果在例 8-2 中，饮料的日需求量为 100 箱，并且饮料需求状况服从标准差为 20 的正态分布。如果备货期固定为 9 天，试问：满足 98%的顾客服务水平的安全库存为多少？

解：由题意知，σ_d=20，L=9，Z=2.05，于是 SS = $Z\sigma_d\sqrt{L}$ = $2.05 \times 20 \times \sqrt{9}$ = 123(箱)。

3) 备货期是随机的、需求为固定常数

在这种情况下，需求的标准差为零，只要确定备货期的均值和标准差，即可利用下式求得安全库存量，即

$$SS = Z\sigma_l d \quad (8\text{-}8)$$

式中：d——备货期内的固定需求量。

【例 8-4】 如果在例 8-2 中，假定饮料的日需求量为固定的 100 箱；提前期是随机变化的，且服从均值为 9 天、标准差为 2 天的正态分布，试确定 98%的顾客服务水平下的安全库存量。

解：由题意知，σ_l=2，d=100，Z=2.05，于是 SS = $Z\sigma_l d$=$2.05 \times 2 \times 100$=400(箱)。

【例 8-5】 某超市婴儿奶粉平均日需求量为 65 罐，标准差为 12 罐/天，平均提前期为 3 天，标准差为 1 天，如果客户服务水平不低于 97.7%，若需求量、提前期均服从正态分布，则该超市婴儿奶粉的安全库存量为多少？(服务水平 0.977，安全系数为 2)请写出计算公式和计算步骤。

解：由题意知，$\overline{d}$=65 罐/天，σ_d=12 罐/天，$\overline{L}$=3 天，σ_l=1 天，$F(Z)$=97.7%，查表知 Z=2，代入公式得

$$SS = Z\sqrt{\overline{L}\sigma_d^2 + \overline{d}^2\sigma_l^2} = 2\sqrt{3 \times 12^2 + 65^2 \times 1^2} = 136.48(罐) \approx 137(罐)$$

所以，该超市婴儿奶粉的安全库存是 137 罐。

(五)订货点的确定

除了订货数量决策外，库存管理决策的另一核心问题是订货时间决策，即订货点决策。

为了保证顾客购买需求，当存货下降到一定水平时，企业就需要再订货，这个水平的库存量称为订货点。存货下降到订货点，就是到了订货时间。

订货点的确定要考虑办理订货手续的繁简、运输时间的长短、是否容易发生意外情况以及该物资消耗或销售频率和对服务标准要求的高低等因素。

总的原则要求是：既要避免断档脱销带来声誉损失，又要防止货物积压而造成经济损失。

前面已知订货点确定的制约因素有三个，即订货提前期、需求速率和安全库存量，因此根据这三个因素可以确定订货点。

1. 确定性定量订货法

需求确定的订货点，即在需求和订货提前期均确定的情况下，不需要设置安全库存，则订货点的计算公式如下：

$$\text{订货点} = \text{订货提前期(天)} \times \frac{\text{全年需求量}}{360} \quad \text{(公式中的分母可依据题意确定)} \quad (8\text{-}9)$$

即订货点 R 为

$$R = \bar{d}L$$

式中：$\bar{d}$——日平均需求量(常数)；

L——提前期(常数)。

【例 8-6】 已知某超市年需求火腿肠 1500 箱，订货提前期为 7 天，求订货点。

解： 订货点=7×1500/360=30(箱)。

【例 8-7】 已知年需求量(D)=1000 单位，订购成本(C_0)=5 美元/次，每年的持有成本(C_1)=1.25 美元/单位，提前期(L)=5 天，单价(C)=12.50 美元，一年按 365 天计算。求经济订购批量、订购点和年总成本。

解： 最优订购批量为

$$Q^* = \sqrt{2DC_0/C_1} = \sqrt{2 \times 1000 \times 5/1.25} = \sqrt{8000} = 89.4(\text{单位})$$

订购点为：$R = \bar{d}L = 1000 \times 5/365 = 13.7(\text{单位})$。

通过取近似数，可采用以下库存管理方法：当库存水平降至 14 单位，则应再订购 89 单位的产品。

年总成本为

$$TC = DC + (D/Q)C_0 + (Q/2)C_1 = 1000 \times 12.5 + 1000 \times 5/89 + 89 \times 1.25/2 = 12611.81(\text{美元})$$

2. 随机性定量订货法

在需求不确定的情况下，为保证生产的连续性，满足客户需求，需要设置安全库存以确定订货点。

$$\text{订货点} = (\text{平均需求量} \times \text{订货提前期}) + \text{安全库存量} \quad (8\text{-}10)$$

$$\text{安全库存量} = (\text{预计日最大需求量} - \text{日正常需求量}) \times \text{订货提前期(天)} \quad (8\text{-}11)$$

【例 8-8】某服装店销售一款衣服的月销售量如表 8-6 所示。订货提前期为 7 天，求不受季节因素影响时该服装店的订货点(按照 30 天/月计算)。

表 8-6 某款衣服的月销售量表

月份	8	9	10
销售量/件	500	550	525

解：安全库存=(550-525)/30×7=107(件)

订货点= 525/30×7+107=230(件)

3. 概率性定量订货法

当企业面临订货提前和需求期都不确定的情况时，需要用到概率性定量订货法。概率性定量订货法使用的前提是，订货提前期的需求量是一个随机变量，并且受到需求速率(R)和订货提前期长度(T_K)的影响。

(1) 订货点的确定为基于需求速率和订货提前期长度的情况。

通过上面分析可知，安全库存需要用概率论统计方法求出，即

$$\text{安全库存} = \text{安全系数} \times \sqrt{\text{最大订货提前期} \times \text{需求变动值}} \tag{8-12}$$

【例 8-9】某商品在过去三个月中的实际需求量分别为：1 月份 126 箱，2 月份 110 箱，3 月份 127 箱。最大订货提前期为两个月，缺货概率根据经验统计为 5%，求该商品的订货点。

解：平均月需求量= (126+110+127)/3=121(箱)

缺货概率为 5%，查表得：安全系数= 1.65

$$\text{需求变动值} = \sqrt{\frac{(126-121)^2 + (110-121)^2 + (127-121)^2}{3}} = 7.79$$

$$\text{安全库存} = 1.65 \times \sqrt{2} \times 7.79 \approx 19(\text{箱})$$

$$\text{订货点} = 121 \times 2 + 18.17 \approx 261(\text{箱})$$

【例 8-10】已知过去 6 个月订货提前期销售量分别是 10t、16t、14t、20t、16t、14t，订货费 C_0=75 元，平均提前期单位物资保管费 C_1=10 元/t。

预计今后一段时间将继续以此趋势销售，最大订货提前期为一个月，取需求数量满足率为 84%，实行定量订货法，求具体订货策略。

解：$\bar{d} = \dfrac{\sum_{i=1}^{n} d_i}{n}$ (n为天数)

$$\bar{d} = \frac{10+16+14+20+16+14}{6} = 15(t)$$

$$\sigma_d = \sqrt{\frac{\sum_{i=1}^{n}(d_i - \bar{d})^2}{n}}$$

$$\sigma_d = \sqrt{\frac{(10-15)^2 + (16-15)^2 + (14-15)^2 + (20-15)^2 + (16-15)^2 + (14-15)^2}{6}} = 3(t)$$

由于 $P = 84\%$ 查表得：$z=1$，所以，订货点 $R = 15 + 1 \times 3 = 18$。

订货量取经济订货批量，即

$$Q^* = \sqrt{2 \times \text{订货成本} \times \text{平均日需求量} / \text{单位物资保管费}} = \sqrt{2 \times 75 \times 15 / 10} = 15(t)$$

即随时检查库存，当库存下降到18t时就发出订单，订货批量为15t。

(2) 订货点确定基于订货提前期需求量服从正态分布的情况。

定量订货系统是对库存水平进行连续监控，且当库存量降至再订货点时就进行订购。该模型中，缺货的风险只发生在订货提前期，即在订货与收到货物之间。考虑缺货风险时，再订货点的公式为

$$R = \bar{d}L + Z\sigma_l \tag{8-13}$$

式中：R——再订货点；
$\bar{d}$——日均需求量；
L——提前期；
Z——安全系数；
σ_l——提前期中使用量(需求量)的标准差。

$\bar{d}$ 的计算式为

$$\bar{d} = \frac{\sum_{i=1}^{n} d_i}{n} \tag{8-14}$$

式中：n——天数。

日需求量的标准差为

$$\sigma_d = \sqrt{\frac{\sum_{i=1}^{n}(d_i - \bar{d})^2}{n}} \tag{8-15}$$

σ_d 指的是一天的标准差，如果提前期为 N 天，可以利用统计学，即一系列独立事件的标准差等于各方差之和的平方根，即

$$\sigma_l = \sqrt{\sigma_1^2 + \sigma_2^2 + \ldots + \sigma_N^2} \tag{8-16}$$

即

短缺概率×年需求量=每次订购短缺量×年订货次数

$$(1-P)D = E(Z)\sigma_l \frac{D}{Q} \tag{8-17}$$

$$E(Z) = \frac{(1-P)Q}{\sigma_l}$$

式中：P——库存满足率。

如何确定安全系数 Z：Z 是根据库存满足率或缺货率，查安全系数表可以查得。

【例 8-11】 已知年需求量 $D=1000$ 单位，经济订购批量 $Q=200$ 单位，不出现缺货的期望概率 $P=0.95$。提前期内需求的标准差 $\sigma_l=25$ 单位，提前期 $L=15$ 天，求再订购点。

假设需求在工作日发生，而该年度工作日为 250 天。

解： $\bar{d}=1000/250=4$，提前期为 15 天，由于 $P=0.95$，查表得对应的 $Z=1.65$。

利用公式可得

$$R = \bar{d}L + Z\sigma_l = 4 \times 15 + 1.64 \times 25 = 60 + 41.25 \approx 101(单位)$$

这就是说，当库存降至 101 单位时，就应再订购 200 单位。

【例 8-12】 某产品的日需求量服从均值为 60、标准差为 7 的正态分布。供应来源可靠，提前期固定为 6 天，订购成本为 10 美元，年持有成本为每单位 0.50 美元。不计短缺成本，订货时的订单将在库存补充之后得到满足。(假设销售全年 365 天都发生。)

求提前期内能满足有 95% 的概率，不出现缺货的订购量与再订购点。

解： 已知：$\bar{d}=60$，$C_0=10$ 美元，$\sigma_d=7$，$C_1=0.50$ 美元

$$D = 60 \times 365 = 21900，L=6$$

则最优订购批量为：$Q^* = \sqrt{2DC_0/C_1} = \sqrt{2 \times (60 \times 365) \times 10/0.50} = 936(单位)$

6 天的提前期内的需求标准差可以根据每天的需求方差来求得，因为每天的需求是独立的，所以 $\sigma_l = \sqrt{\sigma_1^2 + \sigma_2^2 + ... + \sigma_N^2} = \sqrt{6 \times 7^2} = 17.15$。

同上题得知 $Z=1.65$。

得到：$R = \bar{d}L + Z\sigma_l = 60 \times 6 + 1.65 \times 17.15 \approx 388(单位)$。

需要注意的是，例 8-11 中，需求变化是用整个提前期内的标准差来表示；例 8-12 中则以每日的标准差来表示。

【例 8-13】 某超市某种食品的日平均销售量服从均值为 60 箱、标准差为 3.6 箱的正态分布，提前期为固定的 4 天，试确定 95% 的顾客满意度条件下的订货点。

解： 该题属于提前期确定而需求量不确定的情形。

由题意知，$\bar{d}=60$，$\sigma_d=3.6$，$L=4$，$Z=1.65$ (查表知)

$$SS = Z\sigma_l d = 1.65 \times 3.6 \times \sqrt{4} = 11.88(箱)$$

$$R = \bar{d}L + SS = 60 \times 4 + 11.88 = 251.88 \approx 252(箱)$$

每当该食品的库存量下降到 252 箱时，该超市就要向供应商发出订货信息。

(六)定量订货法适用范围和适用条件

定量订货法特别适合于均匀稳定的需求物资的订货，在这种情况下既能做到最好地满足需求，又能使得总费用最省。

定量订货法的适用范围如下。

(1) 消费金额高，需要实施严密管理的重要物品。
(2) 需求预测比较困难的物品。
(3) 品种数量多，库存管理事务量大的物品。
(4) 消费量计算复杂的物品以及通用性强、需求总量比较稳定的物品等。

定量订货法主要用于重要物资的库存控制，如单品种物资、价值量高的物资、关键零部件、比较紧缺/订货较难/管理较复杂的物资。

定量订货法的适用条件如下。

(1) 定量订货法只适用于订货不受限制的情况，以及订货时间和订货地点都不受任何限制。
(2) 定量订货法只能直接运用于单一品种物资的采购，如果要实行多品种联合采购，还要对此法进行灵活处理运用。
(3) 定量订货法不但适用于随机性需求，也适用于确定性需求。

三、定期订货法

(一)定期订货法的原理

定期订货法是指按预先确定的订货时间间隔，定期检查库存量，及时补充库存至目标水平的库存控制方法。定期库存控制方法也称为固定订购周期法。

这种方法的原理是按照固定的时间周期来订购，而订购数量则是变化的。一般是事先依据对商品需求量的预测，确定一个比较恰当的最高库存额，在每个周期将要结束时，对库存进行盘点，决定订购量，商品到达后的库存量刚好到达原定的最高库存额。

具体而言，企业根据以往的经验预先确定一个订货间隔期间，每经过一个订货间隔期间就进行订货，每次订货数都可能不同。定期采购中，在特定的时间进行库存盘点，如每周一次或每月一次。安全库存应当保证在盘点期和提前期内不发生缺货。定期订货法是基于时间的订货控制方法，它设定订货周期和最高库存量，从而达到库存量控制的目的。

即：预先确定一个订货周期 T 和一个最高库存量 Q_{max}；周期性地检查库存，求出当时的实际库存量 Q_{ki}；已订货还没有到达的物资量 I_i 以及已经售出但还没有发货的物资数量 B_i；然后发出一个订货批量 Q_i，使得订货后的"名义库存"升高到 Q_{max}。

(二)定期订货法控制参数

定期订货法是一种基于时间的订货法,是通过设定订货周期和最高库存量来实现保障需求、合理库存和节约库存成本的控制目的。其控制参数主要是订货周期和最高允许库存量,即需要确定订货周期和最大库存量。

在确定了订货周期和最高库存量的基础上,每次盘点订货时,可以确定具体订货量。

(三)确定性定期订货法

在确定性定期订货模型中,首先应明确使用条件如下。

单位产品的价格固定;订货周期为 T(单位为年);库存需求速率 d 是固定的;年需求量为 D;订购成本 S 固定;不允许发生缺货,所订购产品瞬时到货;存储成本 H 以平均库存为计算依据;订货提前期 L 是固定的;年总成本 TC,年采购成本 DC,年运输成本 KD。

采用经济订货周期的方法来确定订货周期 T,其公式为

$$T^* = \sqrt{\frac{2S}{DH}} \tag{8-18}$$

由于产品需求速率的单位是件/年,所以最高库存量为

$$Q_{max} = (L+T)D \tag{8-19}$$

若是订货周期和订货提前期的单位为日,一年内的工作日为 N,则此时的最高库存量为

$$Q_{max} = \frac{L+T}{N}D \tag{8-20}$$

产品的订货提前期和需求速率是固定不变的,因此不需要设置安全库存,即 $Q_s = 0$。

(四)概率性定期订货法

一般而言,概率性定期订货模型在实际的工作中更符合实际情况。因为现实中产品的订货提前期和需求速率伴随着企业生产状况和市场的变化而变化,每次订货的批量发生变化可能性较大,尽管其他假设不变,订货周期仍然必须根据具体情况来定。

在概率性定期订货模型中假设订货周期是一定的,这为利用确定性定期订货模型中的经济订货周期公式来处理这类计算提供了依据。

定期订货法的最高库存是为了满足订货提前期和订货周期的总需求,在概率性定期订货模型中还要设置安全库存,因为产品需求速率是在不断变化的。

具体各参数的确定方法如下。

1. 订货周期 T 的确定

方法一:订货周期 T 取经济订货周期,即

$$T^* = \sqrt{\frac{2C_0}{C_1 R}} \tag{8-21}$$

式中：T^*——经济订货周期；

C_0——单次订货成本；

C_1——单位商品年储存成本；

R——单位时间内库存商品需求。

方法二：订货周期取人们习惯的日历时间单元为 T。

方法三：取供应商的生产周期或供应周期为 T。

2. 最高库存量 $Q_{\max}$ 的确定

在正态分布情况下，常用下面的这两个公式，即

$$Q_{\max} = \overline{R} \times (T + \overline{T_K}) + \alpha \sqrt{(T + \overline{T_K})\sigma_R^2 + \overline{R}^2 \sigma_T^2} \tag{8-22}$$

安全系数 α 是根据库存满足率或缺货率，查安全系数表得到。此时，安全系数实际上就是正态分布系数，可以由正态分布表给出。其中 T_K 是订货提前期，$\overline{R}$ 同 R。

$$Q_{\max} = \overline{D_{T+T_K}} + \alpha \sigma_{D_{T+T_K}} \tag{8-23}$$

3. 第 i 次订货量 Q_i 的确定

$$Q_i = Q_{\max} - (Q_{ki} + I_i - B_i) = Q_{\max} - Q_{ki} - I_i + B_i \tag{8-24}$$

式中：Q_{ki}——第 i 次盘点时求出的实际库存量；

I_i——第 i 次盘点时求出的已订的但还未到量；

B_i——第 i 次盘点时求出的已售出的尚未发货量。

【例 8-14】某公司实施定期订货法策略对其某个商品的销售量进行了分析研究，发现用户需求服从正态分布；过去 9 个月的销售量分别是：11t/月、13t/月、12t/月、15t/月、14t/月、16t/月、18t/月、17t/月、19t/月。如果组织资源进货，则订货提前期为 1 个月，一次订货费为 30 元，1t 物资一个月的保管费为 1 元。

如果要求库存满足率达到 90%，应当如何制定定期订货法策略？

在实施定期订货法策略后，第一次订货检查时，发现现有库存量为 21t，已订未到物资 5t，已售出但尚未提货的物资 3t，第一次订货时应该订多少？

解： 由题目得：订货提前期 T_K=1(月)，σ_T=0，C_0=30 元，C_1=1 元/吨月；P=0.9，Q_{ki}=21t，I_i=5t，B_i=3t(i=1)

$$\overline{R} = \frac{\sum R_i}{9} = 15(\text{t}/\text{月}) \qquad \sigma_R = \sqrt{\frac{\sum (R_i - \overline{R})^2}{9}} = 1.8$$

$$T = \sqrt{\frac{2C_0}{C_1 R}} = 2(月)$$

由于 $P=0.9$ 时，$Z=1.28$，有

$$Q_{\max} = \overline{R} \times (T + \overline{T_K}) + Z\sigma_R \sqrt{T + \overline{T_K}} = 49t$$

$$Q_i = Q_{\max} - (Q_{ki} + I_i - B_i) = Q_{\max} - Q_{ki} - I_i + B_i = 49 - 21 - 5 + 3 = 26(t)$$

所以第一次检查库存发出订货量为26t。

对于订购量Q的确定，也可以根据公式(8-23)，采用以下公式，即

订购量=此空缺期内的平均需求量+安全库存-现有库存(如果有，还要包含已订购量)

即

$$Q = \overline{d}(T + L) + Z\sigma_{T+L} - I \tag{8-25}$$

式中：Q——订购量；

T——两次盘点的间隔天数；

L——提前期的天数(下订单与收到货物之间的时段)；

$\overline{d}$——预测的日平均需求量；

σ_{T+L}——盘点周期与提前期间需求的标准差；

I——现有库存水平(包括已订购而尚未到达的)。

注：需求量、提前期、盘点期等可以使用日、周、年等任意时间单位，只要整个公式中单位一致就行。需求量可采用预测值或年度平均值，服从正态分布。Z值取决于缺货发生概率。

【例8-15】已知某一产品日需求量为10单位，标准差为3单位，盘点周期为30天，提前期为14天，管理部门已经制定的需求政策是要满足98%对库存物品的需求。在盘点周期开始时，库存中有150单位产品。求订购量。

解：$\overline{d}=10$，$\sigma_d=3$，$T=30$，$L=14$，$P=0.98$，$I=150$，因为每日的需求是独立的，且 σ_d 是固定的，对应于 $P=0.98$ 的 Z 值为2.05，可得

$$\sigma_{T+L} = \sqrt{\sum_{i=1}^{T+L} \sigma_{d_i}^2} = \sqrt{(T+L)\sigma_d^2} = \sqrt{(30+14) \times 3^2} = 19.90$$

$$Q = \overline{d}(T+L) + Z\sigma_{T+L} - I = 10 \times (30+14) + 2.05 \times 19.90 - 150 = 331(单位)$$

所以，要满足98%的不出现缺货的概率，应当在该盘点期订购331单位产品。

定期采购是从时间上控制采购周期，从而达到控制库存量的目的。只要订货周期得当，既可以不造成缺货，又可以控制最高库存量，从而达到成本控制的目的。

在实际库存管理活动中，采用多品种联合订货是一种科学有效的操作方法。

多品种联合订货法是一种定期订货战略，其原理是以各品种经济订货周期为基础，将各品种的订货周期都化为某个标准周期的简单倍数，然后以标准周期为单位进行周期运行，在

不同的运行周期中实现多品种的联合订货。

(五)定期订货法库存控制的优缺点

1. 定期订货法的优点

(1) 降低订货成本。

(2) 周期盘点比较彻底、精确，减少了定量订货法每天盘存的烦琐工作量，提高了工作效率。

(3) 库存管理的计划性强，有利于准确、有效地实施工作计划，实现计划管理。

2. 定期订货法的缺点

(1) 安全库存量较高，增加了库存成本。平均库存加大，以防止在盘点期发生缺货现象。

(2) 订货的批量具有随机性，无法确定经济订货批量，设施与设备使用不稳定，运营成本较高。

(3) 不适用于 ABC 物资分类中 A 类货物，即库存控制中的重点物品。

四、定期订货法和定量订货法的区别

定期订货法和定量订货法是库存控制中运用最为广泛的两种方法。两者各有所长，且相互区别。定量订货法主要采用"事件驱动"的控制方法，当到达预先规定的再订货点时，就进行订货，是由事件来驱动的，这种事件有可能随时发生，主要取决于对该物料的需求情况。而定期订货法是采用"时间驱动"的控制方法，即在此方法中，只限于预定时期期末进行订货。

在运用定量订货法时，要求连续监控剩余库存量。企业采用定量订货法时，一般采用永续盘存制度，即要求每次从库存里取出物料或往库存里添加物料时，必须更新记录以确认是否已达到订货点。在定期订货法中，库存盘点只在盘点期进行。

【案例分析 8-2】

月山啤酒集团在几年前就借鉴国内外物流公司的先进经验，结合自身的优势，制定了自己的仓储物流改革方案。

首先，成立了仓储调度中心，对全国市场区域的仓储活动进行重新规划，对产品的仓储、转库实行统一管理和控制。由提供单一的仓储服务，到对产成品的市场区域分布、流通时间等全面的调整、平衡和控制。仓储调度成为销售过程中降低成本、增加效益的重要一环。其次，以原运输公司为基础，月山啤酒集团注册成立具有独立法人资格的物流有限公司，引进现代物流理念和技术，并完全按照市场机制运作。作为提供运输服务的"卖方"，物流公司能够确保按规定要求，以最短的时间、最少的投入和最为经济的运送方式，将产品送至目的地。最后，筹建了月山啤酒集团技术中心。月山啤酒集团应用建立在 Internet 信息传输基础上的 ERP 系统，将物流、信息流、资金流全面统一在计算机网络的智能化管理之下，建立起各分公司与总公司之间的快速信息通道，及时掌握各地最新的市场库存、货物和资金流动情况，为制定市场策略提供准确的依据，并且简化了业务运行程序，提高了销售系统工作效率，增强了企业的应变能力。

通过这一系列的改革，月山啤酒集团获得了很大的直接和间接经济效益。首先是集团的仓库面积由 7 万多平方米下降到不足 3 万平方米，产成品平均库存量由 12000t 降到 6000t。其次，集团信息网络和物流系统实现了环环相扣，销售部门根据各地销售网络的要货计划和市场预测，制订销售计划，仓储部门根据销售计划和库存及时向生产企业传递要货信息；生产厂有针对性地组织生产，物流公司则及时地调度运力，确保交货质量和交货期。最后，销售代理商在有了稳定的货源供应后，可以从人、财、物等方面进一步降低销售成本，增加效益，经过一年多的运转，月山啤酒物流网取得了阶段性成果。实践证明，现代物流管理体系的建立，使月山集团的整体营销水平和市场竞争能力大大提高。

(资料来源：月山啤酒集团控制仓储成本[DB/OL]. 豆丁网.
https://www.docin.com/p-1719446249.html)

思考题：
分析月山集团是怎样通过控制仓储成本获得经济效益的？

习　题

一、选择题

1. 订购点即提出订购时的物料储备量，它等于从提出订购到物资进库并能投入使用之前这一段时间的物资需要量加上(　　)。

　　A. 现有库存量　　　　　　　　B. 平均库存量
　　C. 已订未到量　　　　　　　　D. 安全库存量

2. 在库存控制中，对 A 类货物的管理方法是(　　)。

　　A. 同供应商建立良好关系　　　B. 采用定期订购法或定量混合的订购方式
　　C. 减少这类货物的盘点次数　　D. 给予最低的优先作业次序

3. 在库存控制中，对 B 类货物的管理方法是(　　)。

　　A. 同供应商建立良好关系　　　B. 采用定期订购法或定量混合的订购方式
　　C. 减少这类货物的盘点次数　　D. 给予最低的优先作业次序

4. 关于定量订购控制法，下列说法不正确的是(　　)。

　　A. 能经常地掌握库存储备动态，及时地提出订购，不易出现缺货
　　B. 保险储备量较少

C. 每次订购量固定，便于包装运输和保管作业

D. 由于多种物品一起订购，可以编制较实用的采购计划

5. 通过平衡订货成本和保管仓储成本，确定一个最佳的订货批量来实现最低总库存成本的方法称为(　　)。

　　A. 定期订购控制法　　　　　　B. 经济订货批量模型

　　C. 定量订货控制法　　　　　　D. 物料需求计划库存控制法

二、简答题

定量订货法和定期订货法各自的优缺点是什么？

三、计算题

1. 某金属公司销售钢材，过去12周，每周销售的钢材分别是162t、173t、167t、180t、181t、172t、170t、168t、167t、174t、170t和168t。如果它们服从正态分布，订货进货提前期为1周，一次订货费用为200元，1t钢材保管一周需要保管费用10元，要求库存满足率达到90%。若实行定量订货法控制，应该怎样进行操作？

2. 某公司的一种原料采用定期订货法，月需求量服从均值为15件/月、标准差为1.700的正态分布；一次订货费用为1500元，单位物资单位时间的保管费用为2元/件月，订货提前期为1月。首次盘点得到实际库存量8件，已订未到量为3件，已售出尚未发货量4件。

如果要求库存满足率达到97.7%(安全系数为2)。

求：(1)订货周期；(2)最高库存量；(3)首次订货量。

参 考 文 献

[1] 彼得·贝利，大卫·法摩尔，等. 采购原理与管理[M]. 10 版. 北京：电子工业出版社，2009.

[2] [英]唐纳德·沃尔特斯. 库存控制与管理[M]. 李习文，李斌，译. 北京：机械工业出版社，2005.

[3] 秦小辉. 采购管理[M]. 北京：高等教育出版社，2004.

[4] 李恒兴，鲍钰. 采购管理[M]. 北京：北京理工大学出版社，2007.

[5] 海尔集团的采购管理创新及解答[DB/OL]. MBA 智库. https://doc.mbalib.com/view/ccf9dc8e3126efc8eb9ac2f50a2b883d.html

[6] 寒令香，李东兵. 采购与库存管理[M]. 大连：东北财经大学出版社，2016.

[7] [荷]威尔. 采购与供应链管理——分析、规划及其实践[M]. 梅绍祖等，译. 北京：清华大学出版社. 2002. 12.

[8] 跨国公司的采购操作[DB/OL]. 百度文库. https://wenku.baidu.com/view/72fd4ea2a7c30c22590102020740be1e640eccd5.html

[9] 王忠宗. 采购管理实务[M]. 广州：广东经济出版社，2001.

[10] 霍红，张玉斌. 采购管理实务[M]. 北京：科学出版社，2009.

[11] 采购管理的五个台阶[DB/OL]. 百度文库. https://wenku.baidu.com/view/09bf6acc69eae009591bec3A.html

[12] 鞠颂东，徐杰. 采购管理[M]. 2 版. 北京：机械工业出版社，2009.

[13] 梁世翔. 采购管理[M]. 北京：高等教育出版社，2014.

[14] 王槐林. 采购管理与库存控制[M]. 3 版. 北京：中国物资出版社，2012.

[15] 采购管理案例：西门子的分类采购策略[DB/OL]. 豆丁网. https://www.docin.com/p-1405527848.html

[16] 海尔 JIT 采购策略[DB/OL]. 豆丁网. https://www.docin.com/p-283098866.html

[17] 唐丽，陈华东. 新中国招标投标第一人——记《中华人民共和国招标投标法》首席起草人余杭教授[J]. 当代经济，2001(7).

[18] 招投标综合案例[DB/OL]. 豆丁网. https://www.docin.com/p-379188791.html

[19] 王晓慧. 让采购"创造利润"[N]. 新财经. 2010.7.2. http://www.chinawuliu.com.cn/office/23/134/8223.shtml

[20] 采购管理案例[DB/OL]. 南京廖华. http://www.wodefanwen.com/lhd_3ywk453mj91lh1d7s73v_1.html

[21] 美国本田公司的战略采购管理[DB/OL]. MBA 智库. https://doc.mbalib.com/view/976e13d52fc18677256a1e5330e4b4a6.html

[22] 沃尔玛全球采购案例分析[DB/OL]. 中国物流与采购网. http://www.chinawuliu.com.cn/xsyj/201110/08/169144.shtml

[23] 任俊伟，刘慧智. 中央企业集中采购模式优化研究——IBM 采购管理变革启示[J]. 神华科技，2018(12).

[24] 李健. 银余公司采购预算管理研究[D]. 兰州交通大学工商管理硕士(MBA)学位论文，2016.

[25] 采购计划计算题例 [DB/OL]. 豆丁网. http://www.docin.com/p-580220156.html

[26] 李敏. 浅谈文化差异在中美贸易谈判中的体现[J]. 黑龙江科技信息，2011(33).

[27] 商务谈判案例[DB/OL]. 百度文库. https://wenku.baidu.com/view/313db05052d380eb62946d9f.html

[28] 陈圣喜. 土耳其 AY 高铁项目物资采购合同管理研究[D]. 北京交通大学硕士学位论文，2017.
[29] 合同索赔案例[DB/OL]. 豆丁网. https://www.docin.com/p-2087970814.html
[30] 周志刚. 海达泵业公司供应商选择与评价研究[D]. 大连理工大学硕士学位论文，2016.
[31] 范航. 一汽大众汽车有限公司跨文化管理研究[D]. 吉林大学硕士学位论文，2009.
[32] 某家大型电子企业集团的供应商考察计划[DB/OL]. 百度文库. https://wenku.baidu.com/view/b587c0de5022aaea998f0f3c.html.
[33] 曹晨迪. C 公司汽车零部件配套供应商选择与评价研究[D]. 东华大学硕士学位论文，2016.
[34] 戴尔公司与供应商实现"双赢"[DB/OL]. 百度文库. https://wenku.baidu.com/view/33876f66b5daa58da0116c175f0e7cd1842518bc.html
[35] 赵晓慧. BY 集团采购业务内部控制问题研究[D]. 河北大学硕士学位论文，2019.
[36] 林霞. 普诚华公司供应商选择与评价的改进研究[D]. 兰州大学硕士学位论文，2018.
[37] 李洪彬. A 企业供应商管理研究[D]. 南京大学硕士学位论文，2019.
[38] 3 个采购成本控制案例分析[DB/OL]. 苏州采购与物流考服网. http://www.szcps.net/show.asp?id=1851
[39] 秦明森. 物流技术手册[M]. 北京：中国物资出版社，2002.
[40] 田峰. 对物流仓储成本进行财务管理[J]. 物流技术，2008(11).
[41] 邓春姊，唐志忠，袁铮. 关于仓储成本核算方法的探讨[J]. 中国储运，2007(06).
[42] 付莉萍. 采购管理实务[M]. 北京：科学出版社，2010.
[43] 韩建国. 采购管理工具大全[M]. 北京：人民邮电出版社，2013.
[44] 周庆涛. 询价与竞价结合采购方式在水利工程中的应用[J]. 水利建设与管理，2016，36(04)：60-62.
[45] 郑文岭，赵阳. 仓储管理[M]. 北京：机械工业出版社，2008.
[46] 梅艺华，吴辉. 仓储管理实务[M]. 北京：北京理工大学出版社，2010.
[47] 范罡. 采购管理在企业中的应用[D]. 厦门大学硕士学位论文，2002.
[48] 吴爱萍，徐志灵，曾文怡. 京东现代物流模式下的仓储管理[J]. 市场研究，2018(08)：44-46.
[49] 陈子萍. 2018 年中国仓储行业发展现状和 2019 年市场前景预测：行业向好趋势将延续[EB/OL]. https://www.qianzhan.com/analyst/detail/220/181217-c0298cab.html，2018-12-18.
[50] 李一凡. 2018 年中国金融仓储行业发展现状与市场趋势 机遇来临，未来发展空间广阔[EB/OL]. https://www.qianzhan.com/analyst/detail/220/190122-9c0e8274.html，2019-01-22.
[51] 中国物流信息中心. 2019 年 8 月中国仓储指数为 54.3%[DB/OL]. 中国物流信息中心网. http://www.clic.org.cn/wlxxcczs/303177.jhtml
[52] 仓储业保持平稳增长态势，未来十大发展热点解析[EB/OL]. 前瞻产业研究院. https://bg.qianzhan.com/trends/detail/506/170831-f144762c.html
[53] 方庆馆，王转. 现代物流设施与规划[M]. 北京：机械工业出版社，2004.
[54] 董蕾. 浅析物联网在物流仓储管理中的运用[J]. 现代经济信息，2017(12)：316.
[55] 刘海庆. 石油工具及设备仓储管理存在的问题及应对策略[J]. 中小企业管理与科技(下旬刊)，2018(10)：17-18.
[56] 张子文，张蕊. 化工危险品物流仓储管理优化研究[J]. 物流工程与管理，2017，39(07)：56-58.
[57] 罗俊. 物流公司仓储管理案例分析[J]. 现代商贸工业，2009，21(11)：39-40.
[58] 深圳市思业成工业设备有限公司官网. 仓库货架节约企业成本的案例[DB/OL]. www.sycrack.com.

[59] SKU360 华东一号：亚洲先进自动化物流配送中心[DB/OL]．慧聪机械网．http://info.machine.hc360.com/2014/04/301741483093-2.shtml

[60] 黎红．物流设施与装备[M]．广州：广东高等教育出版社，2008．

[61] 肖生苓．现代物流设备[M]．北京：科学出版社，2009．

[62] 俊世太保，智能物流时代，机器人将扮演什么角色？[DB/OL]．https://baijiahao.baidu.com/s?id=1586586438367647749&wfr=spider&for=pc

[63] 张玉斌．采购与仓储管理[M]．北京：对外经济贸易大学出版社，2008．

[64] 郭浩．英特诺——为智慧仓储系统提供技术支持[J]．中国储运，2017(3)：80．

[65] 王静(编辑)．华为自动化立体仓库[DB/OL]．中国工控网，2018.7．

[66] 牛晋阳，陈倩．中百集团将全面实现智能物流，市民购物如到未来世界[N]．荆楚网．http://www.cnhubei.com/xw/jj/201405/t2928289.shtml

[67] 杨凤祥．仓储管理与实务[M]．北京：电子工业出版社，2005．

[68] 蔡改成，李桂娥．仓储管理[M]．大连：大连理工大学出版社，2011．

[69] 仓储公司验收货物欠妥酿成大祸，存货人未尽说明义务承担部分责任[DB/OL]．豆丁网．https://www.docin.com/p-1871365604.html

[70] 唐晓红．中药饮片验收入库常见质量问题分析与改进措施[J]．中国民康医学，2019(2)：121-122．

[71] 粮食存储技术[DB/OL]．圣才学习网·管理类．http://guanli.100xuexi.com/view/specdata/20100602/4AF3D844-A975-4CEE-BC2C-3E228FC34772.html

[72] 荣力锋，周浩．卷烟配货出库流程的优化与应用[J]．物流技术与应用，2017(12)：148-150．

[73] 盛勇．ABC 分析法在库存管理中的应用[J]．财会研究，2009(02)．

[74] 叶小娇．H 公司物料库存控制问题研究[D]．深圳大学硕士学位论文，2017．

[75] 徐智等．工商协同提升卷烟库存周转率——以湖南烟草为例[J]．物流工程与管理，2018(1)．

[76] 汪芳．供应商分类方法在供应商管理中的应用[J]．经营管理者，2015(36)．

[77] 月山啤酒集团控制仓储成本[DB/OL]．豆丁网．https://www.docin.com/p-1719446249.html

[78] 田源，张文杰．仓储规划与管理[M]．北京：清华大学出版社，2009

[79] 丁立言，张锋．仓储规划与技术[M]．北京：清华大学出版社，2003．

[80] 宋世强．多重心法下的多个仓库选址模型研究及应用[J]．科技和产业，2009(06)：57-59．

[81] GB/T 18354—2006，中华人民共和国国家标准——物流术语[S]．

[82] GB 14521.1—93，中华人民共和国国家标准运输机械术语——运输机械类型[S]．